Le Noir

ANNIE MOLLARD-DESFOUR

Le Noir

DICTIONNAIRE
de la
COULEUR

Mots et expressions d'aujourd'hui
XXe-XXIe

Préface
Pierre SOULAGES

CNRS ÉDITIONS
15, rue Malebranche – 75005 Paris

Dictionnaire des couleurs – mots et expressions d'aujourd'hui

Déjà parus :

Annie Mollard-Desfour, *Le Rouge* (*nouvelle édition*), Préface de Sonia Rykiel, CNRS Éditions, 2009, 1re éd., [2005].
Annie Mollard-Desfour, *Le Blanc*, Préface de Jean-Louis Étienne, CNRS Éditions, 2008.
Annie Mollard-Desfour, *Le Bleu*, Préface de Michel Pastoureau, CNRS Éditions, 2004, 1re éd., [1998].
Annie Mollard-Desfour, *Le Rose*, Préface de Bernard Cerquiglini, CNRS Éditions, 2002.

© CNRS ÉDITIONS, Paris, 2010 pour la présente édition
ISBN : 978-2-271-06865-1

A Pierre Soulages

« Le noir n'a pas de limite.
D'une extrémité à l'autre,
Dans un parfait silence,
Il nous berce aux confins de l'existant.
Mais, d'un seul coup,
Avec la même aisance
Il peut s'anéantir dans le rien,
Car il est au commencement
Et à la fin de toute couleur.
Origine du monde
Qui annonce la naissance d'une étoile
Mais aussi, dernière station du visible
Qui prélude au triomphe du néant. »
(J. Laurans, « Le noir », inédit, « Couleurs sensibles »,
Centre Français de la Couleur, Montpellier, 2006).

« Autre sonnet, au noir lui-même
Noir, toi en qui toutes couleurs se composent,
Et vers qui toutes retournent à la fin
Couleur, toi, du soleil là où il brûle,
Ombre où il devient froid [...]. »
(J. Roubaud, « Dans la nuit, dans cette nuit étrange,
la lumière du rêve », *Poésie*, I., 1, 2000).

«*Un néant sans possibilités, un néant mort après que le soleil s'est éteint, un silence éternel sans avenir ni espoir. Voilà la résonance intérieure du noir.* Musicalement, on peut le représenter par un silence définitif après lequel la suite apparaîtra comme le début d'un nouveau monde, car tout ce qui est interrompu par ce silence est achevé pour toujours : le cercle est fermé. Le noir est quelque chose d'éteint comme un bûcher consumé, quelque chose d'immobile comme un cadavre qui ne ressent rien et sur qui tout glisse. Il est comme le silence du corps après la mort, la fin de la vie.»

(W. Kandinsky, *Du spirituel dans l'art et dans la peinture en particulier*, 1954, p. 156)

SOMMAIRE

PRÉFACE – «Le noir, la lumière, la peinture» – Pierre SOULAGES   XI
INTRODUCTION   XVII
I. Le noir est-il une couleur ?   XIX
  * Le noir dans la représentation tridimensionnelle des couleurs   XIX
  * Le noir dans la langue et les dictionnaires   XXI
  * Le noir-couleur en peinture   XXII
II. Le volume Le Noir   XXIII
  * Aux sources du noir   XXIV
  * Les noirs du XXe siècle et les noirs contemporains   XXVI
    ♦ Noir du diable, des enfers, du mal   XXVI
    ♦ Noir de la mort, de la tragédie, de la violence et du danger   XXVIII
    ♦ Noir de l'humeur et des idées ; noir du désespoir ou de la tristesse, de la mélancolie, du pessimisme, de la colère ou de la folie   XXX
    ♦ Noir de l'anarchie, de la rébellion, de la révolte, de la violence   XXXII
    ♦ Noir de la peau ou noir comme marque raciale   XXXIII
    ♦ Noir du mystère, de l'inconnu, du secret, de la clandestinité   XXXV
    ♦ Noir du trouble, de la confusion, du manque de discernement   XXXV
    ♦ Noir du fascisme   XXXVI
    ♦ Et encore bien d'autres noirs   XXXVI

Dictionnaire. LE NOIR

NOIR   3

DÉRIVÉS   65
DE **ATRABILE** à **ULTRA-NOIR**...
En passant par **BLACK**, **MELANO**, **NIGER** et **PERCNO**

VARIATIONS SUR LE NOIR
DE **AIRELLE** à **ZAN**   117

ABRÉVIATIONS   233
BIBLIOGRAPHIE   239
INDEX DES TERMES ET LOCUTIONS DE COULEUR   259
INDEX DE L'ARTICLE NOIR   271
REMERCIEMENTS   283
CRÉDITS PHOTOGRAPHIQUES   285

Préface

« Soulages disait, justement sous cette évocation incongrue de la neige noire :
"J'aimerais un jour faire une sorte d'anthologie de ce qui a été dit sur le noir". »

(H. Meschonnic, « Un noir lumière »,
Le Rythme et la Lumière, avec Pierre Soulages, 2000, P. 186).

Le noir, la lumière, la peinture

Le noir est antérieur à la lumière. Avant la lumière, le monde et les choses étaient dans la plus totale obscurité. Avec la lumière sont nées les couleurs. Le noir leur est antérieur. Antérieur aussi pour chacun de nous, avant de naître, "avant d'avoir vu le jour". Ces notions d'origine sont profondément enfouies en nous. Est-ce pour ces raisons que le noir nous atteint si puissamment ?

Il y a trois cent vingt siècles, dès les origines connues de la peinture, et pendant des milliers d'années, des hommes allaient sous terre, dans le noir absolu des grottes, pour peindre et peindre avec du noir. Couleur fondamentale, le noir est aussi une couleur d'origine de la peinture.

Dans l'aventure relativement récente de la peinture, à la fin du XIXe siècle, des peintres décidaient de quitter les lieux clos des ateliers pour pratiquer une peinture de plein air. Ils ont alors supprimé le noir de leur palette : «*Cézanne, dit la tradition, vient de déjeuner sur l'herbe avec quelques peintres et un collectionneur ; celui-ci s'aperçoit qu'il a oublié son pardessus. Mais où ? Cézanne dit tout à coup : "Il y a là-bas un noir qui n'est pas dans la nature !" Et d'y courir*[1].»

Deux couleurs, le noir et le blanc, sont les seules qui soient d'une nature tout à fait différente de celles du spectre : «*Toutes les autres couleurs de la terre, écrit Herman Melville, ne sont que des subtiles illusions, aussi bien les douces teintes du couchant ou du feuillage des bois, que le velours doré des ailes de papillons et des joues de jeunes filles. Oui, rien de tout cela ne fait partie intégrante*

---

1. André Malraux, cité par Michel Ragon, *Les Ateliers de Soulages*, Albin Michel, Paris, 2004.

NOIR

des choses, c'est un simple enduit, et toute la divine nature est simplement peinte...[2]»
Le mot qui désigne une couleur ne rend pas compte de ce qu'elle est réellement. Il laisse ignorer l'éclat ou la matité, la transparence ou l'opacité, l'état de surface, lisse, strié, rugueux... Et aussi la forme, angulaire, arrondie... Il nous cache sa dimension et sa quantité. Toutes choses qui en changent la qualité, «*Un kilo de vert est plus vert que 100 g du même vert*», disait Gauguin ; les peintres savent qu'il en est ainsi pour toutes les couleurs. Une peinture entièrement faite, par exemple, avec un même pot de noir, est un ensemble vaste et complexe. De cet ensemble – dimension, états de surface, direction des traces s'il en a, opacités, transparences, matité, reflets de la couleur, et leurs relations avec ce qui les avoisine, etc. – dépendent la lumière, le rythme, l'espace de la toile, et son action sur le regardeur. L'appeler noire c'est dissocier l'ensemble, l'amputer, le réduire, le détruire. C'est voir avec ce que l'on a dans la tête et pas avec les yeux.

Ce sont ces qualités concrètes qui agissent dans l'art de la peinture. D'elles proviennent nos relations sensuelles et mentales avec les couleurs, mêlées dans notre imaginaire au toucher, au goût, à l'odorat, à toute notre expérience du monde et des choses.

Le nom désignant une couleur est au sens propre une abstraction. Sur laquelle se font les significations conventionnelles, parfois contradictoires. Le noir est ici signe de deuil, de malheur, ailleurs c'est le blanc, mais il y a aussi chez nous des noirs de fête, de luxe, tout autant que d'austérité monastique. De solennité officielle mais aussi de révolte et d'anarchie.

L'art vit à l'écart de ce type de significations. Réduite à ce signe (qui parfois a été son prétexte), réduite à la communication, l'œuvre cesserait d'être de l'art. Ses pouvoirs artistiques naissent de sa singularité, de ce qu'elle est concrètement. Les sens venant se

---

2. Herman Melville, *Moby Dick*, 1851.

PRÉFACE

faire et se défaire sur elle dépendent à la fois de la chose qu'elle est, de son auteur et du regardeur. Sa réalité d'œuvre d'art réside dans ce triple rapport, elle est par conséquent mouvante, différente selon les regardeurs, les cultures, les époques.

J'aime l'autorité du noir, sa gravité, son évidence, sa radicalité. Son puissant pouvoir de contraste donne une présence intense à toutes les couleurs et lorsqu'il illumine les plus obscures, il leur confère une grandeur sombre. Le noir a des possibilités insoupçonnées et, attentif à ce que j'ignore, je vais à leur rencontre.

Un jour je peignais, le noir avait envahi toute la surface de la toile, sans formes, sans contrastes, sans transparences. Dans cet extrême j'ai vu en quelque sorte la négation du noir, les différences de textures réfléchissant plus ou moins faiblement la lumière, du sombre émanait une clarté, une lumière picturale dont le pouvoir émotionnel particulier animait mon désir de peindre – j'aime que cette couleur violente incite à l'intériorisation. Mon instrument n'était plus le noir mais cette lumière secrète venue du noir. D'autant plus intense dans ses effets qu'elle émane de la plus grande absence de lumière. Je me suis engagé dans cette voie, j'y trouve toujours des ouvertures nouvelles.

Ces peintures ont parfois été appelées *Noir-Lumière*[3] désignant ainsi une lumière inséparable du noir qui la reflète.

Pour ne pas les limiter à un phénomène optique j'ai inventé le mot *Outrenoir*, au-delà du noir, une lumière transmutée par le noir et, comme *Outre-Rhin* et *Outre-Manche* désignent un autre pays, *Outrenoir* désigne aussi un autre pays, un autre champ mental que celui du simple noir.

Pierre **SOULAGES**

---

3. « Noir-Lumière », titre de l'exposition Pierre Soulages, Musée d'Art moderne de la ville de Paris, 1996.

Introduction

INTRODUCTION

«La couleur noire renferme l'impossible vivant. Son champ mental est le siège de tous les inattendus, de tous les paroxysmes. Son prestige escorte les poètes et prépare les hommes d'action.»

(R. Char, *Fureur et Mystère,* 1948, p. 230).

«Nous pensions bien qu'à nos lecteurs et à nous-mêmes, "le noir irait si bien". Le mot lui-même commence comme une négation, alors que la couleur qu'il exprime les assemble toutes, les exhausse, les illumine. Le noir, ferment dialectique : sans lui, que serait le blanc? [...] Noir comme la nuit, le film, la bête, le trou, la musique, le raisin, l'œil, le tableau, l'humour, le marché, le blé, la marée, le chocolat, le blouson, le cafard, l'olive et tant d'autres référents. Noir, expression de vie autant que de mort. Splendeur du noir.»

(*Senso*, «Noir c'est noir», 17, déc.-janv. 2005, p. 3, Éditorial, O. Barrot & T. Taittinger).

Ce volume, «Le Noir», est la nouvelle édition, revue, complétée, modernisée, présentée dans une nouvelle maquette, de l'édition parue en 2005. Il fait partie d'un ensemble constituant la série de dictionnaires analysant le lexique des couleurs des XXe et XXIe siècles. Il fait suite aux volumes consacrés aux champs[1] du bleu (*Le Bleu*), du rouge (*Le Rouge*), du rose (*Le Rose*) et du blanc (*Le Blanc*)[2].

I. Le noir est-il une couleur?

Certains lecteurs pourraient objecter que le noir n'est pas une couleur et s'étonner de sa présence dans un dictionnaire consacré aux couleurs et à son lexique. Le noir : couleur ou non-couleur? Vaste débat où se mêlent physique, langage et culture.

✶ Le noir dans la représentation tridimensionnelle des couleurs

La classification de la couleur a conduit à diviser celle-ci en deux groupes fondamentaux : les «couleurs pures (saturées)» et les «couleurs neutres» *(blanc, gris,*

---

1. Le «champ» chromatique est un «rayon sémantique de couleur ressenti comme unité dans une langue» [Kristol 1978, p. 10]. Après le *bleu,* le *rouge,* le *rose,* et *le noir,* le volume prochain sera consacré au *blanc,* contraire et complice. Les volumes suivants traiteront du *jaune,* de *l'orange,* du *vert,* du *violet,* du *brun/marron,* sans oublier le *gris.* L'ensemble des volumes devant couvrir les onze champs de couleur français.
2. Pour l'exposé de la problématique du domaine des couleurs et de son lexique, ainsi que pour les finalités et principales options de ce dictionnaire, je renvoie le lecteur aux volumes *Le Bleu* (1998, 2002, 2004) et *Le Rouge* (2000).

NOIR

noir). Toutes les autres couleurs se situent quelque part entre ces deux extrêmes. Les *couleurs pures* et les *couleurs neutres* peuvent être ordonnées dans des systèmes linéaires *(cercle des tonalités, axe de clarté)*. En revanche, la classification de toutes les couleurs n'est possible que dans un système à trois dimensions, prenant en compte trois paramètres : la *tonalité*, la *clarté* et la *saturation*, espace qui, seul, permet de caractériser avec précision d'infimes différences de couleur.

De nombreux modèles tridimensionnels des couleurs, ou « solides des couleurs », ont été proposés. Ils ont tous en commun la position médiane de la ligne des *couleurs neutres*. Leur différence consiste surtout dans la disposition variable des *couleurs pures* autour de cet axe, quant à leur ordre ou aux intervalles entre elles, selon qu'elles sont classées d'après des critères physiques, optiques, matériels ou psychologiques.

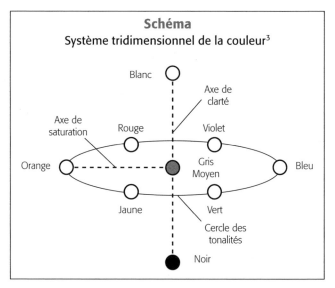

Schéma
Système tridimensionnel de la couleur[3]

L'ensemble des couleurs peut être représenté dans un système à trois dimensions, notamment par le modèle simple – correspondant pour l'essentiel à la systématique des couleurs de Ostwald – formé par un double cône dont l'axe *(axe de la clarté)* constitue la ligne des *couleurs neutres* (ou *échelle de gris*), allant du blanc – au sommet supérieur –, au noir – au sommet inférieur –, et dont le cercle de base, ou *cercle des tonalités*, porte le continuum des *couleurs pures* (voir schéma). Toutes les couleurs peuvent se positionner dans ce solide grâce aux trois paramètres de la *tonalité*,

---

3. La réalisation de ce schéma est due à Philippe Fagot, arcenciologue, consultant en management de la couleur.

la *clarté* et la *saturation*[4]. Le noir se situe, non sur l'axe des tonalités, mais sur l'axe de la clarté, à l'opposé du blanc et de la clarté maximale. Couleur neutre, achrome, le noir s'oppose alors à la couleur *(bleu, rouge, vert…)* mais il fait également partie intégrante du système chromatique et toute nuance ne pouvant se situer que par rapport à la tonalité, à la clarté et à la saturation, a aussi rapport au noir.

✻ Le noir dans la langue courante et les dictionnaires

La problématique de l'appréciation du noir comme couleur se retrouve dans les définitions des dictionnaires qui, souvent, hésitent sur son statut, opposent le noir (ainsi que le blanc et le gris) à la couleur, mais se contredisent parfois en définissant le noir par le terme *couleur*[5]. Dans la définition générale des dictionnaires, le noir est le plus souvent considéré comme une couleur et figure d'ailleurs parmi la liste des couleurs principales dans nombre de dictionnaires généraux *(Littré, Larousse…)* ou divers dictionnaires de symboles *(Dictionnaire des symboles*, de Chevalier et Gheerbrant [1982], *Encyclopédie des symboles*, de Biderman [1996]).

Le fait de considérer le noir comme une couleur n'est pas fondé sur une codification physique du spectre des couleurs, mais sur une approche culturelle et linguistique. Le noir, du point de vue des usages et des coutumes, est bien une couleur et constitue de nos jours, en français (comme dans de nombreuses autres cultures et langues), un véritable champ de couleur *(au même titre que le bleu, le rouge, le jaune, le vert)*, avec ses nuances propres. Il est considéré comme une couleur principale, un terme fondamental, générique, un hyperonyme qui englobe toutes

---

4. La *tonalité* est la catégorisation chromatique d'un stimulus : *violet, bleu, vert, jaune, orange, rouge*, etc. Les diverses tonalités sont représentées, géométriquement, sur le cercle des tonalités (l'ensemble du continuum tonal plus ou moins divisé), et correspondent aux « couleurs saturées », « pures », brillantes, non mélangées de *blanc/gris*. La *clarté* détermine le niveau de *luminosité* relative d'une tonalité : clair, moyen, foncé. Ce degré de *luminosité* d'une couleur s'évalue par rapport au *blanc* et au *noir (couleurs neutres)*, sur l'*axe de la clarté* (échelle des *gris*), axe orthogonal au *cercle des tonalités*. Ainsi, une ligne reliant une des *couleurs pures* au *blanc* permet de classer tous les degrés d'éclaircissement de cette couleur. En se rapprochant du *blanc*, la couleur se modifie : sa *luminosité* augmente, son degré de *saturation* diminue. La *saturation*, concept plus délicat à identifier, correspond à l'évaluation du degré et pureté chromatique d'une couleur. Elle s'évalue sur un rayon qui relie un point de la circonférence au centre du cercle. La *saturation* décroît lorsqu'on s'éloigne du *cercle des tonalités pures*, en se rapprochant de l'*axe de la clarté*, de la ligne des *couleurs neutres*. Toute couleur située sur l'*axe de la clarté* est totalement *désaturée*, *achrome*.
5. *Couleur* : « Toute couleur qui n'est ni noire, ni grise, ni blanche » ; *Noir* : « Qui est de la couleur la plus sombre » ; *Noirceur* : « Qualité de ce qui est noir ; couleur noire » *(Hachette 2005) – Noir. Adj*. « se dit de la sensation produite par l'absence ou par l'absorption totale des rayons lumineux (par opposition à blanc, à couleurs)… » . *Subst*. « Caractère d'absence de lumière, de couleurs… » *(Pt. Lar. 2005)*.

NOIR

les nuances de la couleur noire. *Noir* fait partie des termes de base destinés à nommer les couleurs, des «*basic color terms*», selon la terminologie de Berlin & Kay (*Basic Color Terms. Their Universality and Evolution*, 1969), et satisfait aux critères élaborés par ces auteurs[6].

Pour les linguistes – et en particulier pour la lexicographe que je suis – le noir est couleur. Ce n'est que dans certains de ses sens qu'il s'oppose à la couleur *(film noir et blanc/film [en] couleur…)*. Le noir, du point de vue des usages, fonctionne comme une couleur: «*Ma robe est noire; mes yeux ne sont pas noirs, mes cheveux sont (parfois!) noirs.*» *Noir* fait partie du lexique chromatique comme *bleu, rouge, rose, vert*… termes de couleur avec lesquels il entre en association ou en opposition. Le noir est couleur mais il est aussi obscurité, ombre, ténèbres… et débouche sur tout un univers particulier, au point de vue physique et symbolique.

✱ Le noir-couleur en peinture

«*Le noir est une couleur.*» Tel est le titre qui fut donné, au premier numéro de *Derrière le miroir*, publié par la Galerie Maeght en décembre 1946, essai de réflexion sur le noir en peinture, accompagnant l'exposition d'œuvres de Bonnard, Matisse, Braque, Rouault, Marchand, Manessier, Rigaud, Dany, Pallut. Titre défi et réhabilitation du noir[7].

---

6. C'est un monolexème. Sa signification n'est pas comprise dans un autre terme de couleur, et il sert à définir les nuances de son champ chromatique (➔ CHARBON, CARBONE, etc.). Il est susceptible d'être suffixé: *noir foncé*, etc., *noir anthracite, charbon*, etc.). C'est un terme non spécialisé, non limité à certains contextes d'emplois. Il peut qualifier toutes sortes d'objets (éléments naturels, ciel, eau, minéraux, pierres, végétaux, animaux, objets fabriqués, vêtements, étoffes, etc.; dans certains contextes d'emplois et dans des systèmes de connotations: teint, vin, etc.; au *fig.* élément concret ou abstrait). Il produit de nombreux dérivés: *adj., subst., verb* (➔ NOIRÂTRE, NOIRCEUR, NOIRCI, NOIRCIR, etc.).

7. «[…] Le discours sur le noir change avec les Impressionnistes. Matisse raconte en 1946 [*Écrits et Propos sur l'art* (…)] : "Pissarro me disait un jour: Manet est plus fort que nous tous, il a fait de la lumière avec du noir." Matisse datait même ce noir des Japonais. En 1940, dans une lettre, il parle d'un "noir lumineux de jais" […]. En 1945: "Comme toute évolution celle du noir en peinture s'est faite par à-coups. Mais depuis les Impressionnistes il semble qu'il s'agisse d'un progrès continu, d'une part de plus en plus grande prise à l'orchestration colorée, comparable à celle de la contrebasse dont on est arrivé à faire des soli." […]. Comparaison avec des sons graves. Qui intègre le noir dans une gamme de couleurs. Enfin, en 1951, cette expression fameuse, en parlant de sa toile *Les Marocains*, de 1912-1916: "C'est dans cette œuvre que j'ai commencé d'utiliser le noir pur comme une couleur de lumière et non comme une couleur d'obscurité." […] Et c'est dans cette tradition que Soulages a parlé du noir "couleur intense, plus intense que le jaune." […] Intéressantes les citations de peintres en épigraphes dans ce numéro de *Derrière le miroir*. Matisse remarque que le noir prend une place de plus en plus grande dans l'orchestration colorée, "comparable à celle de la contrebasse dont on est arrivé à faire des soli." Renoir dit de Vélasquez: "Comme

INTRODUCTION

Le noir, « couleur » qui absorbe la lumière et ne la rend pas, devient en peinture, couleur... et lumière, en particulier avec Pierre Soulages. Noir et lumière comme seul élément variable. Noir qui joue avec la lumière et la rend, la reflète. *Noir-lumière. Outrenoir. Noir Soulages.*

> « Maintenant, le noir souverain est tout autant couleur que reflet, matière que vibration, conjugaison de l'apparence et de l'enracinement [...] le noir chez Pierre Soulages ne s'organise qu'autour d'un principe de lumière et de communion. Il ne se fonde si obstinément, si complètement, que pour mieux capter la puissance d'un souffle, une présence seconde, le rayonnement même de l'univers dans sa ronde perpétuelle. »
>
> (J. Laurans, « Pierre Soulages ou la transparence du noir », *Pierre Soulages, trois lumières*, 1999, p. 9).

II. Le volume « Le Noir »

La couleur noire, au statut particulier, puisqu'elle entretient un rapport privilégié avec l'obscurité, l'ombre, les ténèbres et la symbolique qui y est rattachée, a toujours hanté notre imaginaire, ce dont témoigne le lexique[8].

---

il savait se servir des noirs, celui-là. Plus je vais plus j'aime le noir. Vous vous échauffez à chercher, vous mettez une petite pointe de noir d'ivoire. Ah ! que c'est beau !" [...] Moment historique que cette exposition "Le Noir est une couleur", mais qui venait un peu trop tôt. Ce titre resta néammoins longtemps comme un défi dans une époque plutôt portée vers les couleurs "naturalistes" » (M. Ragon, *Les Ateliers de Soulages*, 1990, pp. 101-102).
8. D'après les travaux de Berlin & Kay [*Basic Color Terms. Their Universality and Evolution*, 1969], il existerait des catégories universelles et innées de la couleur, communes à tous les êtres humains et une sorte de loi régirait, dans toutes les langues du monde, le rapport entre les catégories de couleur appelées par ces deux chercheurs « fondamentales », couleurs focales, couleurs saillantes, et les *« basic color terms »*, termes de base destinés à les nommer. Or, le noir (et le blanc) seraient *basic color terms* nommés en premier et obligatoirement dans toutes les langues : si une langue a deux termes [Ier stade], ce seront obligatoirement des termes pour désigner le *blanc* et le *noir* ; un troisième terme [IIe stade] nommera ensuite le *rouge* ; le quatrième terme [IIIe stade] sera soit le *vert*, soit le *jaune* ; si une langue distingue cinq couleurs, elle aura le *vert* et le *jaune* ; le sixième terme désignera le *bleu* [V^e stade], le septième le *brun* [VIe stade] ; viendront ensuite, les désignations du *violet*, du *rose*, de l'*orange* et du *gris* [VIIe stade]. Le *noir/blanc/rouge* serait la triade de base que l'on retrouverait dans toutes les parties du globe. Quant au français, il posséderait onze *basic color terms* et correspondrait au stade VII des sociétés dites « évoluées ». Cette thèse de Berlin & Kay, quoique majoritairement acceptée par l'anthropologie contemporaine, se trouve toutefois au cœur du débat opposant *universalistes* et *culturalistes* et fait l'objet de vives critiques, notamment de la part d'anthropologues francophones dont S. Tornay a réuni des articles dans *Voir et Nommer les couleurs*, 1978.

NOIR

✱ Aux sources du noir

Le lexique et les étymologies du noir et de ses nuances attestent sa très longue histoire et confirment l'importance de cette couleur qui, dès l'Antiquité, au moyen d'une large gamme de termes, était nommée, nuancée, chargée de symboliques très fortes.

Le latin classique disposait de deux termes pour le noir : *niger* (d'étymologie inconnue), qui désignait le noir brillant, et *ater* le noir en soi ou le noir mat, sans éclat – termes correspondant à *candidus* (blanc brillant) et *albus* (blanc mat). *Ater*, sans connotation, était l'expression la plus fréquente du noir (IIIe s. — IIe s. av. J.-C.) mais a, très tôt, été chargé de connotations négatives, exprimant la laideur, l'horrible, l'effrayant, le repoussant, *niger* étant alors encore considéré comme un terme neutre. Dès le Ier s. av. J.-C., *ater* avait reculé au profit de *niger*[9] chargé de connoter le triste, le terrible, le méchant, et qui restera le seul terme du noir actif en vieux français. Issu de *niger, neir* (1080)/*noir* (1160), en aura la signification originaire (« noir brillant ») ainsi que celle de *ater* (« noir ») et sera donc neutre quant à la nuance, mais chargé d'exprimer un sentiment de déplaisir, de peur devant l'obscurité de la nuit, la saleté et la laideur, les ténèbres du péché. Dès le latin et l'ancien français le champ du noir, de l'obscur, du sombre, de l'ombre et des ténèbres, disposait d'une large gamme de termes, notamment de nombreux dérivés de *niger (nigellus* – « noir », peut-être d'intensité moindre et avec une connotation affectueuse de l'expression –, *nigrans* – synonyme de *niger* –, *nigrare, nigrere* – « être noir » –, *nigrescere* – « devenir noir » –, *nigror, nigredo, nigrities* et *nigritia* – « couleur noire » ; ainsi que *fuscus* (brun sombre, noirâtre), *pullus* (« de couleur sombre, noirâtre, noir ») et les termes *umbra, umbrare, subumbrare, obscurus, tenebrae* désignant, au propre et au figuré, l'obscurité de la nuit, de la mort, des enfers, du malheur. Dans la langue contemporaine se retrouvent encore de nombreux dérivés du latin *niger* et quelques-uns de *ater* (dans le vocabulaire plus spécialisé)[10]. Le noir latin est un noir inquiétant et néfaste, couleur des ténèbres et de la nuit, de la mort, du mal, de l'horrible et du repoussant.

Le grec désignait le noir par *melas, melanos* – que l'on retrouve dans l'élément préfixal *mélan (o)* –, entrant dans la construction de termes scientifiques, généralement substantifs, où il évoque la couleur noire (en particulier de la peau) dans divers domaines – ou par *percno*[11].

---

9. *Niger* qui entre en opposition à la fois avec les termes du blanc, *albus* et *candidus*, pour les nuances et les sens figurés et donnera aussi ➜ DÉNIGRER : noircir moralement quelqu'un.
10. V. ➜ NÈGRE, NÉGRESCENT, NÉGRITUDE, NOIR, NOIRÂTRE, NOIRCEUR, NOIRISME ; ➜ ATRE, ATRI-/ATRO-, ATRABILAIRE, ATRABILE.
11. ➜ MELAN (O)-, MÉLANCOLIE, MÉLANOME, et PERCNOPTÈRE.

INTRODUCTION

Le noir égyptien se disait *kem*, qui a donné *Kemet*, « la terre noire » (nom de l'ancienne Égypte) à la base du terme *El-Kimya* ou *alchimie*[12], opération qui permet d'obtenir la pierre philosophale par le passage invariable de l'*Œuvre au noir* à l'*Œuvre au blanc*, puis à l'*Œuvre au rouge*. L'*Œuvre au noir*, la première étape, permet d'obtenir par le feu et la calcination, dans l'*athanor* ou four de l'alchimiste, la *terre noire* ou *matière noire*, appelée encore *corbeau noir* ou *(tête de) corbeau, fleur noire, résidu noir, saturne des sages, soufre noir*[13]. La couleur noire est l'étape indispensable, permettant par la calcination, la destruction, d'atteindre l'*Œuvre au blanc*, puis l'*Œuvre au rouge*, la *pierre (au) rouge*, symbole du mystère vital, de la connaissance ésotérique, de la régénération et de l'immortalité, le stade supérieur de la *quintessence* ou *cinquième essence*.

En MÉDECINE ANCIENNE, selon la théorie des tempéraments, l'*atrabile* ou *mélancolie*, l'*humeur noire* ou *bile noire* est une des quatre humeurs que l'on situait dans la rate et qui était supposée prédestiner à la tristesse, à la mauvaise humeur[14].

Dans la MYTHOLOGIE et la RELIGION, le *royaume* ou *séjour noir*, encore nommé *royaume sombre, royaume de l'ombre* ou *des ombres, séjour ténébreux*, ou encore *royaume infernal, de Pluton, de la mort* ou *des morts* désigne les enfers, le séjour des morts, par opposition au *paradis* ou *royaume éternel, céleste, du ciel, des cieux*. Royaume auquel on parvient par l'*onde noire* ou *noir rivage* du Styx, fleuve des Enfers, séjour des morts[15].

---

12. « [...] on fait dériver l'arabe *El-Kimyâ (alchimie)* du mot égyptien *Kêm*, terre noire. Cette terre noire ne doit pas [...] être considérée uniquement sous forme de boue fertilisante des crues du Nil mais, dans la pensée des alchimistes alexandrins, comme la matière originelle à laquelle il s'agirait de ramener tous les métaux avant leur conversion en or. » (Caron & Hutin, *Les Alchimistes*, 1959, p. 116).

13. « Voici que par la grâce de Dieu, tu as le second composant de la pierre philosophale, qui est la *Terre noire*. *Tête de corbeau*, mère, cœur, racine des autres couleurs. De cette terre comme d'un tronc, tout le reste prend naissance. Cet élément terreux, sec, a reçu dans les livres des philosophes un grand nombre de noms, on l'appelle encore *Laton immonde, résidu noir, Airain des philosophes, Nummus, Soufre noir, mâle, époux*, etc. Malgré cette infinie variété de noms, ce n'est jamais qu'une seule et même chose, tirée d'une seule matière » (A. Legrand, ch. V. « Pratique du mercure des sages », *Le Composé des composés*, p. 16, multimania.com).

14. « À propos de ces *biles noires*, on ne saurait méconnaître un curieux phénomène de prescience chez nos prédécesseurs de l'Antiquité et du XVIIe siècle qui ont attribué certains états de dépression mentale à la mélancolie [...] et à l'"atrabile" autre expression littérale de la *bile noire* » (Anonyme, *Ce que la France a apporté à la médecine depuis le début du XXe siècle*, 1943, p. 237). « La médecine hippocratique considérait le tempérament comme le résultante du mélange de quatre humeurs, le sang, l'atrabile, la bile, la pituite et distinguait le sanguin, le bilieux, l'atrabilaire et le pituiteux » (J. Delay, *Études de psychologie médicale*, 1953, p. 152).

15. « Vial [...] se campa devant moi, pareil à un mitron des noirs royaumes. » (Colette, *La Naissance du jour*, 1928, p. 31). « Vers le lis où brillait le Léthé coloré de miel, Criton les arrêta : – Pardonne-moi, doux psychagogue, d'oser solliciter une parole de plus. En descendant vers l'onde noire, il y a de longs siècles, c'est toi qui me fis déchiffrer des inscriptions funestes. » (Ch. Maurras, *Le Chemin de Paradis*, 1927, p. 189).

NOIR

Le noir ancien est au cœur des grands thèmes touchant aux mythes, à la religion, aux croyances, aux liens entre le corps et l'esprit. Le noir est diable, Enfer, mal, mort... mais aussi promesse d'une nouvelle étape, supérieure et idéale.

✱ Les noirs du xxᵉ siècle et les noirs contemporains

La société et le langage reprennent à leur compte ces noirs inscrits dans l'histoire de l'humanité, mais les transforment et les renouvellent... Au xxᵉ siècle et actuellement, quels rejets la langue a-t-elle opérés par rapport aux siècles passés? Quelles dénominations a-t-elle sauvegardées? créées? Quels sont leurs contenus, leurs usages, leurs connotations? Notre approche du noir a-t-elle évolué? A-t-on assisté à des permanences, ou au contraire à des mutations du noir? Que nous dit le noir de la société, de ses valeurs, de ses tendances?

Répondre à ces interrogations, telle est la finalité de ce volume qui, de la poésie à l'argot, des romans et chansons aux articles de presse, d'*airelle* à *zan*, en passant par *atri-, mélano-, niger* et *percno-* et leurs dérivés *(atrabilaire, mélancolie, négritude, noirâtre...)*, nous fait pénétrer dans cette «couleur» souvent inquiétante et néfaste, chargée, de longue date, de valeurs négatives... mais noir caméléon, noir ombre et lumière, ce «*fond du seau qui permet de repartir sur d'autres bases*» selon Philippe Starck, ce «*bout de course positif*», devenu la toile de fond du xxᵉ siècle, «la couleur sémantique de notre époque» (M. Righini, *Le Nouvel Observateur*, 1986).

Le noir a été mis. Mais quel(s) noir(s)? et pour quels enjeux?

Au fil des pages et des mots de couleur, noirs anciens et nouveaux se mêlent, se complètent, se brouillent, et parfois s'opposent et se contrarient: noir du diable, des enfers, du mal; noir de la mort, du malheur et du tragique, de la violence et du danger; noir de l'humeur et des idées; noir du désespoir ou de la tristesse, de la mélancolie, du pessimisme, de la colère ou de la folie; noir de l'anarchie, de la rébellion, de la révolte; noir de la peau ou le noir comme marque raciale; noir du mystère, de l'inconnu, du secret, de la clandestinité; noir du trouble ou de la confusion; noir du fascisme.

✱ Noir du diable, des enfers, du mal

Le noir est resté, jusqu'à nos jours, le noir de l'enfer, de Satan, par opposition à la lumière de Dieu et du paradis. C'est l'*ange noir* ou l'*ange des nuits*, l'*ange des ténèbres*, l'ange déchu, Lucifer («Porteur de lumière»), le diable, le principe du mal et, par extension, celui ou celle qui séduit, tente, entraîne au mal et conduit à la perte[16]. Il

---

16. «Ce n'est pas vrai que l'ange de lumière pourrait moins sur lui que l'ange noir» (H. Pourrat, *Les Vaillances, farces et aventures de Gaspard des montagnes*, 4, *La Tour du*

INTRODUCTION

appartient au monde de l'occultisme, de la sorcellerie, du satanisme, et a rapport au diable et au blasphématoire. C'est la *magie noire*, démoniaque, diabolique, qui opère de façon occulte sur les forces et les esprits du mal – opposée à la *magie blanche* des forces et des esprits du bien. C'est la *messe noire*, messe parodique célébrée en l'honneur du diable[17].

C'est le domaine du mal, du péché, de la méchanceté[18]. Les animaux au pelage noir ont la réputation d'être particulièrement féroces ou dangereux et sont donc mis à l'écart, exclus, pourchassés ou fuis. Ainsi le loup, réputé pour sa cruauté et symbole archétypal de toutes les peurs, associé à la couleur noire dans l'imaginaire contemporain et les représentations, pour des raisons symboliques plus que réelles, puisque l'espèce commune se caractérise par un pelage jaunâtre, mêlé de noir, mais qui, en locution verbale, exprime l'intensité du noir, de l'obscurité : *faire noir comme dans la gueule d'un loup*. *Bête noire* et *mouton noir* désignent, au sens figuré, une personne – parfois considérée comme dangereuse – rejetée, mise à l'écart ou traitée en souffre-douleur.

> «Agathe consentit à me livrer le secret des raisons qui, à l'âge de treize ans, l'avaient fait renvoyer du lycée ; et qu'elle ait joué à se noircir, pour se faire peur ou pour se donner de l'importance, on en conviendra : elle pervertissait les autres, un mouton noir, voilà ce qu'on l'avait accusée d'être !»
> (I. Monési, *Nature morte devant la fenêtre*, 1966, p. 120).

Dans la langue littéraire et vieillie, *noir* qualifie le comportement pervers, odieux d'une personne. *Noire ingratitude. Noire calomnie.*

> «Dans la vie, dans la mort, plus rien d'important. Les vers rongent le papier, les preuves sont là, les intérêts, les apparences se déchirent. Apparaissent les fautes, rien, néant, le destin contraire. La gaieté noire de la rancune forme sa ronde, enveloppe les églises et monastères et couvents et chapelles jusqu'au Vatican.»
> (J.-P. Amette, *Province*, 1995, p. 125).

Levant ou quand Gaspard mit fin à l'histoire, 1931, p. 214). «Car vous vous croyez naïvement imbibé jusqu'aux moelles des liqueurs de l'immoraliste – un vrai petit ange noir – et ce que vous apportez ici, dans notre air, nigaud, c'est une bonne odeur de vieille maison sage, carreaux cirés, naphtaline, et toile de Jouy...» (G. Bernanos, *Un mauvais rêve*, 1948, p. 885).
17. «En entrant, si l'on n'était prévenu, ne dirait-on pas un repaire de mauvaise sorcellerie, un souterrain pour messe noire?» (P. Loti, *La Mort de Philæ*, 1909, p. 1279.) «C'est mieux qu'une messe noire, c'est une profanation de tout : de la musique, de l'art, de l'amour, des couleurs» (P. Morand, *New York*, 1930, p. 181).
18. «La nuit, l'opacité du mal. Avec quoi un roman est-il fait, sinon avec du mal? Ôté le mal, que reste-t-il? Du bien, c'est-à-dire du blanc. Il faut aussi du noir» (J. Green, *Journal*, 1957, p. 308).

NOIR

Dans le langage courant et familier, par opposition à *blanc*, l'adjectif *noir* qualifie une personne à laquelle on ne peut faire confiance, dont la réputation est entachée, noircie, qui a un casier judiciaire chargé, qui est récidiviste[19].

* **Noir de la mort, du malheur, de la tragédie, de la violence et du danger**

> «Elle a cru des jours et des jours son propre sort lié à celui de ce cœur fléchissant, prête à détester l'homme gris, taciturne, qui la tirait ainsi vers le noir, la mort.»
> (G. Bernanos, *Monsieur Ouine*, 1943, p. 1353).

Le noir, couleur de nuit et de ténèbres, est la couleur de la mort, domaine de l'obscurité, liée autrefois au monde souterrain du *séjour* et du *royaume noir* des morts et des enfers. De nos jours, la mort et le néant sont encore associés au noir, à l'obscurité, au monde souterrain, au bas, au trou, si ce n'est à la chute : «Comme l'abîme infernal ne terrifie plus beaucoup d'imaginations, c'est le trou seul qui reste dans notre langue. *Être dans le trou* n'est pas relevé par Littré, et n'apparaît en argot que dans le dictionnaire de Larchey en 1878. Mais on trouve déjà le mot dans une épitaphe composée par Piron en novembre 1772 : *Je suis au bout de ma route;/C'était un vrai casse-cou./J'y vis clair, je n'y vis goutte;/Je fus sage, je fus fou./Enfin je me vois au trou/Que n'évite fou ni sage...* (*Recueil de poésies*). On disait aussi *aller au trou*, "mourir". Mais le trou paraît si profond, même quand il ne communique plus avec les enfers, qu'on disait au XIXᵉ siècle, *être dans le sixième dessous*, "être ruiné ou mort, – forme explétive de "troisième dessous", qui est la dernière cave pratiquée pour les planches de l'Opéra pour en receler les machines" (Delvau, 1867). Il s'y ajoute une idée d'échec puisqu'une pièce de théâtre tombait dans le troisième dessous quand elle faisait un four.» (M. Courtois, *Les Mots de la mort*, 1991, p. 66). Le trou profond, obscur, noir est le lieu de l'inconnu, de la peur et de la solitude : «Dans le chaos d'illusions où nous sommes jetés, une chose demeure vraie, l'amour. Le reste est néant. On se penche sur un grand trou noir, et on a peur.» (J. Green, *Journal*, 1931, p. 78).

Le noir est aussi couleur du malheur. Dans un système d'opposition à *bleu* et *rose*, *noir* qualifie une vie, une période de temps malheureuse et tragique. *Époque, période noire. Années noires. La série noire* désigne la malchance persistante, la succession d'évènements tragiques, malheureux. En parlant d'une œuvre littéraire, d'un roman, *noir* évoque des évènements malheureux, des sujets pénibles. Les pièces *roses* et *noires* de Anouilh...[20] La *littérature noire*, le *roman noir* évoquent des sujets pénibles, des péripéties sinistres, terrifiantes, notamment meurtrières, au

---

19. À rapprocher de → DÉNIGRER et NOIRCIR.
20. «[...] c'est le livre *[L'Insoutenable Légèreté de l'être]* le plus désolé, le plus noir-et-angoisse qu'ait écrit Milan [Kundera] [...].» (*Le Nouvel Observateur*, 20. 1. 1984, p. 80, c. 3).

XXVIII

dénouement souvent tragique. *Série noire* est le titre d'une collection de romans policiers à couverture noire.

Toujours dans le domaine de l'esprit, l'*humour noir* est celui qui se manifeste à propos d'une situation, d'une manifestation grave, désespérée ou macabre : « Dans la préface de l'*Anthologie de l'humour noir* […] Breton prend plusieurs fois "noir" dans son sens plus particulièrement funèbre […], il contribue […] à donner une idée relativement précise de ce qu'on va désormais appeler humour noir au sens strict. À savoir toute plaisanterie ayant pour cible la mort ou la déchéance humaine, de la farce macabre à telle élégante façon de caresser l'idée du suicide » (D. Noguez, "Noir comme l'humour", *Senso*, 17, déc. 2004-janv. 2005, p. 78).

La locution verbale, *marquer d'une pierre noire/d'un caillou noir*, sert à signaler un jour malheureux, ou le fait que l'on considère quelque chose comme défavorable, par opposition à la locution *marquer d'une pierre blanche/d'un caillou blanc*. De même, l'oiseau noir lié à la mélancolie (tel le corbeau d'Edgar Poe), à l'angoisse, au malheur, est aussi un oiseau de maléfice et de mauvais augure[21] et, en argot des joueurs, *porter le noir* est synonyme de *porter malheur, porter la poisse*.

> « Tu ne l'as pas reconnu ? a soufflé un des joueurs à son voisin. C'est Empain, il porte le noir. »
> (*Le Nouvel Observateur*, 27. 11. 1982, *in* Colin-Mével 1990).

Le noir, comme le rouge, est la couleur du danger. D'un danger maximun, extrême, « ultra-rouge ». En alpinisme et dans le domaine du ski, la *piste noire*, dans un système d'opposition notamment à *piste bleue, jaune, rouge, verte*, désigne la piste la plus difficile et dangereuse. *Faire une piste noire ; se lancer sur une noire*. Le *point noir* désigne l'endroit où la circulation des véhicules est difficile, un croisement, un virage particulièrement dangereux et, au figuré, l'aspect négatif, le signe annonçant un danger, la détérioration d'une situation, la menace d'échec, de trouble, de malheur[22].

---

21. « […] deux grands oiseaux […] inscrivaient ainsi sur le tumulte des vagues et de la lumière un contour anguleux, méchant, comme d'oiseaux héraldiques, et du fait qu'ils étaient entièrement noirs, presque sinistre. Comme les corbeaux, » […] ces grands oiseaux pourraient être liés à de sombres appréhensions. On aurait pu voir en eux, […] une espèce d'affreuse tache d'encre au bas d'une page anonyme. Leur nom même de cormorans aurait pu sonner à mes oreilles comme un glas. Mais tout cela n'est pas vrai, c'est pure "littérature". Non seulement, d'une manière générale, il est déraisonnable de lier à des oiseaux noirs aucune pensée funèbre, mais je ne crois pas qu'au cours de ce voyage, cette présence fréquente du noir m'ait jamais alerté, ou effrayé » (Ph. Jaccottet, *Les Cormorans*, 1984, pp. 55-56).
22. « Un de ces graves problèmes, assez fréquent sur les routes françaises et que l'on appelle tour à tour "point noir", "bouchon" ou "étranglement" » (*Le Monde*, 17. 2. 1971, Gilb. *Mots contemp. 1971*). « La richesse terrienne n'est point exposée aux vicissitudes qui sont le point noir des valeurs de bourse » (Châteaubriant, *Monsieur des Lourdines*, 1911, p. 130).

NOIR

* **Noir de l'humeur et des idées; noir du désespoir ou de la tristesse, de la mélancolie, du pessimisme, de la colère ou de la folie**

> «[...] une gorgée d'amertume humaine lui noyait la bouche... et cependant, cela, on ne pouvait le raconter à personne. Elle serra plus fort le bras de Jacques.
> – J'ai du noir! dit-elle.
> Puis elle sourit. Et Jacques, à son tour, lui prit la main, l'étreignit et répondit doucement:
> – Faut pas...
> [...] Et Jacques lui donna ce conseil absurde et excellent:
> – Si vous avez du noir, il faut vous dire à l'instant: "Je ne veux pas" et danser, et danser toute la nuit.»
> (Fr. Miomandre, *Écrit sur de l'eau*, 1908, p. 59).

> «Quel Dickie! [...] je ne peux pas le laisser seul huit jours sans qu'il ait des papillons noirs.»
> (A. Maurois, *Climats*, 1928, p. 115).

Vestige de la MÉDECINE ANCIENNE où l'*atrabile*, la *bile noire* ou *mélancolie* est l'humeur à laquelle les Anciens attribuaient les accès d'hypocondrie, la mélancolie exprime, de nos jours, dans un sens figuré et courant, les soucis, la mauvaise humeur, le ressentiment, l'amertume, la tristesse, le spleen. *Atrabilaire* indique le rapport à la *bile noire* et qualifie une personne atteinte d'*atrabile*, qui est portée à la mélancolie, qui est d'humeur sombre. La *maladie noire* nomme cet état pathologique caractérisé par une profonde tristesse. L'*atrabile* ou *mélancolique* a des *idées noires*, *sombres*, tristes, pessimistes. Il *a du noir*, *broie du noir*, *voit en noir*. Il a le *blues*, la *grise*, le *bourdon*, le *cafard*, des *papillons noirs*. Il se fait *de la bile*, *du mauvais sang*[23]. Il a une vision pessimiste de la vie en général et *voit le mauvais côté des choses*[24].

L'*atrabilaire* ou *mélancolique* est associé à la planète *Saturne* qui, d'après les astrologues, est une planète sombre, grise ou noire, froide, ennemie des hommes et source

---

23. « [...] une de ces figures mélancoliques où le regard, trop fixe, signifie qu'on se fait pour un rien de la bile, même des idées noires » (M. Proust, *À la recherche du temps perdu*. 12. *Sodome et Gomorrhe*, 1922, p. 895). « Voir en noir. Tourner au noir. Broyer du noir. Avoir des idées noires. Avoir le moral à zéro. Le noir de triste, de dramatique et de mortifère s'oppose au blanc et au rose de la vie et des idées. Attestées presque toutes dès le XVIIIe siècle, ces expressions [...] sont devenues d'un emploi très courant et surtout très banal depuis quelques années » (Ph. Brenot, *Les Mots du corps. Dictionnaire des clins d'œil populaires*, 1987, p. 29).
24. « À l'homme qui voit noir, tout est noir; la sérénité lui est importune; il trouve très naturel que l'on soit malheureux. » (Alain, *Propos*, 1936, p. 1066). « Henri sourit; ses yeux m'interrogeaient: "L'avenir n'est pas si noir, dit-il. – Je ne sais pas, dis-je. Peut-être qu'autrefois je le voyais trop rose » (S. de Beauvoir, *Les Mandarins*, 1954, p. 192).

de tristesse pour ceux qui sont nés sous son signe. Dans le domaine de l'*ASTRO-LOGIE*, par référence à la couleur ou à l'influence néfaste et triste de cette planète, on note le dérivé *saturnien* qui établit un rapport avec la planète Saturne et qui, par extension, qualifie une personne mélancolique et fonctionne comme antonyme de *jupitérien, gai, jovial*[25].

Noir de l'humeur et des idées, de la tristesse, du désespoir ou du pessimisme, le noir est encore la couleur de la folie et de l'expression extrême des sentiments. Folie noire exprimée par diverses expressions. Vide du cerveau : *avoir des cases noires dans le cervelet*. Esprit « dérangé » par divers animaux noirs qui parasitent l'entendement : *avoir une araignée au plafond, des papillons noirs, un rat dans la contrebasse…* Le noir sert aussi d'intensif à l'expression des sentiments, aux émotions et à leur manifestation physique, colère ou rire. Être *noir de colère* signifie être dans une colère extrême, une véritable fureur[26] et être *noir de rire*, rire de manière extrême (jusqu'à s'étouffer), être ivre de rire, au point de s*e dilater la rate, pouffer, se tenir les côtes*[27].

La célèbre gravure de Dürer, *Melencolia I*[28], allégorie de la mélancolie, représentée par le personnage *Melencolia* devant un soleil aux rayons obscurs inspirera à

---

25. « J'ai dans mon thème un trigone magnifique, absolument parfait, commandé par le soleil, avec de périodiques oppositions saturniennes que l'opinion courante déclare maléfiques au suprême degré… » (R. Abellio, *Heureux les pacifiques*, 1946, p. 136). « La timidité, la retenue excessive, certaines formes d'angoisse et d'anxiété, la méfiance, la soumission, peuvent être rattachées à la nature saturnienne » (G. Le Scouezec, *Les Arts divinatoires majeurs : l'Astrologie*, 1964, p. 221). « Caractère d'Oreste : un faux mâle, tout à fait dominé par sa destinée. Il a besoin du crime pour motiver ses remords. Il est de ceux sur qui pèse une fatalité, c'est-à-dire qui se sentent une mission à remplir. Un saturnien, évidemment » (A. Gide, *Journal : 1889-1939*, 1939, p. 146). *Poèmes saturniens* est le titre donné par Verlaine à un recueil de poésies mélancoliques et nostalgiques.
26. « Henriette était noire de colère, ses yeux carrés brûlaient les passants, les tramways, le ciel gris sur lesquels ils se posaient » (E. Triolet, *Le premier accroc coûte deux cents francs*, 1945, p. 137). « Si noire était sa fureur […] qu'elle en avait oublié la fonction première de sa canne et, boiteuse ou non, n'y voyait plus que l'instrument contondant bien connu des médecins légistes » (J.-L. Benoziglio, *Tableaux d'une ex*, 1989, p. 20).
27. « Les autres étaient noirs de rire. Ils se donnaient de grandes claques sur les cuisses pour mieux manifester leur joie » (D. de Guèvremont, *Le Survenant*, 1945, p. 64).
28. « Cette mélancolie qui […] est aussi la source des *imaginationes malæ*, car elle libère et développe les facultés peu contrôlables de l'imagination. Si les fantasmes sont un instrument de la séduction diabolique selon les moralistes, l'époque moderne a vu dans le penchant mélancolique une explication possible du génie. Mais bien avant Verlaine (*Poèmes saturniens*, 1866), le poète s'est volontiers posé en fils de Saturne : […] la mélancolie ouvre les portes du songe (allégorique) et, par là même, du monde de la fiction. […] C'est au puits profond de la mélancolie que le poète trempe sa plume selon Charles d'Orléans ; son emblème est ce soleil noir que Gérard de Nerval a trouvé dans la célèbre *Melencolia I*, réalisée par Albrecht Dürer en 1514 » (« Mélancolie », « Histoire littéraire. Période médiévale ». *unil.ch*).

NOIR

Gérard de Nerval la formule «soleil noir de la mélancolie» de «El Desdichado» dans *Chimères* (1854):

> «Je suis le Ténébreux,
> – le Veuf, – l'Inconsolé,
> Le prince d'Aquitaine à la Tour abolie:
> Ma seule *étoile* est morte,
> et mon luth constellé
> Porte le *Soleil noir* de la *Mélancolie*».

Ce *soleil noir*, symbole très poétique et romantique de la mélancolie[29], évoque parfois les forces destructrices, la souffrance et la mort[30]. De même, l'*oiseau noir* – en particulier le corbeau, «animal obscur» pris par Edgar Poe comme symbole du poète[31] – qui évoque le désespoir et l'image lugubre et inquiétante du vol noir des corbeaux, a inspiré à Joseph Kessel et Maurice Druon, dans le célèbre *Chant des partisans* (1943), la formule «*le vol noir des corbeaux sur nos plaines*», métaphore angoissante des envahisseurs de la France: «*Ami/entends-tu/le vol noir/des corbeaux/sur la plaine...*», première et dernière phrase de ce qui deviendra le chant de marche adopté par la Résistance française pendant les dernières années de la Seconde Guerre mondiale et l'hymne de la Libération de la France.

* **Noir de l'anarchie, de la rébellion, de la révolte, de la violence**

Le noir, c'est aussi la couleur de la violence: celle des pirates dont le *pavillon noir* était associé à une tête de mort. Celle de l'anarchie et de son *drapeau noir* qui

---

29. «Pour le reste du temps, son visage était noyé par une sorte de tristesse; de cette tristesse inhérente à l'âme, qui prend souvent aux gars du Sud, bien avant qu'ils s'avisent de se tuer pour une fille infidèle, simplement parce qu'ils ont fixé, un jour par hasard, le soleil noir» (P. Combescot, *Les Filles du Calvaire*, 1991, p. 57). «*Lorenzaccio* d'Alfred de Musset. Pour *Le Sacre de l'hiver* de Daniel Mesguich au TGP, on rêvait un peu – ça nous apprendra! – à un spectacle-soleil noir, à un coup d'éclat romantique et baroque» (*L'Évènement du jeudi*, 30. 1. 1986, p. 92, c. 5 - E. Klausner).
30. «Voici revenu le bruit des sources que le soleil noir de la peste avait évaporées. L'été s'en va. Nous n'aurons plus les raisins de la treille, ni les melons, les fèves vertes et la salade crue. Mais l'eau de l'espoir attendrit le sol dur et nous promet le refuge de l'hiver, les châtaignes brûlées, le premier maïs aux grains encore verts, la noix au goût de savon, le lait devant le feu [...]» (A. Camus, *L'État de siège*, 1948, p. 280). «Au moment où les nazis envahissent la Yougoslavie, un soleil noir se lève à Sarajevo: cette communauté [juive] [...] périra dans le feu et le sang» (*Le Monde*, 9. 12. 1988, p. 23).
31. «De même que dans la toile *Nirvana*, une étrange figure hagarde surgissait derrière Meyer De Haan (là où Rembrandt avait placé l'ange de saint Mathieu!), c'est le corbeau noir et désespéré d'Edgar Poe qui devient l'emblème du poète et lui refuse toute paix de l'âme, l'animal obscur qui taraude l'oreille de son *never more*» (R. Huyghe, *Dialogue avec le visible*, 1955, p. 369).

donnera lieu, par plaisanterie, à l'expression figurée *le drapeau noir flotte sur la marmite,* par référence à la formule tragique de Jules Vallès dans *l'Insurgé* (1885) – roman qui relate les évènements de 1871 : « Quand la ménagère arrache le drapeau noir qui flotte sur la marmite pour le planter entre deux pavés, c'est que le soleil se lèvera sur une ville en révolte » – pour exprimer un certain type de rebellion, de révolte (ridicule). Noir encore tragique et violent du *triangle noir* qui – dans un système d'opposition notamment à *triangle marron, rose, vert, violet* – fut le signe distinctif que les détenus « asociaux » des camps nazis à partir des années 1936 devaient arborer cousu sur le vêtement.

* Noir de la peau ou le noir comme marque raciale

> « Si pour un Européen, un "Maghrébin" est parfois confondu avec un autre, tout comme un "Chinois" est un Asiatique de tout pays, les Asiatiques en question, comme les "Noirs" d'ailleurs (appelés "Blacks" ou "Blackos", aujourd'hui, pour éviter de faire "raciste"), ne se trompent pas sur l'origine : ils remarquent immédiatement des différences de peau, plus ou moins foncée, de pommette, plus ou moins haute, etc. À l'inverse, un "Black" qui arrive pour la première fois en France ne voit pas de différence entre les "Blancs" : ils sont tous pareils, seule la "perruque" change. Toutes ces perceptions sont culturelles : c'est une question d'habitude. »
> (Milieux syncrétiques, *membres.lycos.fr*).

La couleur classe les choses mais aussi les êtres. *Blanc, jaune, noir...* Noir comme couleur de la peau foncée des personnes appartenant à la « race » mélano-africaine. *Homme de couleur. Noir,* mais encore *Black, blackos, kebla, nègre, renoi*[32].

Race noire souvent sujette à l'oppression et au racisme. Esclaves noirs traités comme de la marchandise et appelés *bois d'ébène*[33]. La langue familière ou argotique du XXe siècle se fait le reflet du racisme « ordinaire », souvent inconscient, ou de plaisanteries douteuses. *Blanche Neige, Y'a bon Banania* dénomment la personne noire ou à peau plus ou moins foncée. On boit du

---

32. « Hommes de couleur. C'est comme cela qu'ils appellent les Noirs dans leur néo-latin de cuisine culturelle posant inconsciemment ce doigt osseux et blême sur leur talon d'Achille leur plaie inavouée leur dévitalisant complexe d'exsanguité/Et toi Joan Miró/tu ressembles à ces Noirs/tu es depuis longtemps leur frère de couleur » (J. Prévert, « Tableaux vivants. Aux jardins de Miró », *Spectacle*, 1951, pp. 227-228).

33. « [...] nous passions la nuit à bavarder et à parler du trafic des "bois d'ébène" qui est à l'origine des plus grosses fortunes de l'Angleterre et du développement du port de Liverpool [...] » (Bl. Cendrars, *Bourlinguer*, 1948, p. 337). « [...] le Nantes bourgeois des nouveaux riches du XVIIIe siècle, qui a prospéré par le sucre des Isles et le commerce du bois d'ébène » (J. Gracq, *La Forme d'une ville*, 1985, p. 57).

NOIR

rhum *Négrita*, ainsi surnommé par référence à son origine «exotique», martiniquaise, et, par allusion à la couleur foncée de la bouteille, on *étrangle une négresse* pour boire un verre ou une bouteille de rouge. De même *nègre* (parfois *en chemise*) et *tête de nègre* désignent des pâtisseries ainsi qu'un champignon... et les expressions triviales *faire noir comme dans le cul d'un nègre, dans le trou du cul d'un nègre* servant à exprimer l'intensité de l'obscurité... sont les témoins d'un racisme particulièrement exacerbé dont le langage courant et la littérature se font l'écho[34].

Face au racisme et aux inégalités, divers mouvements de libération des Noirs verront le jour – *Les Black Panthers* [*Les Panthères noires*], nom que s'est choisi un mouvement violent noir américain de la fin des années 1960, exigeant les mêmes droits que les Blancs; *Le Black Power*, [*Le Pouvoir noir*] dont le nom a été repris du slogan de Stokely Carmichael[35] et le terme *négritude* – sur le modèle duquel sera formé *noirisme à* Haïti – exprimera la reconnaissance et la fierté de l'identité noire:

---

34. «"Nous disons donc 133 250..." [...] Pour éviter toute contestation possible, il avait toujours l'appoint, ses fouilles pleines de petites coupures, de menue monnaie. Dans le trou du cul d'un nègre il aurait pu s'y reconnaître avec son fric... Au toucher.» (A. Boudard, *La Métamorphose des cloportes*, 1962, p. 162). «Giani et le Moko avaient déjà étranglé deux négresses quand le gros Sam est arrivé. –... et une rouille de péteux, dit-il, c'est moi qui régale» (P. Perret, *Le Petit Perret illustré par l'exemple*, 1995, p. 224). Dans le même ordre d'idées et par ironie, Paul Bilhaud (1854-1933, membre des Hydropathes, auteur de vaudevilles et de chansons de café-concert) fit, à la fin du XIXe siècle, un tableau entièrement noir qu'il intitula *Combat de nègres dans un tunnel*. Ce tableau fut accroché en 1882 à la première exposition des *Arts Incohérents* et devait inspirer à Alphonse Allais l'idée de son *Album primo-avrilesque*: «C'était en 18... (Ça ne nous rajeunit pas, tout cela.) Amené à Paris par un mien oncle, en récompense d'un troisième accessit d'instruction religieuse [...], j'eus l'occasion de voir, avant qu'il ne partît pour l'Amérique, enlevé à coups de dollars, le célèbre tableau à la manière noire, intitulé: *Combat de nègres dans une cave pendant la nuit.* L'expression *combat de nègres dans un tunnel*, se dit aussi, par plaisanterie, pour insister sur l'aspect très sombre d'un lieu, d'une pièce.»
35. «Le premier objectif du Black Power est d'amener la communauté noire, d'une part à prendre conscience de ce qu'elle est, de ses racines, de son histoire, de sa culture, d'autre part à définir ses propres buts et à prendre la direction d'organisations spécifiques. Par des pressions économiques et politiques, les Noirs doivent contrôler les institutions là ou ils sont majoritaires (dans les ghettos des villes et dans certains comtés du Sud), ou participer au contrôle en proportion de leur force là ou ils ne sont pas majoritaires. Cette doctrine se distingue de celle du séparatisme, prôné par les Black Muslims, qui refusent tout contact avec les Blancs et dont certains ont même demandé la création d'une nation Noire. Précurseur du Black Power, Malcolm X avait suggéré avant sa mort que les Noirs s'appuient sur la force pour réclamer leur dû. L'un des principes du Black Power est en effet d'opposer à la violence la contre-violence, mais en s'appuyant sur la légalité (notamment sur le droit constitutionnel de porter une arme)» (R. Dominique, «Grandes Figures», *Libere-toi.skyrock.com*).

INTRODUCTION

> « Ma négritude n'est pas une pierre, sa surdité ruée contre
> la clameur du jour
> Ma négritude n'est pas une taie d'eau morte sur l'œil mort
> de la terre
> Ma négritude n'est ni une tour ni une cathédrale.
> Elle plonge dans la chair rouge du sol
> Elle plonge dans la chair ardente du ciel
> Elle troue l'accablement opaque de sa droite patience. »
> (A. Césaire, « Ma négritude »,
> *Cahier d'un retour au pays natal*, 1939).

* Noir du mystère, de l'inconnu, du secret, de la clandestinité

Le noir est mystère et secret. Il est la chose cachée, dissimulée. *L'argent noir*, clandestin, illicite, qu'il faudra blanchir... La *caisse noire*, les fonds secrets, qui n'entrent pas dans la comptabilité officielle, ou le *marché noir*, parallèle – se faisant sans papier et au comptant (courant lors de la dernière guerre mondiale). C'est encore le *blackos*, le *travail au black,* le *travail noir,* non déclaré, sans facture ni garantie[36].

En *POLITIQUE*, la *liste noire* est la liste, confidentielle, secrète, de personnes ou de sociétés à surveiller ou à mettre hors d'état de nuire, généralement pour des raisons d'ordre politique et, par extension, la liste de choses, de personnes, considérées comme dangereuses[37].

En *PSYCHANALYSE* ou *PSYCHOLOGIE*, le *continent noir* désigne la féminité en ce qu'elle a d'obscur, de mystérieux, d'inaccessible, d'après la célèbre formule de Freud : « *La femme est un continent noir*[38]. »

* Noir du trouble, de la confusion, du manque de discernement

Par son opposition à la lumière, à la clarté, le noir est trouble, flou, imprécision, *obscurité*. C'est l'état extrême de l'ivresse dans laquelle on n'est plus très clair sous

---

[36]. « Amédée avait eu un gros chagrin. Et puis le train-train de tous les jours, la queue chez le boulanger, la démerde du marché noir, la vie en somme, l'avait remis en selle » (P. Combescot, *Les Filles du Calvaire*, 1991, p. 286).
[37]. « Tu seras inscrit, moralement, pour une liste noire, où figurent les types nébuleux, incapables, comme ils disent, de faire un homme d'État » (J. Romains, *Les Hommes de bonne volonté*, 1932, p. 155). « La liste noire des aliments transgéniques complète de Greenpeace » (*Bio Santé*, 6. 9. 1999, p. 19).
[38]. Écrite en anglais : « dark continent », allusion au titre fameux de l'explorateur Stanley, *Through the Dark Continent* (1879), Freud trouvant la psychologie des femmes plus énigmatique que celle des hommes. Dans une lettre à Jones (22 févr. 1928) il écrit encore : « La vie de femme adulte est encore un *dark continent* pour la psychologie. »

NOIR

l'effet de la boisson, état où l'on n'est plus que *gris, noircicaud, goudronné, cirage, débarbouillé avec du cassis*[39]. C'est l'incompréhensible et l'inintelligible, l'*obscur*, le *pénombreux*, le *ténébreux*. *Être dans le noir*, au sens figuré, c'est ne rien comprendre à quelque chose, *ne pas voir clair, nager dans l'encre*. *Laisser dans le noir*, c'est laisser dans le flou, dans l'ignorance.

> « J'en ai marre, pas vous ? Marre de tout ce temps pourri. Marre aussi de ces messieurs Météo qui se prennent pour Jerry Lewis. À la radio, j'ai renoncé. Aucune information sérieuse avant 6h28 sur Europe 1. Ailleurs, rien. On nous laisse totalement dans le noir, nous les lève-tôt. »
>
> (*Le Monde*, 6. 2. 1988, p. 28 — Cl. Sarraute).

✱ Noir du fascisme

Le noir a aussi été choisi comme couleur du fascisme et arboré comme signe de reconnaissance par les *Chemises noires*, les fascistes italiens[40]. L'adjectif *noir* qualifie toute personne, idée, ou comportement qui a rapport aux fascistes et au fascisme.

> « Quels sigles terroristes vont donc dominer la scène italienne ? Les rouges ou les noirs ? Le front armé de gauche ou celui de droite ? Le terrorisme noir a fait le premier sa rentrée politique : le 2 août à Bologne (quatre-vingt-quatre morts), puis le 2 septembre, à Rome, avec l'assassinat de Maurizio Di Leo. »
>
> (*Le Nouvel Observateur*, 20 sept. 1980, p. 53, c. 2).

✱ Et encore bien d'autres noirs…

Au fil des mots se profilent encore d'autres noirs… Noir de la saleté, de la souillure physique, celle, notamment, des *gueules noires*. Noir du petit ramoneur savoyard. Noir de l'obscurité, du mauvais temps, du manque de lumière, d'éclairage… Noir de la nuit. *Noir comme chez le diable, comme dans un four, comme dans la gueule d'un loup, comme dans un trou de taupe*. Noir de l'encre et de l'écriture opposé au blanc du papier. *Mettre du noir sur du blanc*. Noir de l'encre de Chine, du fusain, du carbone,

---

39. « Je suis rentré complèt'ment noir/J'ai mis l'clébard dans la baignoir' » (P. Perret, *Le Petit Perret illustré par l'exemple*, 1995, s.v. *noir*).
40. « On était en 1938. L'ordre fasciste régnait sur l'Italie et les quelques opposants au régime mussolinien étaient traqués. On arrêtait des hommes et on les déportait sur une simple dénonciation, quand on ne les exécutait pas sommairement au creux d'un ravin. Les Chemises noires et leurs espions étaient partout » (P. Combescot, *Les Filles du Calvaire*, 1991, p. 46).

du charbon. Noir de la gravure et de la *manière noire*. Noir de la calcination. Noir des *salles obscures* et du cinéma. Noir du *caviar*, du *café noir* ou *petit noir*, du *chocolat noir*, du *cachou*, de la *réglisse*. Noir perdu du *tableau noir* des anciennes salles de classes ou du disque noir de vinyle. *Froid noir*. Mots aussi pour dire le noir ou le foncé, l'ombre, les ténèbres… *noir, ultra-noir, black, dark*… *basalte, cirage, corbeau, ébène, fuligineux, fusain, jais, réglisse, taupe*… *Noir deuil, diable, ecclésiastique. Noir rebelle…* Noir mat ou brillant, jeux de lumière, jusqu'au *noir-lumière. Outrenoir…*

Sur l'écran noir de nos souvenirs défilent des images en noir: robes, costumes, tailleurs, blousons noirs… ou gants noirs des poings tendus, en signe de revendication égalitaire, des athlètes noirs américains Tommie Smith et John Carlos, aux Jeux Olympiques de Mexico, en 1968…; tenues de dames en noir: « la môme Piaf », Juliette Gréco, Barbara, Sonia Rykiel, Chantal Thomass, Régine Deforges, Jeanne Mass, Zouc… et des hommes « branchés » des milieux parisiens et artistes.

Images évocatrices de noirs antagoniques et contradictoires qui s'entrecroisent… Vestige du passé, le noir du deuil. Noir écran, noir puritain qui rend invisible, noir de ceux qui semblent s'excuser d'apparaître. Noir du luxe et du chic infaillible des vêtements – « *Être luxe du matin au soir dans un pull noir…* » (S. Rykiel) –, du packaging: *Eau de parfum n° 5*, de Chanel. « *Xéryus de Givenchy […] en Flaconhabit noir* » (D. Dubois-Jallais, *Marie-Claire*, 1986). Noir écrin: « *[…] annonce automobile […] présentation sur fond de velours noir qui à la fois désigne bien les caractéristiques du modèle [de la voiture] et le fait glisser dans l'ordre poétique. "Voiture-bijou"* » (*Elle*, 1977). Noir tradition ou modernité. Noir sage de « *la petite robe noire* », image de l'élégance et du luxe, créée par Coco Chanel en 1926 – baptisée « La Ford de Chanel » –, qui a inspiré nombre de créateurs et qui est devenue le symbole de l'élégance simple, classique et intemporelle[41]. Noir des grandes égéries de Montparnasse et de Saint-Germain-des-Prés. Fuseau noir de star et gant noir strip-teasant de Rita Hayworth chantant « Put the Blame on Mame » dans le film *Gilda* (1946) et de Anita Ekberg dans la célébrissime scène de la Fontaine de Trevi de *La Dolce Vita* (1960*)*. Noir désir. Noir fatal, sexy et érotique des dessous et guêpières de Chantal Thomass, mais aussi du cuir sado-maso… Noir masculin du blouson de Marlon Brando, dans le film *L'Équipée Sauvage*, qui devint le signe de reconnaissance d'une jeunesse rebelle, parfois délinquante, en France, dans les années 1960[42]. Noir des groupes marginaux ou provocateurs, des punks et des

---

41. Et qui servira à les nommer: « […] un voyou, une espèce de blouson noir façon après-guerre, un gars de 18 ans qui branlait rien, traficotait dans la bagnole, la cigarette américaine, enfin n'importe quoi » (B. Blier, *Les Valseuses*, 1972, p. 175).
42. « [À propos de Sagan et de son œuvre] […] nous offrant l'image liminaire et définitive d'une adolescente exceptionnelle sous les traits d'une fille – en fleur – du mal, ou

gothiques, de la *black generation* qui poursuit cette entreprise de «dédramatisation» de la couleur noire, par provocation d'abord, puis en signe de ralliement et emblème d'une certaine ascèse.

Métamorphoses du noir, mélanges de genres, détournements, ambiguïtés, brouillages, en écho à une nouvelle culture qui a fait de la mode, non plus un choix social rigide et l'apanage d'une élite, mais un espace de liberté dans lequel l'arbitraire du signe devient jeu...

Aventure contradictoire et paradoxale d'un noir caméléon, révélateur de notre société. Noir qui dissimule, cache, ou éclaire, révèle, ouvre le passage. Noir encore à réinventer, à réinterpréter comme dans le *test des taches d'encre* ou *taches noires de Rorschach*.

> «Parmi les dix cartons de cette enquête figure un amas de noirceurs intimes qui donne souvent "le choc noir" (*Dunkelshock*), c'est-à-dire soulève des émotions profondes. Ainsi, une seule tache noire, intimement complexe, dès qu'elle est révélée dans ses profondeurs, suffit à nous mettre en situation de ténèbres.»
> (G. Bachelard, *La Terre et les Rêveries du repos*, 1948, p. 76).

> «Le noir, il faut le dépasser, le faire vivre.»
> (S. Rykiel, Entretien avec L. Benaïm, *Le Monde*, 1993).

Noir qui garde son secret ?

> «Il a besoin de son secret. S'il devient trop visible, trop prévisible, c'est qu'ailleurs un autre noir, dans l'ombre, rumine.»
> (D. Conrad, «le noir n'est pas tout blanc», *Télérama*, 5. 11. 2008, p. 44).

---

mieux d'une sorte de môme Piaf vouée à murmurer les complaintes de la haute bourgeoisie dans une petite robe noire de chez Dior, jaillie d'un pavé en forme de lingot et promise au ruisseau qui se nomme Pactole» (A. Blondin, *Ma vie entre les lignes*, 1982, p. 382). «De la petite robe noire de Chanel aux modèles des créateurs japonais, en dire moins est toujours une des manières d'en dire plus» (N. Bailleux & Br. Remaury, *Modes & Vêtements*, 1995, pp. 108-110).

DICTIONNAIRE
Le Noir

Noir

NOIR

[Du lat. *niger* : « d'une teinte foncée ; d'un noir brillant ; méchant, mauvais, pécheur » (étymologie inconnue). D'abord sous la forme *neir* (1080), puis *noir* (1160). Le lat. classique disposait de deux termes pour le noir : *niger* (d'étymologie inconnue), qui désignait le noir brillant, et *ater* le noir en soi ou le noir mat, sans éclat. (V. *infra*, partie Dérivés). *Ater*, sans connotation, était l'expression la plus fréquente du noir (IIIe s. – IIe s. av. J.-C.) mais a, très tôt, été chargé de connotations négatives, exprimant la laideur, l'horrible, l'effrayant, le repoussant, *niger* étant alors encore considéré comme un terme neutre. Dès le Ier s. av. J.-C. *ater* avait reculé au profit de *niger* chargé de connoter le triste, le terrible, le méchant, et qui restera le seul terme du noir actif en vieux français, *Neir* puis *noir* aura la signification originaire de *niger* (« noir brillant ») ainsi que celle de *ater* (« noir ») et sera donc neutre quant à la nuance, mais chargé d'exprimer un sentiment de déplaisir, de peur devant l'obscurité de la nuit, la saleté et la laideur, les ténèbres du péché. Outre *ater* et *niger*, le latin et l'ancien français pour nuancer le champ du noir, de l'obscur, du sombre, de l'ombre et des ténèbres, disposait d'une large gamme de termes, notamment de nombreux dérivés de *niger* (*nigellus* – « noir », peut-être d'intensité moindre et avec une connotation affectueuse de l'expression –, *nigrans* – synononyme de *niger* –, *nigrare*, *nigrere* – « être noir » –, *nigrescere* – « devenir noir » –, *nigror*, *nigredo*, *nigrities* et *nigritia* – « couleur noire » ; ainsi que *furvus* (brun très foncé), *fuscus* (brun sombre, noirâtre), *pullus* (« de couleur sombre, noirâtre, noir »), *coracinus* « (« noir comme le corbeau »), *piceus* (« noir comme la poix »), et les termes *umbra*, *umbrare*, *subumbrare*, *obscurus*, *tenebrae* désignant, au propre et au figuré, l'obscurité de la nuit, de la mort, des enfers, du malheur. Dans la langue contemporaine se retrouvent encore de nombreux dérivés du latin *niger* (V. ➜ Nègre, Négrescent, Négritude, Noir, Noirâtre, Noirceur, Noirisme, Dénigrer, etc.) et quelques-uns de *ater*, dans le vocabulaire plus spécialisé (V. ➜ Atre, Atri-/Atro-, Atrabilaire, Atrabile). Quant au grec il désignait le noir par *melas*, *melanos* ou par *percno*- (V. ➜ Melan (o)-, Mélancolie, Mélanome, et Percnoptère), termes auxquels étaient rattachés des connotations négatives, au contraire du noir égyptien lié à la notion de fertilité et désigné par *kem*, qui a donné *Kemet*, « la terre noire » (nom de l'ancienne Égypte) à la base du terme *El-Kimya* ou *alchimie*. La société et le langage reprennent à leur compte ces noirs anciens au cœur des grands thèmes touchant aux mythes, à la religion, aux croyances, aux liens entre le corps et l'esprit, mais les transforment et les renouvellent]

NOIR

Adj., adv. et *subst.*

1re SECTION. *ADJECTIF*

∗ *Noir, adj.*, qualifié par un autre terme, *adj.* ou *subst.* qui en précise la nuance, est considéré comme *subst.*, mais l'ensemble de la *loc.* fonctionne souvent comme *loc. adj.* (v. *infra* 3e SECTION. 1. *SUBST. MASC.* I. A.).

I. – Qui est de la «couleur» la plus foncée, sombre (produite par l'absence ou par l'absorption plus ou moins complète des rayons lumineux, donc la plus opposée au blanc qui les réfléchit tous) et qui rappelle notamment la couleur du charbon, du goudron, de l'ébène, du corbeau, l'obscurité de la nuit; *par ext.* et dans des emplois particuliers, qui est d'une couleur plus ou moins foncée (proche du gris, du brun, du bleu ou du violet), le terme *noir* englobant alors les nuances pouvant s'étendre, sur l'axe de la clarté et sur l'axe des tonalités, vers diverses autres teintes sortant de son champ chromatique.

∗ «À strictement parler, *noir* ne désigne pas une couleur. Le corps noir absorbe intégralement les rayons qu'il reçoit à sa surface. Mais la langue retient le fait que le noir produit une impression visuelle analogue à celle des couleurs et admet couramment la couleur noire» *(TLF).*

A. – Qui est de la couleur la plus foncée, sombre.

1. «En effet, cet homme savant comprit ce qui était imputé à la pierre philosophique comme étant la naissance, la vie, la passion ou l'exaltation dans le feu et, par suite, la mort dans la **couleur noire et ténébreuse.**»
   (E. Canseliet, *Alchimie: études diverses de symbolisme hermétique et de pratique philosophale,* 1942, p. 174.)

2. «La **couleur noire** renferme l'impossible vivant. Son champ mental est le siège de tous les inattendus, de tous les paroxysmes. Son prestige escorte les poètes et prépare les hommes d'action.»
   (R. Char, *Fureur et Mystère,* 1948, p. 230.)

– [En parlant d'une couleur; *postposé*; le plus souvent avec un trait d'union] Qui est très foncée, qui tire sur le noir. Bleu, brun, violet noir. «Dessus était le ciel, nuancé d'étoiles diverses, dans sa belle couleur bleu-noir» (Ch. Ramuz, *Aimé Pache, peintre vaudois,* 1911, p. 289).

▶ *PHYSIQUE.* V. → *infra,* ex. 40.

• **Corps noir,** *loc. nom. masc.* Objet absorbant toutes les radiations. «La théorie du rayonnement d'équilibre thermique dit "rayonnement du corps noir" ou, par abréviation, "rayonnement noir", a joué un rôle considérable dans l'évolution de la physique théorique, il y a une quarantaine d'années» (L. de Broglie, *Éléments de théorie des quanta et de mécanique ondulatoire,* 1959, p. 77). «Et Kirchhoff indique que le rayonnement du corps noir doit être celui qui s'établit spontanément dans toute enceinte vide, fermée, imperméable au rayonnement et maintenue à température constante» (*Histoire générale des sciences,* t. 3, *La Science contemporaine,* vol. 1, *Le XIXe siècle,* 1961, p. 291). «On appelle corps noir un corps parfaitement absorbant. On peut se faire une idée d'un corps noir en considérant une enceinte percée d'un petit trou et couverte intérieurement de noir de fumée» (E. Schatzman, *Astrophysique,* 1963, p. 9).

P. métaph. «[...] et ce regard sur sa condition ne peut réagir sur elle-même, tant elle s'est reculée et placée hors de tout, et elle s'est appliquée à ne jamais figurer dans quoi que ce soit qu'elle puisse concevoir ou se répondre. Ce n'est plus qu'un corps noir qui tout absorbe et ne rend rien. Retirant de ces remarques exactes et de ces prétentions inévitables une hardiesse périlleuse [...].» (P. Valéry, *Variété I,* 1924, p. 207).

• **Lumière noire,** *loc. nom. fém.* Radiations de l'ultraviolet qui se manifestent par la fluorescence de certaines substances. «[...] le phénomène [...] appelé "lumière noire", n'est qu'une application de la fluorescence. Dans un local où l'on diffuse des ultraviolets auxquels l'œil n'est pas sensible, les objets recouverts [...] d'une substance fluorescente paraissent éclairés» (*Arnaud 1966*).

1. – [En parlant d'un élément concret naturel, appartenant au domaine de la nature ; en parlant d'un animal] Qui est noir (en tout ou en partie) ou d'une couleur très sombre ; qui paraît noir ou d'une couleur très sombre.

a) [En parlant de la terre, d'une pierre, de l'eau, etc.]

▶ [*GÉOLOGIE/MINÉRALOGIE.* En parlant de la nature du sol, d'un métal, d'une pierre généralement précieuse] Calcaire, cuivre rose ; gemme, pierre noire (→ ANTHRACITE, CARBONE, CHARBON, GOUDRON, JAIS, OBSIDIENNE).

• **Diamant noir,** *loc. nom. masc.* Diamant de couleur noire (carbonate pur cristallisé). «Cette pureté, cette transparence du ton, cette magnificence intacte émanant de la matière même, tellement dure et condensée qu'elle semble, comme un diamant noir, rayonner sa propre lumière» (E. Faure, *Histoire de l'Art. L'Art renaissance,* 1914, p. 472). *P. anal. de couleur.* «[...] du centre des fruits [...] des gris cendrés infinis où tremblent l'argent et la nacre, où l'émeraude, la turquoise, la perle et le diamant noir pénètrent l'opale [...]» (E. Faure, *Histoire de l'Art. L'Art moderne,* 1921 p. 220). *Langue journalistique. Mod.* Nom donné à la truffe. «Le monde de la truffe est en ébullition, chaque année, de novembre à mars, ce petit milieu courbe l'échine, le nez plongé dans la terre et l'humus, à la recherche du moindre *Tuber Melanosporum.* Qu'il soit du Périgord ou du Piémont, ce champignon [...] reste une denrée incontestable de la haute gastronomie [...]. C'est pourquoi tous les moyens sont bons pour traquer le fameux "diamant noir"» (*Télé Obs.*, 5. 2. 2005, p. 45 – M. Mosca).

• **Marbre noir,** *loc. nom. masc.* (→ MARBRE). Variété de marbre de couleur noire. Cheminée, dalle de marbre noir. «Le grès et le marbre blanc y sont travaillés avec magnificence, et, au fond, à la place très sacrée, est assise une vache en marbre noir, un des symboles les plus vénérés du brahmanisme.» (P. Loti, *L'Inde [sans les Anglais],* 1903, p. 792). *P. Comparaison.* «Colle ton corps ravi contre le mien qui meurt/d'enculer la plus tendre et douce des fripouilles./En soupesant charmé tes rondes, blondes couilles,/mon vit de marbre noir t'enfile jusqu'au cœur» (J. Genet, «Le Condamné à mort», *Poèmes,* 1948, p. 25).

• **Or noir,** *loc. nom. masc.* [Dans un système d'OPPOS. à → **Or blanc, or jaune**] Bague en or noir. «Ils vivent à coups de poignard/Ils parlent comme un meuble craque/Leurs lèvres tremblent de plaisir/À l'écho de cloches de plomb/À la mutité d'un or noir» (P. Éluard, *Poésie ininterrompue,* 1, 1946, p. 29). «Et les peuples entassent des montagnes d'or noir d'or rouge – Et ils crèvent de faim» (L.-S. Senghor, *Éthiopiques,* 1956, p. 124). *Langue journalistique. Mod.* (1999, *infra*). Richesse produite par le charbon, le pétrole. «L'"or noir" avait chassé l'huile de colza de ses positions dans l'éclairage... et Lenoir se préparait à lui donner un rôle bien plus important encore» (P. Rousseau, *Histoire des techniques et des inventions,* 1967, p. 338). «Or noir. Téhéran et Kiev ont signé un accord pour la construction d'un oléoduc qui approvisionnera l'Ukraine en pétrole iranien. Ce projet sera réalisé par une société mixte» (*Le Point,* 15. 2. 1992, p. 20, c. 1). *P. ext.* Produit de valeur de couleur noire. La truffe, or noir du Périgord. «Le nouvel "or noir" du sex business

NOIR

européen» ("Dossier Prostitution", *Afrik. com*, 20. 2. 2004 – A.-J. Koh Bela).

• **Perle noire**, *loc. nom. fém.* Variété noire de perle. "Moi qui regarde et qui entends [...] j'ai constaté que rien ne valait pour l'homme une odeur de cire par un certain soir, une abeille d'or par une certaine aube, une perle noire non possédée au fond des mers» (A. de Saint-Exupéry, *Citadelle*, 1944, p. 983). «Il portait un complet marron au pli impeccable et une perle noire ornait sa cravate» (B. Vian, *Le Grand Sommeil*, 1948, p. 123). *P. métaph.* «[...] cette volonté en dépit de l'absurde acharnée à explorer toutes les chances – même les plus douteuses – même la plus obscure de toutes, cette "perle noire" – de la mort en laquelle il avoue mettre "un suprême espoir de conjuration"» (J. Gracq, *André Breton*, 1948, p. 132).

• **La Perle noire (de la Méditerranée)**, *loc. nom. fém.* [P. RÉF. à ses roches basaltiques et à ses édifices construits avec cette roche] Surnom d'Agde, ville de l'Hérault, sur les bords de la Méditerranée. «Agde, dernier maillon de la chaîne des volcans d'Auvergne a été surnommée la perle noire en raison de cette particularité géologique. Fondée par les Grecs il y a 2 500 ans, Agde la méditerranéenne est fille de l'eau. Son centre historique est traversé par le fleuve Hérault et le canal du Midi, ses stations balnéaires sont situées en plein cœur du Golfe de Lion» (*Agence 4 % immobilier de l'Hérault*, site Conseil Général de l'Hérault).

∗ *La Perle noire* est le nom de la galerie des Métiers d'art de la ville d'Agde.

• **Pierre noire**, *loc. nom. fém.* L'ampélite est un schiste noir appelé encore pierre noire, pierre à dessiner ou pierre des charpentiers. «Notre guide targui [...] va nous entraîner vers les plateaux inconnus du mystérieux Imos-Chaoch, à travers les hamadas de pierres noires, les grands oueds desséchés» (P. Benoit, *L'Atlantide*, 1919, p. 12). *En loc. verb. fig. Rare.* • **Marquer d'une pierre noire/d'un caillou noir** (qqc.) [P. OPPOS. à → marquer d'une pierre blanche/d'un caillou blanc, signaler un jour heureux; considérer (qqc.) comme favorable] Signaler un jour malheureux; considérer (qqc.) comme défavorable. «Les jours à marquer d'un caillou noir, il ignorait toujours que c'étaient ceux où elle avait vainement attendu la lettre de Ludwig» (J. Peyré, *Matterhorn*, 1939, p. 96). «Bonjour les dégâts! Ce mois de juillet est à marquer d'une pierre noire pour les agriculteurs dont les récoltes de colza et d'orges sont pour l'heure condamnées à rester sur pied, du moins tout le temps que durera ce climat de mousson» (*L'Est républicain*, 23. 7. 1993, p. 402 – J.-M. Christiano). *RELIGION.* Pierre noire, de basalte ou de lave qui, selon la légende, fut apportée à Abraham par Gabriel, et que les musulmans vont embrasser à La Mecque; mosquée sacrée de La Mecque (la Kaâba) formée d'un cube parfait composé de pierres sans ornement, recouvert d'un voile noir (brodé de lettres d'or) et dont l'une des façades contient la pierre noire. «La fameuse pierre noire est enchâssée dans l'un des angles du mur extérieur de la Kaâba. Cette pierre est de forme elliptique et son diamètre est d'environ 30 cm, elle marque l'endroit d'où commence la circumambulation (Tawaf) autour de la Kaâba qui est l'une des étapes du Hadj (grand pèlerinage). Il s'agirait selon la Tradition d'une pierre du Paradis que l'Ange Jibril (as) aurait ramené sur Terre. [...] Lors du pèlerinage, le pélerin tentera de la toucher de la main, mais s'il ne peut pas, un simple geste en sa direction est suffisant» («La Kaâba», *kaaba.htm*). «Beaucoup considèrent la célèbre pierre noire de la Kaâba de La Mecque comme un fragment de météorite, mais l'interdiction d'altérer cette "relique" maintient l'incertitude. Il est à noter que cette pierre noire était adorée avant le mahométisme et la légende dit qu'elle aurait été apportée sur la terre à Abraham par l'archange Gabriel» (Fr. Delporte, (avec des textes d'A. Carion), «Météorite»,*.geologie info.com*)

NOIR

3. « La KAABA, le centre ? Où croyez-vous que les musulmans se tournent pour faire leur prière ? La Mecque bien sûr, mais quand ils sont à La Mecque, vers où se tournent-ils ? La grande mosquée bien sûr, mais dans la mosquée ? vers la Kaaba, qui a été, dit-on selon la tradition, construite par Abraham, le premier prophète, qui y aurait installé des pierres sacrées, symboles des dieux des différentes tribus. Toujours d'après la tradition, Mahomet, lorsqu'il investit la Kaaba, ordonna la destruction de toutes les idoles, sauf une : une icône mariale qu'il protégea de ses mains. Maryam, mère du prophète Jésus, Isâ, est donc vénérée partout par les musulmans. Cette kaaba est étrange, elle ressemble à un gros **cube noir**, car la bâtisse est recouverte de **tissu noir**. Et devinez ce qu'elle abrite encastrée dans un angle ? Une **pierre noire**, qui, dit-on, est une pierre du paradis. Elle est petite, 15 sur 20 cm, semi-circulaire, et a l'apparence d'une pierre volcanique. La Mecque a d'ailleurs été connue auparavant comme le Sanctuaire de la **Pierre Noire**. Les musulmans doivent embrasser cette pierre pour accomplir le rite du pèlerinage. Vous réalisez que le lieu des prières et de dévotion majeur est tourné vers une **pierre noire** cubique vouée à la Vierge Marie qui abrite cette petite **pierre noire** ! Le symbole est énorme de révélation lorsqu'on l'on sait la réalité cachée derrière la **Vierge noire** »

(« L'Islam », *Matière-Esprit-Science, coran.htm*, 14. 10. 1999).

- Terre noire/Sol noir, *loc. nom. fém.* Terre de couleur foncée, composée de lœss et d'humus, particulièrement fertile, caractéristique notamment des steppes de la région de Moscou et de la Volga. *Synon. Tchernoziom.* « Les terres organiques, souvent appelées tourbes ou terres noires, se forment à partir de débris végétaux que préserve une nappe phréatique élevée. Pendant des décennies, les plantes poussant en milieu aquatique tombent dans l'eau et sont conservées par l'absence d'oxygène. Dans la nature, il faut compter près de 500 ans pour que s'accumulent 30 cm de terre organique » (« Gestion des terres organiques », Ontario, ministère de l'Agriculture et de l'Alimentation). « [En Chine] Le sol est riche en éléments organiques, dont 40 % sont favorables à la culture. Le sol noir, le tchernoziom et le sol de prairie représentent 67,6 % des terres cultivées provinciales. Cette région compte parmi les trois grandes zones de sol noir du monde » (« La chine. La structure de l'État », « Conditions géographiques et naturelles », French China).

∗ Kem : « terre noire » est le nom que les anciens Égyptiens donnaient à l'Égypte. « Il semble que l'Égypte, selon ce que nous pouvons en percevoir, s'appelait *Kem*, la terre brûlée, la terre noire. Certains disent que c'est parce que le soleil brûlait la terre et d'autres que c'est parce que la boue du Nil, qui est sombre, est réellement à l'origine de Kem ou Égypte » (Jorge Angel Livraga, « Continuité de la magie initiatique dans l'Égypte ancienne », *Nouvelle Acropole École de philosophie à la manière classique*).

ALCHIMIE. **Terre noire,** *loc. nom. fém.* Synon. de → **Fleur noire, matière noire, résidu noir, Saturne des Sages, soufre noir, tête de corbeau.** V. → Corbeau *(ALCHIMIE).*

4. « [...] on fait dériver l'arabe **El-Kimyâ** (alchimie) du mot égyptien *Kêm,* terre noire. Cette **terre noire** ne doit pas, bien entendu, être considérée uniquement sous forme de boue fertilisante des crues du Nil mais, dans la pensée des alchimistes alexandrins, comme la matière originelle à laquelle il s'agirait de ramener tous les métaux avant leur conversion en or. »

(M. Caron & S. Hutin, *Les Alchimistes,* 1959, p. 116.)

5. « Voici que par la grâce de Dieu, tu as le second composant de la pierre philosophale, qui est la **Terre noire. Tête de corbeau,** mère, cœur, racine des

autres couleurs. De cette terre comme d'un tronc, tout le reste prend naissance. Cet élément terreux, sec, a reçu dans les livres des philosophes un grand nombre de noms, on l'appelle encore *Laton immonde*, **résidu noir**, *Airain des philosophes, Nummus,* **Soufre noir**, *mâle, époux,* etc. Malgré cette infinie variété de noms, ce n'est jamais qu'une seule et même chose, tirée d'une seule matière» (A. Legrand, ch. V. «Pratique du mercure des sages», *Le Composé des composés*, p. 16, multimania.com).

− [En parlant de montagnes (au lointain)] «Vers le soir du deuxième jour, nous nous trouvâmes au pied d'une montagne noire, dont les contreforts déchiquetés se profilaient à deux mille mètres au-dessus de nos têtes». (P. Benoit, *L'Atlantide*, 1919, p. 107). «Je vous ai dit qu'en ce temps-là le Monténégro appartenait à l'Islam: les bandes serbes étaient trop peu nombreuses pour disputer ouvertement aux circoncis la possession de la Tzernagora, cette Montagne Noire, dont le pays tire son nom» (M. Yourcenar, *Nouvelles orientales,* 1978, p. 1184).

• **La Montagne Noire,** *loc. nom. fém.* Contrefort méridional du Massif Central. «Le soleil avait déjà disparu et l'espace qui les séparait de la Montagne Noire était noyé de pénombre» (B. Clavel, *Le Cœur des Vivants*, 1964, p. 189).

▶ [En parlant de l'eau. *GÉOGRAPHIE*] «Noir et lisse entre les branches de sorbiers et de sapins, le lac montait à sa rencontre, immensément plein de cloches, de mouvements de sirènes noires qui ont les seins et les reins noirs, le lac qui ressemble aussi à notre péché originel, car il brille, il est brillant, comme un couteau, comme une cuirasse, et les grands sapins du deuil se reflètent» (P.-J. Jouve, *La Scène capitale*, 1935, p. 25).

• **Lac Noir,** *loc. nom. masc.* Nom donné à plusieurs lacs aux eaux sombres. «Pour avancer, nous cherchions naturellement les lacs, sans jamais les chercher longtemps: Lac Clear, Lac Noir, Lac Long, Lac à la Dam, sans parler des lacs sans nom... Rien que dans notre Mauricie, on en a relevé dix mille» (M. Genevoix, *Le Lac fou*, 1942, p. 216). «La plus intéressante réalisation d'usine de pompage en France est celle du lac Blanc et du lac Noir, situés dans les Vosges à deux niveaux différents de 125 m» (G. Thaller, *La Houille blanche*, 1952, p. 34). *P. métaph.* «Oui les défuntes années se penchaient sur les balcons du ciel en robes surannées, et du fond du Lac Noir surgissait à nos pieds le Regret Souriant» (M. Tournier, *Le Vent Paraclet*, 1977, p. 74).

• **Mer Noire,** *loc. nom. fém.* Mer située entre l'Europe et l'Asie mineure, large d'environ 1 150 km d'ouest en est et de 600 km du nord au sud, et qui s'étend sur une superficie de 413 000 km^2, en bordant l'Ukraine au nord, la Roumanie et la Bulgarie à l'ouest, la Turquie au sud, la Géorgie et la Russie à l'est.

6. «Le Déluge biblique, l'Arche de Noé et **la Mer Noire.**
La Mer Noire serait un ancien lac d'eau douce inondé par la Méditerranée, dont le niveau des eaux aurait été plus haut, selon de récentes recherches roumaines. Principaux arguments: les traces d'un littoral de 80 à 110 m plus bas et à 50 à 70 km plus à l'intérieur de l'actuel littoral. et des poches d'eau douce deux mètres sous le fond de la Mer Noire.
L'hypothèse serait que ce lac était séparé de la Méditerranée par un isthme au niveau du détroit actuel du Bosphore, le seul endroit par lequel les deux mers communiquent, important point de passage naval mesurant 32 km de longueur et séparant l'Europe de l'Asie. La fonte des glaciers de l'hémisphère Nord aurait provoqué une hausse du niveau des océans qui a entraîné un tumultueux déferlement dans le lac. [...] Ce sont les traces de ce cataclysme survenu il y a 6 820 à 7 460 ans et perpétué dans la

mémoire collective qui auraient produit le légende du Déluge et de l'Arche de Noé.»
(«Le littoral de la Mer Noire», Mission Bulgarie Association).

En partic.

• **Marée noire,** *loc. nom. fém.* [Trad. de l'anglais *black tide*] Mod. (3. 4. 1967, *Le Monde,* in *TLF*). ♦ Pollution des côtes par de grandes quantités de produits pétroliers déversés dans la mer ou l'océan à la suite d'un accident ou d'un dégazage. La marée noire s'étend, envahit. «[…] Ouessant constituait pour les phoques un habitat limite, dans la mesure où l'on n'en trouvait aucun plus au sud. D'où la fragilité de cette population qui n'a pas résisté à la "marée noire" [provoquée par le naufrage de l'Amoco-Cadiz]» (*Le Nouvel Observateur,* 27. 3. 1978, p. 56, c. 1 – Y. Legall). ♦♦ *Au fig. Mod.* Évènement, phénomène fâcheux difficile à arrêter, à endiguer. «La guerre, il lui semble qu'il n'a connu qu'elle durant toute sa vie… La guerre […], c'est une marée noire qui englue, qui détériore les paysages et encrasse la mémoire…» (Y. Simon, *La Dérive des sentiments,* 1991, p. 161). «Si le nouveau Premier ministre [Bérégovoy] gagne contre la "marée noire" du chômage, il aura une chance de gagner sur tout. Sinon…» (*Le Journal du Dimanche,* 19. 4. 1992, p. 4 – J.-J. Servan-Schreiber).

▶ [En parlant d'arbres au feuillage d'un vert très sombre]

• **Forêt Noire,** *loc. nom. fém.* ♦ Massif montagneux qui constitue l'angle sud-ouest de l'Allemagne, s'étend sur une longueur de 160 km (de Pforzheim au nord à Waldshut à l'extrême sud) et dont les plus hauts sommets atteignent 1 166 m (Hornisgrinde) au nord et 1 493 m (Feldberg) au sud; *p. méton.,* nom de la région où est située la Forêt Noire. Aller en Forêt Noire; passer ses vacances en Forêt Noire. «C'est avec des danses de la Forêt Noire […] et la visite de M. le Maire, que les membres du club Tournier ont fêté les mères et les pères à la salle des fêtes» (*L'Est républicain,* 5 juin 1987, p. 612, c. 1). ♦♦ *P. ext.* GASTRONOMIE/ PÂTISSERIE. Nom d'un gâteau à base de chocolat noir. «Gâteau Forêt noire. Bien sûr, c'est en Forêt Noire que les Allemands vous diront qu'il est le meilleur. On peut le déguster dans presque tous les salons de thé et restaurants. L'un des ingrédients essentiels est le kirsch tel qu'il est fabriqué ici, car ce n'est qu'en Forêt Noire que l'on trouve les vraies cerises servant à distiller cet alcool. Il existe de nombreuses présentations mais le gâteau traditionnel est recouvert de crème et décoré, juste sur le dessus, de gros copeaux de chocolat.» («Gâteau Forêt noire», *Saveurs du monde.net*).

b) [*BOTANIQUE;* en parlant d'un végétal, généralement P. OPPOS. à d'autres variétés, d'autres espèces, d'une autre couleur] Qui est caractérisé par la couleur noire ou une couleur très sombre; dont une variété, une espèce est de cette couleur.

α) [En parlant d'une fleur] «Ils traversèrent, au premier étage, le bureau de travail où Simon était venu si souvent : objets de Chine, meubles de laque rouge à étranges fleurs noires […]» (M. Druon, *Les Grandes Familles,* 1, 1948, p. 33).

– [Avec ALLUS. au noir du mal, de la mort] «Augustin s'était imaginé un méridionalisme naïf, une fleur noire de séminaire départemental, un cœur frais et fanatique» (J. Malègue, *Augustin ou le maître est là,* 1933, p. 260). «Immonde, immonde magistrature, fleur noire du chêne bourgeoisie, sais-tu comment bat un cœur et quel bruit il peut faire?» (R. Fallet, *Carnets de jeunesse,* 1947, p. 224.) «C'était au sein de cet humus sulfureux, cet étrange terreau, que s'épanouissait cette fleur noire, cette fleur de béton qu'on appelait Lola-la-dingue» (A. Page, *Tchao Pantin,* 1982, p. 49).

NOIR

• **Fleur noire**, *loc. nom. fém.* ALCHIMIE. Matière noire obtenue dans l'Œuvre au noir, étape indispensable pour parvenir à l'Œuvre au rouge, après être passé par l'Œuvre au blanc. *Synon.* → Matière noire/Matière au noir, terre noire, résidu noir, Saturne des Sages, soufre noir, tête de corbeau. «Si encore tu semais pendant une nuit sans lune, comme font les sorcières, il y aurait des chances pour que des fleurs noires ou des légumes de ténèbres, effroyablement bénis par les incubes du chaos, continuassent au grand jour le songe d'injustice et de prévarication qui est dans ton âme» (L. Bloy, *Journal*, t. 2, 1902, p. 19). «[...] transmutations foudroyantes de la matière, de son caractère volatil — aussi profondément ancré au cœur des hommes que le besoin du sommeil hypnotique versé par ces "fleurs noires" qui fleurissent "dans la nuit de la matière" paraît être l'aspiration (c'était apparemment celle des alchimistes) à suivre dans ses migrations paniques une matière» (J. Gracq, *André Breton*, 1948, p. 59).

– [En parlant d'espèces de fleurs particulières, imaginaires et dans un contexte métaphorique; les fleurs noires étant un rêve irréalisable pour les horticulteurs]

• **Rose noire**, *loc. nom. fém.* «Près de moi comme l'accroissement d'une nuit plus lourde et plus close : fermée, plombée, aveugle sous mes paumes, elle était cette nuit où je n'entrais pas, un ensevelissement vivace, une ténèbre ardente et plus lointaine, et toute étoilée de sa chevelure, une grande rose noire dénouée et offerte, et pourtant durement serrée sur son cœur lourd» (J. Gracq, *Le Rivage des Syrtes*, 1951, p. 179).

• **Tulipe noire**, *loc. nom. fém.* «Fêtes des vestiges/Les chevaux galopent sur les routes/Les insensés morts/t'ont cultivé soleil tulipe noire/montés sur leurs échasses/Oubli oubli qui tourne en vrille/ Mes cerfs empennés par l'eau froide Les/ chemins n'ont pas été inventés par les jambes/La remorque atteint son naufrage [...]» (Collectif, *La Révolution surréaliste*. n° 6, 2ᵉ année, 1926, p. 23 – J. Viot, «Équivalence des morts»).

β) [En parlant d'un fruit, d'un légume, d'un arbre, d'un champignon, etc.] *Écorce, noire; bois noir* (→ **Bois d'ébène**), *fruit noir* (→ Airelle, Cassis, Pruneau); coprin noir ou atramentaire. «Bouddha est tout amour. Les forces de la terre l'ont pénétré pour s'épanouir en humanité dans son être. Ainsi des arbres noirs pleins de sucs vénéneux, pleins d'épines, et parcourus, des racines aux feuilles, de bêtes distillant la mort, portent, à leur plus haute branche, une fleur» (É. Faure, *Histoire de l'art : L'Art médiéval*, 1912, p. 175). «On surplombait les feuilles larges des catalpas aux troncs noirs» (L. Aragon, *Les Voyageurs de l'impériale*, 1947, p. 650). «Une écœurante odeur moutardée montait d'un boqueteau de plantes à feuilles noires sur le rebord de l'allée» (Ph. Labro, *Des bateaux dans la nuit*, 1982, p. 191).

• **Blé noir**, *loc. nom. masc. Synon. Blé sarrasin*. Crêpes, farine de blé noir. «Le sarrasin commun, plus couramment dénommé "blé noir" se contente d'un sol très pauvre et pousse sous des cieux humides et tempérés. La farine obtenue à partir de ses graines sert à fabriquer les fameuses galettes et crêpes» (*Pays et Gens de France*, 1, 1. 10. 1981, p. 12, lég. d'illustr.).

∗ **Mélampyre**, *subst. masc.* est emprunté au grec et signifie «blé noir» (composé de «noir» et de «blé»).

• **Groseille noire**, *loc. nom. masc.* [P. OPPOS. à → **Groseiller blanc**] *Synon. Cassis.* (→ Cassis). «Pour être incollable sur la formidable épopée du cassis en Côte-d'Or, une seule adresse; celle du Cassissium de Nuits-Saint-Georges. Le plus grand espace européen consacré à la célèbre groseille noire vous permettra de découvrir le cassis sous tous ses aspects : historiques, agricoles, géographiques, économiques, artistiques.» («Le Cassissium : L'histoire du cassis par monts et par vaux», *Le Bien Public*. Les dépêches, 12. 9. 2004).

- **Radis noir,** *loc. nom. masc.* [P. OPPOS. à → **Radis rose**] Variété noire de radis, plante potagère (genre *Raphanus*, famille des *Crucifères*) donnant une racine charnue et rose, consommée crue. *Synon. Raifort.* «Le radis noir : taupe de velours noir.» (J. Renard, *Journal*, 1900, p. 581). «Des filles, leur service de nuit terminé, venaient aux emplettes d'une botte de cresson, la santé du corps, ou d'un radis noir comme leur conscience de prostituées» (P. Hamp, *Marée fraîche, Vin de Champagne*, 1909, p. 56). «Il fallut sortir avec précaution de la ville [...] par un chemin de jardins palissadés où foisonnait sous la neige le radis noir [...]» (J. Giraudoux, *Siegfried et le Limousin*, 1922, p. 66).

- **Raisin noir,** *loc. nom. masc.* [P. OPPOS. à → **Raisin blanc, gris, rose**] Variété de raisin rouge. Le Sauvignon est un Raisin noir. «Dans le langage de tous les jours les raisins noirs sont souvent appelés rouges, parce que leur vin est rouge ; de même les raisins roses sont qualifiés de gris, parce que leur pellicule est généralement fumée de gris» (L. Levadoux, *La Vigne et sa culture*, 1961, p. 36).

- **Thé noir,** *loc. nom. masc.* [P. OPPOS. à → **Thé vert**] Thé fermenté, puis séché et chauffé plusieurs fois, moins excitant que le thé vert. «Le thé vert est séché et soumis à une légère torréfaction immédiatement après la cueillette. Le thé noir subit une fermentation en tas avant d'être séché, puis on le soumet à plusieurs reprises à un chauffage effectué sur des plaques métalliques (torréfaction poussée)» (Brunerie, *Industrie alimentaire*, 1949, p. 103).

▶ [Les fruits, légumes, etc., utilisés en ART CULINAIRE, GASTRONOMIE].

- **Poivre noir,** *loc. nom. masc.* [P. OPPOS. à → **Poivre blanc, rose, vert**] Fruit du Poivrier se présentant comme une petite baie, à saveur aromatique et piquante, récoltée verte puis séchée au soleil pour être utilisée comme épice. «On emballait le pain de sucre drapé d'un biais de papier indigo, les cinq kilos de chocolat, la vanille, la cannelle, la noix-muscade, le rhum pour les grogs, le poivre noir et le savon blanc.» (Colette, *Sido*, 1929, p. 139).

c) [ZOOLOGIE ; en parlant d'un animal, d'une partie de son corps ; généralement dans un système d'OPPOS. à d'autres animaux d'une autre couleur dans la même espèce] Qui est noir ou de couleur foncée.

α) ENTOMOLOGIE. [En parlant d'un insecte] Insectes noirs du genre anthrax (→ ANTHRAX) ; cafard noir (→ CAFARD) ; fourmi noire. «Une mouche noire vrombit autour du pot de miel resté ouvert» (Fr. Lasaygues, *Vache noire, hannetons et autres insectes*, 1985, p. 77).

▶ [En parlant d'une araignée ; la couleur noire accentue l'aspect répulsif de cet insecte (→ ARAIGNÉE)] «[...] la glaçante découverte d'une araignée noire et velue, surprise, éblouie, aussi angoissée que nous» (L. Guilloux, *Le Pain des rêves*, 1942, p. 25).

- **Veuve noire,** *loc. nom. fém.* Araignée venimeuse d'Amérique du Sud. «Notre langue le redit, le regard de l'otarie l'exprime, on peut le compter sur les raies de la robe du tigre, le lire sur le sablier rouge de la veuve noire ou le déchiffrer dans les ganses calmes de l'anaconda. Tous humains, avant leur dissolution dans l'humus et l'instinct, conservent derrière eux leur vrai péché» (M. Serres, *Le Tiers-Instruit*, 1991, p. 142).

▶ [En parlant d'un papillon] Papillons aux ailes bleues et noires. «Ne touche pas du doigt l'aile de ce papillon. [...] Rien qu'à la place fauve-noir où glisse [...] ce feu vio-

NOIR

let, cette léchure de lune» (Colette, *La Naissance du Jour*, 1928, p. 14).

• **Papillons noirs,** *loc. nom. masc. Au fig.* [P. ALLUS. probable au personnage Pathelin feignant le délire dans une farce de Brueys de 1706, *l'Avocat Pathelin* : «Ma femme, chasse, chasse ces papillons noirs, qui volent autour de moi» (d'après P. Vigerie, *La Symphonie animale*, 1992, p. 129)] Idées sombres, humeur mélancolique. *Surtout sous la forme verb. vx.* : **Avoir/ Chasser les papillons noirs,** Avoir des sujets de tristesse, de mélancolie. *Synon. Avoir le bourdon* ; → **Avoir le cafard, des idées noires.** «Quel Dickie! [...] je ne peux pas le laisser seul huit jours sans qu'il ait des papillons noirs» (A. Maurois, *Climats*, 1928, p. 115).

β) [*ORNITHOLOGIE* ; en parlant d'un oiseau au plumage partiellement ou totalement noir (→ AILE-DE-PIE, CORBEAU, HIRONDELLE, MERLE, PIE, QUEUE-DE-PIE)] Martinet noir. «Elle les aime tous depuis l'hirondelle noire et blanche qui trace peut-être dans les ciels d'été, du bout de son aile aiguë, des vers invisibles et que nul ne lit, sauf les poètes qui sont souvent un peu sorciers» (M. Barrès, *Mes Cahiers*, t. 5, 1906-1907, 16ᵉ Cahier, 1907, p. 147).

▶ [En parlant de l'aigle] «Ce mur n'était pas tellement large, mais il déferlait de lui sur le monde tant de majesté, c'est-à-dire de force sereine, qu'il parut à Divine être d'airain, la muraille de ténèbres d'où s'envole un aigle noir, les ailes grandes ouvertes» (J. Genet, *Notre-Dame-des-Fleurs*, 1948, p. 92).

− [Représentation de cet animal sur les blasons, les drapeaux] «[...] le drapeau bavarois était extrêmement beau, d'un rouge violacé, écartelé de blanc, sur quoi se détachait, au milieu, l'aigle noir» (A. Gide, *Journal*, 1939, p. 471).

    7. «Aigle **sombre**,
    Triste oiseau bicéphale, au cruel œil d'ennui,

Aigle de la maison d'Autriche, aigle **de nuit**,
Un grand aigle de jour a passé dans ton aire,
Et tout ébouriffé de peur et de colère,
Tu vois, vieil **aigle noir**, n'osant y croire encor,
Sur un de tes aiglons pousser des plumes d'or!»
    (E. Rostand, *L'Aiglon*, 1900, p. 200.)

▶ [En parlant de la foulque, une variété de canard] • **Foulque noire,** *loc. nom. fém.* Nom sc. *Fulica atra. Synon. Foulque macroule.* «Oiseau de la taille d'un canard, au plumage gris foncé-noir ardoisé ; la foulque macroule a un bec et une plaque frontale blancs. [...] Comparée à sa cousine la poule d'eau, la foulque noire est plus aquatique et préfère les lacs, étangs ou rivières lentes»
    («Foulque macroule», *Oiseaulibre.net.)*

▶ [En parlant du merle] «L'ombre, ni le mystère enchanté des fontaines,/et l'éclair noir du merle, ou l'auberge aux murs bas :/ je n'ai rien oublié» (P.-J. Toulet, «L'ombre ni le mystère», *Les Contrerimes*, 1920, p. 146). «[...] regarde... un merle noir, oxydé de vert et de violet, piquait les cerises, buvait le jus, déchiquetait la chair rosée...» (Colette, *Sido*, 1929, p. 49.) «Charles regardait par la fenêtre un merle luisant se poser, noir, sur l'herbe reverdie» (Cl. Roy, *La Traversée du Pont des Arts*, 1979, p. 36).

    8. «Le **merle blanc** existe, mais il est si **blanc** qu'on ne le voit pas, et le **merle noir** n'est que son **ombre**.»
    (J. Renard, *Journal, 1887-1910*, 1910, p. 597.)

▶ [En parlant du corbeau ; le plus souvent avec une valeur symbolique, pour connoter la mélancolie ou le désespoir] «De même que dans la toile *Nirvana*, une étrange figure hagarde surgissait derrière Meyer De Haan (là où Rembrandt avait placé l'ange de saint Mathieu!), c'est le corbeau noir et désespéré d'Edgar Poe qui devient l'emblème du poète et lui refuse toute paix de l'âme, l'animal obscur qui taraude l'oreille de son *never more*» (R. Huyghe, *Dialogue avec le visible*, 1955, p. 369). *P. méton. Cliché littéraire.* • **Le vol noir des corbeaux.** «[...] le vol noir des corbeaux attardés animait seul l'espace blanc» (J. de Pesquidoux, *Le Livre de raison*, t. 3, 1932, p. 83). *En partic.* • **Le vol noir des corbeaux sur nos plaines.** Formule célèbre contenue dans la première et la dernière phrase du fameux *Chant des Partisans* : « Ami/ Entends-tu/Le vol noir/Des corbeaux/ Sur nos plaines... », paroles de Joseph Kessel et Maurice Druon, musique d'Anne Marly (1943), qui fut adopté comme chant de marche par la Résistance française pendant les dernières années de la Seconde Guerre mondiale et deviendra l'hymne de la Libération de la France. Cette phrase du *Chant des Partisans* est souvent citée à la place du titre de la chanson. «Comme prévu après le récit de mon enfance massacrée, il a terminé avec la *Sambre et Meuse* et *le vol noir des corbeaux sur nos plaines*... que sans des adolescents de ma trempe nous serions peut-être tous dans d'immenses camps de concentration.» (A. Boudard, *Mourir d'enfance*, 1995, p. 222).

9. «Ami entends-tu
Le **vol noir des corbeaux**
Sur nos plaines.
Ami entends-tu
Les cris sourds du pays
Qu'on enchaîne,
Ohé partisans
Ouvriers et paysans
C'est l'alarme !
Ce soir l'ennemi
Connaîtra le prix du sang
Et des larmes...
Montez de la mine,
Descendez des collines,
Camarades.
Sortez de la paille
Les fusils, la mitraille,
Les grenades. [...]
Ami, entends-tu

Les cris sourds du pays qu'on
Enchaîne !...
Ami, entends-tu
Le **vol noir des corbeaux**
Sur nos plaines ».
(M. Druon, J. Kessel,
Le Chant des Partisans, 1943.)

• *ALCHIMIE.* • **Corbeau noir/Tête de corbeau.** *Synon.* → **Fleur noire, matière/ terre noire, résidu noir, Saturne des Sages, soufre noir.** V. *supra* → **Matière noire.** V. *aussi* → Corbeau. V. → *supra,* ex. 5. « Mes frères alchimistes usent des figures du *Lait de la Vierge*, du *Corbeau noir*, du *Lion vert universel* et de la *Copulation métallique* pour désigner des opérations de leur art, là où la virulence ou la subtilité de celles-ci passe les mots humains » (M. Yourcenar, *L'Œuvre au noir*, 1968, p. 720).

✱ **L'Œuvre au noir** est la première étape alchimique qui permet d'obtenir la **matière noire** ou **au noir**, et après l'**Œuvre au blanc**, d'arriver à l'**Œuvre au rouge**, ultime stade alchimique permettant d'obtenir la **matière au rouge**, l'or philosophique. Les anciens traités alchimiques décrivent en détail les diverses étapes. « Passons maintenant avec la permission de Dieu à la seconde opération qui est le **blanchiment** de notre terre pure. Prends donc deux parties de terre fixe ou **Tête de corbeau** ; broye-la subtilement et avec précaution en un mortier excessivement propre, ajoutes-y une partie de l'Eau philosophique que tu sais (c'est l'eau que tu as mise de côté). Applique-toi à les unir, en imbibant peu à peu d'eau la terre sèche, jusqu'à ce qu'elle ait étanché sa soif ; broyée et mélange si bien, que l'union du corps, de l'âme et de l'eau soit parfaite et intime. Ceci fait, tu mettras le tout dans un matras scellé hermétiquement pour que rien ne s'échappe, et tu le placeras sur son petit lit uni, tiède, toujours chaud pour qu'en suant il débarrasse ses entrailles du liquide qu'il a bu. Tu l'y laisseras huit jours, jusqu'à ce que la terre **blanchisse** en partie. Tu prendras alors la Pierre, tu la pulvériseras, tu l'imbiberas de nouveau de Lait virginal, en remuant, jusqu'à ce qu'elle ait étanché sa soif ; tu la remettras dans la fiole sur son petit lit tiède pour qu'elle se dessèche en suant, comme ci-dessus. Tu recommenceras quatre fois cette opération en suivant le même ordre : imbibition de la terre par l'eau jusqu'à union parfaite, dessiccation, calcination. Tu auras ainsi suffisamment cuit la terre de notre pierre très précieuse. En suivant cet ordre : cuisson, pulvérisation, imbibition par l'eau, dessiccation, calcination, tu as suffisamment purifié la **Tête de corbeau,** la **terre noire** et fétide, tu l'as conduite à la **blancheur** par la puissance du feu, de la chaleur et de l'Eau **blanchissante.** Recueille la **terre blanche** et mets-la soigneusement de côté, car c'est un bien précieux, c'est ta Terre foliée **blanche, Soufre blanc, Magnésie blanche,** etc. Morien parle d'elle lorsqu'il dit... "Mettez pourrir cette terre avec son eau, pour qu'elle se purifie et avec l'aide de Dieu vous terminerez le Magistère." Hermès dit de même que l'Azoth lave le Laton et lui enlève toutes ses impuretés » (Albert le Grand, ch. V. « De la préparation des eaux d'où tu tireras l'eau-de-vie », « Pratique du mercure des sages », Albert le Grand [1193-1280], *Le Composé des composés,* in *http:// www.multimania.com/hermetisme/albert/ compose2.htm*).

▶ [En parlant globalement des oiseaux, sans précision de leur espèce ; le plus souvent avec des connotations de mélancolie, d'angoisse, de malheur] « Ensuite, dans un grand silence, un murmure égal et profond et le vol d'un oiseau noir au-dessus de l'abîme : premières mesures de la neuvième symphonie qui furent pour moi la révélation d'un monde nouveau » (J. Green, *Journal,* t 2, 1939, p. 189). « [...] et l'on rejette bien vite loin de soi le grand oiseau noir de la mélancolie pour revenir à ce qu'on affecte de considérer comme la vérité » (V. Jankélévitch, *Le Je-ne-sais-quoi et le Presque-rien,* 1957, p. 145).

10. « Cet **oiseau noir** dans ma tête
Ne se laisse pas apprivoiser
Il est comme un nuage qui se défile
et qu'on n'attrape jamais
comme la fumée entre les doigts
et la brume sur les yeux
[...]

le voir
de ne plus l'écouter quand il croasse la nuit
et qu'il déchire de ses serres
les filets de la certitude
Il est le fils de l'insomnie
et du dégoût **mélancolique**
Mon **oiseau noir** mon fidèle
la haine n'est pas ta cousine
Je te donne trois jours et trois nuits. »

(Ph. Soupault, « L'Oiseau d'enfer », *Georgia, épitaphes chansons et autres poèmes,* 1983, pp. 274-275).

11. « À peu de distance du bord, [...] deux grands oiseaux étaient tournés face au large. Ils restaient à peu près immobiles, mais d'une immobilité d'autant plus étrange qu'ils avaient les ailes à moitié ouvertes, inscrivant ainsi sur le tumulte des vagues et de la lumière un contour anguleux, méchant, comme d'oiseaux héraldiques, et du fait qu'ils étaient entièrement **noirs,** presque sinistre. Comme les corbeaux, dont ils tirent d'ailleurs leur nom, que j'ignorais alors, ces grands oiseaux pourraient être liés à de **sombres** appréhensions. On aurait pu voir en eux, dans leur raideur hérissée, des armes brandies contre le jour, ou l'inverse de deux étoiles jumelles sur l'inverse du ciel nocturne, ou une espèce d'affreuse tache d'encre au bas d'une page anonyme. Leur nom même de cormorans aurait pu sonner à mes oreilles comme un glas. Mais tout cela n'est pas vrai, c'est pure « littérature ». Non seulement, d'une manière générale, il est déraisonnable de lier à des **oiseaux noirs** aucune pensée funèbre, mais je ne crois pas qu'au cours de ce voyage, cette présence fréquente du **noir** m'ait jamais alerté, ou effrayé. »

(Ph. Jaccottet, *Les Cormorans,* 1984, pp. 55-56).

d) [En parlant d'un animal au pelage noir (→ Loup, Rat, Taupe)] Taureau noir ; rat noir (v. → **Avoir un rat dans la contrebasse).** « Et il se gonfla d'air, à bloc, comme le grand loup noir des trois petits cochons »

(H. de Montherlant, Le Démon du bien, 1937, p. 1365). «On prend une lampée d'avenir et après, il faut bien s'arracher, se remettre à tourner comme la panthère noire du Zoo, se replonger dans le caca du châtiment» (A. Boudard, La Cerise, 1963, p. 21).

▶ [En parlant d'un chat] «Madame Lia. Voyante. Carte. Tarots [...]. Un chat fit son apparition./– J'ai été obligée de le prendre noir à cause de mon travail./– Il faut? Rouge pour les tifs, noir pour le matou?/– Oui, cheveu de feu, animal de ténèbres. – C'est vrai, vous avez bien tous les deux le physique de l'emploi» (B. Béatrix, Une lilliputienne, 1993, p. 150). • **Le Chat Noir**, *loc. nom. masc.* Célèbre cabaret de Montmartre (créé en 1881) qui fut, à la fin du XIXe siècle, l'un des grands lieux de rencontre du Tout-Paris, des poètes et des artistes et le symbole de la bohème, et qui, s'il n'existe plus depuis 1894, a de nombreux héritiers. Aller au Chat Noir; chanter au Chat Noir. «[...] à la façon des chansonniers montmartrois, et principalement de ceux du Chat Noir de jadis, qui chantaient la chronique comme les soldats chantent l'amour et la nostalgie» (La Civilisation écrite, 1939, p. 4212). «L'ambiance et le succès du Chat Noir reposent avant tout sur la présence et la personnalité de Rodolphe Salis (1851-1897). Né à Vienne, Rodolphe Salis s'intéresse au Paris de la bohème. Il crée alors en 1881 un cabaret artistique d'un genre nouveau, boulevard Rochechouart, au voisinage des quartiers populaires des artistes, des intellectuels, les amoureux de plaisir. Le cabaret est décoré dans un style Louis XIII: casseroles de cuivre, artilleries anciennes, étains et meubles de chêne se côtoient. Pendant la remise à neuf du bâtiment, Salis trouve un chat noir perdu sur le trottoir. C'est ainsi que le cabaret prend son nom: Le Chat Noir. Le cabaret est immédiatement un immense succès. Salis décide alors de transférer son cabaret dans un immeuble à trois étages sur la rue de Laval (maintenant rue Victor Masse)» (Le Chat Noir, «Notre Montmartre, Membres Lycos).

✱ La popularité du Cabaret Le Chat Noir a été encore amplifiée par la fameuse affiche de Steinlen (1895) représentant un chat noir et par le refrain de la chanson-hommage de Aristide Bruant au cabaret: «Je cherche fortune!/Autour du Chat Noir/Au clair de la lune/A Montmartre, le soir».

▶ [En parlant d'un cheval] cheval noir (→ MOREAU). «Un soir, il annonça triomphalement qu'il avait trouvé: une noire jument alezane». (A. Camus, La peste, 1947, p. 1327). «D'une minute à l'autre le corbillard tiré peut-être par un cheval noir viendra prendre les restes de Divine pour les transporter à l'église.» (J. Genet, Notre-Dame-des-fleurs, 1948, p. 14). «Il s'était approché d'elle sur son cheval noir, dans les rayons d'un soleil rouge, en cette heure où le crépuscule est tout proche et où le monde entier change de couleur et rayonne de séduction infernale.» (Z. Oldenbourg, Les Cités charnelles ou l'histoire de Roger de Montbrun, 1961, p. 102). «Jeune, bien nourri, content de sortir, le petit cheval noir trottait avec une régularité ravissante.» (V. Leduc, La Bâtarde, 1964, p. 436). – *En partic.* • **Cheval noir**, *loc. nom. masc.* ✦ Cheval noir, maléfique et terrifiant, monture de la Mort. «La plupart des chevaux de la mort sont noirs, tel Charos, dieu de la mort des Grecs modernes. Noirs sont aussi le plus souvent ces coursiers de la mort, dont la chevauchée infernale poursuivit longtemps les voyageurs égarés en France comme dans toute la chrétienté [...]. Mais il en est aussi de pâles, de blêmes, [...].» (J. Chevalier & A. Gheerbrant, Dictionnaire des Symboles, 1982, p. 225). ✦✦ [P. OPPOS. au → **Cheval blanc**] Cheval noir monture des chevaliers fourbes, des félons, des anti-héros. «Monstre pari mutuel monture cavalier QUI MÈNE QUI cocher platonicien me revient Bréhier me remonte le Phèdre dans Phèdre cheval blanc et cheval noir le bon le mauvais ce dernier quand il s'emballe le cocher tire encore plus fort sur la bouche du cheval

NOIR

emporté beau mythe victoire de la Raison [...].» (S. Dubrovsky, *Fils*, 1977, p. 468).

∗ Voir aussi *infra*, → Chevalier noir.

◗ [En parlant d'un mouton; P. OPPOS. au → Mouton blanc, le plus fréquent] ♦ Mouton à laine noire. «Ludo raccompagna l'homme à la sortie du navire, un gros mouton noir apparut dans la lumière du fanal» (Y. Queffélec, *Les Noces barbares*, 1985, p. 274). ♦♦ • **Mouton noir**, *loc. nom. masc. Au Fig.* Personne considérée comme dangereuse et donc exclue, mise à l'écart. *Synon.* **Brebis galeuse**. «Et, quoi qu'il s'en défende, le président de la Lorraine réélu dans des conditions [...] troublantes est regardé comme un mouton noir qui devra rendre des comptes à un pouvoir socialiste d'autant plus désemparé qu'il n'avait pas prévu ce cas de figure» (*L'Est républicain*, «Le doute malsain», 28.3. 1992 – P. Taribo).

12. «Agathe consentit à me livrer le secret des raisons qui, à l'âge de treize ans, l'avaient fait renvoyer du lycée; et qu'elle ait joué à **se noircir**, pour se faire peur ou pour se donner de l'importance, on en conviendra: elle pervertissait les autres, un **mouton noir**, voilà ce qu'on l'avait accusée d'être!»
(I. Monési, *Nature morte devant la fenêtre*, 1966, p. 120.)

Variante féminine. Rare. • **Brebis noire**, *loc. nom. fém.* «C'était la brebis noire du RPR. Elle avait osé dénoncer les étranges pratiques de l'équipe Giraud à la tête de la région Ile-de-France. Claude-Annick Tissot, 48 ans, avait bien sûr été écartée de toute responsabilité. Elle avait dû démissionner de la présidence de la commission des marchés, avant d'être destituée de la vice-présidence de l'assemblée régionale puis d'être exclue du groupe RPR» (*Le Nouvel Observateur*, 12. 2. 1998, p. 53).

◗ CHASSE. • **Bête noire**, *loc. nom. fém.* ♦ Bête au pelage noir, en particulier sanglier. «Il n'a rien entendu, rien compris: il a roulé sur la marche du seuil, heurté au flanc avec violence par une bête noire dont les yeux flamboyaient» (M. Genevoix, *Rroû*, 1931, pp. 302-303). ♦♦ *Au Fig. Fam. P. plaisant. Mod.* Personne détestée et rejetée; souffre-douleur. C'est ma bête noire. «[...] Richard Gere, bête noire des autorités chinoises depuis qu'il soutient la cause du Tibet» (*TV Magazine*, Midi Libre, 23. 2. 1993, p. 4, c. 3).

∗ On rappellera les expressions vieilllies: **Voir vaches noires en bois brûlé**. «Se forger d'agréables chimères, rêver de choses agréables, comme un vacher devant son feu rêve et semble voir dans les tisons, des troupeaux de vaches noires, les meilleurs» *(Littré*, cité in P. Vigerie, *La Symphonie animale*, 1992). *P. ext.* **Chercher vache noire en bois brûlé**. Chercher une chose impossible ou difficile à trouver. (P. Vigerie, *La Symphonie animale*, 1992). Et, dans le champ lexical négatif des «idées noires», la loc. nom. masc. vieillie, le plus souvent au pluriel: **Dragons noirs**, «Soucis chimériques, inquiétudes, remords, idées noires; allusion au démon de l'Écriture sainte symbolisant l'esprit des ténèbres» (P. Vigerie, *La Symphonie animale*, 1992, p. 66). *Avoir ses dragons noirs.*

e) *MÉDECINE ANCIENNE*. [En parlant d'une des humeurs de l'organisme humain, selon la théorie ancienne des tempéraments] • **Bile noire/**• **Humeur noire**, *loc. nom. fém.* Humeur que les Anciens supposaient avoir son siège dans la rate et à laquelle ils attribuaient les accès de tristesse, de mauvaise humeur. *Synon.* Bile, hypocondrie, lypémanie; → Atrabile, Mélancolie. V. → ATRABILE, ex. 1, MÉLANCOLIE, ex. 1, ex. 2, ex. 5, ex. 7, ex. 8, ex.9.

2. [En parlant d'un produit de l'industrie humaine (objet fabriqué, matière première transformée, élément de la décoration, emblème, vêtement, etc.)] Qui est *noir* ou d'une couleur très foncée; *p. méton.*, personne, groupe de personnes vêtu(e)s de *noir* (en tout ou en partie)]

NOIR

a) [En parlant d'un objet fabriqué, d'une matière première transformée, d'un élément de la décoration, etc.] Fauteuil noir; bonbons noirs (➜ CACHOU, RÉGLISSE); boissons noires (➜ CAFÉ); cirage noir (➜ CIRAGE). «Sur le canapé noir du grand salon aux murs blancs et nus, il raconte une autre histoire d'enfant en manque» (D. Belloc, *Képas*, 1989, p. 192).

◗ [*P. méton.*, en parlant d'un lieu, d'une pièce où cette couleur domine] Pièce, salon noir. «[…] j'étais dans le grand salon noir occupé à fumer une cigarette, pour tromper ma fièvre» (P.-J. Jouve, *La Scène capitale*, 1935, p. 211).

♦ *En partic. Cour.* [Avec une valeur caractérisante et symbolique; la couleur noire comme couleur de l'écriture; P. OPPOS. au blanc du papier] Encre noire; écriture noire; lettres noires (➜ ENCRE); stylo noir. «Les feuillets couverts d'une petite écriture noire crissaient dans ses mains maigres sortant de leurs manchettes de dentelle» (M. Yourcenar, *L'Œuvre au noir*, 1968, p. 807).

∗ V. aussi *infra*, les *loc.* **Mettre du noir sur du blanc**, et **Noir sur blanc** – le plus souvent en *loc. verb.*: Écrire/marquer **noir sur blanc**, dans laquelle *noir* et *blanc* sont considérés comme *subst.*, l'article indéfini étant sous-entendu.

β) *[Dans des domaines spéciaux]*

♦ *ART*

◗ *[CINÉMA]*

• **Écran noir**, *loc. nom. masc.* Écran de cinéma; *p. méton.*, cinéma. [*P. ext.* Variantes et jeux de mots] • **Sur l'écran noir de mes nuits blanches.** ♦ Formule refrain de la chanson de Claude Nougaro, *Le Cinéma*, composée en 1962, et qui sera souvent reprise avec des variantes. «Claude Nougaro (1929-2004), l'enfant de Toulouse […]. En 1955, il commence à se produire sur scène, et continue à croiser sur sa route des artistes qui vont définitivement influencer sa démarche, comme Édith Piaf, Baden Powell, Richard Galliano, […] ou encore Michel Legrand, avec lequel il compose la chanson *Le cinéma* (1962): *Sur l'écran noir de mes nuits blanches/Moi je me fais du cinéma/Sans pognon et sans caméra/Bardot peut partir en vacances/ Ma vedette c'est toujours toi/Pour te dire que je t'aime rien à faire je flanche/J'ai du cœur mais pas d'estomac/C'est pourquoi je prends ma revanche/Sur l'écran noir de mes nuits blanches/Où je me fais du cinéma»* (M. Delaballe, «Nougaro», Forum des images). ♦♦ [*P. allusion directe à cette formule*; dans un contexte d'évocation de Cl. Nougaro] «Il laissera une trace incandescente dans le ciel de la chanson française. Sur l'écran noir de nos nuits blanches, il projettera à l'infini son cinémots. Sur le ring de nos mémoires meurtries, ses quatre boules de cuir. Le long du canal du Midi, les mémés n'auront plus le même goût de la castagne» (*L'Express*, «Le Testament de Nougaro», 8. 3. 2004 – P. Genone et A. Romano). *P. ext.* «Lorsqu'on la croise dans la rue, Juliette Binoche peut être anonyme, passe-partout. Briller n'est pas alors quelque chose qui l'intéresse. Mais, sur l'écran noir de nos nuits blanches, Binoche devient magnétique. Par le regard noir, attentif, vibrant. Par une extraordinaire carnation translucide» (*L'Alsace. Le Pays*, «Juliette», 15. 11. 2000 – P.-L. Cereja).

• **Sur l'écran noir de** + *subst.* (désignant une pensée, un souvenir, etc.). *Rare.* «Sur l'écran noir de nos souvenirs» (*L'Évènement du jeudi*, 28. 01. 1993, p. 36). «Avec son nouvel album, "Une goutte", Louis Ville enfonce le clou et nous délivre 14 chansons comme seul un Arno des bons jours pourrait les écrire. Chanson rock française donc. Mais la crème! Ses chansons sont projetées sur l'écran noir de nos fantasmes. Comme pleurées sur le sein d'une prostituée de hasard par une nuit chaude et triste» («Louis Ville: Une goutte», *La Nouvelle Génération*, 1. 5. 2003). «Ma nuit chez… Vingt films pour raviver sur l'écran

NOIR

noir de nos mémoires quelques impérissables plongées nocturnes» (24 Images, n° 114, «Nuits du cinéma» P. Barrette, M. de Blois, R. Daudelin, G. Grugeau, M. Jean et A. Roy).

▶ *[DESSIN]* Dessin noir à l'encre (de Chine), au fusain (➙ ENCRE [DE CHINE], FUSAIN). «[...] je regarde distraitement... mais, brusquement, mon cœur a un sursaut, et dans ce dessin noir je distingue une croix, une prophétique croix d'ombre que la lune a posée sur le grand corps de Lambert endormi» (R. Dorgelès, *Les Croix de bois*, 1919, p. 190).

▶ *[GRAVURE]* • **Gravure à la manière noire/• Manière noire**, *loc. nom. fém.* «Cette méthode, aussi appelée *mezzotinto*, utilise comme support une plaque de cuivre qui est travaillée sur toute sa surface avec différents outils. Le résultat imprimé présente une large gamme de valeurs, du blanc au noir profond en passant par différentes nuances de gris. [...] Dans une première étape, on utilise le berceau. Par son balancement, cet outil produit des pointillés qui sont gravés sur toute la surface du métal. On obtient ainsi un grain sur la plaque. Si on l'imprimait à ce stade, on obtiendrait un noir profond. Ensuite, on peut revenir au blanc en aplatissant la grenure à l'aide d'outils comme le grattoir et le brunissoir. En pressant plus ou moins fort, le graveur atténue ou fait disparaître les grains de la plaque» («Manière noire», *Estampes A B C*). «La manière noire, ordre particulier de la gravure dont les partisans tendent au noir absolu, ce Graal des alchimistes de l'encre, possède en la personne de Mario Avati l'un de ses grands maîtres» (*Magazine Hebdo*, 20. 1. 1984, p. 72 – P. Dubois).

13. «Le soir pyrénéen a déjà envahi, non pas le ciel qui était toujours aussi **bleu** au-dessus des crêtes, mais la vallée. Le hameau, la route, le pont, toutes les fermes et les étables sont sur cette **gravure à la manière noire** presque absorbés dans **la ténèbre**. Car l'**ombre** de la montagne projette une véritable **ténèbre** qui paraît presque **cramoisie** à force d'être **noire**. Sauf un bout de route qui grimpe sur le flanc du pic d'en face. Un bout de route **rose** qui échappe à la couleur **noire**. On la voit rose.» (P. Quignard, *Terrasse à Rome*, 2000, p. 55.)

14. «La **manière noire** est une gravure à l'envers. Dans la **manière noire** la planche est originairement et entièrement gravée. Il s'agit d'écraser le grain pour faire venir le **blanc**. Le paysage précède la figure. Ce fut en 1642 que Ludwig von Siegen inventa la **manière noire**. En 1653, à Bruxelles, Siegen révéla son secret à Ruprecht du Palatinat qui l'introduisit en Angleterre en 1656. On compte seulement vingt-quatre gravures de Meaume à la **manière noire** qui datent toutes d'après Abraham. On appelle berceau la masse qui graine toute la planche pour la **manière noire**. Par la **manière noire** chaque forme sur la page semble sortir de l'**ombre** comme un enfant du sexe de sa mère.» (P. Quignard, *Terrasse à Rome*, 2000, pp. 94-95.)

▶ *[PEINTURE; de Ad Reinhard, de Malévitch, de Soulages]* V. aussi ➙ *infra*, ex. 49.

15. «Partant des formes géométriques les plus pures: cercle, croix, trapèze, carré, ligne, le peintre [Kasimir Malevitch] construit un monde abstrait, à partir duquel il élabore sa théorie, qu'il divise en trois périodes d'économie de 1913 à 1918. Celle dite "du **Carré noir**" proclame le principe d'"'économie en esthétique"; signe fondamental d'une nouvelle conception créatrice, il est "la simple expression économique de l'activité conditionnée par l'énergie"; la période chromatique avec le **rouge** est le "signal de la révolution"; et

enfin, dernière étape, le "**carré blanc**", aboutissement mystique des premières œuvres, représente le "mouvement pur". "L'art délivré de toute dépendance, conclut Malevitch, devient le cœur de l'humanité", le **carré blanc**, résultat de l'investigation du monde sans objet, vise à une sorte d'idéalisme absolu.»
(*Les Muses*, vol. 13, 1969, s.v. *suprématisme*, p. 4289.)
16. «D'abord attiré par la couleur, Ad Reinhardt se met à peindre des **tableaux noirs** à partir de 1953. Quelques années plus tard, l'artiste décide de ne plus peindre que des ***Black Squares,*** des **carrés noirs** de 1,57 m de haut. Il espère ainsi créer des œuvres qui n'aient pas de valeur sur le marché de l'art. Sa logique artistique peut se résumer en quelques mots: "no composition, no contrast, no struggle and no dynamism"... Ces **tableaux noirs** muets et hermétiques de Reinhardt appelés *Ultimate Paintings* confirment son désir esthétique d'un langage minimaliste et conceptuel. Ils sont nés de multiples couches fines de couleur. Le **noir** est suggéré avec des nuances sourdes de **vert**, de **rouge** et de **bleu**. Ces couches constituent une surface mate absorbant la **lumière** telle que si l'on contemple longtemps le **noir** des tableaux, on finit par voir briller une certaine **lumière**. L'attention est maintenue en éveil.»
(«Peinture, Ad Reinhard», *France5*.fr).

▶ [ART CULINAIRE/CUISINE/GASTRONOMIE/PÂTISSERIE]

• **Café noir**, *loc. nom. masc.* [P. OPPOS. à *café au lait* ou *café crème*] Synon. → (**Petit**) **Noir**; *(vieilli:)* Moricaud. Un bol, une tasse de café noir; boire son café noir; commander un café noir. «Elle lui servait du café noir, des œufs, quelques toasts beurrés, échangeait avec lui les mêmes mots presque rituels: "Bien dormi?"» (M. Genevoix, *Eva Charlebois*, 1944, p. 118). «De la terrasse d'un café, assis en face d'un demi de bière ou d'un café noir, tu regardes la rue» (G. Perec, *Un Homme qui dort,* 1967, p. 57).

• **Caviar noir** [P. OPPOS. à → Caviar gris] (→ Caviar). Caviar de couleur noire, réputé le meilleur. «Le caviar noir, en grains, c'est une espèce de hors-d'œuvre qui vaut deux cents francs le kilo, ou quelque chose comme ça» (G. Duhamel, *Chronique des Pasquier*, 3. *Vue de la terre promise*, 1934, p. 130). «Il commandait pour moi ortolans farcis ou caviar d'Iran... – Du caviar gris ou du caviar noir?» (G. Perec, *La Disparition*, 1969, p. 206.)

• **Chocolat noir**, *loc. nom. masc.* [P. OPPOS. à *chocolat au lait* ou → Chocolat blanc] «Ils finissaient leur mousse au chocolat noir et blanc ("à l'image de mon âme", songeait Nil), le dessert préféré de la lycéenne» (G. Matzneff, *Ivre du vin perdu*, 1981, p. 324).

✱ V. aussi en PÂTISSERIE, *supra* → **Forêt noire**, et nègre en chemise, tête de nègre.

▶ [ÉDUCATION/ENSEIGNEMENT]

• **Tableau noir**, *loc. nom. masc.* Tableau des anciennes salles de classes. «En Ile-de-France, le jour s'est levé. La lumière traverse une verrière et éclaire un tableau noir où une jeune femme écrit le mot *soleil* avec de la craie» (Y. Simon, *La Dérive des sentiments*, 1991, p. 234). «La Communale, Roland Erbstein s'est attaché à la faire revivre, avec ses bancs de bois, ses encriers de porcelaine, son tableau noir et ses odeurs de craie, le gros poêle noir si amical quand l'hiver fut venu» (*L'Est républicain*, 9. 3. 1992, p. 111, c. 1).

▶ [JEU DE CARTES]

• **Carte noire**, *loc. nom. fém.* Carte de trèfle ou de pique. «[...] au cours de la manipulation, Victor avait légèrement corné la carte noire et cela à la vue de tout un chacun, mais ce qu'il n'avait pu voir c'est qu'une rouge aussi était cornée et qu'après quelques passages de cartes, la marque de la noire n'existait plus» (R. Giraud, *La Coupure*, 1966, p. 75).

▸ *[JEU DE ROULETTE]*

• **Case noire,** loc. nom. fém. «Attendre, en retenant son souffle, que la bille tombe dans la case noire ou dans la case rouge» (M. Yourcenar, *Denier du rêve*, 1959, p. 225). «[...] cet homme a lancé la bille sur le disque en rotation d'une roulette [de Monaco] portant un nombre égal de cases rouges et de cases noires et il a décidé de placer la bille dans le tiroir de droite si elle s'arrête sur une case rouge et dans le tiroir de gauche si elle s'arrête sur une case noire» (L. de Broglie, *Étude critique des bases de l'interprétation actuelle de la mécanique ondulatoire*, 1963, p. 9).

▸ *[MUSIQUE]* • **Disque noir,** loc. nom. masc. Disque de vinyle. «Des CD au prix des noirs. Oui, vous avez bien lu : des compact discs au prix des disques noirs, c'est la carte que joue Harmonia Mundi pour sa collection "Musique d'abord"» (*L'Événement du jeudi*, 11. 12. 1986, p. 113, c. 4 – A. Duault). «Les disques noirs les bons vieux 45 et 33 tours et leurs fragiles sillons...» (*L'Express Aujourd'hui*, 20. 11. 1987, p. 77, c. 1).

▸ *[PSYCHANALYSE/PSYCHOLOGIE]* • **Tache noire de Rorschach,** loc. nom. Test projectif de personnalité, mis au point entre 1911 et 1920 par le psychiatre suisse Rorschach, qui est composé de dix planches comportant chacune une tache d'encre, généralement noire, formée par pliage symétrique, dont l'interprétation par l'observateur permet d'analyser les traits de personnalité et de déceler certains troubles psychologiques. *Synon.* Test des taches d'encre. «Je voudrais vous donner une petite précision concernant ces fameuses "taches noires", c'est-à-dire le test de Rorschach : il s'agit d'un test de personnalité. On le fait passer dans le but de pouvoir établir une hypothèse sur le diagnostic de personnalité, sur le mode de fonctionnement psychique de la personne. Et donc, on ne l'utilise qu'une seule fois ! Et pas à chaque séance. Sans compter qu'il n'est pas adapté aux enfants (il en existe d'autres pour eux)» («Autobiographie d'une courgette», Sélénite, *Le Guide de la bonne lecture*).

17. «Parmi les dix cartons de cette enquête figure un amas de **noirceurs** intimes qui donne souvent "**le choc noir**" (*Dunkelshock*), c'est-à-dire soulève des émotions profondes. Ainsi, une seule **tache noire**, intimement complexe, dès qu'elle est révélée dans ses profondeurs, suffit à nous mettre en situation de **ténèbres**.»

(G. Bachelard, *La Terre et les rêveries du repos*, 1948, p. 76.)

• **Le choc noir,** loc. nom. masc. [Trad. de l'all. *Dunkelshock*] Fortes émotions provoquées dans le test de Rorschach. V. → *supra*, ex. 17.

▸ *[SPORTS – ALPINISME, SKI]*
• **Piste noire,** loc. nom. fém. [Dans un système d'OPPOS. notamment à → **Piste bleue, jaune, rouge, verte**] Piste indiquée par la couleur noire pour signaler son classement dans la catégorie des pistes particulièrement difficiles et dangereuses et donc réservées aux personnes très expérimentées. J'ai fait la piste noire. «[...] une route de dix sept kilomètres en lacets [...]. Les coureurs du Tour de France 1984 [...] ce jour-là, ont regretté de ne pas avoir attendu l'hiver pour venir avec leurs planches : la glisse dans la poudreuse est moins éprouvante, même sur piste noire !» (*Le Monde Loisirs*, «La Plagne aux dix stations», 5. 1. 1985, p. XII). «[...] une copine, hospitalisée depuis le mois dernier. Plâtrée partout. Elle s'est cassée en petits morceaux sur la piste noire de Serre-Chevalier» (*Le Monde*, 26. 3. 1988, p. 36 – Cl. Sarraute).

b) [En parlant d'un élément vestimentaire, d'un vêtement, d'un emblème, d'une décoration, etc.]

NOIR

α) Étoffe, taffetas, tissu, velours noir; manteau noir; vêtements noirs. «J'ai rarement aperçu quelqu'un de plus comique que le vieux Bob se promenant, dans le soleil éblouissant d'un printemps du Midi, avec un chapeau haut de forme noir, sa redingote noire, son gilet noir, son pantalon noir, ses lunettes noires, ses cheveux blancs et ses joues roses» (G. Leroux, *Le Parfum de la dame en noir*, 1908, p. 62).

β) *En partic.* [Le plus souvent avec une valeur caractérisante ou symbolique]

♦ *HISTOIRE DE LA CHEVALERIE.* La couleur noire comme couleur du mal, de la félonie]

• **Chevalier noir**, *loc. nom. masc.* [P. OPPOS. au ➔ Chevalier blanc (➔ *Le Blanc*), symbole de bonté et de loyauté] Chevalier vêtu de noir (et montant un cheval noir). «Dans la quête du Graal présenté par Béguin, il y a ceci que j'aime et veux retenir: Lancelot assiste à un "tournoi merveilleux" dans une prairie qui s'étend devant un château et voit aux prises des chevaliers blancs et noirs, et comme il s'enquiert plus tard, on lui répond: "c'était bien un tournoi de chevaliers terrestres (et non célestes), car le sens de leur combat était plus grand qu'eux-mêmes ne le savaient".» (J. Green, *Journal*, t. 5, 1950, p. 278).

♦ [La couleur noire comme couleur de l'anarchie, de la rébellion, de la révolte, de la violence, de la mort]

▶ [*HISTOIRE*; en parlant d'emblèmes, de drapeaux]

• **Drapeau noir**, *loc. nom. masc.* [*HISTOIRE DE L'ANARCHIE*] ♦ Drapeau des anarchistes. «Ce qui vient se dessiner derrière cette grève contestataire l'ombre du drapeau noir et le spectre d'une anarchie "sorbonienne"» (*Le Monde*, 15. 6. 1968, p. 7, c. 3). ♦♦ *P. ext.* • **Le Drapeau noir flotte sur la marmite**, *loc.* *verb. fig.* [P. RÉF. à la formule tragique de J. Vallès dans *l'Insurgé* (1885), roman qui relate les évènements de 1871: «Quand la ménagère arrache le drapeau noir qui flotte sur la marmite pour le planter entre deux pavés, c'est que le soleil se lèvera sur une ville en révolte» (v. P. Germa, *Dict. des expressions toutes faites*, 1986)] *P. Plaisant. Vieilli.* Formule reprise dans un contexte comique, et par plaisanterie, pour exprimer un certain type de rébellion, de révolte (ridicule) (remise au goût du jour notamment par Michel Audiard qui en a fait le titre d'un de ses films en 1971). *Souvent avec défigement et p. ext. avec variantes:* • **Le Drapeau noir flotte sur Internet/sur le couscous**, etc. «Maroc: le drapeau noir flotte sur le couscous» (*Le Nouvel Observateur*, 14. 10. 1988, p. 166).

• **Pavillon noir**, *loc. nom. masc.* Pavillon noir des pirates (associé à une tête de mort). Hisser le pavillon noir; naviguer sous le pavillon noir. «[Il] demeura un moment immobile, laissant errer sur la vallée ses yeux que nous ne connaissons pas, les yeux jaunes d'un conquérant d'îles, les yeux cruels et sans bornes d'un pirate aux aguets sous son pavillon noir, les yeux désespérés du loyal compagnon d'Ybanez, assassiné lâchement par les soldats du roy» (Colette, *La Maison de Claudine*, 1922, p. 177). *P. métaph.* ou *au fig.* «Je suis entraîné par une banquise aux dents de flamme/Je coupe et je fends le bois de cet arbre qui sera toujours vert/Un musicien se prend dans les cordes de son instrument/ Le Pavillon Noir du temps d'aucune histoire d'enfance/Aborde un vaisseau qui n'est encore que le fantôme du sien/Il y a peut-être une garde à cette épée» (Collectif, *La Révolution surréaliste*. n° 6, 1926, p. 6). *En loc. verb.* • **(Hisser) Le pavillon noir de.** «L'une d'elles hissait-elle le pavillon noir de la rébellion qu'il la cernait tout aussitôt de glapissements, lui mordillait le jarret, [...] tant et si bien que la carne baissait les bras et rentrait, piteuse, dans les rangs sacrés de

NOIR

l'honneur et de la discipline» (R. Fallet, *Le Triporteur*, 1951, p. 99).

• **Triangle noir**, *loc. nom. masc.* [HISTOIRE DE LA DÉPORTATION. Ce signe distinctif étant imposé et non revendiqué]; dans un système d'OPPOS. notamment à ➞ **Triangle marron, rose, vert, violet**] Triangle de couleur noire, pointe vers le bas, cousu sur le vêtement des détenus «asociaux», dans les camps nazis à partir des années 36. «Les Roms portaient soit le triangle noir des "asociaux", soit le triangle vert des "criminels professionnels" ou la lettre Z» (Algarath, «Les couleurs de la honte», 3. 9. 2003). *P. méton.* Personne internée dans les camps nazis, contrainte de porter ce triangle noir. Être un triangle noir; faire partie des triangles noirs.

18. «Dans son livre sur *"l'organisation de la terreur"* paru en 1995 aux éditions Calmann-Lévy, l'historien Wolfgang Sofsky note: *"Avec la réorganisation des camps, la SS introduisit en 1936 un système de catégories permettant de caractériser les groupes de détenus. Sur la partie gauche de la poitrine et sur la jambe droite des pantalons on cousait, à côté du numéro du détenu, un **triangle de couleur** [...] Les "adversaires politiques", la première catégorie à être entrée dans les camps, restèrent d'abord sans signe distinctif. C'est seulement en 1937 qu'on introduisit pour eux le **triangle rouge**".* Il précise: *"L'élément décisif pour la figuration des classes sociales était le système des classifications, la taxinomie des couleurs, des triangles et des signes distinctifs."* Les autres détenus "criminels" recevaient ainsi un **triangle vert**, les "asociaux" un **triangle noir**, les homosexuels un **rose**, les émigrés un **bleu**, les tsiganes d'abord un **triangle brun** puis **noir**. Les juifs portaient l'étoile de David à six branches. Les étrangers, le plus souvent identifiés comme "politiques", avaient sur le **triangle rouge** l'initiale indiquant leur nationalité, un "F" pour les Français, un "P" pour les Polonais, un "S" pour les Espagnols. [...] **Le triangle rose**, à la couleur de petite fille dans le but de ridiculiser la masculinité, se généralisera peu à peu dans les camps après que de nombreuses lesbiennes aient porté le **triangle noir** des asociaux ou que la **barrette bleue** ait marqué certains homosexuels, confondus avec les catholiques réfractaires [...].»

(J. Le Bitoux, «Triangles roses et signes distinctifs», *Triangles roses. La persécution des homosexuels sous le régime nazi*).

◗ [En parlant de vêtements, et *p. méton.*, d'une personne (➞ BLOUSON, RÉBELLION; v. aussi ➞ **Black génération**)]

• **Blouson noir**, *loc. nom. masc.* [P. RÉF. au blouson noir (le plus souvent en cuir) porté par Marlon Brando dans le film *L'Équipée Sauvage*, et qui devint le signe de reconnaissance d'une jeunesse rebelle, parfois délinquante, en France, dans les années soixante (➞ BLOUSON). De nos jours, le blouson noir n'a plus ces connotations de délinquance, mais est simplement associé à une certaine décontraction chic] ♦ *Cour. Mod.* «Auprès de chaque appareil un photographe, qui est un jeune homme très déluré d'aspect, blouson noir et blue-jeans collants» (J. Genet, *Le Balcon*, 1962, p. 116). «Dis-moi Renaud, d'abord, pourquoi/T'as un blouson noir?/ Dis-moi, d'abord, est-c'que c'est vrai Que t'es un loubard?/– Un blouson noir moi je trouve ça beau/Et puis ça m'tient chaud,/ Et puis j'vais t'dire un truc, mon gars, ça fait peur aux bourgeois» (Renaud, «Pourquoi d'abord», 1980, *Mistral gagnant*, 1985, p. 152). ♦♦ *P. méton.* Jeune des années soixante portant un blouson noir en signe de reconnaissance; *p. ext.*, délinquant, voyou. Une bande de blousons noirs. «Quand elle a eu ses 16 ans, il a fallu qu'elle tombe amoureuse raide folle d'un voyou, une espèce de blouson noir façon après-guerre, un gars de 18 ans qui branlait rien, traficotait dans la bagnole, la cigarette américaine, enfin n'importe quoi» (B. Blier, *Les Valseuses*, 1972, p. 175). «On

NOIR

était tous là, [...] les zonards, les banlieusards, les loubards, les blousons noirs, les planqués du système, les iconoclastes en tout genre» (*L'Est républicain, Magazine dimanche,* 22 janv. 1984, p. 13). *Variante féminine. Rare.* • **Blousonne noire,** *loc. nom. fém.* «Encore une histoire de voyou? Oui. Seulement, voilà, Dandy n'est pas un voyou comme les autres. C'est une fille (l'extraordinaire Stockard Channing). Mal fringuée, mal embouchée, une blousonne noire éperdue d'agressivité et de solitude. En brossant son portrait, Jerry Schatzberg ("Panique à Needle Park") a réussi une chronique d'une ravageuse vérité» (*L'Express,* 25. 5. 1976, p. 32, c. 3).

∗ A ces blousons noirs des années soixante répondent, en signe de révolte et de revendication égalitaire, les gants noirs des poings tendus, des athlètes noirs américains Tommie Smith et John Carlos, aux Jeux Olympiques de Mexico, en 1968.

♦ [La couleur noire comme couleur du fascisme italien. HISTOIRE DU FASCISME]

• **Chemise noire,** *loc. nom. fém.* ♦ Chemise de couleur noire faisant partie de l'uniforme des fascistes italiens. «Les chemises noires autour d'elle n'étaient pas celles des fascistes: c'étaient celles des SS» (J. d'Ormesson, *Tous les hommes sont fous,* 1986, p. 281). ♦♦ *P. méton.* Fasciste italien. «L'action directe des chemises noires s'exerce plus d'une fois contre les sièges de journaux adverses» (*La Civilisation écrite,* 1939, p. 38). «On était en 1938. L'ordre fasciste régnait sur l'Italie et les quelques opposants au régime mussolinien étaient traqués. On arrêtait des hommes et on les déportait sur une simple dénonciation, quand on ne les exécutait pas sommairement au creux d'un ravin. Les Chemises noires et leurs espions étaient partout» (P. Combescot, *Les Filles du Calvaire,* 1991, p. 46).

♦ [La couleur noire comme marque du deuil (→ DEUIL; CRÊPE, ENCRÊPÉ)] Tenture noire; vêtements noirs; drap, voile noir de deuil. «Veuve qui n'a pas su garder la robe noire!» (E. Rostand, *L'Aiglon,* 1900, p. 271.) «Le deuil toujours prêt dans l'armoire: la jupe noire, le corsage noir à pois blancs [...]» (J. Giono, *Le Grand Troupeau,* 1931, p. 84). «Le charretier fait porter aux chevaux le deuil du maître en attachant un morceau d'étoffe noire à leur collier (Brie)» (P.-L. Menon & R. Lecotté, *Au village de France,* 2, *Des moissons à la Noël,* 1954, p. 102).

∗ Les règles du deuil concernaient non seulement les couleurs – noir pour le **"grand deuil"**, violet pour le **"demi-deuil"** ou **"petit-deuil"** – mais aussi les matières, étoffes, accessoires portés, et étaient d'autant plus sévères et strictes, quant aux matières et étoffes, lorsque la couleur noire était la couleur habituelle des tenues de tous les jours et de toutes circonstances, en particulier dans les années 1880-1890: "Les règles présidant aux toilettes de deuil sont devenues de plus en plus sévères et exclusives, en raison, sans nul doute, de l'emploi de plus en plus répandu de tissus de laine noire pour la toilette féminine. [...] Donc la robe de grand deuil faite de velours ottoman (variété de drap), surtout en cachemire de l'Inde, en reps mat, en drap de veuve, sera tout unie et longue (1 m 50 c. de longueur). Ces deux conditions sont rigoureusement obligatoires, et l'on ne pourrait s'y soustraire sans risquer d'être blâmée, tout au moins, au nom du bon goût. Rien de plus opposé à la bienséance, en effet, que le besoin immodéré de la fanfreluche se manifestant même dans les circonstances où la frivolité la plus invétérée semble devoir être vaincue. Ce grand deuil est obligatoire, pour la veuve, pendant un an; pour un deuil de père et mère pendant six mois au moins; pour le deuil d'oncle, de tante, de sœur, de frère, pendant trois mois au moins; pour le deuil de beau-père et belle-mère (père et mère du mari), comme pour le deuil de père et de mère; pour le deuil de beau-père (second mari d'une mère) et de belle-mère (seconde femme d'un père), trois mois. Après la première (celle de grand deuil), on porte le demi-deuil pendant une période de durée égale à celle des grands deuils. Pour les deuils de cousins et cousines, suivant le degré d'amitié ou d'intimité, de six semaines à trois mois. [...] Quand le deuil va se terminer, on pourra aborder les couleurs de demi-deuil : pensée, lilas, gris-de-fer, gris-acier, gris-perle, les satins, les velours unis ou frappés » (*La Mode illustrée*, «Règles du deuil», 1882, pp. 310-311). «Suivant sa date plus ou moins récente et le degré de parenté qui unissait à la personne disparue, le deuil est plus ou moins rigoureux. En général, le deuil est, pour tous les cas et pour tous les degrés, plus rigoureux qu'il ne l'était, il y a de cela un quart de siècle ou davantage. Ainsi [...] je crois que l'une des causes auxquelles doit être attribuée cette rigueur, est la mode des toilettes noires si généralement adoptées par la génération actuelle. Pour affirmer son existence, le deuil ne pouvait plus être représenté seulement par une toilette noire... il a fallu retrancher à celle-ci les draperies, les garnitures [...], en un mot, faire de la toilette de deuil un *uniforme*; et c'est seulement quand elle se conforme à cette règle que la toilette de deuil est considérée comme étant convenable et de bon goût. Tout enjolivement est en cette matière une dissonance presque aussi choquante que le pourrait être une plume rouge sur un chapeau de deuil» (*La Mode illustrée*, «Comment on porte le deuil», 1888, pp. 286-287). Les couleurs du «grand deuil» et du «demi-deuil» sont à l'origine de termes de couleur fréquemment utilisés dans les périodes où règnaient des codes couleurs du deuil particulièrement stricts : *noir-deuil, gris-deuil, lilas* ou *violet-deuil.*

♦ [La couleur noire comme marque de l'autorité, de la justice, robe des avocats, tenues des arbitres)] Robe noire d'avocats ; tenue noire des arbitres.

P. méton. ● **Robe noire**, *loc. nom. fém.* Avocat. «À Paris, le bâtonnier Jean Couturon s'est joint au défilé des "robes noires" au Palais de Justice» (*L'Express*, 31. 5. 1980, p. 121, c. 3 – L. Sichler).

♦ [La couleur noire comme marque du renoncement (habit de certains religieux, soutane des prêtres (→ Ecclésiastique, Soutane. V. aussi, *p. méton.* → Corbeau, Fusain)] Soutane noire de curé. «On vit bientôt se présenter au château un noir Bénédictin aux yeux de braise ardente» (Boylesve, *Leçon d'amour*, 1902, p. 241). «[...] à côté de cette machine flamboyante, ma soutane faisait une tache noire et triste» (G. Bernanos, *Journal d'un curé de campagne*, 1936, p. 1211). «Aux moines "noirs", c'est-à-dire aux moines de Cluny, [...] on reprochait, dit-il, les abus de leurs grands abbés. Aux moines "blancs", c'est-à-dire aux Bénédictins de Cîteaux, [...] on reproche leur dureté de cœur» (Faral, *La Vie quotidienne au temps de Saint Louis*, 1942, p. 43).

♦ [La couleur noire comme marque de la bourgeoisie, de la distinction, de l'élégance discrète ou austère, du luxe]. (→ Queue-de-Pie, Soir ; → Chanel, Rykiel). «[...] d'une élégance austère, toujours en robe de taffetas noir, une longue chaîne d'or rayant sa forte poitrine, une cravate de velours brun autour du cou, des mains très pâles, elle semblait d'une dignité parfaite et même un peu hautaine» (O. Mirbeau, *Journal d'une femme de chambre*, 1900, p. 288). «En robe noire comme toujours, parce qu'elle croyait qu'en noir on est toujours bien et que c'est ce qu'il y a de plus distingué» (M. Proust, *À la recherche du temps perdu. Du côté de chez Swann*, 1913, pp. 203-204). «Philippe admirait l'élégance désinvolte avec laquelle Verdier, son buste un peu épais serré dans un smoking de velours noir, œillet rouge à la boutonnière, recevait ses hôtes» (M. Droit, *Le Retour*, 1964, p. 164). «À quoi serviraient alors tous ces atours, minutieusement préparés, le tailleur noir qui me fait la silhouette d'un mannequin, la dentelle noire, dépassante, les bas soyeux et sombres, le sac Charles Jourdan et la couleur miel que Dessanges a réussi sur mes cheveux ?» (A. Ernaux, *Se perdre*, 2001, p. 230).

19. «Le **tailleur noir**, symbole d'élégance des années 30, héraut d'une élégance sobre et efficace, se plie aux recherches d'équilibres nouveaux avec Cristobal

NOIR

Balenciaga. Et Sonia Rykiel devient la "reine de la maille" avec son célèbre **petit pull noir** que les victimes de la mode s'arrachent à la fin des années 60. Le **noir** est sa couleur fétiche.» («Mode. Les amoureux du noir», «Smoking or not smoking: l'histoire d'un vêtement noir…», *Le goût du noir. Les idées noires»*, France 5.)

◗ *En partic.* [La couleur noire comme couleur de tenues liées à certaines fonctions (employés de maison, maître d'hôtel)]. «L'actrice qui joue Solange est vêtue d'une petite robe noire de domestique» (J. Genet, *Les Bonnes*, 1959, p. 15). «"Barmaid!" Eilidh vint s'installer derrière le comptoir et servit Jean-François. Elle avait revêtu l'uniforme de sa profession: robe noire, petit tablier blanc à bavette et faux col bien empesé, semblable à ceux des hommes» (P. Mac Orlan, *Sous la lumière froide*, 1961, p. 49). «Je trouve qu'elle porte avec beaucoup de piquant le tablier de dentelle blanche sur sa robe noire de domestique» (B. Blier, *Les Valseuses*, 1972, p. 436).

• **Habit noir**, *loc. nom. masc.* ♦ Tenue habillée masculine (→ Queue-de-Pie); tenue stricte qui se porte comme signe d'honorabilité, de respectabilité notamment dans certaines fonctions et circonstances. «M. Devrière se dépouillant de son paletot, se présenta revêtu du plus impeccable complet de soirée: habit noir, cravate blanche, beau linge brillant, escarpins laqués» (L. Delattre, *Carnets d'un médecin de village*, 1910, p. 139). «Ils […] s'imaginent que l'homme serait plus heureux, capable d'une poésie plus haute, si ses yeux étaient susceptibles de voir plus de couleurs, ses narines de connaître plus de parfums, travestissement philosophique de l'idée naïve de ceux qui croient que la vie était plus belle quand on portait, au lieu de l'habit noir, de somptueux costumes» (M. Proust, *À la recherche du temps perdu*, 16, *La Prisonnière*, 1922, p. 411). «Tous les soirs il se met en habit noir pour dîner, "afin de ne pas perdre, dans son isolement, le respect de lui-même"» (H. Bergson, *Les Deux Sources de la morale et de la religion*, 1932, p. 9). «[…] un huissier barbu en habit noir et chaîne d'or» (B. Vian, *L'Herbe rouge*, 1950, p. 59). «Baudelaire se moque du temps où les rapins "s'habillaient en mamamouchis et fumaient dans des canardières". L'auteur des curiosités esthétiques défend l'habit noir si "victimé" et lui accorde une beauté douloureuse, poétique, élégiaque. Il engage, non sans ironie, les coloristes à faire de la couleur avec un habit noir, une cravate blanche et un fond gris» (Ch. Kunstler, *L'Art au XIXᵉ siècle en France [1815-1870]*, 1954, p. 36). engoncée de ce notable en habit noir: le soleil, la grande place d'une ville de province, les discours, les emblèmes républicains tout neufs… Les guerres, les révolutions, le grouillement populaire […]» (A. Makine, *Le Testament français*, 1995, p. 273). ♦♦ *En apposition MODE/DESIGN* [Le noir connote le luxe]. «Il y a aussi "Xéryus" de Givenchy, un nom de demi-dieu qui pourrait être descendu de l'Olympe avec une mission de science-fiction en flacon-habit noir, casqué brillant, fileté d'or» (*Marie-Claire*, sep. 1986, p. 182, c. 1). ♦♦♦ *P. métaph.* [Avec Allus. au côté lugubre, funeste du noir] «Tout devient noir en ce siècle, et la photographie, n'est-ce pas l'habit noir des choses?» (J. Prinet, *La Photographie et ses applications*, 1945, p. 65.)

• **La petite robe noire (de Chanel).** ♦ Petite robe noire simple mais image de l'élégance et du luxe, créée par Coco Chanel en 1926. V. → Chanel. V. → *infra*, ex. 51. «Bien entendu, des écarts très nets ont continué à distinguer les toilettes des différentes classes, mais le fait majeur tient en ce que le luxe vestimentaire a cessé d'être un impératif ostentatoire, il n'est légitime qu'une fois estompé et invisible, une certaine simplicité "impersonnelle", apparemment standardisable, a réussi à s'imposer sur la scène de l'élégance féminine. "Voici la Ford signée Chanel", concluait en 1926 l'édition américaine de *Vogue* au sujet d'une robe noire, stricte, à manches

NOIR

longues» (G. Lipovetsky, *L'Empire de l'éphémère : la mode et son destin dans les sociétés modernes*, 1987, p. 87). ♦♦ *P. ext.* [Chez d'autres grands couturiers, Balenciaga, Dior, etc.]. [À propos de Sagan et de son œuvre] [...] nous offrant l'image liminaire et définitive d'une adolescente exceptionnelle sous les traits d'une fille – en fleur – du mal, ou mieux d'une sorte de môme Piaf vouée à murmurer les complaintes de la haute bourgeoisie dans une petite robe noire de chez Dior, jaillie d'un pavé en forme de lingot et promise au ruisseau qui se nomme Pactole» (A. Blondin, *Ma vie entre les lignes*, 1982, p. 382).

♦ [La couleur noire comme couleur de l'érotisme (en particulier couleur des dessous, de la lingerie)] Bas, lingerie noire. «Des bas bien tirés par un porte-jarretelles de dentelle noire» (R. Guérin, *L'Apprenti*, 1946, p. 31). «Guêpière de dentelle noire, longue, d'un seul tenant, gonflée sur le vide, plus suggestive toutefois que si elle était portée» (Cl. Mauriac, *La Marquise sortit à cinq heures*, 1961, p. 204). «Toutes en tenue de travail suggestive... déshabillé transparent... guêpière, porte-jarretelles... bas noirs... hauts talons» (A. Boudard, *Les Enfants de chœur*, 1982, p. 211). «Et encore tout un paquet de délicates lingeries, sous-vêtements soyeux, satinés, porte-jarretelles, culottes de pute arachnéennes, noires, rouges, impalpables, guêpières ou soutifs à faire bomber joliment les miches à la lueur des bougies, tous ces affûtiaux d'amour dont raffole l'ancien feuilleteur de Paris-Hollywood qu'a été Sylvain» (G. Dormann, *La Petite Main*, 1993, p. 277).

∗ Le XXᵉ siècle a mis en scène des noirs érotiques et évocateurs: celui du fuseau noir de star et du gant noir strip-teasant de Rita Hayworth chantant «Put the Blame on Mame» dans le film *Gilda* (1946) et de Anita Ekberg dans la célébrissime scène de la Fontaine de Trevi de *La Dolce Vita* (1960). Noir désir. Noir fatal.

∗∗ Les couleurs des sous-vêtements illustrent la morale de la couleur: pendant des siècles, tout ce qui touche au corps, à la peau se devait d'être blanc ou de couleur «chair», couleurs naturelles et sages, couleurs de la peau, et ce n'est que vers la fin du XIXᵉ siècle et le début du XXᵉ siècle que les sous-vêtements ont commencé à se colorer, d'abord timidement avec des nuances pastel. Le noir même était exclu, et seules les prostituées et les femmes de «mauvaise vie» portaient des sous-vêtements noirs ou rouges, indécents et signes de débauche. (d'après Pastoureau – *Dict. des couleurs 1992*). Ce n'est qu'à la fin du XXᵉ siècle que le noir et les couleurs vives autrefois bannies (en particulier le rouge), jusque-là considérées comme des couleurs de débauche, purent être employées dans la lingerie féminine sans connotation trop négative, la couleur noire des sous-vêtements féminins devenant même une couleur «classique» et «classe» quoique toujours évocatrice de sensualité et d'érotisme. Ce noir des sous-vêtements a notamment acquis ses lettres de noblesse avec les dessous et guêpières de la créatrice Chantal Thomass, Seul le cuir sado-maso est le vestige des connotations très érotisées, voire perverses du noir de la lingerie.

3. *En partic.* [En parlant de la peau d'une personne; *p. méton.*, en parlant d'une personne, d'une race humaine]

a) [En parlant d'une personne, d'une partie de son corps] De couleur noire ou foncée; qui a la peau noire, foncée; qui appartient à la race mélano-africaine dite noire, caractérisée par une peau colorée allant du brun clair au noir d'ébène (d'après *Méd. Biol.* t. 3 1972). *Synon.* → **Black**, (*péj., raciste:*) **nègre**. V. → BLACK, ex. 4, ex. 7, NÈGRE. ex. 1, ex. 3. «À droite, on voit le pan d'un burnous et une jambe maigre que termine un pied noir dans une babouche. C'est un Sidi qui boit à la terrasse et que l'on voit de dos» (M. Pagnol, *Marius*, 1931, II, 1, p. 96). «Je veux un bébé, répète France. Un bébé noir, un bébé rose, je m'en fous! mais je veux un bébé» (J. Vautrin, *Bloody Mary*, 1979, p. 39).

20. «Les femmes [...]. Toutes, les jeunes, les vieilles, les entre-deux, toutes elles ont leur fascination. Celles qui portent fièrement leurs rides et s'en font un argument de choc... Les **négresses**, les longues femmes **de nuit**, taillées dans un seul bloc de matière ultra-dense, sans ombres, sans nuances, les très très noires, arrogantes reines de Saba, longues, longues [...]. Comme alors on sent que nous, **blancs,** sommes inachevés, que ce pigment **sombre** qui nous manque est une lacune, une infirmité, pauvres tristes petits cochons roses tout nus...»

(Fr. Cavanna, *Maria*, 1985, pp. 242-243.)

* Dans le *Cantique des Cantiques* ou *Cantique de Salomon*, livre de la Bible, qui fait partie de Ketouvim (autres écrits) dans la Tanakh – la Bible hébraïque – et de l'Ancien Testament pour les chrétiens et qui se présente comme une suite de poèmes attribuée à un rédacteur du IVe siècle av. J.-C. qui y aurait fondu différents poèmes provenant de Mésopotamie, on peut lire le célèbre passage : «Je suis noire, mais je suis belle, filles de Jérusalem,/Comme les tentes de Kédar, comme les pavillons de Salomon./Ne prenez pas garde à mon teint noir :/C'est le soleil qui m'a brûlée...» (I, 4). Noire *mais* belle... formule qui met en relief l'aspect négatif de la noirceur de la peau autrefois et formule du *Cantique des Cantiques* diversement interprétée : peau noire ou simplement devenue noire à cause du soleil, noirceur de l'âme : «Examinons maintenant ce que veut dire ceci : "Je suis noire, mais je suis belle." N'y a-t-il pas de contradiction dans ces paroles ? A Dieu ne plaise. Je dis cela pour les simples qui ne savent pas discerner entre la couleur et la forme ; la forme concerne la composition de la chose qui la reçoit, et la couleur n'en est qu'une qualité. Car tout ce qui est noir n'est pas laid pour cela. Le noir, par exemple, n'est pas laid dans la prunelle de l'œil. On se pare aussi avec des pierres précieuses qui sont noires. Les cheveux noirs joints à une peau blanche, augmentent l'éclat et la beauté du visage. Enfin on peut faire la même remarque en mille autres sujets semblables, et vous trouverez une infinité de choses qui ne laissent pas d'être fort belles dans leur forme, bien que la couleur n'en soit pas agréable. C'est peut-être de cette façon que, bien que l'Épouse soit fort belle pour les traits et la proportion de son visage, elle a pourtant ce défaut d'avoir le teint noir. Mais cette imperfection n'est que pour le lieu de son pèlerinage. Car lorsque l'Époux immortel la couronnera de gloire dans la céleste patrie, elle n'aura ni tache, ni ride, ni aucune imperfection pareille. Mais à présent, si elle disait qu'elle n'est point noire, elle se ferait illusion à elle-même et ne dirait pas vrai. C'est pourquoi ne vous étonnez pas de ce que, disant qu'elle est noire, elle ne laisse pas de se glorifier d'être belle. Car comment celle à qui l'on dit : "Venez ma belle", ne serait-elle pas belle. Or celle à qui on dit de venir n'était pas encore arrivée. Il ne faut donc point s'imaginer que ces paroles s'adressent à l'Épouse, déjà bienheureuse, et qui règne dans sa patrie, après avoir laissé le hâle de son teint, et non à celle qui, le visage hâlé par le soleil, travaille encore pour y arriver et marche avec peine dans le chemin de cette vie mortelle. [...] Mais voyons d'où vient que toute noire qu'elle soit, elle se dit belle. N'est-elle point noire à cause de la vie qu'elle a menée dans les ténèbres, sous l'empire du prince du monde, où elle porte encore l'image de l'homme terrestre ? Et n'est-elle point belle au contraire, à cause de la ressemblance de l'homme céleste dont elle s'est ensuite revêtue, en marchant dans une nouvelle vie ? Mais si cela est ainsi, pourquoi ne dit-elle point au passé, j'ai été noire, plutôt que je suis noire ? Néanmoins si ce sens sourit à quelqu'un, ce qu'elle ajoute : "Comme les tentes de Cédar, comme les tentes de Salomon" (Cant. I, 4) doit s'entendre ainsi : les tentes de Cédar, serait sa première vie ; et celles de Salomon sa vie nouvelle. C'est de ces tentes que le Prophète parle quand il dit : "Mes tentes et mes pavillons ont été renversés tout d'un coup (Jerem, IV, 29)." Auparavant donc, elle était noire comme les viles tentes de Cédar, et depuis elle est devenue belle comme les pavillons d'un roi triomphant. [...] Mais voyons si l'un et l'autre ne

NOIR

conviendront pas mieux au plus parfait état de sa vie. Si nous considérons l'extérieur des saints, combien il est humble, bas et abject, combien vil et négligé, quoique au-dedans ils contemplent la gloire de Dieu à face découverte, et soient transformés en son image, l'Esprit du Seigneur les faisant passer de clarté en clarté; ne nous semble-t-il pas que chacune de ces âmes peut raisonnablement répondre à ceux qui lui reprochent d'être noire: "Je suis noire, mais je suis belle?" Voulez-vous que je vous montre une âme qui est noire et belle en même temps? [...] O âme vraiment belle! logée dans un corps bien faible, elle n'en a pas moins été reçue par les beautés célestes, les anges, tout grands qu'ils sont, ne l'ont point rejetée; la charité divine ne l'a point méprisée. Après cela, direz-vous encore qu'elle est noire? Elle est noire, je l'avoue, mais elle est belle, filles de Jérusalem. Elle est noire à votre jugement, mais elle est belle au jugement de Dieu et des anges. Si elle est noire ce n'est qu'au-dehors. Or elle se soucie fort peu de votre jugement, et du jugement de ceux qui ne jugent des choses que par les apparences extérieures» (Saint Bernard, Cantique des Cantiques, Sermon XXV, «L'Épouse, je veux dire l'Église, est noire, mais elle est belle», *Abbaye saint Benoit*). V. aussi *infra*, ex. 49, et l'expression ➜ **Black is beautiful**.

b) *P. méton.* [En parlant d'une chose concrète ou abstraite] Qui appartient ou se rapporte à la race dite noire; qui en a les caractéristiques. Musique noire (➜ BLUES, NÉGRO-SPIRITUALS). «On [le groupe *Les Beastie Boys*] est complètement acceptés par les Noirs. Mieux que par les Blancs. Jusqu'à très récemment, les radios noires étaient les seules à jouer notre disque – car comme vous le savez, aux États-Unis, tout est séparé» (*Rock et Folk*, mars 1987, p. 26, c. 4).

• **Afrique noire,** *loc. nom.* V. ➜ NÉGRITUDE, ex. 3, NÉGRO, ex. 3. «La race mélano-africaine occupe la plus grande partie de l'Afrique dite "noire". Au nord, elle s'étend jusqu'au Sahara et au plateau éthiopien; au sud, jusqu'au Kalahari et au fleuve Orange»

(*Ethnol.*, 1968, p. 702 [*Encyclop. de la Pléiade*]).

• **Continent noir,** *loc. nom. masc.* Le continent africain. «Dans un monde dominé par la "pax americana" et une Europe chamboulée par la réunification allemande, la France n'a pas retrouvé ses marques. Elle a laissé s'effondrer des piliers traditionnels de sa politique étrangère. Ainsi, sur le continent noir, ses partenaires les plus proches s'interrogent: y a-t-il encore une politique africaine de la France?» (*Le Point*, 8. 2. 1992, p. 38.)

✱ V. aussi *infra*, la formule de Freud: «*La femme est un continent noir.*».

• **La Croisière noire,** *loc. nom. fém.* Expédition organisée par Citroën sur le continent africain en 1924 et 1925. «[...] Ariane Audouin-Dubreuil présentera le film que Léon Poirier a tourné lors de "La Croisière noire", l'expédition Citroën en Centre-Afrique en 1924 et 1925. Elle était dirigée par G.-M. Haardt et Louis Audouin-Dubreuil» (*La Nouvelle République du Centre-Ouest*, 12. 11. 1997, p. 7).

B. – *P. ext.* [Dans certains contextes d'emplois, *noir* étend sa signification, sur l'axe de la clarté, vers le gris, et sur l'axe des tonalités, vers diverses autres teintes sortant de son champ chromatique, en particulier le brun, le violet] D'une nuance foncée, sombre.

1. [En parlant d'un objet fabriqué; souvent P. OPPOS. à ➜ BLANC et dans un système de connotations]

a) [ALIMENTATION/ART CULINAIRE/ GASTRONOMIE]

• **Beurre noir,** *loc. nom. masc.* ◆ Beurre fondu qui a foncé à la chaleur. «Je vous en prie, demandez à Françoise de faire plutôt une raie au beurre noir» (M. Proust, *À la recherche du temps perdu*. 14, *La Prisonnière*, 1922, p. 128). «Il nous a sorti ça avant-hier qu'il était bourré: je me tire en Corse dans huit jours, je vais pêcher le thon au naturel, la raie au beurre noir et le maquereau au vin blanc» (R. Fallet, *La Grande Ceinture*, 1956, p. 207). ♦♦ *Au fig. En loc. verb.* • **Avoir/Pocher les yeux au beurre noir.** Avoir/Faire un coquard. *P. ell.* • **Au beurre noir.** *Emploi adj.* [En parlant d'un œil] Meurtri, poché; noirci par les coups. «[...] il est au beurre noir son œil... elle s'est battue?» (L.-F. Céline, *Rigodon*, 1961, p. 119.) «Ben, c'est un coquart, un coquelique, un œil au beurre noir» (R. Sabatier, *David et Olivier*, 1985, p. 16). *P. ext., rare,* en parlant du visage] «Elle relève les yeux... Un fol espoir s'empare de ses prunelles hagardes et brouillées de larmes, sans parler du rimmel qui fait rigole un peu partout, une vraie gueule au beurre noir» (B. Blier, *Les Valseuses*, 1972, p. 211). • **Beurre noir.** *En appos. à valeur d'adj.* «Son œil beurre noir lui faisait un peu mal, mais est-ce que la souffrance physique a jamais empêché le bonheur?» (R. Queneau, *Pierrot mon ami,* 1942, p. 22.)

• **Pain noir,** *loc. nom. masc.* [P. opposition à → **Pain blanc**] Pain fait avec de la farine de graines de froment entier. «Le pain noir prend le goût du miel, quand on le mange dans l'air que Dieu parfume avec des ailes d'anges» (Fr. Jammes, *Les Géorgiques chrétiennes*, Chants I et II, 1911, p. 13). «Quant à lui, point de rôti, point de volaille : trop heureux s'il peut mettre un peu de beurre sur un mauvais pain noir et boire du lait»

(E. Faral, *La Vie quotidienne au temps de Saint Louis*, 1942, p. 116).

21. «À raison ou à tort, nous avons aujourd'hui tendance à expliquer les choix alimentaires des personnes de conditions différentes par la différence de leurs moyens financiers. Ainsi les historiens actuels pensent-ils que si les paysans mangeaient autrefois du **pain noir** c'est parce qu'ils ne pouvaient se payer du **pain blanc**, celui-ci étant donc, par son prix, réservé aux personnes des élites sociales. Mais on avait autrefois une autre manière de présenter les choses – et sans doute de les concevoir et de les vivre – fondée sur l'ancienne diététique. **Pain blanc, pain noir.** Les médecins d'alors pensaient non seulement que le **pain blanc** était plus digeste que le **pain noir**, mais que les gens des élites sociales, ayant une capacité digestive médiocre, ne pouvaient digérer que le **pain blanc**. Ils pensaient en revanche que les paysans et autres travailleurs manuels, ayant de par leur travail une chaleur interne plus forte, avaient une capacité digestive bien supérieure, qui leur permettait de digérer facilement le **pain noir**. En outre celui-ci était supposé beaucoup plus nourrissant que le **pain blanc**, et donc beaucoup mieux adapté aux besoins alimentaires des travailleurs manuels»

(J.-L. Flandrin, «Alimentation et médecine. Histoire de l'alimentation occidentale : Diététique ancienne, cuisine & formation du goût. Choix alimentaires et distinction sociale»).

P. métaph. ou *au fig.* [Pour connoter l'aspect misérable, désagréable] «[...] les uns et les autres tremblent/ils ont mis à plusieurs leurs solitudes en commun/ mais chacun s'est replié sur sa crainte et sa mort/aussi hurle dans le puits à sec/ le pain noir des punitions» (Tr. Tzara, «La main passe, tournesol des passants», *Midis gagnés*, 1939, p. 268). *En loc. verb.* • **Manger du/son pain noir.** Vivre des choses désagréables, dures. «[...] l'époque où j'achevais mes études secondaires sans que se fussent manifestés en moi les indices de quelque vocation que ce soit (et, moins encore, l'idée de m'exposer, éventuellement, à manger du pain noir ou de la vache enragée)» (M. Leiris, *La Règle du jeu*, 1, *Biffures*, 1948, p. 219). «Et plus il y pensait dans les manèges du sommeil, plus il éprouvait que les gens sont mal faits dans leur cœur, grinçants, crochus, et que la petite avait mangé son pain noir, un sacré pain noir !» (Y. Queffélec, *Les Noces barbares*, 1985, p. 52.)

- **Manger le/son pain noir (en premier)**. [Le pain blanc étant considéré comme le meilleur pain] Vivre des choses désagréables (en premier). «On a mangé le pain noir avant le pain blanc alors de quoi se plaindrait-on?» (Fr. Nourissier, *Le Maître de maison*, 1968, p. 143.) «On se disait qu'on mangeait notre pain noir en premier mais qu'à Hollywood ça serait du gâteau» (E. Hanska, *Les Amants foudroyés*, 1984, p. 45).

- **Viande noire**, *loc. nom. fém.* BOUCHERIE. [En parlant de la chair d'un animal comme objet de consommation; P. OPPOS. à → **Viande blanche, viande rouge**] Chair du gibier qui tire sur le noir comme celle du lièvre «[...] les maladies de l'estomac, la graisse indigeste, la viande blanche qui est aussi lourde que la viande noire, quoi qu'on en dise [...]» (J. Renard, *Journal*, 1910, p. 60).

- **Vin noir**, *loc. nom. masc.* ŒNOLOGIE ou *cour.* [En parlant d'un vin rouge; P. OPPOS. à *vin blanc, gris*] ♦ Vin d'une nuance très foncée. «Arrêtez-moi dans ma mémoire/Juste avant ma vingtième année/Dans cette auberge où j'allais boire/ De lourdes chopes de vin noir: Sans jamais me désaltérer» (R.-G. Cadou, «L'Auberge des quatre routes», *Les Paysages de solitude*, 1947, in *Poésie, la vie entière*, 1978, p. 370).

> 22. «*Vins populaires et vins distingués* [...] On distinguait autrefois quatre couleurs de vin: **vins blancs** aussi divers qu'aujourd'hui; **vins clairets** qui correspondait à la fois au **rouge clair** de nos beaujolais de petites années et aux **rosés**, ou à l'**œil-de-perdrix** de certains champagnes; **vin rouge** et **vin noir** où nous ne voyons plus que différentes sortes de **rouges**. Moins les vins étaient **colorés**, plus on les imaginait légers et faciles à digérer mais aussi susceptibles de monter à la tête. Aux buveurs des élites sociales, qui n'avaient pas assez de chaleur interne pour bien digérer le **rouge** ou le **noir** on recommandait donc les **blancs** [...] et les **clairets** plus fiables; le **rouge** et le **noir** étaient au contraire recommandés aux paysans et autres travailleurs manuels qui avaient l'estomac assez chaud pour les bien digérer et de gros besoins alimentaires que ces vins grossiers pouvaient satisfaire. Le **vin noir**, comme le **pain noir**, était donc bon pour les paysans et autres travailleurs manuels et nous savons en outre qu'ils l'appréciaient plus que les **blancs** et les **clairets**.»
>
> (J.-L. Flandrin, «Alimentation et médecine. Histoire de l'alimentation occidentale: Diététique ancienne, cuisine & formation du goût. Choix alimentaires et distinction sociale»).

♦♦ [Dans un contexte métaphorique; avec des connotations de tristesse, de désespoir associé au noir] «Ivre./Ivre de vin, ivre de bière,/Ivre de peau, ivre de chair,/Il se répand, il se dénude;/Elle attend ivre de solitude./[...] Et à ceux qui n'ont pas goûté/Au vin noir des désespérés:/Riez donc bien tant que pouvez/Car un jour c'est vous qui boirez» (*Ivre. Au vin noir des désespérés*, aubry.free.fr/antoinex2.htm).

♦♦♦ *En partic.* Nom donné à certains vins rouges, notamment le Cahors.

> 23. «Cultivé sur les terres du Quercy, le vin de Cahors est un des grands crus du Sud-Ouest. [...] Réputé pour être le plus foncé des vins français – ne l'appelait-on pas le **"vin Noir"**? – après bien des efforts, le Cahors a obtenu son A.O.C. en 1971. Exclusivement **rouge**, le Cahors vient d'un cépage, le **Cot Noir** appelé localement l'Auxerrois, qui lui confère son type tannique, sa couleur et son aptitude au vieillissement. Trois autres cépages complémentaires, **Merlot noir**, Tannat et **Jurançon noir** (appelé localement **Dame Noire**), lui apportent rondeur et franchise de goût.»
>
> («Les alcools», pub., *Tourisme Midi-Pyrénées*).

✱ *Noir* sert à qualifier des cépages de raisins rouges produisant un vin «rouge» ou un vin «noir»: **merlot noir, pinot noir**.

b) COMMERCE

• **Savon noir,** *loc. nom. masc.* [P. OPPOS. à ⇒ Savon blanc] Savon de qualité inférieure et de consistance molle préparé avec des résidus d'épuration d'huile ou des suifs. Laver le sol au savon noir. «[Un tricot bleu] déteint par l'usure des lavages au savon noir» (J. Hamp, *Champagne*, 1909, p. 83).

c) *Cour.*

• **Lunettes noires,** *loc. nom. fém. plur.* Lunettes à verres foncés destinées à protéger des rayons du soleil *(Synon. Lunettes de soleil)* ou à dissimuler le regard à la vue d'autrui, portées notamment par les aveugles, les personnalités ne voulant pas être reconnues, de nombreux chanteurs de rock, etc. Dutronc: l'artiste aux lunettes noires. «Il était né sans surprise pour descendre cette rue derrière un cercueil et sonner des sabots contre les pierres, pour porter des lunettes noires afin que l'on ne sût pas s'il pleurait» (Ch.-L. Philippe, *Le Père Perdrix*, 1902, p. 252). «Cette manie qu'ont les stars de porter d'immenses lunettes noires – y compris la nuit – sous prétexte de se dissimuler aux yeux du petit peuple, vous exaspère: elle attire l'attention mieux qu'une pancarte autour du cou» (N. de Buron, *«Chéri, tu m'écoutes?: alors répète ce que je viens de dire...»*, 1998, p. 68). «Alan Vega et Martin Rev sont toujours là, et leur musique n'a pas bougé d'un pouce. Du rock joué avec des claviers [...]. Martin Rev: lunettes noires [...], Alan Vega, lunettes noires aussi [...]» (*M-la-Music*, «Le Rock dans tous ses États», 28. 6. 2003).

2. [En parlant d'un aspect du corps humain, du système pileux, du sang, d'un organe, de la peau (d'une personne appartenant à la race humaine dite «blanche»); *p. méton.*, en parlant d'une personne. Le terme *noir* étend sa signification vers le *brun*, le *violet* ou le *gris*. Souvent dans un système de connotations]

a) *Cour.*

α) [En parlant du système pileux] D'une couleur foncée; noir (⇒ CORBEAU, JAIS) ou brun très foncé. Cheveux, sourcils noirs. «C'était un homme à femmes, au physique avantageux, les traits réguliers, le teint chaud, la barbe noire et lustrée» (J. Tharaud, *Cruelle Espagne*, 1937, p. 60).

β) [En parlant des yeux et *p. méton.* du regard; le plus souvent dans un système de connotations, la couleur noire étant associée à l'intensité, la dureté, parfois la colère et la méchanceté] Très noir; dur, perçant, vif, méchant. Regarder d'un œil noir; lancer des regards noirs. V. ⇒ MÉLANCOLIE, ex. 6. «Quel regard noir et fait pour salir l'objet qu'il pénètre, la figure sur laquelle il s'arrête et qu'il empoisonne» (M. Barrès, *Mes Cahiers*, t. 6, 18ᵉ Cahier, 1908, p. 139). «Hélène ne réplique que par un regard noir, excédé» (Colette, *Music-hall*, 1913, p. 73). «[...] quand Dick s'amena sur la plage, revolvers aux poings, en poussant des cris, il le regarda d'un œil noir [...]» (S. de Beauvoir, *Les Mandarins*, 1954, p. 453). «Olivier s'immobilisa devant le récipient. Sa tante lui adressait des regards noirs. Les lèvres pincées, elle jeta ses attaques: – Henri, vous n'avez aucune autorité. Marceau, la maladie n'excuse pas tout. Jami, mouche-toi. Olivier, si tu veux que [...]» (R. Sabatier, *Trois Sucettes à la menthe*, 1972, p. 118).

b) Devenu noirâtre dans certaines circonstances.

α) [Sous l'effet de la maladie]. *[MÉDECINE/PATHOLOGIE].*

♦ [En parlant du sang; dans un système d'oppos. à ⇒ **Sang rouge**, signe

NOIR

de santé, de vigueur] Sang altéré, mal oxygéné, mauvais, carboné ou caillé «Dans le ventricule, il y a un mélange de sang noir, venant de l'oreillette droite, et de sang rouge venant de l'oreillette gauche» (Coupin, Les *Animaux de nos pays*, 1909, p. 156). «Ses mains avaient du sang noir séché sous les ongles» (H. de Montherlant, *Les Bestiaires*, 1926, p. 563).

✶ V. aussi → **Sang bleu et les sens** *fig.* **de** → **Se faire un sang d'encre.** *Synon.. Se faire du mauvais sang.* «Ses ongles étaient cerclés de sang noir qui ne s'en allait plus, ses belles lèvres couleur de terre rouge étaient toutes gercées.» (Z. Oldenbourg, *Les Cités charnelles ou l'histoire de Roger de Montbrun*, 1961, p. 199).

24. «Par opposition au **sang rouge** de la force, de l'énergie et du courage, le mauvais sang est **sombre** (**se faire un sang d'encre**), analogie avec la **bile** qui devient **noire** lorsqu'on a des soucis et dans le populaire mélange de tous ces liquides internes que l'on nommait les humeurs, synonymes aujourd'hui de moral. Ce mauvais sang, ou plutôt cette inquiétude, date du XVIIIe siècle où l'on saignait à tour de bras et où l'on pouvait alors "de visu" interpréter l'humeur veineuse, **bleue** ou **sombre**, qui sortait des vaisseaux et se rapprochait plus de la symbolique du **noir**-mauvais que le **rouge sang** artériel dangereux à ponctionner.»

(Ph. Brenot, *Les Mots du corps*, 1987, p. 134.)

♦ [En parlant de la peau] Plaques noires sur le visage, les mains, les jambes, le ventre. «Au bout de 3 ou 4 jours, le centre est constitué par du tissu mort, nécrosé, qui apparaît sous l'aspect d'un point noir ou bleuâtre. Le furoncle est alors mûr. En l'absence de soins une zone de pus entoure cette zone noirâtre.» (*Quillet Méd.* 1965, p. 305). «Saloperie de gonzesses!... Elle m'a dit qu'elle couchait pas avec les gros. Et que j'étais gros. Et que j'étais pas beau. Et même que j'avais des boutons noirs sur le pif» (Y. Quéffélec, *Les Noces barbares*, 1985, p. 114).

▶ *En partic.*

• **Point noir,** *loc. nom. masc.* Amas de matière sébacée blanchâtre, à sommet noirâtre, se formant sur la peau, en particulier sur le nez. *Synon.* **Comédon,** *ver de peau.* Avoir des points noirs.

▶ [*P. méton.* ; en parlant d'une affection] Qui se caractérise par des taches noires sur la peau. • **La Mort noire,** *loc. nom. fém. Vx.*/• **La peste noire,** *loc. nom. fém.* Épidémie de peste particulièrement virulente qui a ravagé l'Europe au XIVe siècle. «La mort noire, reçut sa dénomination des accidents hémorragiques qui en furent la manifestation la plus frappante» (Sacquépée & Garcin, *Nouveau Traité Médical*, fasc. 3 1927, p. 548). «Chaque époque a connu son "mauvais mal" auquel s'accrochait une effrayante mythologie [...]. Ce fut, au Moyen Âge, la peste noire, détrônée par le choléra, puis par la tuberculose [...] le cancer a pris sa succession et assumé son héritage d'épouvantement» (*L'Est républicain*, 15 oct. 1980, p. 1).

✶ V. aussi → MÉLANOME.

β) *Cour.* [En parlant de la peau, du teint d'une personne appartenant à la race humaine dite «blanche»); *p. méton.*, en parlant d'une personne]

▶ [Sous l'effet du froid, de la chaleur, de la fatigue, des coups, etc. (→ LIVIDE)] **Noir de** + *subst.* (indiquant la cause de cet aspect). Être tout noir de coups.

✶ V. *supra*: (**Avoir/Faire un**) **Œil au beurre noir.**

▶ [Sous l'effet des rayons du soleil] *Synon.* → BASANÉ, BRONZÉ, HÂLÉ. L'été, elle est noire. «L'été, j'ai les bras tout noirs» (Audiberti, *Le Mal court*, 1947, II, p. 155).

▶ *En partic.* [Sous l'effet d'une émotion] *Souvent en loc. verb.* Devenir noir de rage.

• **Être noir de colère.** Être dans une colère extrême. «Henriette était noire de colère, ses yeux carrés brûlaient les passants, les tramways, le ciel gris sur lesquels ils se posaient» (E. Triolet, *Le Premier accroc coûte deux cents francs,* 1945, p. 137).

– *P. ext.* ● **Être noir de rire.** ♦ Rire de manière extrême (jusqu'à s'étouffer); être ivre de rire. *Synon. Se dilater la rate, pouffer, se tenir les côtes.* «Les autres étaient noirs de rire. Ils se donnaient de grandes claques sur les cuisses pour mieux manifester leur joie» (D. de Guèvremont, *Le Survenant,* 1945, p. 64).

– [*P. méton.* En parlant d'une émotion, d'un sentiment; pour en marquer l'intensité] Colère, fureur, rage noire. «Il fallait à Beethoven son rôti de veau tous les mardis, faute de quoi il se mettait dans une colère noire» (J. Abellio, *Les Pacifiques,* 1946, p. 364). «Si noire était sa fureur, ai-je songé, qu'elle en avait oublié la fonction première de sa canne et, boiteuse ou non, n'y voyait plus que l'instrument contondant bien connu des médecins légistes» (J.-L. Benoziglio, *Tableaux d'une ex,* 1989, p. 20).

∗ Lorsque *noir* qualifie le teint, sous l'effet d'une émotion, la frontière entre sens *concr.* et sens *fig.* est très floue. La plupart des emplois de *noir* – couleur du teint/émotion – connotent une émotion très intense, en partic. de colère, et non une teinte réelle du visage, mais ces emplois ont toutefois une origine concrète.

3. *En partic.* Qui est noirci, sali, souillé par quelque chose.

a) [En parlant d'une chose concrète, d'une personne] Mains noires de crasse; rideaux noirs de poussière; murs noirs; ouvrier, visage noir de charbon, de suie. «Les petites princesses que je pourrais épouser ne me touchent pas, tandis qu'un regard [...] du plus noir petit souillon rencontré dans les rues florentines, fait battre follement mon cœur» (V. Larbaud, *Barnabooth,* 1913, p. 173). «À défaut de doigts tachés d'encre, nous avions longtemps les lèvres noires du jus des mûres» (J. de Pesquidoux, *Le Livre de raison,* 1928, p. 73).

«Elle tendit la main, une main incroyablement crasseuse, aux ongles endeuillés. Alors, je remarquai sur leur visage à toutes deux, des plaques noires dans le cou, des rides grisâtres dans les joues. Elles ne sentaient pas la rose non plus [...]» (M. Déon, *Le Rendez-vous de Patmos,* 1965, p. 112). "Chacune de ses rides était un pli noir de crasse. Ce vieux devait sentir qu'il était un objet de dégoût pour les autres, car il refusait de prendre place à table et mangeait sa soupe tout seul." (B. Clavel, *Les Fruits de l'hiver,* 1968, p. 397, 73). "(...) Les bouteilles, les verres, les torchons, les banquettes, le baby-foot, le comptoir, les chaises, le sol, le plafond – même les mouches! –, tout était sale, noir de crasse et de suie." (G. Mordillat, *Vive la Sociale!,* 1981, p. 102).

∗ V. → **MÂCHURER**: noircir, barbouiller de noir.

b) [*P. méton.*; pour qualifier ou désigner des personnes] «Passe le noir mécanicien, chargé d'outils et de bidons» (Alain, *Propos,* 1921, p. 248).

● **Gueule noire,** *loc. nom. fém.* ARGOT DES MINES. [P. RÉF. à leur visage souillé de charbon] Mineur de charbon. Être gueule noire de père en fils. «Celui qui les a fréquentées quelque peu tire respectueusement son chapeau devant les attachantes et glorieuses "gueules noires". C'est avec le souci perpétuel de la sécurité que doivent travailler les artisans de la mine» (E. Schneider, *Le Charbon,* 1945, p. 228).

> 25. «À corps perdu le mineur trime
> Faut bien qu'les gosses mangent à leur faim
> Dans la taille au fond de la mine
> Il se couche, il a mal aux reins
> Les pierres et le charbon
> Lui écorchent les mains [...]
> **Homme de couleur**, sous le charbon
> Crie ta douleur, **nègre blanc**
> Gueule, gueule ton désespoir
> Gueule, gueule, **gueule noire**.»
> (D. Grange, *Gueule noire,* chants de lutte, 1981).

NOIR

• **Pied (-) noir,** *loc. nom. masc.* [P. RÉF. au fait que les chauffeurs des bateaux, souvent algériens, marchaient pieds nus dans la soute à charbon] *Fam. Mod.* (1901). ♦ Matelot chauffeur sur un bateau à charbon. ♦♦ *P. ext. Au fig.* (1917). Surnom donné autrefois aux Algériens; (1955, in *Gilb. Mots contemp.* 1980) Français (de souche européenne) originaire d'Algérie. «Le fond de la langue des "pieds-noirs" repose sur des structures de vocabulaire, de grammaire et de syntaxe empruntées aux peuples du bassin méditerranéen [...]. L'auteur se demande quel sera le sort du français dialectal créé en Algérie par des générations de "pieds-noirs"» (*Le Monde,* 19. 3. 1971, in *Gilb. Mots contemporains 1980*). *En emploi adj.* Qui appartient aux pieds-noirs; qui en est caractéristique. Accent pied-noir; population pied-noir; résistance pied-noire. «Il y a un côté pied-noir en lui, qui est sa guitare, son charme» (*L'Œuvre,* 14. 2. 1968, in *Gilb. Mots contemp. 1980*).

C. – *En partic.* [En parlant d'un lieu, d'un espace] Qui est plongé dans l'obscurité; qui manque de lumière. *Synon.* → Obscur, ombreux, pénombreux, sombre, ténébreux.

a) *ASTROPHYSIQUE/ASTRONOMIE*

• **Trou noir,** *loc. nom. masc.* «Objet extrêmement dense, au point que les rayons lumineux ne peuvent plus parvenir à un observateur lointain, du fait de la courbure de l'espace introduite par cet objet» (*Astronomie 1973*). «Le "trou noir". Il s'agirait de masses stellaires dont la concentration de matière est si forte, la densité si élevée, la force d'attraction si prodigieuse que même la lumière serait absorbée par elles – d'où leur nom de "trou noir"» (*Le Point,* 29 11. 1976, p. 121). «Pemrose, qui avait trente-trois ans, était l'un des rares scientifiques à prendre au sérieux l'idée de ce que l'on n'appelait pas encore des "trous noirs". Ces étoiles, effondrées sur elles-mêmes, constituent le stade ultime du puits sans fond: tout peut y tomber, mais rien n'en émergera jamais» (*Sélection Reader's Digest,* mai 1993, p. 161).

• **Soleil noir (de la mélancolie),** *loc. nom. masc.* [P. RÉF. au soleil noir de *Melencolia I,* de Dürer dont l'image a été reprise par Verlaine dans la formule «soleil noir de la mélancolie»] Dans des contextes *métaphoriques* ou *fig.* [Pour connoter la mélancolie, la tristesse] V. → MÉLANCOLIE, ex. 5, ex. 8. «Pour le reste du temps, son visage était noyé par une sorte de tristesse; de cette tristesse inhérente à l'âme, qui prend souvent aux gars du Sud, bien avant qu'ils s'avisent de se tuer pour une fille infidèle, simplement parce qu'ils ont fixé, un jour par hasard, le soleil noir» (P. Combescot, *Les Filles du Calvaire,* 1991, p. 57). *En apposition à valeur d'adj.* «Pour *Le Sacre de l'hiver* de Daniel Mesguich au TGP, on rêvait un peu – ça nous apprendra! – à un spectacle-soleil noir, à un coup d'éclat romantique et baroque» (*L'Évènement du jeudi,* 30. 1. 1986, p. 92, c. 5 – E. Klausner). [Pour connoter les forces destructrices, la souffrance, la mort] «Voici revenu le bruit des sources que le soleil noir de la peste avait évaporées. L'été s'en va. Nous n'aurons plus les raisins de la treille, ni les melons, les fèves vertes et la salade crue. Mais l'eau de l'espoir attendrit le sol dur et nous promet le refuge de l'hiver, les châtaignes brûlées, le premier maïs aux grains encore verts, la noix au goût de savon, le lait devant le feu [...]» (A. Camus, *L'État de siège,* 1948, p. 280). «Au moment où les nazis envahissent la Yougoslavie, un soleil noir se lève à Sarajevo: cette communauté [juive] [...] périra dans le feu et le sang» (*Le Monde,* 9. 12. 1988, p. 23).

b) [En parlant du ciel, des nuages, de la lumière solaire pendant le mauvais temps ou pendant la nuit] Ciel noir; étoiles dans le ciel noir; nuages noirs annonciateurs d'orage.

26. «Un vent léger tomba du **ciel noir** qu'il agitait comme à plis funèbres

dans toute l'épaisseur de ce qui sembla d'abord la matière même, inconnue et innommable, du chaos primitif, mais se révéla enfin être, et planant sur tout ce paysage de cauchemar, une lourde couverture de **nuages gris.**» (J. Gracq, Au château d'Argol, 1938, p. 146.)

• **Froid noir**, *loc. nom. masc.* Froid intense régnant par temps sombre. «Un froid brusque, noir. Des nouvelles inquiétantes d'une possible grève des postes, que suivra, peut-être celle des chemins de fer?» (Colette, Belles Saisons, 1945, p. 165.) «L'orage avorte la pluie pèle/Et le soleil sonne le creux/Soufflez gorets râlez corbeaux/Jeunesse bave dans les caves/ Le froid noir s'installe aux lucarnes/Faute de vivre l'on vivote» (P. Éluard, «Le désespoir besoin d'aimer», Une leçon de morale, 1950, p. 327).

Le plus souvent en loc. verb.

• **Faire un froid noir.** Faire un froid très intense. *Synon. Faire un froid de canard, de chien;* → **Faire un froid de loup, du diable.** «" Il fait un froid noir ici", dis-je à voix haute, et ma voix me parut enrouée, comique» (Fr. Sagan, Un certain sourire, 1956, p. 107).

• **Vent noir**, *loc. nom. masc.* Vent d'hiver, vent froid accompagnant le mauvais temps. «Dans le mois du vent noir et des brouillards plombés/les pétales du vieil automne sont tombés» (A. Samain, «Les roses dans la coupe», Le Chariot d'or, 1900, p; 40). «Un vent noir et glacé soufflait dans le jardin mort et sur le toit» (Alain-Fournier, Le Grand Meaulnes, 1913, p. 49). «Je me suis souvenu dans Le Roi Cophetua de ces jonchées froides et spongieuses de novembre, de ce vent noir, de ce silence de Jour des Morts» (J. Gracq, Lettrines 2, 1974, p. 143).

▶ [*P. méton.* En parlant d'un moment pendant lequel règne l'obscurité (→ Nuit, Obscur, Sombre, Ténébreux)] «Les noirs matins d'hiver, à sept heures, je me rendormais assise, devant le feu de bois, sous la lumière de la lampe, pendant que ma mère brossait et peignait ma tête ballante. C'est par ces matins-là que m'est venue, tenace, l'aversion des longs cheveux…» (Colette, La Maison de Claudine, 1922, p. 114).

• **Nuit noire**, *loc. nom. fém.* Nuit très sombre, obscure. «[…] mais à présent, c'est la nuit noire, et on dirait qu'on a jeté de la terre et de la cendre sur les choses: toujours cette poussière, qui s'accumule sans trêve sur Pékin, comme un indice de vétusté et de mort» (P. Loti, Les Derniers jours de Pékin, 1902, p. 1087). «Il pleut le soir tombe tous les jours de la terre et la nuit qui étrangle la nuit noire comme l'encre et comme le sommeil» (P. Soupault, «Tête baissée», Georgia, 1926, Georgia Épitaphes, Chansons et poèmes, 1983, p. 111). *Le plus souvent en loc. verb.* • **Faire nuit noire.** Faire une nuit très obscure, sombre, sans lune. «Il fait un triste temps, il fait une nuit noire à ne pas mettre un aveugle dehors» (P. Éluard, «Mourir de ne pas mourir», 1924, Capitale de la douleur, 1926, p. 70)

• **À nuit noire**, *loc. adv. Rare.* ♦ Au moment où la nuit est le plus sombre. «En revenant au gîte, à nuit noire, j'ai pensé tout à coup que l'envie de prier doit être, en quelque manière, une supplication de la chair» (D. Pennac, La Petite Marchande de prose, 1989, p. 376) ♦♦ *P. métaph.* ou *au fig.* Moment d'ignorance, de secret, de manque de connaissance. «Où va-t-il, sans répondre à sa propre ignorance, ce corps dans la nuit noire étonné de sa foi?» (P. Valéry, «La jeune Parque», Œuvres, 1922, p. 105.) «[…] sa révolution copernicienne est aussi radicale que celle des sans-culottes : en laissant dans une nuit noire des secrets hors d'atteinte, en montrant que les phénomènes ont besoin, pour surgir, de l'espace et du temps, il fonde un système formidable qui annonce bien d'autres» (J. D'Ormesson, La Douane de mer, 1993, p. 272).

NOIR

c) [En parlant d'un lieu, d'un espace, d'un objet clos] *Synon.* → **Obscur, sombre, ténébreux.** *Couloir, tunnel noir; cave noire.* «À travers les volets et les rideaux entraient dans la pièce noire les reflets rouges de l'enseigne électrique d'un cinéma voisin. Des lueurs d'enfer» (H. de Montherlant, *Les Lépreuses*, 1939, p. 1497). «Un enfant puni qui, du fond de sa chambre noire, se tend vers la chaleur et les lumières de la fête» (J. Gracq, *Le Rivage des Syrtes*, 1951, p. 81).

▶ *[AÉRONAUTIQUE]* • **Boîte noire,** *loc. nom. fém.* ♦ Système d'enregistrement des paramètres de vol permettant de sauvegarder les informations recueillies, même en cas d'accident. «Avec la numérisation, la solidité des boîtes noires a encore été améliorée: "Elle peut résister pendant une heure [...] à une température de 1 100 degrés, encaisser 3 400 g – soit l'impact au sol d'un avion volant à 700 km/h" [...] Jérôme Bastianelli confirme que "le décryptage de la bande est quelque chose d'éprouvant. On écoute des personnes qui vont mourir." [...] Au fait pourquoi les appelle-t-on des boîtes noires alors qu'elles sont orange? "Ça, je ne sais pas, avoue-t-il. Certes, quand on les retrouve, elles sont bien souvent calcinées. Et puis, elles sont un peu mystérieuses. Sauf pour nous"» (*Les Archives intégrales de l'Humanité*, «Boîte noire mode d'emploi», 21. 6. 2003 – S. Homer). ♦♦ *P. métaph. ou au fig.* «Marignan, c'est la boîte noire du citoyen-candidat [Giscard d'Estaing], mais quel désordre! [...] J'entre dans la "Cellule argument". Effroi. Panique. Dérobade des trois ou quatre petits jeunes gens bien propres qui découpent, dépècent, analysent, contre-analysent, répondent, contre-répondent aux petites phrases ou aux grands chiffres. "Demandez au chef."» (*Le Nouvel Observateur*, 23. 3. 1981, p. 40, c. 1 – A. Gaillard). «Ils [Les diabétiques] doivent aussi se soumettre régulièrement à un dosage d'une substance contenue dans leurs globules rouges, véritable "boîte noire" qui enregistre le taux moyen de sucre dans le sang au cours des six semaines précédentes» (*Le Point*, 3. 6. 1985, p. 102, c. 3 – A. Jeanblanc). «[...] elle invente nouvellement, comme en tiers, la mémoire-oubli, le souvenir gardé à l'abri mais en même temps effacé, intellectuellement invariant dans la boîte noire de l'histoire, mais passionnellement, existentiellement, historiquement, sagement perdu: nouvel invariant par variations, stabilité par instabilités, fondation» (M. Serres, *Le Tiers-Instruit*, 1991, p. 21).

▶ *[OPTIQUE/PHOTOGRAPHIE]*

• **Chambre noire,** *loc. nom. fém* ♦ Boîte fermée munie d'une faible ouverture ne laissant entrer que très partiellement les rayons lumineux et souvent accompagnée d'une lentille convergente, servant à reproduire sur un écran l'image des objets. «L'exposition à la chambre noire varie avec la nature du sujet» (Villon, *Dessin et Impression lithographique*, 1932, p. 508). «[...] comme un paysage qui se peint sur le fond d'une chambre noire perd son chatoiement de vie, mais acquiert en revanche pour l'œil une stabilité minérale» (J. Gracq, *Le Rivage des Syrtes*, 1951, p. 137). ♦♦ Partie intérieure d'un appareil photo qui reçoit la plaque ou la pellicule sensible. Soufflet de chambre noire. «Pour la photographie de très petits sujets situés à grande distance [...], on peut utiliser des objectifs à très longue focale, mais ils supposent une chambre noire très longue, [...] par conséquent très encombrante; aussi construit-on des "téléobjectifs" munis de lentilles divergentes qui donnent des résultats analogues tout en permettant de raccourcir le tirage» (Prinet, *La Photographie*, 1945, p. 26). «[...] l'ensemble de l'œil fonctionne comme un appareil photographique [...] on peut assimiler l'iris au diaphragme, la chambre postérieure de l'œil à la chambre noire et la rétine à la pellicule sensible de l'appareil photographique» (H. Camefort, A. Gama, *Sciences naturelles*, 1960, p. 240). ♦♦♦ Salle obscure réservée au développement des photos. «Je pénètre dans la salle des photographies, sur laquelle s'ouvrent des studios, des chambres noires, les ateliers de rotogravure et d'eau-forte» (P. Morand, *New-York*, 1930, p. 195). ♦♦♦♦ *P. métaph.* «Il en est des plaisirs comme des photographies. Ce qu'on prend en présence de l'être aimé n'est qu'un cliché négatif, on le développe plus tard, [...] quand on a retrouvé à sa disposition cette chambre noire intérieure dont l'entrée est "condamnée" tant qu'on voit du monde» (M. Proust, *À l'ombre des jeunes filles en fleurs*, 1918, p. 872).

▶ *[MYTHOLOGIE/RELIGION]. Dans des loc. nom. littér. vieillies.*

• **Royaume/Séjour noir,** ou en antéposition: • **Noir royaume/séjour.** *loc. nom. masc.* Enfers, séjour des morts. [P. OPPOS. au *paradis* ou *royaume éternel, céleste, du ciel, des cieux*] Synon. *Royaume infernal, royaume de Pluton, de la mort/des morts;* → **Royaume sombre, de l'ombre/des ombres; sombre(s) royaume(s); séjour ténébreux.** V. → *infra,* ex. 27. «Vial [...] se campa devant moi, pareil à un mitron des noirs royaumes» (Colette, *La Naissance du Jour*, 1928, p. 31). *P. métaph.* [Pour connoter l'aspect négatif, mauvais de qqc.] «Or il est un royaume noir, et que les yeux de l'homme évitent, parce que ce paysage ne les flatte point. Cette ombre, de laquelle il prétend se passer pour décrire la lumière, c'est l'erreur» (L. Aragon, *Le Paysan de Paris*, 1926, p. 704).

• **Onde noire,** *loc. nom. fém.*/**Noir rivage,** *loc. nom. masc.* L'onde, le rivage du Styx, fleuve des Enfers, séjour des morts chez les Anciens; image de la mort. Passer l'onde noire, le noir rivage. «Vers le lis où brillait le Léthé coloré de miel. Criton les arrêta: – Pardonne-moi, doux psychagogue, d'oser solliciter une parole de plus. En descendant vers l'onde noire, il y a de longs siècles, c'est toi qui me fis déchiffrer des inscriptions funestes. Ce Christ hébreu dont elles parlent est-il venu?» (Ch. Maurras, *Le Chemin de Paradis*, 1927, p. 189.) V. → *infra,* ex. 27.

∗ V. aussi → **Prince des ténèbres, Ange des nuits:** Lucifer. «Il y a un Pseudo-Christ qui imite le Christ réel, une certaine ombre sans substance du Christ, quelqu'un de noir qui imite la lumière, qui imite la vérité avec du néant» (P. Claudel, *Commentaires et Exégèses, 4, Le Cantique des cantiques*, 1948, p. 266).

– *P. ext. Cour. Vieilli.* [P. OPPOS. à la lumière de la vie; la couleur noire est associée à la mort, au tombeau, au néant] «Je l'affirme dans le tombeau, dans le milieu du lieu noir, dans la nuit, dans le néant!» (P. Claudel, *Le Repos du septième jour*, 1901, p. 819.) «Tandis que, pour Novalis, la mort était la porte ouverte sur la nuit sacrée de l'absolu, elle n'est plus pour Heine que l'abîme noir du néant. La mort n'est pas plus poétique que la vie, dira-t-il dans son livre sur le romantisme allemand» (A. Béguin, *L'Âme romantique et le rêve: essai sur le romantisme allemand et la poésie française*, 1939, p. 323).

27. «Quand on *a fermé sa fenêtre* et *éteint sa bougie,* on *perd le jour,* euphémisme classique de la mort, et antonyme de *voir le jour.* Nuit pour les yeux fermés, **nuit du cercueil** et **du tombeau, nuit éternelle, nuit infernale** dans la **grisaille** des enfers antiques où errent les **ombres,** *nuit sans matin, nuit sans réveil,* **ténèbres de la mort** et **séjour ténébreux,** la mort est **noire,** comme *le noir Pluton, l'onde noire* (le Styx), *le noir séjour. Nigra hora,* l'**heure noire,** l'heure du trépas. Parmi ces images [...] se détache la belle expression classique *voir son occident,* qui ne nous est plus familière. L'anglais en a l'équivalent *to go west,* "mourir", *gone west,* "mort". À l'opposé de l'Orient où naît la lumière, et qui symbolise les commencements, l'Occident attire avec le soleil couchant tout ce qui est voué à la chute.» (M. Courtois, *Les Mots de la mort,* 1991, p. 274.)

NOIR

✴ La mort est le domaine de l'obscurité, liée autrefois au monde souterrain du séjour et du royaume noir des morts et des enfers; de nos jours la mort et le néant sont encore associés au noir, à l'obscurité, au monde souterrain, au bas, au trou si ce n'est à la chute. «Comme l'abîme infernal ne terrifie plus beaucoup d'imaginations, c'est le trou seul qui reste dans notre langue. Être dans le trou n'est pas relevé par Littré, et n'apparaît en argot que dans le dictionnaire de Larchey en 1878. Mais on trouve déjà le mot dans une épitaphe composée par Piron en novembre 1772 : *Je suis au bout de ma route;/C'était un vrai casse-cou./J'y vis clair, je n'y vis goutte;/ Je fus sage, je fus fou./Enfin je me vois au trou/ Que n'évite fou ni sage...* (Recueil de poésies). On disait aussi *aller au trou*, "mourir". Mais le trou paraît si profond, même quand il ne communique plus avec les enfers, qu'on disait au XIXe siècle, *être dans le sixième dessous*, "être ruiné ou mort", – forme explétive de "troisième dessous", qui est la dernière cave pratiquée pour les planches de l'Opéra pour en receler les machines (Delvau, 1867). Il s'y ajoute une idée d'échec puisqu'une pièce de théâtre tombait dans le troisième dessous quand elle faisait un four» (M. Courtois, *Les Mots de la mort*, 1991, p. 66). Dans la langue courante, le trou profond, obscur, noir est le lieu de l'inconnu, de la peur et de la solitude: «Dans le chaos d'illusions où nous sommes jetés, une chose demeure vraie, l'amour. Le reste est néant. On se penche sur un grand trou noir, et on a peur» (J. Green, *Journal*, 1931, p. 78).

II. – Au fig. [*Noir* connote, d'une part, le diable, les Enfers, le mal, la méchanceté, le malheur, la tragédie, la mort, la violence, le crime, le danger, le désespoir ou la tristesse. D'autre part, *noir* connote le mystère, l'inconnu, le secret, la clandestinité ou le trouble et la confusion. Dans le domaine politique, *noir* connote le fascisme]

A. – [*Noir* connote le diable, le mal, les Enfers; P. OPPOS. à la lumière de Dieu, du paradis]

1. Qui a rapport au diable.

● **Ange noir**, *loc. nom. masc.* ♦ L'ange déchu, Lucifer, le diable (→ DIABLE), le principe du mal. *Synon.* → **Ange des nuits/des ténèbres/Ange ténébreux**. «Ce n'est pas vrai que l'ange de lumière pourrait moins sur lui que l'ange noir» (H. Pourrat, *Les Vaillances, farces et aventures de Gaspard des montagnes*, 4, *La Tour du Levant ou quand Gaspard mit fin à l'histoire*, 1931, p. 214). ♦♦ *P. ext.* Personne tentatrice, qui entraîne au mal et conduit à la perte. «Et les jours, en s'enfuyant, de plus en plus courts, de plus en plus sombres, prêtaient à la présence chaque fois plus incertaine d'Herminien un charme angoissant et funèbre, et cet ange noir et fraternel, ce visiteur au sombre manteau que baignait un si fatal mystère et dont le départ devait faire s'évanouir toute chance de jamais savoir» (J. Gracq, *Au château d'Argol*, 1938, p. 168). «Car vous vous croyez naïvement imbibé jusqu'aux moelles des liqueurs de l'immoraliste – un vrai petit ange noir – et ce que vous apportez ici, dans notre air, nigaud, c'est une bonne odeur de vieille maison sage, carreaux cirés, naphtaline, et toile de Jouy...» (G. Bernanos, *Un mauvais rêve*, 1948, p. 885).

▶ [OCCULTISME/SORCELLERIE] Qui a rapport au diable; qui est blasphématoire.

● **Magie noire**, *loc. nom. fém.* [P. OPPOS. à → **Magie blanche** ou *théurgie*, magie qui opère de façon occulte sur les forces et les esprits du bien] Pratique de magie démoniaque, diabolique, qui opère de façon occulte sur les forces et les esprits du mal. *Synon. Goétie;* → **Satanisme**. «[...] certains vendredis du mois, il se faisait conduire avant l'aube et par les chemins les plus sauvages, chez les vieux sorciers qui, dans leurs cabanes, sur les mornes, tiennent à la disposition des Blancs et des nègres les pouvoirs de la magie noire» (J. Zobel, *La Rue Cases-Nègres*, 1950, p. 276). «Des recherches [...] ont montré

Nerval attiré par le magnétisme, la magie noire [...]» (Durry, *Nerval*, 1956, p. 50).

28. «**Roman noir** – **magie noire** – "**musée noir**" – "**lavoir noir**" – **diamant noir** – "**dieu noir**" – **sang noir** – on pourrait presque dire que les surréalistes se reconnaissent comme à une pierre de touche au fait qu'à chaque fois chez eux l'épithète semble apporter moins le sceau inerte d'une nature physique ou morale que l'influx d'un dynamisme valorisateur.»
(J. Gracq, *André Breton*, 1948, p. 40.)

• **Messe noire**, *loc. nom. fém.* Pratique de sorcellerie qui consiste en une parodie de messe que l'on célèbre en l'honneur du diable. Synon. → **Satanisme**. V. → ATRAMENTER, ex. 2. «En entrant, si l'on n'était prévenu, ne dirait-on pas un repaire de mauvaise sorcellerie, un souterrain pour messe noire?» (P. Loti, *La Mort de Philæ*, 1909, p. 1279.) «C'est mieux qu'une messe noire, c'est une profanation de tout : de la musique, de l'art, de l'amour, des couleurs» (P. Morand, *New-York*, 1930, p. 181)

∗ V. aussi → DIABLE et → **royaume/séjour noir**, **onde noire** ou **noir rivage**, ainsi que → **bête noire**.

∗∗ On trouvait plus anciennement au terme **nécromancie** (emprunté au latin *necromantia*, lui-même emprunté au grec) le terme **nigromance**, emprunt au bas latin **nigromantia**, et issu de *necromantia* sous l'influence de *niger* : «noir» (*FEW*, t. 7, p. 80a).

2. *P. ext.* [En parlant d'une personne, de son comportement]

a) *Littér., vieilli.* [En parlant du comportement d'une personne ; souvent dans un contexte métaphorique] Atroce, pervers, odieux. «Noire ingratitude. Noire calomnie» (*Nouv. Lar. ill. 1904*). «Dans la vie, dans la mort, plus rien d'important. Les vers rongent le papier, les preuves sont là, les intérêts, les apparences se déchirent. Apparaissent les fautes, rien, néant, le destin contraire. La gaieté noire de la rancune forme sa ronde, enveloppe les églises et monastères et couvents et chapelles jusqu'au Vatican» (J.-P. Amette, *Province*, 1995, p. 125).

b) *Cour. Fam.* [P. OPPOS. à *blanc*; en parlant d'une personne] Dont la réputation est entachée (→ NOIRCI); qui a un casier judiciaire chargé; qui est récidiviste. *(Colin-Mével 1990). Anton. Clean, de confiance;* → CLAIR, BLANC-BLEU.

∗ À rapprocher de → DÉNIGRER et NOIRCIR : dire du mal de quelqu'un.

B. – [*Noir* connote le malheur, la tragédie, la mort, la violence, le crime]

1. [P. OPPOS. à → **Bleu, rose**] Qui est malheureux, tragique.

a) [Le plus souvent en parlant de la vie, d'une période de temps, etc.] Époque **noire**; période **noire**; années **noires**. «La terrorisante apparition du mal qui dans les mystères d'Éleusis était donnée dans sa forme pure, et était vraiment révélée, répond au temps noir de certaines tragédies antiques que tout vrai théâtre doit retrouver» (A. Artaud, *Le Théâtre et son double*, 1938, p. 37). «La crise de 1987, après le "lundi noir" de Wall Street, a aussi touché l'art contemporain» (*Globe*, novembre 1990, p. 105 – C. Rigollet).

29. «La vie est un corbeau : elle est **noire** à tire d'ailes.»
(J. Delteil, *Les Cinq Sens*, 1993, p. 147)

• **Série noire**, *loc. nom. fém.* Malchance persistante ; succession d'évènements tragiques, malheureux. La série noire continue. «Le pauvre gosse, engrené dans une série noire d'accidents et de catastrophes, fiacre emporté, piétons écrasés, foule ameutée, police, arrestation, commissariat, toute la lyre!» (Cl. Farrère, *L'Homme qui assassina*, 1907, p. 135.)

b) [*HISTOIRE DE LA LITTÉRATURE*; en parlant d'une œuvre littéraire, d'un roman] Qui évoque des évènements

NOIR

malheureux, des sujets pénibles. Livre noir. «[...] c'est le livre *[L'Insoutenable légèreté de l'être]* le plus désolé, le plus noir-et-angoisse qu'ait écrit Milan [Kundera] [...]» (*Le Nouvel Observateur*, 20. 1. 1984, p. 80, c. 3). «Jean Anouilh. Du rose au noir. Le dramaturge français Jean Anouilh est décédé samedi, à l'âge de 77 ans, à Lausanne (Suisse), où il résidait depuis plusieurs années. [...] Caustique, voire cynique, mais empreinte d'humour, l'œuvre d'Anouilh est une série de variations qu'il classait lui-même en *"pièces roses"*, *"noires"*, *"brillantes"* ou *"grinçantes"*. Les thèmes sont constants: les mensonges sociaux, l'innocence et la pureté profanées» (*L'Est républicain*, 5. 10. 1987, p. 1).

- **Littérature noire**, *loc. nom. fém.* Littérature/Roman qui évoque des péripéties sinistres, terrifiantes, notamment meurtrières. «Qui? Pourquoi? Comment? Toute enquête doit répondre à ces trois questions. François Forestier, critique de cinéma à *L'Express* et maniaque avoué du polar, et François Guérif, junkie de la littérature noire et auteur du "Cinéma policier français", ont enquêté avec l'aide de Noëlle Loriot, elle-même auteur de romans policiers» (*L'Express*, 24. 7. 1981, p. 3, c. 1).

- **Roman noir**, *loc. nom. masc.* [Dans un système d'OPPOS. à → Roman rose] Roman qui traite de sujets pénibles et dont le dénouement est malheureux. *Anton.* → Roman (à l'eau de) rose (→ *Le Rose*). «Les épisodes et le style même du roman noir servent à bâtir le monde de Lautréamont» (R. Brasillach, *Corneille*, 1938, p. 305).

- **Série noire**, *loc. nom. fém.* Mod ◆ Titre d'une collection de romans policiers à couverture noire. «Aujourd'hui encore, je lis plus volontiers les "Série Noire" que Wittgenstein» (J.-P. Sartre, *Les Mots*, 1964, p. 61). «Un polar, 10 balles!... Librio s'encanaille. Nouvelle série – des grands classiques américains aux petits nouveaux français – et nouveau look en jaune... et noir – tiens tiens, comme la Série Noire de Gallimard!» (*Télérama*, «Noir économique», 25. 3. 1998, p. 55.) ◆◆ *P. ext.* [En parlant d'un roman, d'un film, etc.] Qui a rapport au *roman noir* ou qui en a les caractéristiques; atmosphère, situation semblable à celles que décrivent ces romans. «Cycle polar. Le 21 août, à l'Olympic, [...] Trois films qui résument l'évolution du genre: le noir dur et pur (Brooks), l'atmosphère ironique et désabusée (Seigel) et la série noire post-soixante-huitarde (Kagan)» (*L'Express*, 19. 8. 1983, p. 78, c. 4 – F. Forestier).

c) *Cour.* • **Humour noir**, *loc. nom. masc.* Humour qui se manifeste à propos d'une situation, d'une manifestation grave, désespérée, ou macabre. «Une haute espérance déçue, un besoin frustré d'enthousiasme, se tourne en un lait aigre, aiguise tout à coup un humour noir» (J. Gracq, *Un beau ténébreux*, 1945, p. 198). «L'humour noir use des croque-morts, du corbillard, du défunt, des proches endeuillés, comme d'autant de personnages et d'accessoires d'une comédie funèbre» (M. Tournier, *Le Vent Paraclet*, 1977, p. 197). «Avec un luxe de détails macabres dont l'accumulation trahissait un certain goût pour l'humour noir, le frère Marc me décrivit les difficultés auxquelles il s'était heurté pour recueillir ce cadavre sans nom et sans adresse, qu'aucun parent ne réclamait, par ailleurs en plusieurs morceaux, et pour l'acheminer jusqu'au cimetière de P...» (J. Rolin, *L'Organisation*, 1996, p. 180).

30. «Pourquoi parle-t-on d'**humour noir**? Historiquement à cause d'un oxymore (association de deux termes en principe incompatibles) de Joris-Karl Huysmans [...], "**noir**" qu'il est le premier à associer à "**humour**", joue, dans sa formule, le même rôle que "rêche", "grave" ou "lugubre" [...]. Il signifie que sa façon de rire ou de sourire ne s'apparente ni à la grosse farce ni à l'obscène optimiste et qu'elle peut même s'accompagner de la plus **sombre mélancolie**. André Breton reprend l'expression

dans une conférence de 1937 puis dans sa fameuse anthologie de 1939 (parue en 1943 et augmentée en 1947). Mais il ne l'explique jamais. Comme Huysmans, il emploie l'adjectif "**noir**" à la façon... j'allais dire d'un bémol, mais non, au contraire, d'un signe augmentatif, d'un soulignement pour indiquer que le mot "humour", sous sa plume, ne sera jamais à entendre dans un de ces sens vulgaires dont on commence déjà à le défigurer. "Principe du seul commerce intellectuel de haut luxe", il n'a rien à voir avec la "plaisanterie sans gravité" ni "la sentimentalité toujours sur fond **bleu**". **Noir** contre **bleu** : dans ce choc de couleurs, le **noir**, au fond, est choisi parce qu'il est la teinte la plus intense et la plus concentrée, nantie de la plus grande intensité ontologique, la teinte de la gravité et de l'absolu.
Plaisanterie funèbre.
Mais ce n'est qu'une affaire picturale à la Kandinsky. Dans la préface de l'*Anthologie de l'**humour noir*** [...] Breton prend plusieurs fois "**noir**" dans son sens plus particulièrement funèbre [...], il contribue, par l'invocation de Swift, qualifié de "véritable initiateur" de l'**humour noir** pour avoir inventé "la plaisanterie féroce et funèbre" [...] à donner une idée relativement précise de ce qu'on va désormais appeler **humour noir** au sens strict. À savoir toute plaisanterie ayant pour cible la mort ou la déchéance humaine, de la farce macabre à telle élégante façon de caresser l'idée du suicide.»
(D. Noguez, «Noir comme l'humour», *Senso*, 17, déc. 2004- janv. 2005, p. 78.)

d) *ÉDUCATION.* • **Pédagogie noire**, *loc. nom. fém.* Éducation des enfants basée sur la violence, les coups et les brimades, prônée tout particulièrement au XVIIIe et au XIXe siècle. «Quel rapport entre une junkie de seize ans qui fait le tapin, Adolf Hitler et un cinglé qui assassine des petits garçons? Ils sont tous trois le produit de la Schwarze Pädagogik

"la pédagogie noire", cette façon d'éduquer les enfants qui prévalut longtemps en Allemagne et ailleurs, et qui poursuit encore tranquillement son sale bonhomme de chemin. En quoi consiste-t-elle? C'est très simple, il s'agit, coups et brimades à l'appui, de fabriquer l'adulte en réaction, voire en haine de l'enfance et de tout ce qui s'y attache. Tuer pour survivre.»
(*Actuel*, nov. 1984, p. 27, c. 1 – J.-P Ribes).

2. [En parlant de l'avenir, d'un évènement futur] Qui se présente sous des aspects défavorables, que l'on ne peut envisager qu'avec pessimisme. L'avenir paraît (tout) noir. Noirs pressentiments. «Malgré la personnalité rassurante d'Édouard Balladur, malgré la cohabitation efficace et l'alternance effective, la forteresse France se sent plus assiégée que jamais. Un pessimisme noir s'enracine, les hantises internationales alimentent les peurs spécifiquement françaises» (*Le Point*, 18. 9. 1993, p. 41 – A. Duhamel).

31. «Henri sourit; ses yeux m'interrogeaient :
"L'avenir n'est pas si **noir**", dit-il.
– "Je ne sais pas, dis-je. Peut-être qu'autrefois je **le voyais trop rose** ; alors le **gris** me fait peur.".
Je souris : "C'est en ça que j'ai le plus changé, j'ai peur de tout."»
(S. de Beauvoir, *Les Mandarins*, 1954, p. 192.)

[*Dans un contexte métaphorique* ; en parlant d'un nuage noir comme symbole de tristesse, de pessimisme]

32. «Virginie apparaissait dans un manteau de vison et il la faisait entrer dans l'automobile pour l'emmener à Deauville. Perdu dans ce rêve, durant un instant il souriait aux anges, puis le **nuage rose** devenait **noir**. Il regardait Esther, s'adressait de muets reproches, lui parlait :
– Tu voiras qu'à l'Amérique on ira.»
(R. Sabatier, *David et Olivier*, 1985, p. 299.)

3. Très dangereux.

- **Point noir,** *loc. nom. masc. Mod.* (1966, *Le Figaro*, 5 sept. in *Gilb. Mots contemp.* 1971) ♦ Endroit où la circulation des véhicules est difficile et peut être dangereuse ; croisement, virage particulièrement dangereux. «Un de ces graves problèmes, assez fréquent sur les routes françaises et que l'on appelle tour à tour "point noir", "bouchon" ou "étranglement"» (*Le Monde*, 17. 2. 1971, *Gilb. Mots contemp. 1971*). «Un "point noir", c'est un lieu où, en cinq ans, on compte en moyenne dix accidents de la route, mortels ou non. Ces pièges, on en recense huit cent cinquante très sérieux sur le réseau routier français» (*L'Est républicain*, 8. 3. 1986, p. 2, col. 1-3). ♦♦ Aspect négatif ; signe annonçant un danger, la détérioration d'une situation ; menace d'échec, de trouble, de malheur. «La richesse terrienne n'est point exposée aux vicissitudes qui sont le point noir des valeurs de bourse» (Châteaubriant, *Monsieur des Lourdines*, 1911, p. 130). «La Comtesse. Un seul point noir. Ils parlent tous de Marivaux. La plupart ne l'ont jamais lu. Le Comte : Tant mieux. Ils croiront que c'est de moi. D'ailleurs il ne faut pas dire trop de mal de ces gens-là» (J. Anouilh, *Répétitions*, 1950, I, p. 22).

C. – [*Noir* connote le désespoir ou la tristesse] Douloureux, désespéré, triste, mélancolique. V. → *infra*, ex. 63. «Il démarrait à fond, dans tous ses états, anxieux à plein et heureux, on aurait dit, de laisser sa vie glisser enfin dans la mélancolie la plus noire et pathogène, ravi de constater que sa maladie coulait partout autour, que sa gale mentale gagnait» (Bayon, *Le Lycéen*, 1987, p. 54). «Elle ouvrit la bouche pour n'émettre que des sons informes. Quelque chose au fond d'elle-même, enfoui, trop lourd, trop compact, trop noir et douloureux, rétif à toute parole, lui interdisait l'aveu» (P. Combescot, *La Sainte Famille*, 1996, p. 296).

- **Idées noires,** *loc. nom. fém. plur. Cour.* Idées sombres, tristes. *Synon.*
→ **Papillons noirs ;** → **Mélancolie.** «En un clin d'œil, mes idées noires disparurent et ma haine des bourgeois, comme par enchantement, s'envola» (O. Mirbeau, *Le Journal d'une femme de chambre*, 1900, p. 327). «[…] dans ma tasse, le café ne reflète que mes idées noires» (J. Renard, *Journal*, 1910, p. 684). «Je pars aux vents coulis, alizés et routiers comme la rose effeuillée, les tracts, les idées noires, les papillons, les bons de la *Semeuse* !» (R. Fallet, *Le Triporteur*, 1951, p. 52.) «J'étais alors dans une de ces périodes de stérilité comme j'en traverse en ce moment, j'étais au tréfonds de la mélancolie et des idées noires, et presque imbécile à force d'humilité» (J. Dutourd, *Pluche ou l'amour de l'art*, 1967, p. 30). [Souvent en *loc. verb.* :

- **Avoir/se faire des idées noires ; chasser les idées noires.** Avoir des idées tristes ; être mélancolique, pessimiste. *Synon.* → **Avoir le blues** (→ vol. *Le Bleu*), **le cafard, la grise** (*rare, vx.* → vol. *Le Gris*), **du noir, des papillons noirs ; broyer du noir, cafarder.** «Il allumait au plus vite pour chasser les idées noires, mais la panique des futures épreuves soufflait en tempête» (J.-K. Huysmans, *L'Oblat*, 1903, p. 242).

33. «C'était un excellent garçon, sobre et adroit, mais avec une de ces figures **mélancoliques** où le regard, trop fixe, signifie qu'on **se fait** pour un rien **de la bile,** même **des idées noires.**»
(M. Proust, *À la recherche du temps perdu. 12. Sodome et Gomorrhe*, 1922, p. 895.)

34. «Bref, hier après déjeuner, **j'étais en plein cafard, j'avais des idées noires.**»
(J. Dutourd, *Pluche ou l'amour de l'art*, 1967, p. 183.)

35. «Les **idées noires** expriment l'absence de projet (symboliquement l'avenir n'existe pas) et, par extension, les idées de suicide, obligatoire aboutissement de cette négation du futur. […] Le rapprochement est à faire avec le terme de **"mélancolie",** qui signifie

littéralement "avoir la **bile noire**", avoir "**l'humeur noire**" (c'est-à-dire le **moral noir**) et qui nous renvoie à l'ancienne conception humorale, mais aussi à la réalité physiologique de cette sécrétion biliaire lors de la phase dépréssive.» (Ph. Brenot, *Les Mots du corps. Dictionnaire des clins d'œil populaires*, 1987, p. 30.)

• **Maladie noire**, *loc. nom; fém. Vieilli.* *[PSYCHOPATHOLOGIE]* État pathologique caractérisé par un état de profonde tristesse. «Ses parents n'ignoraient pas qu'elle avait gravement souffert d'une "maladie noire"» (G. Bernanos, *Sous le Soleil de Satan*, 1926, p. 195). «Mais si vous continuez à vous faire de la bile comme ça, vous attraperez une maladie noire, vous n'êtes pas faite pour rester seule, voyez-vous!/— Ah! ce n'est pas gai tous les jours!» (G. Chepfer, *Saynètes, et paysanneries*, 2, 1945, p. 71.)

∗ V. → **Bile noire, humeur noire, mélancolie**.

D. – [*Noir* connote le mystère, l'inconnu, le secret ou la clandestinité

1. [*Noir* connote le mystère, l'inconnu, le secret]

• **Continent noir**, *loc. nom. fém.* *[PSYCHANALYSE/PSYCHOLOGIE]* [D'après la célèbre formule de Freud : «La femme est un continent noir», écrite en anglais : «dark continent», allusion au titre fameux de l'explorateur Stanley, *Through the Dark Continent* (1879), Freud trouvant la psychologie des femmes plus énigmatique que celle des hommes. «Voici ce qu'il dit un jour à Marie Bonaparte: "La grande question restée sans réponse et à laquelle moi-même n'ai jamais pu répondre malgré trente années d'études de l'âme féminine, est la suivante: que veut la femme?". Freud écrit à Jones en 1928 : "Tout ce que nous savons sur le développement féminin précoce me semble insatisfaisant et incertain" (Lettres de Freud à Gones, 22 févr. 1928, *Correspondances*, Paris, Puf, 1998, p. 735). Ou encore "la vie de femme adulte est encore un *dark continent* pour la psychologie" (S. E. XX. p. 212)» (É. Rodrigué, *Freud. Le siècle de la psychanalyse*, 2, 2000, [Tr. de l'espagnol par P. Rey])]. Féminité (en ce qu'elle a d'obscur, de secret, d'inaccessible et mystérieux).

«En octobre 1998, à Boston, quelques urologues se réunissaient à huis clos pour la première conférence sur la dysfonction sexuelle féminine, un syndrome attrape-tout forgé pour l'occasion. Jusque-là, le *"continent noir"* décrit par Freud n'avait guère suscité de vocations d'explorateurs dans le monde médical. [...] Le *"continent noir"* n'a pas livré tous ses secrets» (*Le Point*, «La quête du viagra féminin», 12. 7. 2002, pp. 55-56 – St. Chayet).

2. [*Noir* connote le mystère, le secret, la clandestinité]

a) *HISTOIRE* • **Cabinet noir**. *POLITIQUE. HISTOIRE DE FRANCE. Vx.* «Bureau du ministère de l'Intérieur où sont envoyées les lettres de toute personne compromise ou réputée hostile au gouvernement [...]. Le cabinet noir a fonctionné sous toutes les monarchies ; supprimé à la révolution de juillet 1830, il fut rétabli sous le second empire» *(France 1907).* «Dans sa jalouse rage, la soupçonnant, non sans vraisemblance, d'envoyer et de recevoir des lettres, il jura de les intercepter, rétablit le cabinet noir, jeta le trouble dans les correspondances privées» (A. France, *L'Île des pingouins*, 1908, p. 380). «Par ces temps de suspicion, de surveillance des courriers, le cabinet noir et de tables d'écoute, il valait mieux éviter les correspondances compromettantes» (J. Arnoux, *Crimes innocents*, 1952, p. 243). *[Dans d'autres pays]* Service secret d'État chargé de la censure du courrier ou de tout acte secret. «Un cabinet noir serait à l'origine des tortures en Irak. "Attrapez qui vous devez, faites ce que vous voulez." Selon le New Yorker, les tortures infligées aux prisonniers d'Abou Ghraïb sont le résultat d'un programme top secret dénommé "Copper Green" que

NOIR

le secrétaire à la Défense Donald Rumsfeld a autorisé en Irak dans le courant 2003» («*Noir*», *Cahier des Amériques*,, 5, 2004).

b) *ÉCONOMIE* ou *POLITIQUE*

▶ *ÉCONOMIE*. Clandestin, illicite.

• **Argent noir,** *loc. nom. masc.* Argent clandestin, illicite. «Il s'agissait de blanchir "l'argent noir", souci majeur des Américains ayant des ressources illicites» (*Le Point*, 12. 1. 1976, p. 106, col. 3). 36. «Ces derniers temps, l'édifice économique suisse a montré une certaine fragilité. L'évasion fiscale pour cause d'inflation, qui fournissait la plus grande part de **l'argent gris**, a cessé. La richesse du pays s'érode. La place financière suisse, si puissante, [...] se sent tout à coup aux abois et se met à faire n'importe quoi. [...] Elle choisit le recel de l'**argent noir**, de l'argent de la mort.»
(*Le Nouvel Observateur*, 1. 2. 1990, p. 56 – J. Ziegler.)

• **Caisse noire,** *loc. nom. fém.* Fonds secrets, qui n'entrent pas dans la comptabilité officielle. «Je vous demande un million de marks à prélever sur notre caisse noire» (L. Daudet, *Ciel de feu*, 1934, p. 246).

• **Marché noir,** *loc. nom. masc.* Marché parallèle se faisant sans papier et au comptant (courant lors de la dernière guerre mondiale). «Amédée avait eu un gros chagrin. Et puis le train-train de tous les jours, la queue chez le boulanger, la démerde du marché noir, la vie en somme, l'avait remis en selle» (P. Combescot, *Les Filles du Calvaire*, 1991, p. 286).

• **Travail noir,** *loc. nom. masc. Rare.* Travail non déclaré, sans facture ni garantie. *Synon. cour.* **Travail au black/ au noir.** «[...] ils sont légion en France, les peintres, les maçons, les menuisiers, les jardiniers, les femmes de ménage, voire les plombiers du samedi ou du dimanche, qui, sans se faire prendre, eux, travaillent clandestinement. Aucune statistique ne permet, évidemment, de les recenser, mais il paraît certain que leur nombre, en constante et forte progression, se situerait aujourd'hui quelque part entre 800 000 et 1,5 million. Et l'on ne compte là que les Français qui exécutent régulièrement des travaux noirs» (*Le Point*, 12. 11. 1979, p. 74, c. 2 – M. Roy).

▶ [En parlant d'un chiffre, d'une statistique] Secret, non officiel, non pris en compte. «Depuis une dizaine d'années [...] la presse américaine publie une fois l'an les "chiffres noirs" de la criminalité, ceux qui ne sont pas pris en compte par les statistiques de la police. Cette criminalité "noire" existe en France. Chaque année, les responsables des magasins de grande surface déposent en moyenne 90 000 plaintes. [...] Aucune de ces infractions n'est inclue dans la comptabilité du ministère de l'Intérieur» (*L'Événement du jeudi*, 24. 4. 1986, p. 40, c. 2 – M. Szafran).

▶ *POLITIQUE.*

• **Liste noire,** *loc. nom. fém.* [Calque de l'angl. *black list*] ◆ Liste, souvent confidentielle, de personnes ou de sociétés à surveiller ou à mettre hors d'état de nuire, généralement pour des raisons d'ordre politique. Mettre quelqu'un sur liste noire. «Tu seras inscrit, moralement, sur une liste noire, où figurent les types nébuleux, incapables, comme ils disent, de faire un homme d'État» (J. Romains, *Les Hommes de bonne volonté*, t. 1, *Le 6 octobre*, 1932, p. 155). «À cette époque [1952], la "chasse aux sorcières" fait rage dans les milieux cinématographiques aux États-Unis : cité devant la commission d'enquête du sénateur Mc Carthy, Losey est placé sur la liste noire» *La Gde encyclop. Larousse*, t. 35, 1974, p. 7297, col. 1).

◆◆ *P. ext. Cour. Mod.* Liste de choses, de personnes, considérées comme dangereuses. «La liste noire des aliments transgéniques complète de Greenpeace. Depuis septembre 1998, l'étiquetage des ingrédients dérivés de soja et de maïs transgéniques est obligatoire. Les emballages doivent donc porter la mention "produit à partir de soja ou de maïs génétiquement modifié"» (*Bio Santé*, 6. 9. 1999, p. 19).

E. – [*Noir* connote ce qui est obscur, trouble, confus; en parlant d'une personne] Qui n'a plus les idées très claires à cause de la boisson; qui est complètement ivre. *Synon. Saoul*; **Gris**, (*argot*:) **noircicaud**; → Être débarbouillé avec du cassis, être cirage, être goudronné. «Et quand il a la fièvre/Quand il est noir quand il est couché le soir/Des milliers et des milliers d'adresses/Arrivent à toute vitesse et se bagarrent dans sa mémoire» (J. Prévert, *Paroles,* 1946, p. 62). «Je suis rentré complèt'ment noir/J'ai mis l'clébard dans la baignoir'» (P. Perret, *Le Petit Perret illustré par l'exemple*, 1995, s.v. *noir*).

F. – [P. RÉF. aux → **Chemises noires**, les fascistes italiens] *Noir* connote les idées fascistes). *[HISTOIRE POLITIQUE] Fam.* [En parlant d'une personne, d'un groupe de personnes, de ses idées, de son comportement, *p. ext.*, en parlant d'une chose abstraite] Qui est fasciste; qui a rapport aux fascistes italiens et *p. ext.* au fascisme international. «Certes, l'Italie est vaccinée contre les apprentis dictateurs fascistes grâce à son expérience du temps de Mussolini. Dans un sens, elle a beaucoup plus peur du terrorisme "rouge", sélectif, qui vise le "cœur de l'État", que de celui des "comploteurs noirs"» (*Le Nouvel Observateur*, 9. 8. 1980, p. 29, c. 2 – K. Karol). «[…] l'attentat meurtrier à la gare de Bologne, le 2 août dernier: […] Un néo-fasciste italien est arrêté à Nice le 6 août. Perquisitions dans toute l'Italie. Mais la piste "noire" n'est qu'une des nombreuses possibilités de l'enquête» (*Le Spectacle du Monde*, sept. 1980, p. 36, c. 3).

37. «L'«Internationale noire", l'"euronazisme", il y a belle lurette qu'on en parle en Italie et qu'on se persuade que cette organisation secrète veut déstabiliser la démocratie péninsulaire.» (*Le Nouvel Observateur*, 13. 10. 1980, p. 51, c. 1 – M. Padovani.)

38. «Quels sigles terroristes vont donc dominer la scène italienne? Les **rouges** ou les **noirs**? Le front armé de gauche ou celui de droite? Le **terrorisme noir** a fait le premier sa rentrée politique: le 2 août à Bologne (quatre-vingt-quatre morts), puis le 2 septembre, à Rome, avec l'assassinat de Maurizio Di Leo.» (*Le Nouvel Observateur*, 20 sept. 1980, p. 53, c. 2.)

∗ *L'adj. noir* est souvent utilisé comme intensif. V. → **Four noir; froid noir; colère** ou **fureur noire**. On trouve encore: **diète noire** pour désigner une diète complète. «Les portes du camp Boiro [en Guinée], le principal camp de concentration du pays, se sont ouvertes sur des images d'horreur: cellules de "diète noire", où les détenus étaient privés d'eau et de nourriture jusqu'à la mort; "cabine technique" des tortionnaires, […] blocs de détention, dont les murs racontent vingt-cinq ans de cruauté» (*Le Nouvel Observateur*, 26. 4. 1985, p. 43, c. 2 – R. Backmann).

2ᵉ SECTION. *ADVERBE*

I. – **A.** – En couleur noire. Peindre noir. «Quand je me suis réconcilié avec ma mère, j'ai frotté son parquet pour m'humilier avec les gestes d'une autre caste, mais il s'est trouvé que je l'ai frotté noir, car je ne suis pas de la caste des frotteurs: ce noir provenait des gouttes de poix que j'étendais et que pleurait le buffet» (M. Jacob, *Le Cornet à dés*, 1923, p. 98). «Le noir était pour les aveugles une couleur aussi inconnue que le blanc ou le rose. Aucun œil ne voyait noir, tout comme aucune oreille de sourd ne pouvait transmettre un silence, mais une absence de silence ou de stridence. Les aveugles ne voyaient rien, tout simplement» (H. Guibert, *Des aveugles*, 1985, p. 33).

B. – *En partic.*

• **Faire noir**, *loc. verb.* Faire mauvais, sombre; manquer de lumière, d'éclairage. *Synon.* → Faire obscur, sombre. V. aussi → Faire noir comme chez le diable, comme dans un cul, dans un four, dans la gueule d'un loup, dans un trou de taupe. Il fait noir et triste. «C'est pas qu'elle était trop tarte, dans son genre elle avait son charme, elle avait comme une élégance... elle avait de la fesse, et des musculeux guizots, et des rondins bien mignons... une sale gueule, mais il faisait noir» (L.-F. Céline, *Mort à crédit*, 1936, p. 261). *P. métaph.* ou *au fig. littér.* «Je savais pourtant combien il peut faire noir dans un cœur» (S. de Beauvoir, *Mémoires d'une jeune fille rangée*, 1958, p. 248).

II. – *Au fig. Fam.*

• **Voir noir**, *loc. verb. Fam.* [Dans un système d'OPPOS. à → voir rouge (→ *Le Rouge*), et P. OPPOS. à → voir (la vie en) rose] Être triste, mélancolique ou pessimiste; voir le mauvais côté des choses. «À l'homme qui voit noir, tout est noir; la sérénité lui est importune; il trouve très naturel que l'on soit malheureux» (Alain, *Propos*, 1936, p. 1066). «Je ne puis m'empêcher de relever ici que c'est au même général dont on a dit parfois qu'il voyait noir, qu'il inclinait à présager le pire, qu'il fut unanimement demandé de restaurer l'espoir et de ranimer l'ardeur dans nos rangs» (P. Valéry, *Variété IV*, 1938, p. 84).

39. «Toujours le premier feu de l'étoile sur la terre
Et la première fleur dans notre corps naissant
Sens de tous les instants
Il nous faut voir **ne pas voir noir** être confiant
Et de la vue sauvage faire une lumière
Sans fumée et sans cruauté
Tu la respires et ton souffle me libère
Mes yeux ont su te sourire
J'ai rempli la coupe d'eau.»
(P. Éluard, «Ailleurs, ici, partout», *Poésie ininterrompue*, 2, 1953, p. 677.)

3ᵉ SECTION. *SUBSTANTIF*

3ᵉ SECTION. 1. *SUBST. MASC.*

I. – A. – [La couleur noire; caractère de ce qui est noir]

1. *PHYSIQUE [OPTIQUE/COLORIMÉTRIE]*

40. «**Le noir** peut être considéré du point de vue de la *physique,* comme *couleur* et comme *matière colorante.*
1. **LE NOIR** EN PHYSIQUE DE LA LUMIÈRE. Un corps est parfaitement *noir* lorsqu'il absorbe intégralement toutes les radiations qu'il reçoit, à l'opposé du **corps blanc**, qui diffuse également dans toutes les directions et sans aucune absorption, toutes les radiations visibles qu'il reçoit.
Dans la synthèse négative de la lumière, on obtient **le noir** en superposant sur un fond **blanc** ou lumineux, trois filtres colorés avec les couleurs primaires **jaune, rouge magenta** et **bleu cyan**.
2. **LE NOIR** COMME COULEUR. **Le noir** n'est pas, en soi, une couleur; c'est l'absence de couleur. *"Le Noir n'est rien, il n'existe (si l'on peut se servir de cette expression pour une chose qui n'existe réellement pas) que par l'absence des autres"* (Watin). Cependant, en peinture comme en imprimerie, on considère **le noir** comme l'une des couleurs de la palette et l'on peut même parler de la couleur lorsqu'on peint ou que l'on imprime en **noir** seulement.

Le noir est l'une des plus anciennes couleurs avec **le brun rouge** et **l'ocre jaune**. C'est la teinte fournie par un bâton carbonisé frotté sur une surface claire. On en retrouve la trace dès l'époque préhistorique»
(Bég. *Peinture*, N.-P, 1982, p. 848).

2. [En parlant d'un élément de la nature, d'un produit fabriqué; le noir dans l'art; symbolisme du noir; nuances du noir, etc.]

41. «Mais ce **noir** est beaucoup moins la qualité sensible du **noir** qu'une puissance **ténébreuse** qui rayonne de l'objet, même quand il est recouvert par des reflets, et ce **noir**-là n'est visible qu'au sens où l'est la **noirceur** morale. La couleur réelle demeure sous les apparences comme le fond se continue sous la figure, c'est-à-dire non pas à titre de qualité vue ou pensée, mais dans une présence non sensorielle.»
(M. Merleau-Ponty, *Phénoménologie de la perception*, 1945, p. 352.)

42. «Dans tout cela, peu de couleurs. Ou seulement des couleurs de petit jour, de commencement du monde, pâles sans fragilité, juvéniles, murmurées, des **roses**, des **bleus**, des **jaunes** tels qu'ils sont à jamais fixés, dans leur essence même, par Vermeer de Delft. Pas de ces **flamboiements** que le soleil allume dans le four des montagnes desséchées par sa proximité. Rien de ce qui se concentre, s'épaissit et brûle en lieu clos. Peu à peu, on s'avise tout au contraire que ce qui seul échappait, dans cet espace grand ouvert, à l'affinement et à la nuanciation, ce qui seul ne devenait pas iridescence, reflet, allusion, passage, c'était le **noir**, et qu'il surgissait, qu'il se multipliait de toutes parts : dans le goudron des vieilles étables de planches ou des soubassements des fermes, dans les robes des femmes de pêcheurs ; sur le pelage tacheté de **blanc** des vaches, à peine distinct, tout au fond des plaines **vertes**, du plumage des pies de mer. Il n'y a là qu'un hasard, ou, au mieux, la conséquence de raisons qui n'ont rien à voir avec le cœur. Mais à présent que je me retourne vers ces images, il me semble que j'y puis voir des signes, et comme une mise en garde contre les extases trop confuses de la lumière et de l'eau.»
(Ph. Jaccottet, *Les Cormorans*, 1984, pp. 54-55.)

▶ *ART [GRAVURE, PEINTURE*, etc.]
Le noir de Delacroix, de Goya, de Frans Hals, de Manet, de Marfaing, de Munch, de Zurbaran. «Avant, quand je ne savais pas quelle couleur mettre, je mettais du noir. Le noir, c'est une force : je mets mon lest en noir pour simplifier la construction. Maintenant je laisse des noirs (décembre 1945)» (Matisse, *Derrière le miroir*, 1, déc. 1946). «Je m'émerveillais aussi que quelques traits de pinceau, qu'un peu d'encre noire – mais ce noir comporte plusieurs nuances – puissent suffire à évoquer tout un monde, à nous le rendre plus immédiatement sensible que ne le feraient des toiles riches en couleurs.» (J.-B. Pontalis, *Le Dormeur éveillé*, 2004, p. 83).

43. «[…] l'étroite salle du musée Hals où s'affrontent ses deux derniers grands tableaux, peints à plus de quatre-vingt ans, les *Régents* et les *Régentes* de l'Hospice des Vieillards. D'avoir vu avant, dans les salles précédentes, ces grands banquets d'officiers […] qu'il a peints dans sa jeunesse et son âge mûr, où **flamboient** et s'exaltent mutuellement les deux couleurs de la vie héroïque, le **rouge** du vin, du sang, du feu, et l'**or** du pain et des viandes bien rôties, l'**or** du soleil, l'**or** de l'or aussi, qui est l'orgueil aveuglant de la fortune, on est saisi d'autant plus violemment par cette dernière salle plus petite, presque étouffante, où sur un thème analogue, une assemblée de notables, non seulement l'**or** et le **rouge**, couleurs de maturité et de triomphe, mais toute autre couleur a disparu du tableau envahi par le **noir**, qui ne laisse plus passer que des lueurs **plombées** ou **livides** […] Il était évident d'emblée que ces vieillards [des deux tableaux *Régents* et *Régentes*], encore dignes pour la plupart à force de raideur, quelques-uns déjà chancelants, ne voient plus rien s'avancer en face d'eux que la mort, leur propre mort, rien d'autre ; mais ensuite, regardant mieux, fasciné surtout par la deuxième femme à partir de la gauche, j'eus le sentiment qu'il fallait dire plutôt, pour être exact, qu'ils regardent "dans la mort" ; mots […] qui veulent dire que ces condamnés ne sont pas en face de quelque chose, d'un adversaire avec lequel on pourrait lutter, mais qu'ils sont pris dans un élément, représenté faute de pire par le **noir**, où

ils baignent, où ils s'enfoncent, où ils ne mettront plus très longtemps à **sombrer**.»

(Ph. Jaccottet, *Les Cormorans*, 1984, pp. 59-61.)

44. «Si une tache **sombre**, un coin d'**ombre** peuvent susciter la peur et l'angoisse, le **noir** peut aussi fasciner – même un grand peintre: dans une lettre à George Sand, Delacroix évoque "ce grand **noir** que nous portons au-dedans de nous" (17. VIII. 1840). Fascination qui jouxte, il est vrai, l'horreur du vide et de la mort. En revanche dans son usage pictural, lorsqu'il se trouve mis en rapport avec les couleurs, le **noir** cesse en quelque sorte d'être le **noir,** c'est-à-dire la négation de la lumière et du chromatisme, il prend vie et positivité, sa valeur expressive change et varie à l'infini: "le **noir** avec l'**outremer** a la chaleur des nuits tropicales, teinté de **bleu de Prusse**, la fraîcheur des glaciers" (Matisse). [...] Aussi bien, combien d'artistes et plus que jamais parmi les modernes ont fait – tel Van Gogh exprimant "avec le **rouge** et le **vert** les terribles passions humaines" dans son *Café de nuit* (cf. lettre à Théo du 8 septembre 1888) – un usage quasi clanique de la couleur. Il est vrai que tant que subsiste une marge de transformation pulsionnelle, un jeu sublimatoire, [...] une radicale différence avec le **noir** de la **mélancolie**, qui envahit tout, s'affirme. Aucun chaos chromatique ne porte la mort comme le fait le triomphe exclusif du **noir**. Encore celui-ci ne figure-t-il jamais qu'une limite inatteignable: seul le **noir** illimité signifierait le néant – le néant "vaste et **noir**" que haïssent "les cœurs tendres" (Baudelaire). Il n'est de pur léthal qu'en l'absence de tout signe. Un vecteur qui aurait pour origine la décoloration maximale (ou le **noir** absolu) et pour terme la coloration saturée figurerait le trajet de la **mélancolie** à la manie [...].»

(Chr. David, «Iris au service d'Éros», in *Question de couleurs*. IXes *Rencontres psychanalytiques d'Aix-en-Provence*, 1990, pp. 12-13.)

45. «En 1945 paraît chez Gallimard le volume de ce qui deviendra la célèbre "**Série Noire**" [...], dernier avatar du **roman noir** des lecteurs du XVIIIe siècle et à l'**humour noir** magnifié par André Breton.

À cette réhabilitation du **noir** en littérature répond l'année suivante un essai de réflexion du **noir** en peinture. En décembre, premier numéro de *Derrière le Miroir*, publié par la Galerie Maeght est en effet intitulé: "**Le Noir est une couleur**" [...], exposition dans la même galerie de cinq œuvres de Bonnard, Matisse, Braque, Rouault, Marchand, Manessier, [...], Rigaud, Dany, Pallut. [...] Soulages est absent de cette exposition [...]. Intéressantes les citations de peintres en épigraphes dans ce numéro de *Derrière le Miroir*. Matisse remarque que le noir prend une place de plus en plus grande dans l'orchestration colorée, "comparable à celle de la contrebasse dont on est arrivé à faire des soli". Renoir dit de Vélasquez: "Comme il savait se servir des **noirs,** celui-là. Plus je vais plus j'aime le **noir**. Vous vous échauffez à chercher, vous mettez une petite pointe de **noir d'ivoire**. Ah! que c'est beau!" Il n'empêche que l'on ne s'attend pas à trouver Renoir, Matisse, Bonnard, parmi les artistes ayant réhabilité le **noir**. Rouault, Braque, Atlan, d'accord. Atlan dont Soulages me rappelle qu'il aimait le roman de Louis Guilloux, *Le Sang noir.*

Moment historique que cette exposition "**Le Noir est une couleur**", mais qui venait un peu trop tôt. Ce titre resta néanmoins longtemps comme un défi dans une époque plutôt portée vers les couleurs "naturalistes". Atlan en parlait souvent, mais comme d'une chose avortée, lui qui aimait tant les **noirs charbonneux**.

Eugène Fromentin, dans *Les Maîtres d'autrefois,* souligne à maintes reprises le rôle capital du **noir** dans la peinture occidentale. Il montre comment le **noir** apparaît avec force chez des artistes réputés pour être de puissants coloristes, par exemple Rubens qui "parcourt le clavier le plus étendu, depuis le vrai **blanc** jusqu'au vrai **noir**"; Vélasquez qui colore "à merveille avec les couleurs les plus tristes. Du **noir**, du **gris**, du **blanc**... L'ombre est **noirâtre**, la lumière **blanchâtre**." Et cette superbe description du **clairobscur** de Rembrandt : "Tout envelopper, tout immerger dans un bain d'ombre, y plonger la lumière elle-même […]"." (M. Ragon, *Les Ateliers de Soulages*, 1990, pp. 101-102.)

46. «[...] Le discours sur le **noir** change avec les Impressionnistes. Matisse raconte en 1946 [*Écrits et Propos sur l'art*, p. 203, note 65] : "Pissarro me disait un jour : Manet est plus fort que nous tous, il a fait de la **lumière** avec du **noir**." Matisse datait même ce **noir** des Japonais. En 1940, dans une lettre, il parle d'un "noir lumineux de jais" (*ibid.*, p. 185). En 1945 : "Comme toute évolution celle du **noir** en peinture s'est faite par à-coups. Mais depuis les Impressionnistes il semble qu'il s'agisse d'un progrès continu, d'une part de plus en plus grande prise à l'orchestration colorée, comparable à celle de la contrebasse dont on est arrivé à faire des soli" (*ibid.*, p. 202, note 64). Comparaison avec des sons graves. Qui intègre le **noir** dans une gamme de couleurs. Enfin, en 1951, cette expression fameuse, en parlant de sa toile *Les Marocains*, de 1912-1916 : "C'est dans cette œuvre que j'ai commencé d'utiliser le **noir** pur comme une **couleur de lumière** et non comme une **couleur d'obscurité**" (*ibid.*, p. 117, note 73). Et c'est dans cette tradition que Soulages a parlé du **noir** "couleur intense, plus intense que le **jaune**" [Entretien avec Bernard Ceysson, dans le catalogue de Saint-Étienne, de 1976, p. 7].»
(H. Meschonnic, «Un noir lumière», in *Le Rythme et la Lumière*, avec Pierre Soulages, 2000, p. 187.)

— [En parlant de l'œuvre de Ad Reinhardt] V. → *supra*, ex. 16.

47. «Durant les quatre décennies, la plupart des abstraits ont, une fois au moins, travaillé le **noir**. À mes yeux, cependant, à côté de Soulages il n'y a qu'un autre très grand peintre du **noir** : Ad Reinhardt. Lui aussi, dans les années 50 et 60 affirmait que le **noir** est une non-couleur quand presque tous les peintres, alors, tenaient pour le contraire. Comme Soulages, Ad Reinhardt sait et sent que le monochrome **noir** ne fait pas accéder à la véritable puissance du **noir**, qu'il affadit, qu'il neutralise, qu'il ramène à une sorte d'**obscurité** ordinaire. Avec Abraham (1949), Newman traitait ce problème en opposant le **noir brillant lisse** au **noir mat lisse** – mais il n'a pas poursuivi. La solution d'Ad Reinhardt, dans ses *"Ultimate paintings"* où la toile est intégralement recouverte d'un **noir** à première vue homogène, est d'opposer deux tons ou deux valeurs de **noir**, dont la différence est infime : il y a sous le **noir** de la surface un autre **noir**, à peine plus **noir**, que l'œil finit par distinguer s'il patiente devant la toile, car il n'y a presque pas de différence entre eux. Dans ces toiles impressionnantes, Ad Reinhardt reste pourtant du côté du contraste entre tons ou valeurs dans une même "non-couleur" (**sombre**-plus **sombre**), de ce côté-ci donc de l'**outrenoir**, alors que Soulages passe sur l'autre rive. Cette "traversée du **noir**" vers la **lumière du noir**, renvoie inévitablement à une autre déclaration de Pierre Soulages, […] et qui concerne la gravure, où il réalise en 1956-1957 une innovation majeure avec l'invention du cuivre découpé, rongé par l'acide. Soulages raconte : "Lacourrière me disait : 'Ne t'en fais pas. Vas-y. Tant qu'il y a du cuivre, il y a de l'espoir.' Et je me suis aperçu que, même quand il n'y avait plus de cuivre, c'est-à-dire quand on y faisait un trou, quelque chose se passait qui dépassait même l'espoir. […] Plus je creusais le cuivre plus le **noir** était profond ; mais à force d'approfondir ce **noir**, brusquement j'ai troué la planche, c'est-à-dire que j'ai trouvé le **blanc**, le **blanc** du

NOIR

papier à l'impression. À ce moment-là tout a basculé."
En janvier 1979, Soulages à nouveau, troue le **noir** et bascule soudain, imprévisiblement dans l'**outrenoir**, au-delà du **noir**, toutes les couleurs de la lumière.»
(P. Encrevé, «Le noir et l'outrenoir», Soulages. Noir Lumière, 1996, p. 36.)

– [En parlant de l'œuvre de Soulages (➝ **Noir lumière**; V. aussi ➝ LUMIÈRE OUTRENOIR, SOULAGES]

48. «Maintenant, le **noir** souverain est tout autant couleur que reflet, matière que vibration, conjugaison de l'apparence et de l'enracinement [...] le **noir** chez Pierre Soulages ne s'organise qu'autour d'un principe de lumière et de communion. Il ne se fonde si obstinément, si complètement, que pour mieux capter la puissance d'un souffle, une présence seconde, le rayonnement même de l'univers dans sa ronde perpétuelle.»
(J. Laurans, «Pierre Soulages ou la transparence du noir», Pierre Soulages, trois lumières, 1999, p. 9.)

49. «Pourtant le texte [Cantique des cantiques] (I, 5), comme je l'ai traduit dans les Cinq Rouleaux, dans le Chant des chants [Gallimard, 1970], dit exactement : "noire je suis et belle à voir".
Il dit une unité de la beauté et du **noir**, quelque sens qu'on y donne à **noir**. Nullement l'opposition culturelle commune. Qui mène à cette idée de dialectique. Fausse également pour les **noirs** de Soulages. Parce que le **noir** et la **lumière** y sont un seul et le même élément variable. Et ce n'est pas non plus le "**soleil noir de la mélancolie**", ni "La neige était noire" [Titre donné par Le Nouvel Observateur à un entretien, 12 mai 1981]. Alors qu'il [Soulages] parlait seulement du contraste des **arbres noirs** qui faisait ressortir la neige. Ni une laque de Chine. Ni un **noir** espagnol. Ni de l'**alchimie**. Ou une mystique.
Il disait, justement sous cette évocation incongrue de la **neige noire**: "J'aimerais un jour faire une sorte d'anthologie de ce qui a été dit sur le **noir**." Oui, il y aurait là, comme sur les autres couleurs, une analyse qui permettrait de mieux voir à travers le langage, mieux s'approcher de la peinture, de sa peinture. Les couleurs des peintres ne sont pas des couleurs culturelles. Le **noir-mort** opposé au solaire, jusqu'à son inversion en "**soleil noir**". Non plus que la notion scolaire du **noir** comme non-couleur.»
(H. Meschonnic, «Un noir lumière», in Le Rythme et la Lumière, avec Pierre Soulages, 2000, p. 186.)

50. «" J'apprends ce que je cherche en peignant." Malgré un talent internationalement reconnu, Pierre Soulages conserve la modestie de cette terre aveyronnaise qui l'a vu naître il y a quelques décennies. À l'image de son œuvre où le **noir** monochrome domine ses tableaux, le peintre [...] affirme: "Le **noir** est la couleur la plus active dans la nature. Une couleur très puissante et picturalement importante." Avant d'ajouter : "C'est une couleur mystérieuse. Les premiers hommes peignaient dans les endroits les plus **sombres** de leurs grottes."
L'artiste [...] expose jusqu'à fin février à la galerie Karsten Greve à Paris [...].
Ce grand voyageur au pays de "**l'Outre noir**" pour qui "peindre demeure toujours une aventure" confie: "Ce que j'aime le plus, c'est la lumière du jour, car elle bouge."»
(Midi Libre, «Soulages, grand voyageur au pays de "l'Outre noir"», 28. 12. 2002, p. 3 – Fr. Charcellay.)

♦ *En partic.*

▶ [P. OPPOS. au blanc du papier; noir de l'encre, de l'écriture] «Noir de l'encre/ô vie factice et délicieuse plus réelle/En bas c'est un abîme familier qui s'ouvre» (P. Reverdy, Le Voleur de Talan, 917, pp. 5-8 – dédicace).

[*Dans des expressions courantes*]

• **Mettre du noir sur du blanc**, *loc. verb.* Écrire des ouvrages. «Depuis qu'il

52

met du noir sur du blanc, il se prend pour un écrivain [Cherbuliez]» (M. Rat, *Dict. des loc. françaises*, 1957)

• **Noir sur blanc**, *loc.* (*verb.*; *parfois p. ell. du verbe*). Par écrit; de manière claire. Écrire, mettre noir sur blanc. «Defferre, lui, l'a attaqué [Savary]. Noir sur blanc. Peut-être. Mais peu importe» (*Le Monde*, «Sur le vif», 30. 3. 1984, p. 32 – Cl. Sarraute). «Mme Bellier a observé trois ans durant [...] les mœurs de plusieurs promotions d'énarques. [...] ce que la politesse de l'hôte interdit à Mme Bellier de dire noir sur blanc, la sagacité du lecteur le reconstitue: l'auteur décrit avec probité une impitoyable école de sélection au climat proche de Chicago dans les jours précédant la Saint-Valentin» (*Le Point*, «Les fabriques du savoir», 18. 9. 1993, p. 91 – M. Lambron).

• [P. ext. à d'autres supports que le papier – notamment l'écran de l'ordinateur – et par inversion] • **Blanc sur noir**. «Vous tapotez d'un doigt concupiscent: 36.15 Zig et Zag ou Néron ou je ne sais plus quoi ou Ulla, et vous plongez dans un nouveau monde du silence où s'inscrivent blanc sur noir fantasmes, graffitis – c'est le titre des rubriques les plus demandées –, confessions, petites annonces et dame-pipi [...]» (*Le Monde*, 1. 6. 1988, p. 48, c. 5-6 – Cl. Sarraute).

▶ [P. OPPOS. à la couleur] • **En noir et blanc**. CINÉMA / TÉLÉVISION / PHOTOGRAPHIE. Télévision en noir et blanc. «Le raffinement de l'art muet le conduisait à sa destruction, comme durant la présente après-guerre le raffinement de la photographie en noir et blanc paraît appeler la couleur» (G. Sadoul, *Histoire d'un art: Le cinéma des origines à nos jours*, 1949, p. 221). «Je laisse échapper un ricanement comme dans les films américains en noir et blanc» (P. Cauvin, *Monsieur Papa*, 1976, p. 56). «Il ne me reste rien d'avant, d'eux, que ces images en noir et blanc.» (A. Duperey, *Le voile noir*, 1992, p. 9).

◆ [En parlant d'emblèmes, de vêtements, d'accessoires vestimentaires,

etc. Avec une valeur caractérisante ou symbolique. HISTOIRE, MODE]

▶ [La couleur noire comme couleur de l'anarchie, de la rébellion, de la révolte, de la violence, de la mort (→ BLOUSON, RÉBELLION; v. aussi → **Black génération**)]
* Voir aussi *infra*, *subst*. Noir désignant, p. *méton.*, les vêtements, et accessoires de couleur noire, représentatifs de divers codes (deuil, élégance, distinction, rébellion, etc.).

▶ [La couleur noire comme couleur de l'austérité, du renoncement (soutane des prêtres (→ ECCLÉSIASTIQUE, SOUTANE), du deuil (→ CRÊPE, DEUIL)] «[...] d'autres même, ceux du Mans, de Tours, les églises du Dauphiné, renchérissaient encore sur le sens des couleurs désolées, en revêtant la teinte des trépassés, le noir» (J.-K. Huysmans, *L'Oblat*, 1903, p. 242). «[...] son accoutrement et son aspect correspondaient aux caricatures du clergé telles qu'on en pouvait voir jadis à la scène ou à l'écran: la soutane, d'un noir vieilli aux reflets verdâtres [...]». (H. Bianciotti, *Sans la miséricorde du Christ*, 1985, p. 335). «Au cours du XVIe siècle, le noir commence à devenir la couleur obligatoire d'un deuil aux règles de plus en plus sévères qui font la fortune des industries textiles. Nombreuses seront celles qui seront ruinées lorsque, en 1716, une ordonnance du régent réduit de moitié la durée des deuils de cour et de famille» (A. Varichon, *Couleurs. Pigments et Teintures dans les mains des peuples*, 2000, p. 184).

51. «La bourgeoisie, particulièrement en Flandres et en Italie du Nord, adopte massivement la **couleur noire** à partir du XIVe siècle. Reprise et développée par les protestants, cette "morale de l'apparence" pénètre ensuite l'ensemble de l'Europe bourgeoise. Jouant de la simplicité, le **noir** prend très vite un double sens de renoncement à l'apparence et d'affirmation de la richesse, les **draps noirs** des Flandres étant aussi sobres... que fins et coûteux. Cette ambivalence du **noir** – modestie et distinction – se trouve ainsi marquée très tôt, avec une

symbolique définie par les traités du xve siècle comme "assimplir pour être honoré".

D'essence aristocratique, une autre forme d'austérité se manifeste dans certaines Cours, en Bourgogne, en Espagne et en Italie du Nord, dès le xve siècle, liée à la recherche d'une distinction plus individuelle que sociale. Pour l'aristocrate et le courtisan, l'austérité devient le signe d'un détachement et d'une élévation morale et spirituelle [...].

Ces deux conceptions de l'apparence [...] finiront par se rejoindre au xixe siècle, au moment où les classes dirigeantes adopteront, avec la fin des aristocraties, les codes de la bourgeoisie.

Aujourd'hui, cette ambivalence reste au cœur des pratiques vestimentaires. De la **petite robe noire de Chanel** aux modèles des créateurs japonais, en dire moins est toujours une des manières d'en dire plus.»

(N. Bailleux & Br. Remaury, *Modes & vêtements,* 1995, pp. 108-110.)

52. «Au xixe siècle, la rue était plus **noire** qu'aujourd'hui. Selon lui, [Michel Pastoureau] c'est simple, deux types de **noirs** traversent notre histoire collective : "le moral" et "le luxueux". Le moral, conventionnel et total, serait celui des corporations, des moines, protestants, marchands du Nord, gens de cour, d'Église et de robe, des veuves et des honnêtes femmes, des bourgeois et gens supérieurs pour qui "la couleur c'est roturier". Le luxueux serait celui de la fête, de la nuit, des zibelines, de la soie et du smoking. Nous serions actuellement "dans une période morale plus que sombre".»

(*Le Nouvel Observateur*, Notre époque, «Quand la mode choisit le côté obscur. C'est la magie noire», 6. 12. 2001 – A. Fohr.)

53. «Lorsque, au xiiie siècle, le **bleu** devient la couleur la plus attirante, les classes aisées dépensent des fortunes pour se procurer des étoffes de cette teinte, tandis que les **couleurs noires** et **sombres** deviennent celles de l'Église (prêtres et moines) et de justice (magistrats et officiers publics). Mais, dans la première moitié du xive siècle, les lois et les décrets se multiplient pour obliger la population à se vêtir de **noir**. En effet, l'importation de substances tinctoriales exotiques permettant de teindre en **bleu** est très coûteuse. Il s'agit, en outre, de maintenir une tradition chrétienne de vertu. Les personnes fortunées se plient de mauvaise grâce et exigent des **tissus** certes **noirs** mais parfaits... ce que parviennent enfin à obtenir les teinturiers de la seconde moitié du xive siècle, vraisemblablement grâce aux récents succès rencontrés dans le **bleu**. La mode du **noir** est lancée, toutes les classes sociales suivent, et le xve siècle est le grand siècle du **noir**. Au xvie siècle, la Réforme, qui prône un habillement **sombre** en signe d'humilité et de modestie, accentue le mouvement et, à partir de cette époque, cohabitent alors dans la société occidentale le **noir** royal et princier et le **noir** moral des religieux, **noir** catholique et **noir** protestant.»

(A. Varichon, *Couleurs. Pigments et Teintures dans les mains des peuples*, 2000, pp. 182-184.)

∗ Dans *Le Rouge et le Noir* (1830), de Stendhal, le noir représente l'habit ecclésiastique, la fonction religieuse (par opposition au rouge de l'armée). «Quelques commentateurs ont soutenu [...] que *Le Rouge et le Noir* désignent le prêtre et le bourreau ou la tache sanglante dont sera éclaboussée la soutane noire. D'autres ont émis l'hypothèse que ces couleurs soulignaient le conflit des idées de la gauche libérale avec les menées des prêtres [...]. Beyle de son côté [...] aurait donné une explication aussi plausible : le Rouge signifierait que venu plus tôt Julien Sorel eût été soldat, mais que dans l'époque où il vécut, il dut se faire prêtre, de là le Noir» (H. Martineau, *Stendhal, Rouge et Noir*, 1955, introduction, p. IX).

▌ [La couleur noire comme marque de la bourgeoisie, de la distinction, de

l'élégance discrète ou austère, du luxe].
(→ Queue-de-Pie, Soir; → Chanel, Rykiel). V. → supra, ex. 19, infra, ex. 56, RYKIEL, ex. 2. «[...] le noir indiquait discrètement l'élégance, toujours selon lui» (A. Camus, *La Peste,* 1947, p. 1327). «Depuis la sage petite robe noire de Piaf, le noir en mode est un basic. Classique et intemporel» (*Le Nouvel Observateur,* 31. 1. 1986, p. 52 – M. Fort).

54. «"Le **noir** est une couleur indécente... quand on la porte bien", a écrit Sonia Rykiel dans son livre *Et je la voudrais nue* (Grasset, 1979), insistant sur l'étreinte sensuelle de la chair et du tissu. Depuis son premier pull en 1962, à la carrure si étroite que les Américains le baptisèrent le "poor boy sweater", le **noir** s'affiche comme la "couleur drapeau" de ses collections, dans un jeu de maille, de crêpe et de velours. "Il auréole et sublime les autres couleurs, à condition de bien savoir s'en servir", précise celle qui fut aussi l'une des premières à l'employer sans anecdote ni caricature dans la garde-robe enfantine.»
(*Le Monde,* «Les métamorphoses du noir», 7. 09. 2001).

∗ Le noir de l'austérité et du deuil, le noir de l'autorité des arbitres et des hommes d'affaires, a conduit au noir du luxe des smokings et robes de soirées et à l'élégance classique, relayé parfois par le gris neutre. Ces valeurs du noir ont été reprises à leur compte par le bleu et le bleu marine de certains uniformes de la marine, de l'armée et de la gendarmerie (*bleu hussard, bleu soldat, bleu gendarme*), des uniformes des pensionnats de jeunes filles, qui ont fait des nuances de bleu la marque du classicisme, de l'élégance, et du bon goût. Le noir balance, à la fin du xxe siècle, de l'austérité et la discrétion, à la provocation, ou l'élégance. «De la petite robe du soir aux fashions-victims adeptes du total look japonais, le noir vestimentaire est aujourd'hui un uniforme urbain, quasi banalisé. Le rebelle rimbaldien, l'anarchiste, l'ado rock and roll ou punk se voient désormais obligés de partager leurs petits noirs avec les kookaïettes et la corneille de cocktail.» (*20 Ans,* janvier 1994, p. 53, c. 2 – L. Tran).

▶ [La couleur noire comme couleur de l'érotisme, des dessous, de la lingerie] Le noir fatal des guêpières de Chantal Thomass. V. aussi → *supra,* ex. 54. «L'érotisme pour moi est lié au noir» (B. & Fl. Groult, *Il était deux fois,* 1968, p. 188).

▶ *Au plur.* Nuances de cette couleur. Les noirs du ciel; les noirs de Soulages. «Le peintre épris d'un chromatisme austère, où dominent les noirs, les gris, les ocres» (B. Dorival, *Les Peintres du xxe s.,* 1957, p. 68).

REM. Une nuance particulière de la couleur peut être précisée (dans tous ces cas *noir* est *invariable* et fonctionne comme *subst.*) par:

1. *Un adj.*:

a) [Pour traduire une nuance de noir plus ou moins clair, éclatant ou terne, plus ou moins pur] **Noir brillant, éclatant, intense, laqué, lumineux, mat, soutenu, terne.**

b) Un *adj. de couleur*, précédé le plus souvent d'un trait d'union, pour indiquer une nuance intermédiaire entre le noir et une autre teinte] **Noir (-) bleu, brun, gris, violet.** V. aussi → Outrenoir, Ultra-Noir.

2. *Un subst.* nom commun ou nom propre (précédé parfois d'un trait d'union) ou un *subst. complétif* relié à *noir* par la prép. *de* pour désigner une teinte particulière: un noir caractéristique du *subst.* nommé ou un noir tirant sur une couleur voisine (précisée par le *subst.* appartenant normalement à un autre champ de couleur: brun, violet, etc.). [Parfois un *adj.* référentiel dér. du *subst.*]

NOIR

a) [Terme appartenant au domaine de la nature] [Végétal] [Arbre; p. réf. à son bois] Noir (-) → ébène. [Métal, minéral, pierre, etc. (parfois produit par la calcination)] Noir (-) (d') (de) → anthracite, asphalte, bitume, carbone, charbon, fusain, goudron, jais, poix. [Moment pendant lequel il fait obscur, sombre] Noir (-) (de) → nocturne, nuit.

b) [Terme du domaine animal] Noir (-) (d') → araignée, corbeau, hirondelle, scarabée.

c) [Terme du domaine de la technique, de l'artisanat, de l'industrie, etc.] [Matière colorante produite le plus souvent par la calcination] Noir (-) (d') (de) → encre (de Chine), fumée, suie, vigne. [Bonbons, sucreries] Noir (-) → cachou, réglisse, zan. [Écran de cinéma] Noir-cinéma. [Style de livres] Noir → polar. [(Vêtements propres à certaines) fonctions religieuses ou groupes marginaux] Noir → blouson, ecclésiastique, punk, soutane. [Moments pendant lequel sont portés des vêtements noirs en signe de deuil, de cérémonial ou de luxe] Noir (-) → deuil, soir.

d) [Terme désignant une personne, un personnage] [Artiste(s) – Cinéma, Haute Couture, Peinture] Noir (-) → Chanel, Rykiel, Soulages; noir-star.

e) [Terme désignant un sentiment ou une idée plus ou moins abstraite] Noir (-) → désespoir, rébellion.

«J'étais un peu perdu entre le ciel bleu et blanc et la monotonie de ces couleurs, noir gluant du goudron ouvert, noir terne des habits, noir laqué de la voiture.» (A. Camus, *L'Étranger*, 1942, p. 1134.)

55. «Le **Noir**. Comme le **blanc**, le **noir** ne fait pas partie du cercle chromatique. C'est une couleur neutre.
Si le **noir** est symbole de détresse, d'angoisse, de mort, il recèle un caractère impénétrable et confère noblesse, distinction et élégance.
Il existe une grande variété de tons de **noir**, des tons les plus **sombres** (**anthracite**, **ébène** et **jais**) au bleu-**noir nuit** profond en passant par le **noir-brun rouille**, le **noir-gris** adouci ou le **noir** du fusain».

(«Les Conseil pratiques. Le noir», *Décoralia.com*).

3. *P. méton.*

a) Matière noire. *ART / TECHNOLOGIE*

α) ALCHIMIE. • **Matière au noir**, *loc. nom. fém.* Matière noire obtenue dans → l'Œuvre au noir. *Synon.* → **Fleur noire, matière noire, résidu noir, Saturne des Sages, soufre noir, terre noire, tête de/du corbeau.**

56. «Les alchimistes ont toujours associé la phase de la putréfaction et la *matière au noir* au corbeau. Ils appellent cette dernière **tête du corbeau**; elle est *lépreuse* et il faut la **blanchir**, "en la lavant sept fois dans les eaux du Jourdain". Ce sont les inhibitions, sublimations, cohabitations ou digestions de la matière, qui se font d'elles-mêmes sous le seul régime du feu. Ainsi se justifie la représentation si fréquente du **noir** volatile dans les planches des anciens traités de Sciences hermétiques.»

(*Dict. des Symboles* 1982, p. 286).

β) *ART [GRAVURE / PEINTURE / TEINTURE, IMPRIMERIE, etc.]*

▶ Matière colorante servant à peindre ou à teindre en noir. **Noir animal,** minéral, organique, synthétique, végétal; broyer du noir; noir de carbone, de charbon, de fumée, d'ivoire, de suie, de vigne. V. → FUMÉE, ex. 2. «[...] ce noir provient du charbon pulvérisé d'un sarment de vigne [...]» (J.-K. Huysmans, *L'Oblat*, 1903, p. 96). «Le décor de marbre de l'arc de triomphe était déjà peint [sur la toile]. Quelques contours avaient été incisés dans les cinabres, les kermès et les noirs de fumée du fond» (Chr. Liger, *Il se mit à courir le long du rivage*, 2001, p. 247).

57. «Les peintres ont senti instinctivement ce phénomène [du *contraste simultané*] et teintèrent leur **noir** avec un peu de **blanc** (le **blanc d'argent** donne de la solidité au **noir**, qui est peu solide lorsqu'il est seul), ce que Mayerne nommait *labeur de noir*, et en ajoutant au besoin une autre couleur. Le peintre japonais Hokusaï utilisait quatre **noirs**, l'un additionné de **rouge** (*"noir ancien"*), les autres additionnés de **bleu** (*"noir frais"*, de **blanc** (*"noir terne"*), de gomme arabique (*"noir brillant"*). Van Gogh avait différencié, dans les **teintes sombres** du peintre Frans Hals, vingt-sept **noirs** différents. [...]
Il n'est pas conseillé d'utiliser **le noir** pur en peinture. Le pigment ne présente pas une grande solidité et l'abus du **noir**, en peinture d'art, provoque un **assombrissement** des teintes, le *noircissement* que l'on constate depuis Léonard de Vinci, chez de nombreux peintres qui ont mélangé du **noir** abusivement. L'un des tableaux les plus réputés de Léonard de Vinci, *La Vierge au Rocher*, est l'un des premiers qui se soit **assombri**, dans l'histoire de la peinture, sous l'effet d'un abus de **noir**. Quelques-uns des derniers tableaux de Raphaël, peints sous l'influence de Léonard, se sont aussi considérablement **obscurcis**. [...] Le premier **pigment noir** utilisé fut le **noir de charbon de bois**, dont on trouve la trace dès la préhistoire. Dans l'Antiquité, les **noirs** utilisés sont les **noirs de fumée, les noirs de charbon (noir de vigne)**, les **noirs d'os (noir d'ivoire)**.»
(*Bég. Peinture*, N.-P, 1982, p. 848.)

◗ IMPRIMERIE • **Table au noir**, *loc. nom. fém. vieillie*. Table sur laquelle était préparée l'encre d'impression qui était, à l'aide d'un rouleau, distribuée sur la forme (d'après Dès-Muller, *Imprimerie*, 1912). Synon. **Table à encre, à encrer**.

◗ PEINTURE

• **Pousser/Tirer au noir**, *loc. verb. vieillie*. [En parlant d'un tableau dont les couleurs ont noirci avec le temps] Les tableaux ont poussé au noir. «Les peintures de Poussin tirent au noir» (*Lar. encyclop. 1963*).

δ) *COSMÉTOLOGIE* et *cour*.

• **Noir (à yeux)**, *loc. nom. masc*. Fard noir. Se mettre du noir. Des yeux passés au noir. «J'avais entendu cela pendant deux ans [...] "ôtez-moi ce noir à vos yeux" et "Filez mettre votre combinaison, nue sous un chandail, non mais, c'est propre, je vous assure!"» (A. Sarrazin, *L'Astragale*, 1965, p. 18.)

∗ Le Khôl, à base de substance minérale noire (en particulier galène), de soufre et de gras animal est utilisé comme maquillage des yeux mais aussi, en particulier dans l'Égypte antique, pour empêcher les infections et protéger de l'éclat aveuglant du soleil. Aussi de nombreux fards noirs ont-ils été observés dans les offrandes funéraires, la statuaire et la peinture égyptienne (stèle représentant la princesse Néfertiabet – 2500 avant J.-C. – devant son repas funéraire, l'œil fardé d'un trait noir). Le noir est étroitement lié à l'Égypte (dont le nom ancien est *Kemet*: «la terre noire», de *km*: «noir», d'où *kmb*: «les Égyptiens», à cause du limon noir, très fertile, laissé par le Nil) et symbolise dans la culture égyptienne pharaonique la vie, la fécondité, la renaissance, le renouvellement, valeurs personnifiées par les divinités à chair noire et par l'œil noir prolongé d'une «goutte» du dieu du ciel et esprit de lumière,

NOIR

Horus, représenté avec une tête de faucon (animal à l'œil naturellement entouré de noir et dont l'acuité visuelle est incomparable). L'œil noir d'Horus, l'oudjat («complet») est le symbole de l'intégrité physique, de l'abondance et de la fertilité, de la lumière et de la connaissance.

b) Vêtement, accessoire vestimentaire de couleur noire; ornement noir. Être habillé, vêtu de noir; être (tout) en noir; porter du noir; pièce tendue de noir. «[...] cette dame tout en noir [...] à côté de ce monsieur en chapeau haut-de-forme garni de crêpe, à deux mètres du corbillard» (P.-J. Jouve, *La Scène capitale*, 1935, p. 60). «Tandis que Miss Mabel l'habillait, Jean-Noël se mit à danser autour de sa sœur en criant: Elle n'est pas en noir! Elle n'est pas en noir! Et puis après? répliqua Marie-Ange acide. Le deuil se porte aussi bien en blanc, n'est-ce pas Miss Mabel?» (M. Druon, *Les Grandes familles*, t. 1, 1948, p. 87). «Dans le temps se sont succédé les femmes en noir, portant comme un emblème la couleur du deuil, en aucun cas messagères de tristesse ou de larmes, mais au contraire sœurs sensuelles, lumineuses de leur habit nocturne.» (M. Chaix, *L'âge du tendre*, 1979, p. 159).

▸ *P. méton.* [En parlant d'une personne vêtue de noir] «Le compartiment, la jeune fille en noir y comprise, se gondolait» (E. Triolet, *Le Premier accroc coûte deux cents francs,* 1945, p. 34).

• **La dame en noir**, *loc. nom. fém.* Surnom donné à plusieurs «dames» dont le noir est la couleur fétiche. V. → RYKIEL, ex. 1. «Barbara... avec des mots d'amour! Deux-cent-soixante "classiques" pour refaire en compagnie de la Grande "Dame en Noir" un bout de chemin illuminé dans la chanson française» (*L'Est républicain*, 25. 3. 1992, p. 119 – J.-P. Germonville).

∗ *Le Parfum de la dame en noir* est le titre du roman de Gaston Leroux, paru en 1908, du nom d'un des personnages féminins mis en scène. «Rouletabille, dans le moment, toussait et ne parvenait point à se réchauffer. – Oh! Fit-il, je vais vous le dire. Nous sommes venus chercher le parfum de la dame en noir! cette phrase me donna si bien à réfléchir que je n'en dormis guère de la nuit.» (G. Leroux, *Le Parfum de la dame en noir,* 1908, p. 13). «... Ah! Si j'avais su à ce moment que la fille du professeur Stangerson, lors de son premier mariage en Amérique, avait eu un enfant, un fils qui aurait dû, s'il était vivant encore, avoir l'âge de Rouletabille, peut-être, après le voyage que mon ami avait fait là-bas et où il avait été certainement renseigné, peut-être eussé-je enfin compris son émotion, sa peine, le trouble étrange qu'il avait à prononcer ce nom de Mathilde Stangerson dans ce collège où venait autrefois la dame en noir! Il y eut un silence que j'osai troubler. – Et vous n'avez jamais su pourquoi la dame en noir n'était plus revenue?» (G. Leroux, *Le Parfum de la dame en noir,* 1908, p. 17). «– Je retrouve plus d'une fois dans ces contes l'angoisse sui generis liée non plus à l'heure de minuit, mais à celle de midi, angoisse née du flamboiement méditerranéen, et que je découvrais autrefois avec émerveillement en lisant au lycée *Le Parfum de la Dame en Noir.*» (J. Gracq, *Carnets du grand chemin,* 1992, p. 242).

c) *Fam.* ou *argot.*

α) *Fam.* • **Noir/Petit noir.** Café noir. *Synon. vieilli.* → **Moricaud.** Garçon! un p'tit noir; boire, commander, prendre un petit noir. «Je me demande encore si ce café était vraiment extraordinaire ou si la cafetouse y était pour beaucoup mais j'ai jamais siroté autant de petits noirs» (E. Hanska, *J'arrête pas de t'aimer,* 1981, p. 37). «– Deux mominettes, un blanc-cass', une mariée et un p'tit noir", gueula le loufiat au barman» (P. Perret, *Le Petit Perret illustré par l'exemple,* 1995, s.v. *noir*).

β) *Argot.* [1923, *infra*] **Opium.** Fumeurs de noir. «Le petit Tiénou draguait rue de Chalon, quartier général des Chinetoques, pour essayer d'avoir du noir qu'un gros clille lui réclamait» (Le Breton, *Argot 1975*).

58. «Capable de se débrouiller dans toutes les langues, possesseur d'une remarquable collection de faux passe-

ports, il était l'homme qui va en Allemagne, en Scandinavie et jusqu'en Chine pour se procurer le "**noir**" ou le "**blanc**", vendant l'un dans les ports, dont il connaît les moindres estaminets, et l'autre partout où il fait prime» (Cyril et Berger, La «Coco» poison moderne, 1923, p. 79, in DDL 31.)
* Parfois donné comme subst. fém. (Colin-Mével 1990).

d) *Emplois spéciaux*

α) [ART MILITAIRE, TIR] Vieilli. Centre de la cible marqué par un petit cercle noir que l'on vise dans un tir au pistolet ou au fusil. Le noir d'une cible.
• **Mettre dans le noir/en plein noir**, *loc. verb.* Atteindre le centre de la cible; réussir. *Synon. Faire mouche, mettre dans le mille* (Nouv. Lar. ill. 1903).

β) [AGRICULTURE]

▶ Noms de plusieurs maladies de plantes; noir des grains (*Synon.* → **Charbon, sang (-) de (-) rate**); noir du seigle (*Synon. Ergot*); noir de l'olivier (*Synon. Fumagine*). Le noir du seigle, de l'olivier.

▶ [VITICULTURE]. *Rare.* ♦ Cépage à raisin noir. V. → NOIRIN. «Là le petit noir qui est mûr pour la fête de Notre-Dame, là celui de la Madeleine, là le chasselas doré, le raisin gris, le raisin rose, les muscats dont on fait le vin de Madère, le gros raisin du Cap, si bleu sous ses feuilles si larges…» (H. Pourrat, *Le Pavillon des amourettes*, in *Les Vaillances, farces et gentillesses de Gaspard des Montagnes*, 1930, p. 128).
♦♦ Maladie de la vigne. V. → ANTHRACNOSE.

B. – [*P. ext.* Dans certains contextes d'emplois *noir* étend sa signification, sur l'axe de la clarté, vers le gris, et sur l'axe des tonalités, vers diverses autres teintes sortant de son champ chromatique, en particulier le brun]

1. *Vx.* Coloration noirâtre de la peau sous l'effet des coups; légère noirceur; trace noirâtre, meurtrissure. *Synon. Ecchymose;* → **Bleu**. Il m'a pincée, fait des noirs. «Avoir des bleus et des noirs sur le corps» *(Nouv. Lar. ill. 1903)*. «Être couvert de bleus et de noirs» *(Lar. Lang. fr. 1975)*.

2. Marque, trace de salissure; souillure, tache.
Avoir du noir plein la figure. «Il […] emporta la valise d'un de ses voisins de queue pour compenser la perte ainsi subie, appela à grands cris un taxi, signala au conducteur qu'il avait du noir sur le nez, descendit prendre le métro» (B. Vian, *Les Fourmis*, 1949, p. 90).

C. – *En partic.* Obscurité due au mauvais temps; manque de lumière, d'éclairage. *Synon.* → **Obscurité, pénombre, sombreur, ténèbre(s)**. Se promener dans le noir; il commence à faire noir; l'enfant a peur du noir. «Le noir de la nuit, le noir tombé du plus profond du ciel vide, était descendu sur la terre, et il régnait du vrai règne de la matière, c'est-à-dire sommeil, froide absence, maître de la mort» (J.-M. G Le Clézio, *Le Déluge*, 1966, p. 149). «Je restais dans le noir un long moment, le noir est une passion bleue.» (Ph. Sollers, *Le Secret*, 1993, p. 155). «Les gens dorment, les choses dorment. La nuit est si longue. Ces heures noires qui s'étirent. […] Les yeux qui s'entrouvrent pour boire le noir de la nuit, ce liquide doux et amer du noir de la nuit. […] Au plein cœur de cette nuit, alors qu'il n'y a plus aucun repère, seulement ce soir qui efface tout, cette parenthèse du noir, cette perdition dans le noir, elle se réveille. Elle se réveille et il est là» (H. Brunetière, *Dormir ensemble*, 2004, pp. 35-37).

• **Pot au noir**, *loc. nom. masc.* Zone de l'océan Atlantique située entre 5° de latitude N et 5° de latitude S, caractérisée par des calmes coupés d'orages et de grains violents qui rendent l'horizon tout noir. «[…] à Gênes par un de ces

NOIR

transatlantiques somptueux qui servent de hall d'exposition et de salon de propagande aux grandes puissances maritimes et où se nouent des intrigues entre diplomates ou hommes d'affaires et femmes du monde ou grandes cocottes, en diadème et robe du soir sous la Croix du Sud ou dans la grisaille étouffante du pot au noir» (J. d'Ormesson, *Le Vent du soir*, 1985, p. 317).

Au fig. Situation difficile et dangereuse, dont on ne peut se sortir sans difficulté. Synon. *Gêne, infortune, mélasse (fam.), misère, mouise (pop.), panade (pop.), pétrin (fam.), purée (pop.).* Gare le pot au noir. «D'ailleurs même si j'ai tort j'écrirai le poteau noir et non le pot au noir car j'aime le parler populaire et rien ne me prouve que ce terme n'est pas en train de muer» (Bl. Cendrars, *Du monde entier, Le Poteau noir*, 1924, p. 192).

II. – Au fig. [*Noir* connote le mal, la méchanceté, le désespoir, la tristesse ou l'inquiétude, le mystère, le secret et la clandestinité, le trouble et le manque de discernement]

A. – [*Noir* connote le mal, la méchanceté] «Pourquoi les traîtres ont-ils pour couleur le roux, les jongleurs le jaune, le Diable le noir?» (Ph. Sollers, *Le Secret*, 1993, p. 93).

59. «La nuit, l'opacité du mal. Avec quoi un roman est-il fait, sinon avec du mal? Ôté le mal, que reste-t-il? Du bien, c'est-à-dire du blanc. Il faut aussi du **noir**.»
(J. Green, *Journal*, 1957, p. 308.)

60. «Le **noir** absorbe la lumière et ne la rend pas. Il évoque, avant tout, le chaos, le néant, le ciel nocturne, les **ténèbres** terrestres de la nuit, le mal, l'angoisse, la tristesse, l'inconscience et la mort.»
(*Dict. Symboles 1969.*)

B. – [*Noir* connote le malheur, la mort, le tragique, la violence, le crime, la révolte]. «Elle a cru des jours et des jours son propre sort lié à celui de ce cœur fléchissant, prête à détester l'homme gris, taciturne, qui la tirait ainsi vers le noir, la mort, mais elle a fini par comprendre qu'il n'en était rien, que l'autre cœur une fois immobile, le sien continuerait sa tâche, avec ce grignotement de souris» (G. Bernanos, *Monsieur Ouine*, 1943, p. 1353). «L'abaissement de tous les Rezeau, en ma personne, telle était bien l'unique source d'humilité que je reconnusse agréable et le noir de la révolte me consolait, tant bien que mal, de l'autre couleur de mon gilet» (H. Bazin, *La Mort du petit cheval*, 1950, p. 111).

61. «On est en plein conte [dans *Fast Food, Fast Women*]. […]. Par moments, on se dit que c'est trop. Que ce **rose**, tout ce **rose**, finit par devenir aussi artificiel que **le noir**, tout le **noir** de *Sue perdue à Manhattan* et de *Fiona*.»
(*Télérama*, 6. 9. 2000, p. 88 – P. Murat.)

• **Porter le noir**, loc. verb. Argot [*des joueurs*] «Être poursuivi par la malchance, en parlant d'un joueur: Tu ne l'as pas reconnu? a soufflé un des joueurs à son voisin. C'est Empain, il porte le noir» (*Le Nouvel Observateur*, 27.11.1982). (*Colin-Mével 1990*).

C. – [*Noir* connote la tristesse, l'inquiétude ou le désespoir] Synon. *Neurasthénie, spleen, vague à l'âme;* → **Blues** (→ vol. *Le Bleu*), **cafard, mélancolie, papillons noirs.** V. → *supra*, ex. 60. «Je vois venir une dure crise de noir» (Colette, *La Vagabonde*, 1910, p. 24). «Mais elle, qui ne bouge pas de la maison, aperçoit mieux que lui le noir des journées prochaines» (M. Genevoix, *Raboliot*, 1925, p. 231). «[…] j'étais assez paisible, la curiosité l'emportait sur l'inquiétude. N'ayant pas l'imagination au noir – sauf ma hantise des cambrioleurs – je ne pensais pas, en tout cas, que cette soirée insolite présageait un deuil.» (E. Ollivier, *L'Orphelin de mer*, 1982, p. 106).

62. «Debout parmi l'espace nous avons à chaque main le noir, la mélancolie de la terre.»
(P. Claudel, *Tête d'or*, 1901, p. 179.)

63. «**Noir c'est noir**
Il n'y a plus d'espoir
Oui **gris c'est gris**
Et c'est fini, oh, oh, oh
Ça me rend fou j'ai cru à ton amour
Et je perds tout
Je **suis dans le noir**
J'ai du mal à y croire
Au **gris** de l'ennui
Et je te crie, oh, oh, oh, oh
Je ferai tout pour sauver notre amour
Tout jusqu'au bout.»
(G. Aber, «*Noir c'est noir*» [Chanson interprétée par J. Hallyday], 1965.)

64. «Tu ne t'en tireras pas, tu es condamné, il y a du **noir** dans ta tête, nous sommes pareils, nous ne savons pas être heureux, nous n'aimons pas la vie, elle nous le rend bien, tu ne trouveras jamais la paix.»
(Ph. Labro, *Des bateaux dans la nuit*, 1982, p. 292.)

• **Avoir du noir** (*vieilli*)/**Broyer du noir/Voir en noir**, *loc. verb.* Être triste, mélancolique ; se faire du souci. *Synon. Se faire de la bile (fam.)* ; → **Avoir le blues/la grise ; avoir le cafard/ des idées noires ; être mélancolique ; avoir les papillons noirs**. V. → CAFARD, ex. 1. «Sans que je puisse assigner une raison à ma tristesse, j'ai broyé du noir tout aujourd'hui» (J. Bousquet, *Traduit du silence*, 1936, p. 138). «Depuis trois mois je n'ai de goût à rien, je ne fiche rien, je m'assomme, je broie du noir, j'ai la tête pleine de ciment» (J. Dutourd, *Pluche ou l'amour de l'art*, 1967, p. 8).

65. «[...] une gorgée d'amertume humaine lui noyait la bouche... et cependant, cela, on ne pouvait le raconter à personne. Elle serra plus fort le bras de Jacques.
– J'**ai du noir** ! dit-elle.
Puis elle sourit. Et Jacques, à son tour, lui prit la main, l'étreignit et répondit doucement :
– Faut pas...
[...] Et Jacques lui donna ce conseil absurde et excellent :
– Si vous **avez du noir**, il faut vous dire à l'instant : «je ne veux pas" et danser, et danser toute la nuit»
(Fr. Miomandre, *Écrit sur de l'eau*, 1908, p. 59).

66. «**Voir en noir**
Tourner au noir
Broyer du noir
Avoir des idées noires
Avoir le moral à zéro
Le **noir** de triste, de dramatique et de mortifère s'oppose au **blanc** et au **rose** de la vie et des idées. Attestées presque toutes dès le XVIIIe siècle, ces expressions [...] sont devenues d'un emploi très courant et surtout très banal depuis quelques années. La reconnaissance populaire pour la dépression y est pour une grande part, l'augmentation des "déprimés" réactionnels également. Cette disposition d'esprit que de **"voir en noir"**, n'est pas propre qu'à certains caractères, elle est aussi possible à certains moments de notre vie à tous.»
(Ph. Brenot, *Les Mots du corps. Dictionnaire des clins d'œil populaires*, 1987, p. 29.)

• **Pousser** (qqc.) **au noir**, *loc. verb. fam.* Pousser au tragique ; exagérer en mal ; être pessimiste, exagérer l'aspect défavorable, voir le mauvais côté des choses. *Synon.* → **Noircir**. Tu exagères, tu pousses les choses au noir. «Richard trouvait qu'il ne fallait rien pousser au noir et que la contagion d'ailleurs n'était pas prouvée puisque les parents de ses malades étaient encore indemnes» (A. Camus, *La Peste*, 1947, p. 1255).

• **Voir** (qqc./l'avenir/la vie) (**tout**) **en noir**, *loc. verb.* Voir (qqc.) du mauvais côté ; considérer (qqc.) avec pessimisme. *Anton.* → **Voir rose, voir tout** couleur de rose. Vous voyez tout en noir. V. → *supra*, ex. 66.

D. – [*Noir* connote le mystère, le secret, la clandestinité] V. → OMBRE. «Des mouvements de colère s'ébauchaient au plus noir de moi-même; mais je pouvais encore les contenir» (H. Bosco, *Le Mas Théotime*, 1945, p. 9).

• **Travail au noir/Travailler au noir,** *loc. nom.* ou *verb.* Travail non déclaré (→ **blackos, travail au black**)/Travailler sans être déclaré. «En France, les lois n'interdisent pas aux cover-girls étrangères de venir travailler "au noir" pendant trois mois» (*Le Nouvel Observateur*, 15. 6. 1966, p. 27). «Dans la coiffure où le travail au noir sévit aussi, des "tuyaux" ont permis à des professionnels de découvrir des shampouineuses en chambre» *Le Monde dimanche*, 15. 5. 1983, p. III, col. 3).

∗ En *Argot de l'imprimerie, vieilli*, on nommait SARRASIN (synon. de *arabe, oriental*), l'ouvrier qui travaillait dans une imprimerie mise à l'index ou qui travaillait au noir, au-dessous du tarif normal: «Les imprimeries à l'index [...] sont celles où des femmes sont employées comme compositrices et où le travail n'est pas payé conformément au Tarif. Les ouvriers typographes qui consentent à y travailler sont désignés sous le nom de sarrasins» (Boutmy, *Typographie*, 1874, p. 43). Le verbe correspondant, SARRASINER signifiait «Travailler de manière illégale ou en dessous des tarifs syndicaux» (*Dict. xxᵉ s.*) et était synonyme de → **Travailler au noir.** V. → BLACK, ex. 13.

E. – [P. OPPOS. à → **clarté**; *noir* connote le trouble, l'aveuglement, le manque de discernement, la confusion, l'incohérence]

• **Être dans le noir.** *Loc. verb.* Ne pas voir clair; ne rien comprendre à quelque chose. *Synon.* → **Nager dans l'encre.** Être dans le noir absolu, le plus complet. «Ce n'est pas pour rien que les policiers disent lorsqu'ils pataugent: "Nous sommes dans le noir"» (*Colin-Mével 1990*).

• **Laisser dans le noir.** *Loc. verb.* Laisser dans le flou, dans l'ignorance. «J'en ai marre, pas vous? Marre de tout ce temps pourri. Marre aussi de ces messieurs Météo qui se prennent pour Jerry Lewis. À la radio, j'ai renoncé. Aucune information sérieuse avant 6h28 sur Europe 1. Ailleurs, rien. On nous laisse totalement dans le noir, nous les lève-tôt»

(*Le Monde*, 6. 2. 1988, p. 28 – Cl. Sarraute).

3ᵉ SECTION.
2. *SUBST. MASC.* OU *FEM.*

I. – Personne qui appartient à la race mélano-africaine dite noire; personne qui a la peau noire, foncée. *Synon.* Homme de couleur; → Black, blackos, kebla, (*péj., raciste*:) nègre, (*fam.*) renoi. La traite des Noirs. V. → BLACK, ex. 6, ex. 7, BLACKOS, ex. 1, NÈGRE, ex. 2.

∗ C'est dans le courant du XVIIIᵉ siècle et l'apogée de l'esclavage que les Africains à peau noire furent nommés *Noir* ou *Nègre* et non plus *Maure* (comme tous les habitants du Maghreb) ou encore *Éthiopien*. Quant à la dénomination *homme de couleur* elle fait son apparition après la première abolition de l'esclavage par la Convention Française de 1794. «Acheter, vendre des Noirs» (*Nouv. Lar. ill. 1904*). «Rien ne me met plus hors de moi que ce ségrégationnisme à la fois social et esthétique qui consiste à reconnaître comme un fait courant que les ouvriers sont incapables de beauté, comme hier (mais on ne s'y risque plus) les Noirs d'intelligence» (*Arts et loisirs*, 29 mars 1967, p. 6). «Avec, en bouquet final, ce conte de fées de l'ascension de Surya Bonaly. Quelle belle histoire que celle de cette petite Réunionnaise abandonnée à la naissance et adoptée par un couple d'écologistes – les Bonaly – qui passaient l'essentiel de leur temps à parcourir le monde! [...] Honte à ceux qui ont écrit des lettres d'injures à Jean-Claude Killy – le président du C.O.J.O. – parce qu'une "Noire" (sic) représentait la France. Surya nous a réservé, hier soir, de belles émotions. Merci à elle et bravo » (*La Nouvelle République du Centre-Ouest*, 22. 2. 1992, p. 1 – D. Gerbaud).

67. «**Le noir** [selon certains] […] vit surtout dans le présent : son psychisme est très voisin de celui de l'enfant, avec sa soumission aux besoins physiques (boire, manger, sexualité) et sa mobilité. Sa conscience étroite, absorbée par la sensation et le mouvement du moment, a peu de marge pour la remémoration et le souci de l'avenir : imprévoyant, il ne vit que dans l'actuel (Schweitzer). Son affectivité est changeante, sa conduite explosive, avec une forte propension aux désordres spasmodiques, aux diffusions émotives. »
(E. Mounier, *Traité du caractère*, 1946, p. 159.)

68. «[…] **les Blancs** […] se sont rués à la possession du monde, à partir du xvie siècle, et ont réussi à se partager le Nouveau Monde, occupant tout le continent, y faisant souche après avoir massacré les races **Peaux-Rouges**, fait table rase des civilisations indiennes, bouleversé l'économie séculaire du pays en y introduisant les **Noirs** comme bêtes de somme, trafic des **bois d'ébène** qui plus que le trésor des Incas et le produit des mines d'or et de diamants est à l'origine des immenses sommes d'argent, finances publiques et fortunes particulières que les nations européennes ont investies, dès le début du xixe siècle, dans le machinisme. »
(Bl. Cendrars, *Bourlinguer*, 1948, p. 184.)

69. «**Hommes de couleur**. C'est comme cela qu'ils appellent les **Noirs** dans leur néo-latin de cuisine culturelle posant inconsciemment ce doigt osseux et **blême** sur leur talon d'Achille leur plaie inavouée leur dévitalisant complexe d'exsanguité
Et toi Joan Miró
tu ressembles à ces **Noirs**
tu es depuis longtemps leur frère **de couleur**
Oui
cela fait déjà très longtemps. »
(J. Prévert, «Tableaux vivants. Aux jardins de Miró», *Spectacle*, 1951, pp. 227-228.)

70. «L'afro-beat répercute à l'infini l'écho de la douleur du **Noir** : *"Why dey the **Black** man suffer?"* Fela apporte la réponse. L'Africain souffre des séquelles du colonialisme. Ses leaders regardent toujours vers l'Occident alors que la solution passe par un retour radical à la tradition africaine. Haro sur […] ceux qui confondent esprits et sorcellerie, progrès et étranger, ceux qui perdent leur âme en parodiant le **Blanc** ! »
(*Le Nouvel observateur*, 16. 5. 1986, p. 98, c. 1 – J.-P. Mari.)

II. – [*Noir connote le fascisme*] *Au plur. Mod.* (1985, *infra*). *Rare. P. méton.* **Fascistes (italiens).** V. → NOIR, ex. 38.
«Les forces de police, […] supportent mal ce climat qu'avaient essentiellement instauré d'abord les groupuscules fascisants, les "noirs" (auteurs des aveugles et sanglants attentats de Milan en 1969, du train Italicus en 1973, de Brescia en 1974) et qu'entretiennent surtout aujourd'hui les "rouges" » (*Le Point*, 2. 5. 1977, p. 84, c. 3 – E. Mannoni). «[…] depuis le printemps dernier le terrorisme "de gauche" [en Italie] a visiblement perdu de son efficacité ou bien a mis en veilleuse son organisation. C'est à peu près au même moment qu'on a vu les "noirs" prendre le relais des "rouges" » (*Le Nouvel Observateur*, 9. 8. 1980, p. 29, c. 3 – K. Karol.)

3e SECTION. 3. SUBST. FEM.

I. – A. – [*Dans des domaines spéciaux*]

1. HISTOIRE DE L'ENSEIGNEMENT. «Autrefois, boule noire indiquant la

NOIR

note "mal" : Obtenir deux rouges et une noire» *(Lar. encyclop. 1963).*

2. *JEUX* [*DOMINOS, ROULETTE.* P. OPPOS. → Rouge] Case de jeu de couleur noire. Jouer, miser sur la noire. «[...] donnant à souper, recevant de jolies femmes, comme la comtesse de Beaufort et l'actrice Descoings, tenant toute la nuit table de trente-et-un et de biribi et faisant rouler la rouge et la noire [...]» (A. France, *Les Dieux ont soif,* 1912, p. 89). «[...] le probable appuie sur la chose ; car il n'est qu'en nous. Il n'est qu'en nous, et on le voit bien, par le joueur qui joue la noire après huit rouges [...]» (Alain, *Propos,* 1936, p. 1107).

3. *MUSIQUE.* Note de musique représentée par un ovale noir muni d'une queue simple, dont la valeur est relative et déterminée par la mesure (un temps dans les mesures à deux-quatre, trois-quatre, quatre-quatre ; un demi-temps dans les mesures à un-deux, deux-deux, etc.) et la valeur absolue par le mouvement. La durée est double de celle d'une croche et la moitié de celle d'une blanche. «La croche, la noire pointée, le triolet» (*L'Enseignement en France : l'enseignement de la musique et l'éducation musicale.* 1. 1950, p. 18). «Noire pointée. Silence équivalent à une noire» (*Rob. 1959*).

B. – *Vieilli. Rare. Argot.* **La nuit.** [1951, in *Colin-Mevel 1990*].

II. – *SPORTS (ALPINISME/SKI)* [Vers 1935] • **Piste noire, la plus dangereuse.** Se lancer sur une noire.

71. «Les épithètes de **verte, rouge, bleue, jaune** pour désigner différentes pistes et les classer par rang de difficulté sont, comme les degrés de l'alpinisme, des expressions assez récentes. On entendra des : *"J'ai fait la* **rouge** *en 3 minutes 10 secondes ! et sans chuter. Il y a quinze jours, je mettais une demie-heure pour la* **verte***"*» (*Vie et Langage,* «Comment parlent les sportifs», 1953, p. 140).

DÉRIVÉS
De Atrabile à Ultra-noir…
En passant par black, melano, niger et percno

ATRABILE

[1575: *atrabile* ou *atrebile* Du lat. *atra bilis*: « bile noire ». De *ater*: « noir » et de *bilis*: « bile, liquide sécrété par le foie ». D'après la théorie antique des quatre humeurs (*bile noire, bile jaune*, sang, pituite) et des tempéraments qui leur correspondent, développée en grec par Hippocrate. En médecine ancienne la *bile jaune* était censée favoriser la colère et la *bile noire* la mélancolie. Cette théorie fut abandonnée au cours du XVIIe siècle. *Bilis* est concurrent de *fel* (fiel), mot indo-européen. *Atra bilis* correspond au grec *melankolia* (→ Mélancolie)]

Subst. fém.

A. – *MÉDECINE ANCIENNE*. Humeur que les Anciens supposaient avoir son siège dans la rate, et à laquelle ils attribuaient les accès d'hypocondrie, de mélancolie maladive. *Synon. Hypocondrie, lypémanie;* → **Bile noire, humeur noire;** → **Mélancolie.** V. → MÉLANCOLIE, ex. 1. « Il y a chez Hippocrate une dynamique saisonnière des humeurs qui est sans doute à reconsidérer: selon lui, la pituite prédominerait pendant l'hiver, la bile pendant l'été, l'atrabile en automne » (E. Mounier, *Traité du caractère*, 1946, p. 123).

1. « À propos de ces *biles noires*, on ne saurait méconnaître un curieux phénomène de prescience chez nos prédécesseurs de l'Antiquité et du XVIIe siècle qui ont attribué certains états de dépression mentale à la **mélancolie** [...] et à l'"**atrabile**" autre expression littérale de la *bile noire*. »
(Anonyme, *Ce que la France a apporté à la médecine depuis le début du* XXe *siècle*, 1943, p. 237.)

2. « La médecine hippocratique considérait le tempérament comme la résultante du mélange de quatre humeurs, le sang, l'**atrabile**, la bile, la pituite et distinguait le sanguin, le bilieux, l'**atrabilaire** et le pituiteux. »
(J. Delay, *Études de psychologie médicale*, 1953, p. 152.)

B. – *Au fig. Rare.* Mauvaise humeur, ressentiment, amertume.

« [...] ce maître après Dieu, s'exaspère de reprendre une place bourgeoise, et toute une part de son atrabile en sortira »
(J. de La Varende, *Jean Bart pour de vrai*, 1957, p. 42).

◊ **ATRABILAIRE**

[De *atrabile* + *suff. -aire*. XVIe-XVIIe siècle]

Adj.

A. – *MÉDECINE ANCIENNE. Synon. Bilieux, hypocondriaque;* → ATRABILIEUX, MÉLANCOLIQUE.

1. Qui a rapport à la bile noire. *Maladie atrabilaire.*

2. [En parlant d'une personne] Qui est atteint d'atrabile, de bile noire. *Parfois en emploi subst.* V. → ATRABILE, ex. 2.

B. – *Au fig. Vx.* ou *littér.*

1. [En parlant d'une personne] Qui est porté à la mauvaise humeur, à

ATRABILE

l'irritation, à la colère ou à la mélancolie. *Synon. Acariâtre, acrimonieux, bileux, bilieux, coléreux, irascible, morose, triste;* → **Atrabileux, mélancolique, sombre.** Être atrabilaire; *le Misanthrope ou l'Atrabilaire amoureux* de Molière.

> 1. «C. A. Samuel est un misanthrope **atrabilaire**? Un papa inconsolable? Un rhéteur nostalgique? Un déçu de la vie? Y.R. Je l'aime beaucoup. C'est quelqu'un avec qui je suis sûre de ne pas m'ennuyer. C. A. Vous êtes sujette à l'ennui? Y.R. Oui. Comme lui, ce que je crains n'est ni la solitude ni le silence mais l'ennui avec les gens : le manque d'humour, le manque de recul, le manque d'intelligence. Je me suis ennuyée dans le succès aussi. Partout, vous êtes le centre d'intérêt, il n'y a rien de plus mortel.»
> (*Lire.* Entretien Y. Reza et C. Argand [À propos de *Une désolation*. Albin Michel], sept. 1999.)

– *En emploi subst.* Personne au caractère désagréable, irritable ou mélancolique. V. → ATRABILE, ex. 2, «En fait d'amitié, Madame de Breyves professait maintenant l'idéal de son grand-père : à La Commanderie, Jean de Malval n'avait eu qu'un seul ami – un voisin, vieil atrabilaire comme lui, qui vivait en haut d'un donjon qu'on apercevait l'hiver depuis le terre-plein du manoir» (Fr. Chandernagor, *L'Enfant des Lumières*, 1995, p. 256).

2. [En parlant d'un aspect du comportement] Qui a rapport à l'atrabile; qui exprime la mauvaise humeur, la colère, l'irritation. Caractère, humeur, tempérament atrabilaire. «Sa mélancolie n'avait rien d'atrabilaire, douce plutôt et facile aux attendrissements» (H. Bremond, *Histoire littéraire du sentiment religieux en France depuis la fin des guerres de religion jusqu'à nos jours*, t. 4, 1920, p. 132). «Allons, Monsieur Rousseau, mon cher Monsieur Rousseau, un peu de vraie philosophie chrétienne... Où avez-vous donc pris ce ton triste et atrabilaire depuis dix ou douze ans que je n'ai eu l'honneur de vous voir?» (J. Guéhenno, *Jean-Jacques*, t. 2, 1950, p. 142.)

◊ **ATRABILEUX**

[De *atrabile* + suff. *-eux*]

Adj. Vx ou *littér., rare.* [En parlant d'une personne] *Synon. Acariâtre, acrimonieux, bileux, bilieux, coléreux, irascible, morose, triste;* → **Atrabilaire, mélancolique, sombre, ténébreux.** «Pour se consoler de son mari atrabileux et déséquilibré, Hortense qui avait épousé le roi Louis, frère de Napoléon, vint aussi à Aix boire de l'eau. Grâce à la torche de Cupidon la cure réussit au-delà de toute espérance» (F. Klein-Rebour, «La technique de l'eau», doc. «Cupidon aux sources», 1970, p. 287).

◊ **ATRABILIEUX**

[Croisement de *atrabile* et de *bilieux*]

Adj. MÉDECINE ANCIENNE. Qui a rapport à la bile noire. *Synon. Bilieux, hypocondriaque;* → atrabilaire, mélancolique.

> 1. «Qu'enseignait Galien et, après lui, le Moyen-Âge? Que le corps est la synthèse de quatre substances élémentaires : la terre, l'eau, l'air et le feu. Que ces substances sont à leur tour représentées par des qualités : le sec, l'humide, le froid et le chaud. Que l'on est en présence, selon que l'une ou l'autre domine, de l'un ou l'autre des quatre tempéraments de base : sanguin, bilieux, **atrabilieux** et pituitaire. C'est la fameuse théorie des quatre humeurs cardinales.
> Dans l'Antiquité, la maladie était attribuée à un déséquilibre humoral. Autrement dit, son origine passait pour endogène; elle était l'homme

ATRAMENTAIRE

lui-même, sa constitution, son *modus vivendi*. Il n'existait qu'une dyscrasie : l'état de bonne santé face à celui de mauvaise santé. Le second de ces deux états représentait l'unique maladie : le déséquilibre. La thérapeutique se bornait alors à ajouter ce qui manquait, à retrancher ce qui était en trop. Or le souci constant de Paracelse fut d'intégrer l'homme dans l'univers et de l'expliquer par ses rapports avec le cosmos entier.»

(Ch. Lebrun, «Paracelse», *Moncelon.com*).

ATRAMENTAIRE

[Du radical du lat. *atramentum* : «encre». Par antonomase pour «qui est noir comme de l'encre», + *suff. -aire*. Formé sur *ater* : «noir» (→ ENCRE)]

Adj. Noir comme l'encre. [En parlant d'un vin] «MAS DE DAUMAS GASSAC rouge 2000, [...] Le millésime du millénaire apporte l'éclatante démonstration de l'authenticité et du sommet atteints par Daumas Gassac. Toujours sombre, "atramentaire" dit le propriétaire, au nez torréfié, rempli des senteurs de garrigue, le vin est robuste et massif, avec son accent de rusticité qui le porte loin dans le temps. Un style» («Mas de Dumas Gassac rouge 2000», vin de pays de l'Hérault, *wineandco.com*).

∗ *Atramentaire* qualifie aussi un vin qui rappelle l'encre par son odeur, sa saveur. *Goût, saveur atramentaire* «[...] les bouteilles de Chapelle Lenclos présentaient un sérieux problème aromatique [...] ; passons au Charles de Baetz de Didier Barré : un nez atramentaire, dense et une bouche de volume, voici un tannat vigoureux mais civilisé en même temps à attendre encore quelques années» (*Vino Veritas* n° 8, in *www.iacchos.com/cave/ivvrevue/783.html*). En MINÉRALOGIE. *Vx.*, *atramentaire* qualifie une pierre qui contient du sulfate de fer et dont la saveur est âcre comme l'encre. «Rusma, pierre minérale, atramentaire ; on en trouve des mines en Galatie. Le Grand Seigneur s'en fait un revenu de trente mille ducats par an» (*La Nouvelle Justine* : Chapitre XII, *desade.free.fr/njustine/12.html*).

BOTANIQUE [MYCOLOGIE]

• **Coprin atramentaire**, *loc. nom. masc.* Coprin au chapeau gris, aux lamelles grisâtres, puis noires, se liquéfiant à maturité. *Synon.* → **Coprin noir d'encre, Coprin goutte d'encre.** V. → ENCRE, ex. 2. «[...] certains champignons, les Coprins, se liquéfient spontanément et se convertissent en liquide noir. L'un d'eux porte le nom bien expressif de Coprin atramentaire (*Coprinus atramentarius* Bull.), le Coprin qui de lui-même se résout en encre» (J.-H. Fabre, «Souvenirs entomologiques. Insectes et Champignons», fabre.com).

1. «Le syndrome coprinien est produit par la coprine, toxine présente dans le **Coprin noir d'encre** ou **Coprin atramentaire** (*Coprinus atramentarius*). Les symptômes apparaissent uniquement s'il y a prise d'alcool. Le risque existe même plusieurs jours après la consommation du champignon»

(«Champignos toxiques. Syndromes», *chru-lille.fr*).

◊ ATRAMENTER

[Du lat. *atramentum* : «noir liquide»]

Verbe. Vx, rare. Devenir noir ; (se) colorer de noir.

1. «Le bec **rose** du **cygne noir**
Au vermiculeux entonnoir
Qui **s'atramente**...»
(L. Tailhade, *Poèmes aristophanesques*, Mercure de France, 1904, in *Rheims* 1969, p. 149.)

2. «Pour corbillard, je veux un très **doré** carrosse conduit par un berger Watteau des plus coquets,

ÂTRE

et que traînent au lieu d'une poussive rosse,
dix cochons peints en **vert** comme des perroquets;
Celle que j'aimai seul, ma **négresse** ingénue
qui mange des poulets et des lapins vivants,
derrière le cercueil, marchera toute nue et ses cheveux huilés parfumeront les vents;
[...]
Dans un temple phallique **atramente** de moire,
Monsieur Docre, chanoine et prêtre habituel
des Sabbats,
voudra bien chanter la **Messe noire** évoquant Belphégor d'après son rituel.»
(G. Fourest, «Épître falote et testamentaire pour régler l'ordre et la marche de mes funérailles», *La Négresse blonde,* 1909, pp. 96-97.)

◇ **ATRAMENTEUX, EUSE**
[Du lat. *ater*: «noir»]

Adj. Synon. de → Atramentaire. [Chez Claudel; à propos de montagnes]

1. «Les nuages lents à s'écarter, le rideau des pluies, permettent à peine de distinguer de temps en temps des montagnes **atramenteuses**, une cascade aux arbres **mélancoliques**, le repli de **noires** forêts sur lesquelles tout à coup s'arrête un rayon accusateur!»
(Ph. Claudel, *Le Soulier de satin* 1929, p. 799.)

2. «[...] l'œil
sous la ligne déjà
déchiffre
une autre ligne
derrière
la ligne
atramenteuse des
montagnes
il ne cesse de tonner
un tonnerre **sombre**

avant que le premier éclair
ne vienne prendre une
photographie générale
de toute la terre.»
(P. Claudel, «Cent phrases pour éventail», in *Poésies diverses,* 1952, p. 703.)

ÂTRE

[Du lat. *ater, atra*: «noir», que l'on retrouve dans *atrabilaire*]

Adj. Vx. Rare. D'un noir foncé et mat. Couleur Âtre *(Rob. 1990).* • **Abeille Âtre,** *loc. nom. fém.* Abeille d'un beau noir et dont le corselet est encadré de blanc. *(Lar. encyclop.).*

∗ *Rheims 1969* cite un exemple de Pommier: «Et son voile brumeux/Les zigzags du tonnerre/Et la sombre colère/Du flot âtre et spumeux...» (A. Pommier, *Océanides et Fantaisies,* 1839, p. 42),

[Chez Tzara; en emploi *subst.*]

1. «[...] givrées dans la poudrière ambulante de l'hiver, doux marchands d'effets incompréhensibles sur des rubans de forêts, vous, bossus de lumières paternelles dans les **âtres** de **pain blanc,** crissements des campagnes dans les gonds des meubles fléchis, auberges d'assurance, chasseurs égarés dans la lenteur des pensées appuyées sur les rigoles.»
(Tr. Tzara, «Abrégé de la nuit», XIV, *Des yeux nouveaux, Midis gagnés,* 1939, p. 246.)

∗ **ATRI-/ATRO-**, du lat. *ater/atri*: «noir», est un élément préfixal vieilli signifiant «noir», qui entre dans la composition d'adjectifs ayant rapport à cette couleur, et appartenant, presque exclusivement, à la langue de la zoologie. Lorsque le 2ᵉ terme est un élément grec, l'élément préfixal prend la forme o- propre aux 1ers éléments de composition venant du grec: **ATRICAUDE** (qui a la queue noire; *Ac. Compl. 1842, Littré*), **ATRICOLLE** (qui a le cou ou le corselet noir; *Ac. Compl. 1842,*

Lar. 19ᵉ), **ATRICORNE** (qui a les cornes ou les antennes noires ; Ac. Compl. 1842, Lar. 19ᵉ), **ATROCÉPHALE** (qui a la tête noire ; Ac. Compl. 1842), **ATROMARGINÉ** (bordé de noir – en parlant du papier de deuil ; Quillet 1965), **ATROPTÈRE** (qui a les ailes noires ; Ac. Compl. 1842).

** *Âtre* signifie aussi « partie de la cheminée où l'on fait le feu » et, par *méton.*, la cheminée elle-même. Ce terme est alors utilisé comme référent de couleur pour nuancer le gris très foncé : « Les gris, destinés aux costumes solides et pratiques, sont les gris éléphant, cyclone, Vulcain, Loup-garou (très foncés) ; puis, les gris perle noire, étain, âtre, brume […] » (*La Mode illustrée*, 1903, p. 470, in *DDL* 33).

*** Il y a parfois confusion d'étymologies et rapprochements entre *âtre*, du lat. *ater* : « noir », et le suffixe *-âtre*, du lat. *aster*, qui a souvent une connotation peu favorable et péjorative (*acariâtre, bellâtre, marâtre, douceâtre*). Le suffixe *-âtre*, modifiant un terme de couleur, sert à désigner une nuance trouble, intermédiaire entre plusieurs couleurs, avec parfois une nuance péjorative (*bleuâtre, noirâtre, rougeâtre, verdâtre…*). Ainsi pour *olivâtre* :

« Olives **vertes, vâtres, noires**. L'**olivâtre** entre la **verte** et la **noire** sur le chemin de la carbonisation. Une carbonisation en douce dans l'huile – où s'immisce alors, peut-être, l'idée du rancissement. Mais… est-ce juste ? Chaque olive, du **vert** au **noir**, passe-t-elle par l'**olivâtre** ? Ou ne s'agit-il plutôt, chez d'aucunes, d'une sorte de maladie ? Quoi qu'il en soit, l'accent circonflexe se lit avec satisfaction sur **olivâtre**. Il s'y forme comme un gros sourcil **noir** sous lequel aussitôt quelque chose se pâme, tandis que la décomposition se prépare. Mais quand l'olive est devenue **noire**, rien ne l'est plus brillamment. Quelle merveille, ce côté flétri dans la forme… Mais savoureuse au possible, et polie mais non trop, sans rien de tendu. Meilleur suppositoire de bouche encore que le pruneau. »

(Fr. Ponge, *Le Grand Recueil. Pièces*, 1961, pp. 109-110.)

BLACK

BLACK

[Anglo-américain signifiant «noir»]

Adj. adv. et *subst. masc. Anglicisme. Fam. Mod.* (1972, *infra*; S'est surtout répandu dans les années 1980, pour qualifier des personnes). *Synon.* de → **Noir**.

A. − 1. *Rare ou dans un contexte commercial, international.*

a) *Le plus souvent dans un contexte commercial ou international.*

◗ *[En particulier COSMÉTLOGIE, MODE] En emploi adj.* V. → ANTHRACITE, ex. 2.

◗ [En parlant d'un jean; *en apposition à jean et en antéposition*] «Tandis que Victoire regarde le portrait, Laurent se change, enfilant un black-jean, un chandail noir et des bottes» (M. Bataille, *L'Arbre de Noël*, 1967, p. 80). «Michel Sardou. En tête des diffusions sur les radios périphériques et les antennes de télévision avec *La Même eau qui coule,* éclatante démonstration que la chanson réaliste, démago par essence, n'est finalement pas plus ringarde que cette pseudo chanson-vidéo qu'annoncent les durs d'opérette en black jean et Perf'en skai» (*Libération,* 7. 11. 1988, p. 47 – Y. Bigot).

∗ Les anglicismes sont fréquents dans le contexte commercial, en particulier dans la mode et les dénominations de couleur des jeans. V. le vol. → *Le Bleu.* Le terme *black* – et ses variantes et composés – est usuel et supplante souvent le terme français *noir*: **black, black(-) black, black and black, black lavé, black snow, black denim, blue black, stone black.**

∗∗ Parmi les noms de marques célèbres ayant le terme *black* dans son appellation, il faut citer **Black Label**, marque d'eau de toilette. «Certains hommes [...] trouveront l'eau de toilette Black Label plus vivifiante et en feront un usage tous azimuts, corps et visage» (*L'Express*, 9. 2. 1976, p. 3, c. 2). «Mais comme on peut apprécier l'after-shave en flacon ou aimer l'eau de toilette en atomiseur, la mousse à raser en aérosol ou la crème en tube, le déodorant en stick ou l'anti-perspirant en spray, Black Label de Yardley existe sous toutes les formes qu'un homme raffiné peut exiger» (*L'Express*, 23. 2. 1976, p. 121, c. 3). Le marketing joue parfois des oppositions. Ainsi la marque de whisky **Black and White**. «Entre le lit et la porte, il y a une petite commode en bois fruitier sur laquelle est posée une bouteille de whisky Black and White, reconnaissable à ses deux chiens, et une assiette contenant un assortiment de biscuits salés» (G. Perec, *La Vie mode d'emploi,* 1978, p. 57).

b) [*Hors du domaine commercial*]

1. «On était dans le schwarz, un **noir** beaucoup plus **obscur** que la nuit, un vrai blitz, un **black** intense, à l'huile, au tabac froid, collé sur mille couches plein les murs et le plafond. Avec un silence encore plus épais, à découper comme un pudding, fait de respirations.»

(B. Blier, *Les Valseuses,* 1972, p. 162).

◗ [En parlant d'une chose concrète; *en association et opposition à* white.

• **Black and white,** *loc. adj.* Noir et blanc. «Voici moins de deux ans, le premier disque de ce pianiste yougoslave de 22 ans a foudroyé les extasiés du clavier clair-obscur, a réveillé les assoupis de l'arpège coulé.

BLACK

Une sorte de séisme, d'action painting à la Pollock sur le cliché pastel fleuri du Chopin romantico-gnangnan, une ivresse colorée sur les touches black and white» (*Elle*, 25. 4. 1983, p. 48, c. 1 – A. Duault). «Kleenex, donc, pour ce dernier concert [des Supertramp]. Comme à l'habitude, ils ont mis le paquet. Une scène black and white, de 50 mètres, trois écrans cinématographiques géants […]» (*L'Express*, 24. 6. 1983, p. 23, c. 2 – Y. Stavridès).

2. «Ils étaient bien deux douzaines en octobre dernier à se presser sur le podium de l'American Film Institute (AFI) pour rencontrer la presse. Ce n'était certes pas la première manifestation de la communauté artistique hollywoodienne contre les derniers outrages électroniques en date, le dernier scoop du marketing cynique et avisé, la fameuse "colorization" des classiques "black and white" du cinéma» (*Libération*, 14. 3. 1987, p. 18, c. 2 – P. Garnier).

▶ *P. méton.* [SPORTS – RUGBY. P. RÉF. aux maillots et aux shorts noirs de cette équipe] • **Les All Blacks**, *loc. nom. masc.* Équipe nationale de rugby de Nouvelle-Zélande, championne du monde en 1987 et qui a dominé le jeu jusqu'en 1997. «All Blacks, une saga nationale. Lors de la Coupe du monde qui commence, les hommes en noir auront derrière eux toute la Nouvelle-Zélande. Une histoire d'amour avec une équipe magique, mais souvent malchanceuse dans cette compétition» (*L'Express*, 09.10.2003 – M. Rangi).

2. *En partic.*

a) *Adj.* ou *subst.* (Personne) De race dite noire ou à la peau très foncée. *Synon.* → **Blackos, kebla, Noir, nègre** *(vx.* ou *péj., raciste)*, **Renoi**. V. → BANANIA, ex. 1, ex. 2, BLANCHE-NEIGE, ex. 1, ex. 2, BLACKOS, ex. 1̂, KEBLA, ex. 1. «Comme 40 pour cent des "coloured", ils sont immigrés de la deuxième génération, nés en Grande-Bretagne, même si, lorsqu'on les interroge sur leur nationalité, ils se font un plaisir de répondre : "Black"» (*L'Express*, 18. 4. 1981, p. 104, c. 1 – J. Espérandieu). «Ma fille est consternée quand je lui raconte ce que dit Le Pen. "Il n'est pas seulement méchant, il est bête. Mehdi, il est black, il est premier en maths, premier en français, premier en reggae, premier en Renaud, et il a deux ans d'avance. Comment il explique ça, ton ami Le Pen ?"» (*Le Nouvel observateur*, 4. 1. 1985, p. 27, c. 3 – G. Sitbon).

3. «On les appelle les B.B., **Black** British. **Black** les Antillais ou les Africains. **Black** aussi les "Asians", les Indiens. Et même les Turcs… **Black**, c'est pas une couleur. C'est le nom qu'on donne ici [en Angleterre] à la différence.» (*Le Nouvel observateur*, 18. 5. 1984, p. 70, c. 1 – C.-D. Rudder.)

4. «Vous [J.-A. Laou] dites **"noir"**, vous ne dites jamais **"black"**, un mot qu'on entend beaucoup en ce moment. – **Black,** pour moi, c'est une appellation salonarde, c'est ce que disent les gens qui ont mal digéré l'histoire, et qui ont mauvaise conscience. C'est malsain.» (*L'Événement du jeudi*, 5. 6. 1986, p. 86, c. 3 – B. Salino.)

5. «1976 : Yves Saint Laurent est le premier à choisir un mannequin **black** l'Américaine Marion, pour représenter sa marque. Aujourd'hui, dans les **fuchsia,** les **orange** et les **bleu Klein** de sa nouvelle pub, "Y" peut sourire : la couleur **black** s'étale partout et ne benettone plus personne en France !» (*Actuel*, nov. 1987, p. 11, c. 3.)

6. «Maintenant, qui songe à s'étonner qu'une **Noire** se constitue son petit harem personnel chez Spike Lee ou qu'une famille **de couleur** se trouve aux prises avec les mêmes problèmes qu'une **blanche** dans le film de Steven Spielberg ? Cette évolution est également marquée dans les séries télévisées où le **Black** est souvent le personnage le plus sympathique.» (*L'Événement du jeudi*, 29. 1. 1987, p. 85, c. 3 – G. Charensol.)

BLACK

∗ Considéré comme un terme neutre, non marqué, *black* remplace *noir* qui lui-même a remplacé *nègre* devenu un terme raciste.

• **Black (-) blanc (-) beur/Beur blanc black.** *loc. nom.* [Sur le modèle des trois couleurs du drapeau français : bleu-blanc-rouge, désignant *p. méton.* les Français (vol. → *Le Bleu*) et par allusion aux couleurs de peau variées de la population française, constituée de Blancs, de Noirs et d'Arabes] «Les kids, en groupe, c'est redoutable. Tout est bon pour baratiner. Eux, six ou sept black-blanc-beurs qui n'ont pas vraiment une gueule à être nés à Neuilly, c'est "la bande de la cour de Rome". Leur chef incontesté est Yacim, douze bougies tout au plus» (*Libération*, 21. 3. 1987, p. 22, c. 2 – C. Duplan). *En loc. adj.* [En parlant d'une chose] Qui est constitué d'une population aux multiples origines raciales ; qui se rapporte à cette population. Festival blanc (-) black (-) beur. «Des magasins black blanc beur. Au Casino de Vaulx-en-Velin, les salariés s'appellent Dieynaba, Farid ou Saïd. […] Ils sont aujourd'hui numéro deux du service clients, responsable commercial ou responsable du comité social d'établissement» (*Challenges*, février 2003 – n° 194 – Job – F. Weiersmüller).

∗ Sur le même modèle v. les créations plaisantes des *loc.* bleu (-) blanc (-) beur et blues-blanc-rouge (→ *Le Bleu*).

• **Black is beautiful,** *loc. nom.* [Le Noir est beau]. Slogan lancé, dans les années 60, par des militants noirs américains qui, fiers de leurs racines africaines, imposèrent la mode des coiffures africaines mettant en valeur la chevelure noire (tresses, nattes, dreadlocks…). Ce slogan devint le nom du mouvement qui affichait ainsi sa quête identitaire noire et refusait le défrisage. [Peut-être sur le modèle du *Cantique des Cantiques* et de la formule : « Je suis noire mais je suis belle » ; la couleur noire de la peau ou des cheveux étant souvent considérée comme une couleur négative et opposée à la beauté (physique et morale)]. V. → CHARBON, ex. 2. «Ce modèle [de civilisation] craque sous les pressions conjuguées des luttes de décolonisation, de révolte des sous-cultures nationales, de l'auto-réhabilitation des minorités, des "mineurités" en rébellion. Black is beautiful. Pédé is beautiful. Moche is beautiful. Comme dirait l'autre, une transvaluation…» (*Le Sauvage*, janv. 1976, p. 9, c. 1 – E. Morin).

7. «**Black is beautiful**? Le code des couleurs dans les films africains-américains. […] Les exemples où le héros **blanc** se bat contre un anti-héros **noir** ne manquent pas. Le méchant **Noir** (*Demolition Man* – Marco Brambilla, 1993), éventuellement sale (*Highlander 3* – Andy Morahan, 1994), arrogant (*Rocky* – John G. Avildsen, 1976), prédateur de la femme blanche (*Cliffhanger* – Renny Harlin, 1993) ou vulnérable et psychotique (*Unbreakable* – M. Night Shyamalan, 2000), met en valeur la bonté, la grandeur et la pureté de l'**homme blanc**. Nous proposons de regarder ce qu'il en est lorsque la production est contrôlée par des Africains Américains. Le code des couleurs est il inversé, ignoré ou réellement remis en question? Parfois bien sûr les **Blancs** deviennent les méchants, les **Noirs** les gentils. C'est le schéma des films dits de **blaxploitation** des années 70 tels que *Sweet Sweetback Baadasss Song* (Melvin Van Peebles, 1971) ou *Superfly* (Gordon Parks, Jr., 1972), les deux films qui ont lancé la mode du héros du ghetto qui surmonte les obstacles posés par les **Blancs**, en particulier par la police et la mafia.»

(A. Crémieux, *Les Bons et les Méchants*, Actes du congrès 2001 de la SERCIA, éd. Fr. Bordat et S. Chauvin, Presses de l'Université Paris X-Nanterre, africultures.com.)

Variante. • **Black et beautiful,** *loc. nom.* «Vanessa Williams, 20 ans : Miss America 83 est black et beautiful» (*Elle*, 10. 10. 1983, p. 90, c. 2).

- **Les Black Panthers,** [*Les Panthères noires*] *loc. nom. masc.* Nom d'un mouvement violent noir américain, né à la fin des années 60 aux États-Unis, exigeant les mêmes droits que les Blancs et qui avait pris comme symbole une panthère, animal qui n'attaque jamais. «L'oreille en éveil, il [Fela Anikulapo Kuti] a tout écouté. Les cantiques dans le temple de son grand-père, pasteur anglican, qui installe le petit Fela au piano dès qu'il se tient assis. Le jazz à Londres […]. La soul aux États-Unis où, tout en se politisant avec les Black Panthers, il swingue avec James Brown» (*Le Nouvel observateur*, 9. 3. 1981, p. 50, c. 3 – M. Righini).

8. «Fred Hampton fonda la section **"Black Panthers"** de la ville de Chicago en 1968 à 20 ans. […] il mit en place des actions sociales telles que les petits-déjeuners et les soins médicaux gratuits pour les enfants défavorisés de la ville de Chicago. Exécuté dans son sommeil par le FBI dans le cadre du "Cointelpro" au cours de l'année 1969. Le **"Black Panther Party"** pour l'autodéfense est crée en octobre 1966 par Huey Newton et Bobby Seale. S'inspirant de Malcolm "X", se réclamant également du marxisme et du maoïsme, les "Panthers" croient à l'existence d'une classe de travailleurs dont l'unité dépasse les barrières de la couleur et s'allient avec d'autres groupes ou organisations représentant les minorités et les organisations révolutionnaires blanches. Leur programme en 10 points comporte une série de revendications politiques et sociale et réclame le droit à l'autodéfense. Le 25 avril 1967, le premier exemplaire de **"The Black Panthers"**, le journal du parti est distribué.» («Les Black panthers. Les principaux acteurs», *Skyrock.com*, 2007).

- **Le Black Power,** [Le Pouvoir noir] *loc. nom. masc.* [Appellation utilisée par Stokely Carmichael en 1966 comme slogan] Mouvement de libération des noirs. «Stokely Carmichael est recruté par les "Panthers". Partisan du "black power", Carmichael est contre le fait que des blancs participent au "mouvement de libération des noirs" car ils "n'ont pas le même vécu que les noirs et ont un effet intimidant sur ceux-ci"» (*http://www.grioo.com/info169.html*, 16. 9. 2004).

9. «Le **BLACK POWER** de CARMICHAEL : Le premier objectif du **Black Power** est d'amener la communauté **noire**, d'une part à prendre conscience de ce qu'elle est, de ses racines, de son histoire, de sa culture, d'autre part à définir ses propres buts et à prendre la direction d'organisations spécifiques.

Par des pressions économiques et politiques, les **Noirs** doivent contrôler les institutions là ou ils sont majoritaires (dans les ghettos des villes et dans certains comtés du Sud), ou participer au contrôle en proportion de leur force là ou ils ne sont pas majoritaires.

Cette doctrine se distingue de celle du séparatisme, prôné par les **Black** Muslims, qui refusent tout contact avec les **Blancs** et dont certains ont même demandé la création d'une nation **Noire**. Précurseur du **Black Power**, Malcolm X avait suggéré avant sa mort que les **Noirs** s'appuient sur la force pour réclamer leur dû.

L'un des principes du **Black Power** est en effet d'opposer à la violence la contre-violence, mais en s'appuyant sur la légalité (notamment sur le droit constitutionnel de porter une arme).»

(R. Dominique, «Grandes figures», Libere-toi.skyrock.com).

b) *P. ext.* Qui se rapporte à la race noire, aux Noirs ; qui leur est propre ou en a les caractéristiques. «Le Fidji, rue de Ruat [à Bordeaux]. Au rez-de-chaussée une cinquantaine de personnes s'entassent, agitées par une biguine bien enlevée. C'est très black, du rasta au cadre en goguette, on danse collé et ça frotte un max» (*Actuel*, janv. 1986, p. 130, c. 4 – P. Chambon).

10. «Les Africains entrent en scène [dans les comédies, au cinéma] avec leurs cos-

BLACK

tards flamboyants, leurs boubous, leur tchatche en cascade et leurs combines. Ils blaguent tout le temps, ils maraboutent les petits **Blancs**, [...] L'humour **black** jette un œil décrispé sur le monde **blanc**. (**Black** mic-mac).»
(*Actuel*, avril 1986, p. 73 – F. Joignot).

- **Black music/Musique black**, *loc. nom. fém.* Musique typiquement nord-américaine. «Trois heures de l'après-midi à Amsterdam. Stevie Wonder, la star de la black music, n'aime manifestement pas la journée qui commence» (*Le Nouvel Observateur*, 25. 5. 1981, p. 76, c. 2 – A. Silber). «Sydney, le DJ le plus percutant de l'année. [...] prépare une pile de cool bien pulsé, Quincy Jones, Jenny Bruke. Une vraie encyclopédie de la musique black, le père Sydney» (*Actuel*, nov. 1982, p. 73, c. 1).

B. — *Au fig.*

1. [P. RÉF. aux valeurs *fig.* du noir: mélancolie, tristesse, révolte; sur le modèle de *Bath generation*; dans un système d'oppos. à *bad generation*, *beat generation*...]. • **Black generation**, *loc. nom. fém.* Génération des années 1980 qui prit la couleur noire comme porte-drapeau dans ses vêtements en signe de non-conformisme et de rébellion]

11. «[...] Tandis que se poursuit cette vaste entreprise de "dédramatisation" [de la **couleur noire**], la "**black generation**" déboule en Europe. "**Noir**, c'est **noir**, il n'y a plus d'espoir", hurlait Johnny dès 1966. Aux marges de la société, on commence alors à s'adonner à cette "non-couleur" avec ferveur. Provocation, d'abord, puis signe de ralliement, emblème, enfin, d'une certaine ascèse. Une manière de protester contre les tons crus du plastique des années 60.»
(*L'Express Aujourd'hui*, 17. 4. 1987, p. 64, c. 1 – O. Perrard.)

12. «Car débarrassées du vacarme crétin et nues comme le jour de leur naissance – "On naît tout nu, le reste n'est que du bénéfice" –, les chansons asthmatiques de Kristin Hersh trouvent ton et teinte: monocorde et **gris**. Pas les Rubettes, donc, mais pas non plus le folk traîne-misère des grandes sœurs anorexiques. Pas question de se laisser submerger par cris et sanglots, ces drames-là ne tournent jamais à la farce psychodramatique qualité française: juste quelques larmes écrasées, beaucoup de tenue et une colère rentrée de force. À l'image d'une génération qui ferme peu à peu ses fenêtres pour vivre, coupée du monde, dans l'**obscurité** de son intérieur. Une génération silencieuse, en voie d'autisme, comme pour mieux briser les ponts avec les slogans de leurs aînés. Pas la blank generation, mais la **black generation**. [...] l'Amérique est **blanche** mais vraiment très **noire**.»
(J.-D Beauvallet, *Les Inrockuptibles*, n° 53, mars 1994.)

2. [P. RÉF. aux valeurs *fig.* du noir: secret, clandestinité] *Fam.* • **Au black**, *loc. adv.* Sans être déclaré. *Synon.* ➔ **Au noir**. *Le plus souvent sous la forme:* • **Travail au black/**• **Travailler au black**. *P. ell.* • **Le black**. Le travail non déclaré, clandestin. *Synon.* ➔ **Blackos, travail au noir**. Mon taf c'est du black!

«Au hit-parade des activités productrices de "black", la vente d'armes, la drogue, le trafic d'animaux (tiens...), le racket, les jeux ou le proxénétisme... Aucun pays n'est à l'abri»
(*Le Point*, «Les lessiveuses de l'argent sale», 18. 9. 1993, p. 13).

13. «**Travail au noir**
Travailler sans le déclarer est rigoureusement interdit, et le travailleur est légalement autant en infraction que l'employeur. [...] Il existe plusieurs formes de **travail au noir**. Par exemple, il est fréquent dans les métiers du bâtiment que des entrepreneurs refusent des petits chantiers peu rentables et les refilent à leurs ouvriers qui effectueront le boulot **au black**. Parfois avec les outils de la boîte. C'est pour le

patron une façon de "payer" plus cher ses ouvriers... Tu n'es en principe pas concerné puisque tu es un chômeur à plein temps. Par contre, le black occasionnel, c'est pour toi. Ca va de la journée de plonge au restau du coin pour "dépanner" le taulier au coup de main pour un déménagement, en passant par la réparation de la voiture du voisin d'en dessous. Inutile de te gêner dès l'instant que le travail reste de courte durée, quelques jours maxi. Au-delà, tu prends des risques déraisonnables.»
(«Travail au noir», «Black c'est black!», *webxclusio.ifrance.com*)

◊ BLACKOS

[De *black*]

Subst. masc. Fam. Mod.

A. — (1984, *infra*). Personne de race dite noire ou à la peau très foncée. *Synon.* → Black, Noir, (nègre (vx., ou *péj.*, *raciste*), Renoi. «Les Blackos de Pantin rafistolaient Marley à leur sauce banlieue en s'imaginant dans le Bronx, les bâtards poujadistes rallumaient les fours pour cuisiner les Beurs, la dernière des cloches se serait convertie à l'islam pourvu qu'on ne supprime pas les allocs» (M. Embareck, *Sur la ligne blanche*, 1984, p. 167). *En emploi adj. Rare.* «Matrix, [...] Deuxieme temps du scénar: le héros se réveille pour constater qu'il n'est bien qu'un pauv'têtard, qu'a jamais rien fait de ses dix doigts. Là, grande scène métaphorique où le gourou blackos sauve le héros de la fiente et du caniveau...» («Connerie reloaded», Cultura Gang Bang, *Chronos. Cinéma. vulgum.org*, 20.10.2007).

1. «Si pour un Européen, un "Maghrébin" est parfois confondu avec un autre, tout comme un "Chinois" est un Asiatique de tout pays, les Asiatiques en question, comme les **"Noirs"** d'ailleurs (appelés **"Blacks"** ou **"Blackos"**, aujourd'hui, pour éviter de faire "raciste"), ne se trompent pas sur l'origine: ils remarquent immédiatement des différences de peau, plus ou moins foncée, de pommette, plus ou moins haute, etc. À l'inverse, un **"Black"** qui arrive pour la première fois en France ne voit pas de différence entre les **"Blancs"**: ils sont tous pareils, seule la "perruque" change. Toutes ces perceptions sont culturelles: c'est une question d'habitude.»
(Milieux syncrétiques, *membres.lycos.fr*).

B. — *Au fig. Rare* [P. RÉF. aux valeurs *fig.* du noir: secret, clandestinité] «Travail non déclaré, marché noir» (*Dictionnaire de la Zone*, 2004 – Cobra le Cynique, *ifrance.com*). *Synon.* → Black, travail au black/au noir.

◊ BLACKBOULER
BLACK-BOULER

[De l'anglais *to black-ball*: «rejeter avec une boule noire», dans les collèges anglais, examens et concours étant accordés sur vote des professeurs qui utilisent des petites boules noires et blanches, la boule noire, défavorable, exprimant le refus. *Blackbouler* un candidat signifie donc lui attribuer plus de boules noires que de blanches]

Verbe. Anglicisme. Fam.

▸ [Le complément désigne une personne] Évincer par un vote en mettant une boule noire dans l'urne; *p. ext.* infliger un échec à qqn.; rejeter, évincer. Blackbouler un candidat; se faire blackbouler à un concours, à un examen. «Son frère aîné, qui travaillait l'opinion dans un département du Midi, s'était fait blackbouler» (A. Gide, *Si le grain ne meurt*, 1924, p. 470).

▸ [Le complément désigne un inanimé] *Rare.* Évincer, repousser quelque chose. Blackbouler un article.

∗ On notera aussi les *dérivés fam.*: BLACKBOULÉ/BLACKBOULÉ. *Adj.* [De *black-balled* en anglais: candidat qui, dans un examen, obtient plus de boules noires – défavorables

BLACK

– que de boules blanches] [En parlant d'une personne. Rejeté, évincé; qui a subi un échec. Il est black-boulé/blackboulé. **BLACKBOULAGE.** *subst. masc.* [Dér. de *blackbouler*, suff. *-age*] Action de blackbouler; son résultat. «Excusez-moi, cher ami, mais je n'ai plus rien à faire, à dire ici après ce blackboulage» (L. Aragon, *Les Beaux quartiers*, 1936, p. 175).

◊ **BLACK-JACK**

Subst. masc. Anglicisme. Mod. (1978, *infra*). *[JEUX DE CARTES]* Jeu d'origine américaine pratiqué au casino par, au minimum, sept joueurs, avec six jeux de 52 cartes (sixain). Le black-jack est issu du jeu de vingt-et-un, les joueurs devant faire plus de points que le banquier sans dépasser 21, sous peine de perdre leur mise. Jouer au black-jack au casino; table de black-jack. «Jean-Dominique Fratoni est inculpé précisément d'achat de vote au sujet de ce "retournement" d'Agnès Le Roux; des comptes bancaires suisses, [...] livrent de troublants secrets, et, dans cette marmite, de vilains croupiers du Ruhl voient leurs chaussettes s'alourdir de plaques de black-jack» (*Le Point*, 13. 11. 1978, p. 87, c. 3 – J. Schmitt, J.-M. Pontaut). «Le soir, on danse (très tard) dans les nightclubs. Ou l'on passe dans l'État voisin, le Nevada, pour jouer dans quelque "Casino of the last chance", qui appartient à Frank Sinatra, aux machines à sous, au black-jack ou à la roulette» (*Le Point*, 11. 12. 1978, p. 90, c. 2 – C. Bergeron).

* *Black Jack* est aussi le nom donné à un cocktail à base de brandy, de café, servi avec des glaçons dans un verre.

◊ **BLACK-LISTÉ**

[Du verbe anglais *to be black-listed* (1718): être mis sur liste noire]

Adj. Franglais. [En parlant d'une personne] Mis sur → liste noire; suspect, interdit. «Il y avait une partie... je n'ai pas été invité. Dur. Je dois être black-listé...» (*Actuel*, avril 1981, in A. Doillon, *Les Mots en liberté*, 1983, vol. 1, t. 4, fasc. 32, p. 93).

◊ **BLACK (-) OUT/BLACKOUT**

[De l'anglo-américain *black-out*, à l'origine terme de théâtre: «action d'éteindre les feux de la rampe pour augmenter l'effet de scène» (*FEW*, t. 18, pp. 24-25) et pendant la 2ᵉ Guerre Mondiale, par transposition de sens «obscurcissement», «réalisation de l'obscurité totale au dehors en vue de dépister les raids nocturnes de l'ennemi» (d'après *TLF*)]

Subst. masc. Anglicisme. Mod. (1945, *infra*).

A. – 1. Extinction des lumières; établissement de l'obscurité totale dans une ville, exigée comme mesure de défense passive contre les attaques aériennes nocturnes. «Marat, après avoir tâtonné, frappa contre une porte qui dans le black-out total, significatif de l'"état de pré-alerte", se confondait avec la muraille» (R. Vailland, *Drôle de jeu*, 1945, p. 57). «Bien sûr, sur la route de Londres dont nous approchions dans le black-out et que rien ne laissait deviner, quand mille canons se mirent à carillonner. Ce n'était pas encore le blitz [...]» (Bl. Cendrars, *Bourlinguer*, 1948, p. 294).

1. «Black out – black out
Les sirènes ont des ennuis
Elles crient: gens de Paris
C'est l'incendie
Black out, black out
Plus de lumière parmi les bruits
On fuit, dans tout Paris – vers d'autres vies
Viens surtout ce soir – ne lâche pas ma main
Les rues sont pleines
D'amours sans lendemain
Faire l'amour ici – dans une ville qui hier
S'appelait Paris – faire l'amour ici
Quand le béton croule – a peine fini
Faire l'amour ici – comme les enfants

Mangent les fruits – faire l'amour ici
Pour se dire – qu'on est encore en vie
Encore.»
(É. Roda-Gil, *Black out*, chanson interprétée par J. Clerc, *paroles.net*).

◗ *P. anal.* obscurcissement total d'une ville (dû notamment à une panne d'électricité). «– Pensez-vous que le black-out intervenu le 14 août dernier aux États-Unis puisse être la résultante d'un virus ?/– Je ne pense pas que cette coupure d'électricité générale ait été causée par un virus mais je crois qu'elle n'aurait pas eu lieu sans sa présence. La propagation de Blaster était à ce moment-là à son paroxysme. Selon moi, les contrôleurs ont pu faire des erreurs en dirigeant des flux énergétiques vers un réseau électrique déjà surchargé. Blaster a pu causer des retards ou des erreurs dans la transmission des informations par les capteurs» (*Journal du Net*, 10. 9. 2003, Interview Mikko Hyppönen,. *journaldunet.com*).

2. *P. ext.* Coupure des transmissions. «Ainsi, s'il est possible, lors de la rencontre de la sonde européenne avec la comète de Halley, de maintenir à des températures suffisamment basses les instruments de bord, on ne sait pas encore si le passage à grande vitesse de la sonde dans cet environnement particulier, n'occasionnera pas, comme au moment de la rentrée dans l'atmosphère des véhicules Apollo, des "black-out" radio préjudiciables à la transmission des mesures» (*Le Monde*, 21. 11. 1979, p. 19, c. 2 – J.-F. Augereau).

B. – *P. métaph.* ou *au fig.*

1. [POLITIQUE]. *Mod.* (1954, *infra*). Silence, secret observé par un gouvernement, une autorité officielle, au sujet de certains évènements; absence de commentaires officiels au sujet de tractations politiques. «Black-out sur les bilans, sous prétexte de ne point faire à l'étranger une "contre-propagande" nuisible au tourisme français on s'est efforcé de ne pas insister sur ces bilans alarmants. dans le vain espoir de dissimuler les dégâts on a tenté d'"'endormir" l'opinion par de subtiles manœuvres» (*Le Monde*, 28. 10. 1954, in Gilb. *Mots contemp. 1980*, p. 61).

2. [JOURNALISME] Silence sur les nouvelles, les informations. «"Mon confrère est dans sa famille", lui affirma le remplaçant [...] on pouvait prendre cette discrétion pour un black-out» (H. Bazin, *Lève-toi et marche*, 1952, p. 173.)

3. *P. ext.* Silence (sur un sujet quelconque); obscurité; fin tragique.

2. «La liberté nous abandonne
ça fait une grande clameur
elle a pris de la belladone
dans Elseneur elle se meurt
mon amour pas un mot demeure
black out terre et ciel sans phares
elle dit n'ouvre plus tes bras
et lui reste sourd aux fanfares
dont la nuit pourtant se timbra
ô trompettes de fortinbras.»
(L. Aragon, «Romance du temps qu'il fait», *Le Crève-cœur*, 1941, p. 41.)

3. «… je n'ai pas été touché par la grâce… je n'ai jamais su prier……. **black-out**… nacht und nebel… le rideau de fer… bikini……. c'est une prière à rebours… une litanie laïque… on entre dans une éclipse totale… la jeunesse meurt par asphyxie… la **nuit noire**… une congestion par manque de lumière… la révolution ou amen…»
(Bl. Cendrars, *Bourlinguer*, 1948, p. 211.)

4. «Comme une basse lancinante, en arrière-fond de cette fable sur l'exil ["Manhattan **Blues**" de J.-C. Charles], la perception du corps **noir** par les autres. Jean-Claude Charles croit à une identité plurielle, lutte pour la levée du **black-out** sur l'occultation de l'écriture d'**ébène**!»
(*L'Événement du jeudi*, 12. 12. 1985, p. 88, c. 2 – P. Delbourg.)

BLACK

◊ **BLACK (-) ROT**

[Anglicisme signifiant «Pourriture noire».
De *black*: «noir», + *rot*: «pourriture»]

Subst. masc. Anglicisme. AGRICULTURE [VITICULTURE] Maladie de la vigne due à un champignon microscopique provoquant des taches noires sur les feuilles et flétrissant les grains de raisin. *Synon. Charbon carie;*
→ **Anthracnose, rouille noire.** «La vigne porte trop d'espoirs pour ne point susciter d'ennemis... Deux sont implacables: le "mildiou" et le "blackrot" (J. Pesquidoux, *Chez nous,* 1921, p. 111). «On recherche des cépages peu sensibles à l'oïdium, à la pourriture grise, au black-rot et si possible aux gelées» (L. Levadoux, *La Vigne et sa culture,* 1961, p. 115).

◊ **BLACKWORK**

[De *black*: «noir», + *work*: «travail»]

Subst. masc. Anglicisme. BRODERIE. Style de broderie d'origine mauresque, exécuté le plus souvent à points arrière, sur une toile blanche, avec du fil noir (parfois agrémenté de fils métalliques argent ou vermeil) qui fût très populaire en Angleterre au XVIe siècle sous le règne d'Élisabeth Ire, et qui, après être passé de mode au XVIIe, connaît un renouveau depuis le début du XXe siècle. *Synon. Spanishwork.*

> 1. «Le "spanishwork" tient la vedette jusqu'aux alentours de 1530, puis devient populaire en Europe de l'ouest sous le nom de blackwork. [...]. La domination maure [en Espagne] s'interrompt en 1492 avec la chute de Grenade et l'accession au trône de Ferdinand et d'Isabelle d'Espagne. Leur fille Catherine d'Aragon (1485-1536) quitte l'Espagne en 1501 pour épouser Arthur, fils d'Henri VII. [...] Elle apporte avec elle cette forme de broderie qui n'était pas très pratiquée à l'époque et contribue ainsi à la populariser en Angleterre. [...] Sous le règne d'Élisabeth Ire [...] le **blackwork** orne alors vestes et manches de vêtements, coiffes, gants et sacs ainsi que les "vêtements de nuit" (on recevait couché dans son lit) et le linge de maison [...]. Depuis le XVIIe, le **blackwork** est tombé en désuétude mais on assiste à un renouveau depuis quelques années [...]. Actuellement, les créateurs de motifs de **blackwork** utilisent différents fils noirs, tant en épaisseur qu'en intensité, de façon à accentuer les effets de contrastes, les reliefs et obtenir des textures variées»
>
> (A. Mangin, "Le Blackwork", *Le Marquoir. Journal de l'Association France-Point de Croix,* n° 36, 2001, pp. 45-46).

◊ **KEBLA**

Subst. masc. Verlan. Mod. Synon. de
→ **Black, Noir, Renoi.** Dans cette boîte, ils laissent pas rentrer les keblas. «Quel con ce kebla, tu parles d'un cadeau» (M. Charef, *Le Thé au harem d'Archi Ahmed,* 1983, p. 33).

> 1. «On devrait pouvoir dire **nègre**, le mot en lui-même n'est ni insultant ni raciste à la base. Par exemple Léopold Sédar Senghor a fréquemment traité de la **négritude**. C'est juste la connotation adjointe à ce type de termes (le poids de l'histoire...) qui fait qu'on a peur de les utiliser. Mais le politiquement correct devient ubuesque. Tu veux décrire un pote martiniquais, t'oses pas dire que c'est un **noir**, alors qu'il l'est, non tu dis que c'est un **"black"**, un **"kebla"** comme disent les djeuns»
>
> (Forum, L'esclavage aux États-Unis encore tabou, 27. 11. 2003, *pcinpact.com*).

INFRA-NOIR

DARK

[Mot anglais signifiant «sombre»]

Adj. Anglicisme. Sombre; noir. [Dans un contexte commercial, souvent international]

▶ [*COSMÉTOLOGIE, TEINTURE POUR CHEVEUX; p. opposition à* Médium (moyen) *et* Light. (léger, clair), *dark* signifie très sombre, profond]

   1. «De toute cette gamme, le concept le plus séduisant est celui de la couleur éphémère. Le produit s'appelle Hair Gloss. Il existe en trois nuances: **Dark, Médium, Light**. Chacune des nuances apporte la touche qui illumine littéralement la couleur. [...] Le produit n'est pas fait pour parader en néopunkette à crinière **fluo**, mais bel et bien pour magnifier une couleur "normale"»
   (*Marie-Claire, févr. 1987*, p. 142, c. 2 – Jouvion).

▶ [*MODE*] «Nous avons bien entendu des visons somptueux mais aussi un très beau modèle en vison dark pleines peaux à 9 800 F» (*Elle*, 6. 12. 1976, p. 105, c. 1).

∗ *Dark* est employé dans plusieurs titres de films célèbres où il est associé à des objets lumineux, brillants: **Dark Star** et **Dark Cristal**. «"Dark star" [...] tout au long du film, une mise en scène très inventive s'attache, drôlement, à mettre en relief la fabuleuse absence d'exploits des quatre ringards de l'espace» (*Le Nouvel Observateur*, 28, 6, 1980, p. 10, c. 2 – M. Lindon). «Frank Oz et Jim Henson, les auteurs de "Dark Crystal" [...] disposaient de cinq ans, de vingt-deux millions de dollars, mais, des effets conjugués d'une technique fabuleuse – l'animotronique – et d'une invention superbe, ils ont tiré tout un monde visuel, au sens strict, "extra-ordinaire"» (*Le Point*, 24. 1. 1983, p. 69, c. 3 – J.C.©Loiseau).

INFRA-NOIR

[Sur le modèle de *ultra-noir*. Du lat. *infra*: «inférieur; en dessous»]

Subst. masc. Rare. Littér. En dessous du noir; sous noir [Avec des connotations de tristesse, d'amertume, d'angoisse ou de mystère]

   1. «[...] ce coulissement de l'étau
   comme une aspiration écrasante qui presse le goutte à goutte de l'anéantissement
   [...] et faces qui s'empieuvrent dans l'aspiration interne des encres lâchées à la surface de l'abîme
   à la gueule du gouffre
   il y a les méandres du vide où s'écoulent les nœuds **noirs** de la tête
   infra-noir
   où la passe crache la colère des orages
   le nouage des nerfs catapulte des corps soufflés dans des échos de crâne
   la conscience broute les fibres de sa surface [...]»
   (J. Galdo, «Notes et débris», *magick-instinct.com*).

∗ *Infra (-) Noir* est le nom donné notamment à une édition française ainsi qu'à un groupe surréaliste roumain. «*Le Rameau d'or*, L'Avant-garde roumaine. [...] Un tour d'horizon très vaste de l'avant-garde en Rou-

INFRA-NOIR

manie depuis les précurseurs Macedonski et Urmuz jusqu'au groupe surréaliste de *L'Infra-noir* de 1947, en passant par les revues *75 HP* de Ilarie Voronca et Victor Brauner, *Unu* de Sasa Pana et *Alge* de Gherasim Luca, Paul Paun et Perahim» *(Infosurr, Actualités du surréalisme et de ses alentours. Le Rameau d'or*, n° 2, 1995).

MÉLAN (O)-

[Du grec *melas, melanos*: « noir »]

Élément préfixal tiré du grec *melas, melanos*: « noir », entrant dans la construction de termes scientifiques, généralement *subst.* où il évoque la couleur noire (en particulier de la peau) dans divers domaines: *ANTHROPOLOGIE*: → MÉLANÉSIEN (de la MÉLANÉSIE, « le pays noir »), MÉLANIEN, MÉLANISER, MÉLANISME, MÉLANO-AFRICAIN, MÉLANO-INDIEN, MÉLANODERME, ([personne] à la peau noire). V. aussi MÉLANITÉ (→ Négritude, ex. 3). *BOTANIQUE*: → MÉLAMPYRE (plante herbacée à grains noirs qui parasite les racines de nombreuses plantes). *ZOOLOGIE*: → MÉLANIE, MÉLANOPTÈRE, MÉLANOTE). *BIOCHIMIE, BIOLOGIE, PATHOLOGIE* (présence d'un pigment noir (la mélanine – pigment foncé présent notamment dans la peau): → MÉLANOBLASTE, MÉLANÉMIE, MÉLANIEN, -IENNE, MÉLANIQUE (qui a rapport à la mélanine), MÉLANISME (pigmentation noire de la peau), MÉLANODERMIE (coloration foncée de la peau due à la mélanine), MÉLANOGÉNÈSE (formation du pigment mélanique cutané), MÉLANOME (tumeur contenant un pigment noir ou développé à partir de MÉLANOCYTES), MÉLANOPHORE, MÉLANOSARCOME (tumeur maligne débutant à la peau ou à l'œil, dont les cellules sont chargées de mélanine, ce qui lui donne une teinte brune). *Synon. Sarcome choroïdien* ou *mélanique*, → Mélanurie), MÉLANOSE (tache noire due à l'accumulation de pigments dans les tissus), MÉLANOSTIMULINE, MÉLANURIE (*Synon.* de mélanosarcome). Le radical, très productif en grec, se retrouve dans des emprunts savants: → MÉLAMPYGE (*MYTHOLOGIE. Hercule mélampyge*, Hercule aux fesses noires et velues), MÉLANITE (*MINÉRALOGIE*. Silicate naturel de fer et de calcium, de couleur noire), MÉLANOSE. V. ces mots in *TLF* et *infra* → Mélancolie.

MÉLANCOLIE

[Emprunt au lat. *melancolia* (transcription du grec *melankolia*): « humeur noire », « maladie engendrée par la bile noire »; le développement du sens psychologique est propre au français et est antérieur au sens médical parce que le terme *mélancolie* était entré dans le vocabulaire littéraire courtois où le mot exprimait un registre d'états et de sentiments allant de l'humeur sombre, de l'inquiétude, à la folie, la fureur, le délire. 1256: « bile noire, une des quatre humeurs cardinales de l'organisme »; 1176-81: « état de tristesse profonde »; 1669: « tristesse douce et vague »; 1816: « maladie mentale caractérisée par une tristesse perpétuelle »]

Subst. fém.

A. — *PATHOLOGIE.*

MÉLANCOLIE

1. *MÉDECINE ANCIENNE.* Une des quatre humeurs de l'organisme qui, selon la théorie ancienne des tempéraments, était supposée avoir son siège dans la rate et prédisposer à la tristesse, à l'hypocondrie ; *p. méton.*, état causé par cette humeur. Synon. : Bile, hypocondrie, lypémanie ; → **atrabile** *(vx)*, **bile noire, humeur noire.** Accès de mélancolie, être atteint de mélancolie. V. → ATRABILE, ex. 1, TÉNÈBRES (S), ex. 5.

1. « Si la funeste **mélancolie** s'associe d'abord à la **noirceur** [...], c'est par un ensemble de raisons liées aux représentations du monde même et de la place qu'y occupe l'homme. On sait qu'au Moyen Âge et à la Renaissance, de précieuses théories [...] reliaient les humeurs du corps aux quatre éléments fondamentaux, aux tempéraments et aux saisons, aux points cardinaux et aux couleurs :
"Il y a, en effet, quatre humeurs en l'homme, qui imitent les divers éléments ; elles augmentent en des saisons diverses, règnent sur des âges divers. Le sang imite l'air, augmente au printemps, règne dans l'enfance. La **bile jaune** imite le feu, augmente en été, règne dans l'adolescence. La **mélancolie** ou **bile noire** imite la terre, augmente en automne, règne dans la maturité. Le flegme imite l'eau, augmente en hiver, règne dans la vieillesse. Quand elles n'abondent ni plus ni moins que la juste mesure, l'homme est en pleine vigueur."
(Anonyme, *De mundi constitutione*).

En médecine, ces quatre substances (couplées de surcroît avec les qualités universelles du froid et du sec, du chaud et de l'humide) organisent tout le savoir, en même temps que la rêverie. pour n'évoquer ici que l'**atrabile**, innombrables sont les textes qui en justifient la **noirceur** par des raisons physiologiques ou des arguments tirés de la nature (voire par des jeux de mots fantaisistes : si la terreuse **mélancolie** est à bon droit dite **noirâtre,** *ater,* c'est parce qu'*ater* est quasi *a terra*). Chacun va répétant après Galien, que les fous **mélancoliques** sont des hommes maigres et frêles, d'aspect **noirâtre** et hirsute : noire, l'**humeur** qui les travaille l'est déjà par sa nature, qui l'apparente à un goudron ; et elle peut l'être plus encore, selon les théories de la digestion, si elle est recuite dans le foie. Cette **mélancolie** dite "aduste", élevée au carré par l'adustion, rend les hommes "plus **sombres**, plus taciturnes et plus intelligents". »
(Y. Hersant, « Mélancolie rouge », in *Question de couleurs. IXe Rencontres psychanalytiques d'Aix-en-Provence,* 1990, p. 79).

2. « On est de bonne, de mauvaise humeur. Ces expressions, que chacun comprend, ont néanmoins perdu leur sens d'origine : plus personne ne croit à la présence dans notre corps de liquides organiques – les *humeurs* justement – qui seraient responsables des différents tempéraments. Pour le Moyen Âge, les quatre humeurs (le sang, la **bile jaune,** le phlegme, la **bile noire** ou **mélancolie**) sont associées aux quatre âges de l'homme, aux quatre saisons ou aux quatre éléments : "Terra **melancholia,** aqua phlegma, aer sanguis, cholera ignis", dit un aphorisme du *Regimen sanitatis* de l'École de Salerne. Par le symbolisme du chiffre quatre, les humeurs sont rattachées à l'humain et au terrestre.
La médecine arabe, héritière de la pensée antique, a considéré la **mélancolie** comme une pathologie. Le Moyen Âge a fait sienne cette conception avant que la doctrine des humeurs ne triomphe à partir du XIIe siècle, amorçant une revalorisation partielle de la **bile noire.** C'est le déséquilibre, la prédominance de l'une ou de l'autre des humeurs qui explique désormais les dérèglements, parmi lesquels les effets de la **mélancolie** ont particulièrement retenu l'attention des théologiens, des juristes ou des médecins. La propension du **mélancolique** à la tristesse le pousse au repli sur soi, à la recherche des lieux écartés, voire au

suicide; sa couleur est le **noir,** sa saison l'automne (ou l'hiver), sa planète le vieux **Saturne,** avatar de Chronos qui dévorait ses propres enfants. Placé sous l'influence néfaste de l'astre, le **mélancolique** sombre dans une forme de folie qui le paralyse, le mure dans le silence, ou provoque une inquiétude du corps et de l'esprit au point que toute forme de vie ordonnée devient impossible.»

(«Mélancolie», «Histoire littéraire. Période médiévale»,.*unil.c.*)

2. *PSYCHOPATHOLOGIE.* État morbide caractérisé par un abattement physique et moral complet, une profonde tristesse, un pessimisme généralisé, accompagné d'idées délirantes de culpabilité et de suicide. *Synon. Dépression (nerveuse), névrose, neurasthénie.* Mélancolie anxieuse, délirante, intermittente, périodique; accès, crise de mélancolie. «Le vieillard se persuadait que sa mort était imminente, il sombrait dans l'apathie et la mélancolie, il ne parlait plus, il ne souriait plus à ses petits-enfants» (Y. Queffélec, *Le Recteur,* 1944, p. 173).

3. «Strauss et Gebstattel ont mis en évidence l'emprise presque absolue du passé dans la **mélancolie**: la certitude d'une catastrophe immédiate, les idées de ruine, d'indignité, de culpabilité, l'hypocondrie…»

(E. Mounier, *Traité du caractère,* 1946, p. 318.)

B. — *P. ext. Cour.*

1. État affectif plus ou moins durable de profonde tristesse, accompagné d'un assombrissement de l'humeur et d'un certain dégoût de soi-même et de l'existence. *Synon. Dépression;* → idées noires, cafard *(fam.). Anton. Allégresse, entrain, gaieté, joie.* Propension à la mélancolie; accès, crise de mélancolie; mélancolie amère, âpre, profonde, sombre; plonger, sombrer, tomber dans la mélancolie; être en proie à la mélancolie;

chasser, dissiper la mélancolie. «Elle passa la nuit dans des rêves doux et pénibles, une mélancolie accablante» (R. Rolland, *Antoinette,* in *Jean-Christophe,* 1908, p. 917).

4. «Mes camarades et moi trouvâmes, rue Saint-Michel, un accueil simple et amical, tout au moins, lorsque l'escadre américaine ne faisait pas escale à Villefranche, jours néfastes entre tous, où la consternation régnait dans les classes, et où le **tableau noir** devenait un véritable drapeau de notre **mélancolie.**»

(R. Gary, *La Promesse de l'aube,* 1960, p. 166.)

5. «Cette **mélancolie** qui, selon une rime topique, "lie" l'individu, est aussi la source des *imaginationes malæ,* car elle libère et développe les facultés peu contrôlables de l'imagination. Si les fantasmes sont un instrument de la séduction diabolique selon les moralistes, l'époque moderne a vu dans le penchant **mélancolique** une explication possible du génie. Mais bien avant Verlaine (*Poèmes* **saturniens,** 1866), le poète s'est volontiers posé en fils de **Saturne**: souvent évoquée au début des œuvres entre le xive et le xvie siècle, la **mélancolie** ouvre les portes du songe (allégorique) et, par là même, du monde de la fiction. Associée à l'activité créatrice, **l'humeur noire** inscrit dans le texte le moment de l'inspiration, suivant une pensée que le Moyen Âge attribuait à Aristote: le *Problème XXX,* 1 explique pourquoi les hommes d'exception sont "manifestement **mélancoliques,** et certains au point d'être saisis par les maux dont la **bile noire** est l'origine".

C'est au puits profond de la **mélancolie** que le poète trempe sa plume selon Charles d'Orléans; son emblème est ce **soleil noir** que Gérard de Nerval a trouvé dans la célèbre *Melencolia I,* réalisée par Albrecht Dürer en 1514. Au seuil de la modernité, la gravure proclame la nécessité pour l'artiste de tenter, au risque de la solitude et de la folie, des voies inédites à l'esprit afin de découvrir et de maîtriser ce qui sans cela

MÉLANCOLIE

ne pourrait être connu. Chaînon entre les différentes époques, la *Melencolia I* est à la fois un aboutissement et une annonce; le thème de la **mélancolie** créatrice s'inscrit dans la longue durée et invite à une méfiance salutaire face aux périodisations trop rigides que défendent encore certains manuels scolaires.» («Mélancolie», «Histoire littéraire. Période médiévale»,.unil.ch)

◆ [*P. méton.*]

◗ [En parlant d'un aspect du comportement] **Mélancolie de** + *subst.* Mélancolie du regard, de la voix. «La mélancolie du sourire qui vous accueillait décelait les maux endurés» (J. de Pesquidoux, *Le Livre de raison*, 1925, p. 95).

◗ Manifestation de cet état d'âme (dans la pensée, l'attitude, le sentiment). Une mélancolie, des mélancolies; une mélancolie subite.

◆ *Par litote.*

• **Ne pas engendrer la mélancolie,** *loc. verb, fam.*

[Le sujet désigne une personne] Être d'une gaieté irrésistible, communicative, par tempérament ou dans une circonstance donnée. Elle n'engendre pas la mélancolie.

[Le sujet désigne une chose ou une situation] Être très amusant. «Je te promets que cette partie de mon roman n'engendrera pas la mélancolie» (G. Duhamel, *Cécile*, 1938, 98).

2. *En partic. Littér.* Sentiment d'une tristesse vague et douce, dans laquelle on se complaît, et qui favorise la rêverie désenchantée et la méditation. *Synon. Chagrin* (argot), *ennui, langueur, nostalgie, spleen* (littér.), *vague à l'âme*. Mélancolie douce, indéfinissable, romantique, vague; accent, nuance, pointe de mélancolie; air, expression de mélancolie; éprouver de la mélancolie; se laisser aller à la mélancolie. «Elle aimait la musique, quoique n'étant pas musicienne; elle y trouvait un bien-être physique et moral, où sa pensée s'engourdissait paresseusement dans une agréable mélancolie» (R. Rolland, *Le Matin,* in *Jean-Christophe,* 1904, p. 184). «Gloriette: [...] je sens que je m'attriste. Ce n'est pas grave. Ce n'est pas de la tristesse sans charme; c'est de la mélancolie, tu as les papillons blancs» (J. Renard, *L'Œil clair,* 1910, p. 134). «Angelo s'en alla faire un tour sur les boulevards extérieurs de la ville pour jouir d'un peu de mélancolie très savoureuse» (J. Giono, *Angelo,* 1958, p. 155).

6. «[...] il m'avait fait le **regard noir** et beau, mais avait bien rendu l'état de mon âme: la **mélancolie** se lisait dans ces yeux graves et aucun sourire n'en trouvait mes lèvres.»

(Fr. Chandernagor, *L'Allée du Roi,* 1981, p. 162.)

◆ [Avec l'*adj. noir*; pour marquer l'intensité] «J'étais retombée dans cette mélancolie noire qui me saisissait par périodes et qui m'avait déjà si fortement tenue à mon retour d'Amérique, à mon départ de Mursay, ou quand on m'avait séparée de ma bonne Céleste» (Fr. Chandernagor, *L'Allée du Roi,* 1981, p. 80).

◆ *Par personnification. Avec une majuscule.* • **La Mélancolie.** Figure de la Mélancolie, représentée notamment par Dürer, vers 1514, dans l'eau forte *Melencolia I,* sous les traits d'un ange asexué, devant le disque d'un soleil, sur des rochers, dans une pose accablée et morne, puis, en 1532, par Cranach, dans un tableau largement inspiré de la gravure de Dürer mais mettant en scène une jeune femme vêtue de rouge. «Watteau, [...]/Ton art léger fut tendre et doux comme un soupir,/Et tu donnas une âme inconnue au désir/En l'asseyant aux pieds de la Mélancolie» (A. Samain, *Le Chariot d'or,* 1900, p. 68).

◗ [La Mélancolie de Dürer] V. → *supra*, ex. 5, *infra*, ex. 8.

7. «*Mélaina cholé*: dans le nom même de la **mélancolie** est inscrite la **noirceur**. **Noire** la **bile**, **noire** les **idées**: depuis des siècles, médecins et malades, artistes et poètes vont répétant que le monde **mélancolique** est un monde décoloré. Si dans la **mélancolie** s'éprouve une perte, c'est d'abord celle du chromatisme. Témoins Dürer et la plus célèbre de ses eaux-fortes. Chef-d'œuvre de l'artiste de Nuremberg, qu'Erasme surnommait si justement "un Apelle de la ligne **noire**», *Melencolia I* est aussi l'image qui, dans l'histoire de l'art occidental, a fait couler le plus d'encre et **noircir** le plus de papier: astrologie et psychanalyse, théologie et **alchimie**, on a convoqué tous les savoirs pour tenter d'éclaircir ses mystères. Ni *color* ni *calor* dans cette complexe allégorie […], mais une immobile et silencieuse **obscurité** […]. Au milieu d'un bric-à-brac aussi inquiétant qu'énigmatique, la créature se tient assise: ailes repliées, la mine maussade, un compas dans la main droite, la joue gauche sur le poing serré, dans une pose contemplative que les hommes contemplent depuis des siècles […]. Indifférente ou apathique, elle jette hors du cadre de la gravure un coup d'œil halluciné: seul l'éclair **blanc** de ce regard illumine le visage, de même qu'une comète à l'arrière-plan éclaire le ciel **fuligineux**.»

(Y. Hersant, «Mélancolie rouge», in *Question de couleurs. IXe Rencontres psychanalytiques d'Aix-en-Provence*, 1990, p. 71.)

◗ [La *Mélancolie* de Cranach] V. → TÉNÈBRE(S), ex. 5.

8. «Exécutée en 1532, comme l'indique le millésime peint sur le rebord de la table dorée, de part et d'autre du serpent diptère dont l'artiste a fait sa marque, la *Mélancolie* de Cranach est postérieure de dix-huit ans à la *Melencolia I* de Dürer. À ces deux chefs-d'œuvre de l'art allemand, la postérité a réservé un sort critique très inégal […], l'une ne cesse d'occuper dans l'imaginaire occidental une place privilégiée […]; l'autre, en dépit de son splendide chromatisme, semble offusquer par le **sombre éclat** du trop fameux **soleil noir** et n'a éveillé l'attention que de rares spécialistes. Pourtant, entre la gravure et le tableau, la comparaison s'impose doublement. […] Cranach a pris Dürer pour référence […] tout en lui empruntant divers motifs (le chien triste, la sphère, l'ange), il construit une allégorie de sens diamétralement opposé. […] Or entre les deux allégories, la différence n'est pas seulement de style, mais thématique et sémantique: bien qu'on leur attribue le même titre, elles n'allégorisent pas la même chose, ni ne délivrent le même enseignement […], elles ne révèlent pas le même aspect du sujet en proie à l'**humeur noire**.

La figure dürerienne est généralement interprétée, par-delà les controverses, comme un portrait imaginaire du génie **mélancolique**; […] *Melencolia I* peut se décrire comme une synthèse inédite d'éléments traditionnels: en faisant fusionner le portrait d'une "ars geometrica" et celui de l'"homo melancholicus", Dürer a eu la hardiesse d'"élever la lourdeur animale d'un tempérament triste, terre à terre, à la hauteur d'une lutte avec des problèmes intellectuels". L'ange dürerien méditerait, à sa manière, sur les pouvoirs créateurs de l'artiste et de ses images intérieures.

C'est le désir, au contraire, que Cranach allégorise; dans son œuvre, une dynamique érotique se substitue à l'immobilité méditative. L'ange asexué de Dürer […] fait place à une Femme superlative qui s'emploie activement à nous réifier sous son regard […]. Coquette et aguicheuse, moins ange désormais que prostituée, vêtue de **rouge** pour donner le change ou pour signaler sa profession, c'est à une entreprise séductrice que s'adonne l'équivoque dame ailée.»

(Y. Hersant, «Mélancolie rouge», in *Question de couleurs. IXe Rencontres psychanalytiques d'Aix-en-Provence*, 1990, pp. 73-75.)

MÉLANCOLIE

9. «La **Mélancolie** de Cranach propose aussi, à l'évidence, une figuration du diabolique : derrière la ravissante, c'est le **Prince des ténèbres** qui se profile. Du reste, en matière de **mélancolie**, médecine et théologie se complètent et s'articulent : celle-là constatant que les malades, comme dit par exemple Ambroise Paré, voient partout "des diables, serpents, manoirs **obscurs**, sépulcres, et corps morts, et autres choses semblables" ; celle-ci n'oubliant pas que l'**humeur noire**, suivant l'enseignement de sainte Hildegarde, est liée au péché originel. [...] L'idée est commune au XVIe siècle – et le demeurera au XVIIe – que **mélancolie** et sorcellerie sont étroitement apparentées [...] ; les démonologues, pour la plupart, ont effectué ce rapprochement. À des fins, il est vrai, tout opposées : les uns pour accabler les sorciers, en faisant valoir que l'**humeur noire** prédispose aux illusions insufflées par le Malin ; les autres pour défendre les malheureuses, en expliquant médicalement que leurs visions fantastiques résultent d'une simple maladie. Nul besoin d'entrer dans ce débat pour étayer une hypothèse : l'allégorie de Cranach montre une sorcière en pleine action. tant ses gestes que ses vêtements la désignent comme maléfique [...].»
(Y. Hersant, «Mélancolie rouge», in *Question de couleurs*. IXe *Rencontres psychanalytiques d'Aix-en-Provence*, 1990, pp. 82-83.)

10. «Si Cranach suit un enseignement, ce n'est pas celui de l'humanisme. Mais bien celui de la Réforme, qui par la voix de Luther et de Melanchton a fermement rappelé une vieille doctrine théologique : "ubi est **melancholicum** caput, ibi Diabolus habet suum balneum" [Là où est une tête **mélancolique**, là le diable a son bain]. Seconde conclusion, non moins provisoire : au péril **mélancolique** est lié un danger chromatique – que par un nouveau paradoxe, le peintre dénonce chromatiquement. C'est à une mise en garde contre la couleur qu'il fait servir sa palette. Car une couleur en cache une autre : derrière la **rubescence**, la **noirceur**. Instable, moins fiable encore que la forme, la couleur est le support de la séduction : pour le dire d'un seul mot, Cranach a peint un *couleurre*.»
(Y. Hersant, «Mélancolie rouge», in *Question de couleurs*. IXe *Rencontres psychanalytiques d'Aix-en-Provence*, 1990, p. 85.)

• **Le Soleil noir (de la mélancolie)**, *loc. nom. masc.* [P. RÉF. aux vers célèbres de Nerval dans le poème *El Desdichado* (*Chimères*, 1854, p. 693) ; formule inspirée de la gravure de Dürer, *Melencolia I* : «Je suis le ténébreux, – le veuf, – l'inconsolé,/Le prince d'Aquitaine à la Tour abolie :/Ma seule *étoile* est morte, – et mon luth constellév/Porte le *Soleil noir* de la *Mélancolie*.»] V. aussi → *supra*, ex. 5, ex. 8. «[...] l'étoile s'est éteinte au ciel, mais le luth du poète garde le pouvoir de faire reparaître par l'incantation les astres funèbres, au centre desquels "le soleil noir de la mélancolie" verse des rayons obscurs» (M.-J. Durry, *G. de Nerval et le mythe*, 1956, p. 181). «On l'imagine dans le petit asile de P... dessinant des dessins mystérieux où une route se dirige vers "le soleil noir de la mélancolie" (P. Éluard, «Préfaces, Prières d'insérer», in *Poèmes retrouvés*, 1908-1966, 1966, p. 789).

♦ [En parlant d'une chose concrète ou abstraite] Caractère, aspect de ce qui inspire un tel état. *Synon.* **Brume;** → **Grisaille, ombre**. Mélancolie du crépuscule, du soir, de l'automne, d'un paysage ; mélancolie de l'automne, du clair de lune ; mélancolie d'un chant ; mélancolie des souvenirs. «C'est une immense nappe de mélancolie sous un ciel noir» (L. Bloy, *Journal*, t. 2, 1907, p. 355).

12. «[...] c'est une surprise et un enchantement, ces bords du lac impérial, ce grand paysage de **mélancolie** et de silence – en temps ordinaire, lieu **de ténèbres** s'il en fut jamais, dès la tombée des nuits,

MÉLANCOLIE

bien inquiétant et **noir**, sur lequel semblait planer un éternel deuil [...] »
(P. Loti, *Les derniers jours de Pékin*, 1902, p. 1169.)

▶ [Parfois sous la forme *noire mélancolie*] «[...] on fait rentrer les animaux domestiques et les étendards, on trait le ciel de sa noire mélancolie, on lui retire l'électricité comme une lente agonie, on range les flûtes dans les boîtes à musique, on lave les rues et on les cire de nouveau, la vie recommence [...] » (Tr. Tzara, *Grains et Issues*, 1935, p. 23).

✱ Par référence à la planète Saturne qui, d'après les astrologues, est une planète sombre, grise ou noire – « Saturne qui roule, perle irisée, libre dans son anneau... » (Colette, *La Maison de Claudine*, 1922, p. 56) – planète froide, ennemie des hommes et source de tristesse pour ceux qui sont nés sous son signe, on note plusieurs termes dérivés P. RÉF. à la couleur ou à l'influence néfaste et triste de cette planète : **SATURNIEN** et **SATURNIN** (V. → Mélancolique, fin article ✱), ainsi que **SATURNIE** [Du lat. scientifique moderne *saturnia*, du lat. classique *Saturnia* – fille du dieu Saturne – de *Saturnus*. P. réf. à la couleur noirâtre (couleur de tristesse et de mélancolie de ce papillon], *saturnie* désigne, en ENTOMOLOGIE, un grand papillon de nuit de couleur gris brun. *Synon. cour. Paon de nuit.* « Grâce à ses œufs verts, la seiche porte un nom cabalistique, au même titre que la saturnie du poirier... etc., grand papillon aux œufs d'émeraude. Les alchimistes grecs avaient coutume, dans leurs formules, de traduire le dissolvant hermétique par l'indication de sa couleur » (Fulcanelli, *Les Demeures philosophales et le symbolisme hermétique dans ses rapports avec l'art sacré et l'ésotérisme du grand œuvre*, 1929, p. 249). En ALCHIMIE, on nomme **saturne des sages**, la matière philosophale arrivée à l'état de noirceur complète. *Synon. de* → **Matière noire/matière au noir, tête de corbeau**. V. → Corbeau (**Tête de corbeau**) ✱✱, en partic. ex. 4.

13. « Laissez putréfier cette composition jusqu'à ce qu'elle devienne **noire** : cette **noirceur**, qui est appelée la **tête de corbeau** et le **saturne des sages**, fait connaître à l'artiste qu'il est en bon chemin. Mais pour ôter cette **noirceur** puante, qu'on appelle aussi **terre noire**, il faut faire bouillir de nouveau. »
(M. Caron, S. Hutin, *Les Alchimistes*, 1959, p. 157.)

◊ **MÉLANCOLIEUX**

[De *mélancolie*, + suff. *-eux. Synon.* de *mélancolique*. 1209 : « qui a trop de bile noire » ; 1268 : « mélancolique, triste, maussade ». Répertorié comme vieux mot dans *Ac. Compl. 1842, Besch 1845*, mais employé à nouveau au XIXᵉ siècle, notamment par Chateaubriand, en 1844 : « Indifférent et mélancolieux, cet Italien francisé [Retz] se trouva sur le pavé lorsque Louis XIV eut jeté les baladins à la porte » (*Rancé*, 1844, p. 128)]

Adj. Vx ou littér. [En parlant d'une personne ou d'un aspect de la personne, de son caractère] D'humeur chagrine, triste, morose. *Synon. Taciturne;* → atrabilaire, mélancolique, sombre. *Anton. Enjoué, gai, joyeux.* Des êtres mélancolieux, tristes ; caractère, tempérament mélancolieux.

1. « [...] mon père, je n'ai pas besoin de vous le dire, était d'un tempérament **saturnien** et **mélancolieux**, tempérament qu'il m'a en partie légué. »
(R. Queneau, *Pierrot mon ami*, 1942, p. 66.)

2. « Si l'humour est comme on le prétend la politesse du désespoir, l'œuvre de Patrice Delbourg justifierait à elle seule que fût créé un prix Nobel de la courtoisie. Ce Fregoli des lettres, ce stakhanoviste du mot d'esprit a fait de l'écriture un rempart à sa maladive anxiété, mais un rempart où l'on danse. L'auteur de "Vivre surprend toujours" (journal d'un hypocondriaque) et de "l'Ampleur du désastre" est aussi celui de "Demandez nos calembours, demandez nos exquis

MÉLANCOLIE

mots". Delbourg, c'est Cioran qui moucherait ses violents chagrins dans l'Almanach Vermot. Chaque fois qu'il consent à arracher au sommeil de ses tiroirs la matière ou l'hypothèse d'un ouvrage nouveau, celui-ci le désigne comme un de ces piétons de l'angoisse qui s'obstinent sur le trottoir impair de l'existence et ne s'évadent que dans le ressassement, l'emprunt, la compilation. Delbourg est l'incarnation du poète éternel. Kleptomane léger, écornifleur d'occasion, dissimulant un cœur **mélancolieux** sous son dufflecoat à brandebourgs, Delbourg jouit d'une singularité rare, sinon unique : le drôle, chez lui, ne tue pas le tragique. En cela, on peut assurer qu'il ne dépare pas la lignée kafkaïenne.»
(*Le Nouvel Observateur*, 18. 10. 2001 – J.-L. Ezine.)

∗ Les métonymies, en parlant d'une chose, et signifiant empreint de mélancolie ou de tristesse, ou qui incite à la mélancolie – *Lettre mélancolieuse ; mélancolieuses songeries* – encore notées au xixe siècle, ne semblent plus avoir cours de nos jours.

∗∗ V. aussi ➔ Saturnien, sous ➔ Mélancolique ∗.

◊ **MÉLANCOLIQUE**
[Emprunt au lat. *melancholicus*. Du grec *melancholicos*: « causé par la bile noire ; atrabilaire, mélancolique »]

Adj.

A. – *PATHOLOGIE*

1. *MÉDECINE ANCIENNE.*

a) Qui est sujet à la bile noire, à la mélancolie ; *p. méton.*, qui est triste, qui a l'humeur noire. *Synon. Bilieux, hypocondriaque ;* ➔ **Atrabilaire**. *Les saturniens sont mélancoliques.* V. ➔ Mélancolie, ex. 1, ex. 2.

b) Qui est dû à la bile noire. *Humeur mélancolique ; affections mélancoliques.*

2. *PSYCHOPATHOLOGIE*

a) Qui est atteint de mélancolie, de neurasthénie. *Synon. Bilieux, dépressif, neurasthénique, névrosé.* Une folle-mélancolique.

Emploi subst.

1. «Le **mélancolique**, dans ses phases dépressives, se refuse à toute initiative, fût-ce la moindre initiative musculaire. On le voit immobile, prostré sur lui-même, fuyant la lumière et les présences.»
(E. Mounier, *Traité du caractère*, 1946, p. 272.)

b) Qui concerne la mélancolie. *Dépression mélancolique.* V. ➔ noir, ex. 11.

«Les états mélancoliques les plus avancés, où le malade s'installe dans la mort et y place pour ainsi dire sa maison»
(M. Merleau-Ponty, *Phénoménologie de la perception*, 1945, p. 339).

B. – *P. ext. Cour.*

1. Qui est d'humeur chagrine ; qui est enclin à la mélancolie par tempérament. *Synon. Pessimiste, triste ;* ➔ **Cafardeux, sombre, ténébreux** *(littér.).* «[…] sa faiblesse physique l'avait rendu de bonne heure un petit garçon mélancolique, rêvasseur, qui avait peur de la mort, et qui était très mal armé pour la vie. Il restait seul, par sauvagerie et par goût…» (R. Rolland, *Jean-Christophe, Antoinette*, 1908, p. 833). *[P. méton.] Synon.* de *chagrin, maussade, morose. Esprit, humeur mélancolique.* V. ➔ MÉLANCOLIE, ex. 5. «Pierre Ilijtch Tchaïkovski […] dont la musique reflète le caractère tourmenté, mélancolique, que sa timidité rend profondément malheureux au milieu des plus grands succès.» (R. Dusmenil, *Histoire illustrée du théâtre lyrique*, 1953, p. 178).

2. Qui est momentanément en proie à la mélancolie ou à la tristesse. *Synon.*

MÉLANCOLIE

Abattu, affligé, triste. Anton. Gai, joyeux. Paraître mélancolique, rendre qqn mélancolique, trouver qqn bien/tout mélancolique. «Joseph [...] rentra dans le château [...]. Il était mélancolique jusqu'à l'amertume, jusqu'au dégoût. Il avait surtout le sentiment que ces choses auxquelles il avait donné sa vie, tout l'effort de sa vie, pourraient soudain cesser de lui plaire et de l'amuser» (G. Duhamel, *La Passion de Joseph Pasquier*, 1945, p. 183).
[P. méton.] Qui exprime la mélancolie. Air, attitude, regard, visage mélancolique; rêverie, sentiment mélancolique; accent, douceur mélancolique (de la voix, d'un geste). «Guernico sourit, de ce mélancolique sourire qui lui donnait souvent une expression d'enfant malade» (A. Malraux, *L'Espoir*, 1937, p. 694). «[Le] désœuvrement mélancolique qui suit le départ des invités cordiaux» (J. Gracq, *Le Beau ténébreux*, 1945, p. 42).

C. — [En parlant de choses concrètes ou abstraites] Qui inspire la mélancolie. *Synon. Morose, nostalgique, triste. Anton. Gai, joyeux. Chanson, musique, nocturne, note mélancolique; nature, paysage, site mélancolique.* V. → ATRAMENTEUX, ex. 1. «Partout l'automne est mélancolique, chargé du regret de ce qui s'en va et de la menace de ce qui s'en vient; mais sur le sol canadien, il est plus mélancolique et plus émouvant qu'ailleurs, et pareil à la mort d'un être humain que les dieux rappellent trop tôt...» (M. Hémon, *Maria Chapdelaine*, 1916, p. 109).

− *Emploi subst. masc. sing. à valeur de neutre, littér.* La poésie du sombre et du mélancolique.

∗ *Mélancolique* a donné, par apocope, **MÉLANCO**, *adj. inv., fam.* «Il est naïf et péremptoire, généreux et vaniteux et avec ça mélanco» (L. de Vilmorin, *Migraine*, 1959, p. 61).
∗∗ P. RÉF. à la planète Saturne (v. → SATURNE; → MÉLANCOLIE, fin article ∗), le terme *saturne* a donné le dérivé → **SATURNIEN**. *Adj. et subst.* Dans le domaine de l'*ASTROLOGIE*, l'*adj. saturnien*, établit un rapport avec la planète Saturne. «J'ai dans mon thème un trigone magnifique, absolument parfait, commandé par le soleil, avec de périodiques oppositions saturniennes que l'opinion courante déclare maléfiques au suprême degré... est-ce vrai?» (R. Abellio, *Heureux les Pacifiques*, 1946, p. 136.) *P. ext.* et par allusion au fait que la planète Saturne est une planète froide, ennemie des hommes, *saturnien*, en parlant d'une personne, de son tempérament, en souligne l'aspect mélancolique, triste et fonctionne comme antonyme de *jupitérien, gai, jovial.* «La timidité, la retenue excessive, certaines formes d'angoisse et d'anxiété, la méfiance, la soumission, peuvent être rattachées à la nature saturnienne» (G. Le Scouezec, *Les Arts divinatoires majeurs: l'Astrologie*, 1964, p. 221). V. aussi → MÉLANCOLIEUX, ex. 1. *Poèmes saturniens* est le titre donné par Verlaine, à un recueil de poésies mélancoliques et nostalgiques. «Il [Verlaine] a [...] écrit de purs chefs-d'œuvre: *La lune blanche/Luit dans les bois...* et quelques-uns des merveilleux sonnets de *Poèmes saturniens*» (Fr. Carco, *Nostalgie de Paris*, 1941, p. 149). *En emploi subst, saturnien* désigne une personne mélancolique. «Caractère d'Oreste: un faux mâle, tout à fait fait dominé par sa destinée. Il a besoin du crime pour motiver ses remords. Il est de ceux sur qui pèse une fatalité, c'est-à-dire qui se sentent une mission à remplir. Un saturnien, évidemment. Et il n'y a rien à faire à cela. Il ira jusqu'au bout de sa tâche, il le sait [...]» (A. Gide, *Journal: 1889-1939*, 1939, p. 146). «[...] Une girl "négroïde" à Berlin. Une fois pour toutes, Rufus l'avait classée parmi les Saturniennes nonchalantes» (J. Divigneaud, *L'Or de La République*, 1957, p. 25).

∗∗∗ On note dans *Rheims 1969*: **SATURNIN**, *adj.* employé par Laurent Tailhade, dans *Poèmes élégiaques*, 1907: «Eldorados, Icarie ou salentes,/Fuyons cet air opaque et saturnin.» Rheims hésite sur le sens de cet adjectif et lui donne soit le sens figuré de «triste» [...], soit le sens de «plombé, livide» (par réf au plomb, métal froid comme la planète).

NÈGRE/NÉGRESSE

NÈGRE/NÉGRESSE

[Emprunt à l'espagnol *negro* : « personne de race noire » (XVe s.)]

Adj. et *Subst.*

A. — Nègre/Négresse. *Subst. Vieilli* ou *péj.* et *raciste* (De nos jours). Personne de race noire, dite mélano-africaine. *Synon.* → Synon. → **Black, Noir.** Traite des nègres (v. → BOIS D'ÉBÈNE) ; travailler comme un nègre. V. → ATRAMENTER, ex. 2, KEBLA, ex. 1, NÉGRITUDE, ex. 2, ex. 3, ex. 4, NOIR, ex. 20. « Une négresse, c'est une femme qui a des grains de beauté plus nombreux que les grains de sable de la mer » (J. Renard, *Journal*, 1910, p. 508). « Son voisin sur le banc, dans notre petite communauté il ne passe pas inaperçu... c'est un nègre du plus beau noir... on ne doit pas trouver plus foncé parmi toutes les ethnies africaines » (A. Boudard, *Les Enfants de chœur*, 1982, p. 236). « Si t'es pauvre et noir, t'es un nègre... Si t'es plein aux as et noir... eh ben, on voit plus que la couleur de ton pognon ». (A. Page, *Tchao pantin*, 1982, p. 5).

1. « Elle est **noire** comme cirage,
comme un nuage
au ciel d'orage,
et le plumage
du corbeau,
et la lettre A, selon Rimbaud ;
comme la nuit,
comme l'ennui,
l'encre et la suie !
Mais ses cheveux,
ses doux cheveux,
soyeux et longs
sont plus **blonds,** plus **blonds**
que le soleil
et que le miel
doux et **vermeil,**
que le vermeil,
plus qu'Eve, Hélène et Marguerite,
que le cuivre des lèchefrites,
qu'un épi **d'or**
de Messidor,
et l'on croirait **d'ébène** et **d'or**
La belle **Négresse,** la **Négresse blonde !** »

(G. Fourest, « La Négresse blonde »,
in *La Négresse blonde,* 1909,
J. Corti, pp. 13-14.)

2. « Oui, je sais que tout le monde, **Blanc** et **Noir,** est d'accord sur le fait qu'un **nègre,** appelant si peu d'indulgence de par sa couleur, n'est tolérable que dans la mesure où il se comporte comme un saint »

(J. Zobel, *La Rue Cases-Nègres,*
1950, p. 291.)

3. « Les femmes [...]. Toutes, les jeunes, les vieilles, les entre-deux, toutes elles ont leur fascination. Celles qui portent fièrement leurs rides et s'en font un argument de choc... Les **négresses,** les longues femmes **de nuit,** taillées dans un seul bloc de matière ultra-dense, sans **ombres,** sans nuances, les très très **noires,** arrogantes reines de Saba, longues, longues, tête petite, crâne dur, serré, serré, au bout du long rigide flexible cou, yeux-dents-lèvres, oripeaux tintinnabulants... Comme alors on sent que nous, **blancs,** sommes inachevés, que ce pigment **sombre** qui nous manque est une lacune, une infirmité, pauvres tristes petits **cochons roses** tout nus... »

(Fr. Cavanna, *Maria,* Pierre Belfond,
1985, pp. 242-243.)

— *En partic.* • **Nègre blanc,** *loc. nom. masc.* Personne ambiguë du point de vue de ses origines raciales ou de ses opinions. «Né au Sénégal à Dagana près de la frontière mauritanienne sur les bords du lac de Guier, en pays Toucouleurs d'un père adjudant-chef dans la Coloniale et d'une mère infirmière originaire du Morbihan, broussard comme eux, Champenois est un nègre blanc» (C. Paysan, *Les feux de la chandeleur*, 1966, p. 84). «Au fond, ajouta-t-il avec malice, je me demande si ce n'est pas ce qui te défrise le plus, que ta sœur épouse un nègre blanc... — J'aurais préféré qu'elle t'épouse toi, Loussa, nègre noir, avec ta littérature chinoise dans ta camionnette rouge» (D. Pennac, *La Petite marchande de prose*, 1989, p. 43). [*En appos. à valeur d'adj.*; en parlant d'une chose abstraite, d'une production de l'esprit] Ambigu; qui ménage «la chèvre et le choux», vise à ne mécontenter personne jusqu'à en devenir inefficace. «Il va de soi que la palabre se termina en queue de poisson et que la motion nègre-blanc fut adoptée. Il y eut encore pourtant quelques tentatives de conciliabules particuliers, tout, paraît-il, n'ayant pas été suffisamment redit [...]» (J. Perret, *Roucou*, 1936, p. 95). «Des solutions nègre-blanc» (*Pt. Rob.* 2004).

♦ *Loc. verb. Argot. Vieilli* ou *vulgaire. Raciste.*

• **Faire noir comme dans le (trou du) cul d'un nègre**, *loc. verb./(Rare, p. ell., en loc. nom.:)* • **Dans le trou du cul d'un nègre**. [Pour exprimer l'intensité de l'obscurité]

> 4. «"Nous disons donc 133 250..." Il ne risquait pas de vous donner une demi-jetée [50 anciens francs] de plus... Pour éviter toute contestation possible, il avait toujours l'appoint, ses fouilles pleines de petites coupures, de menue monnaie. Dans le **trou du cul d'un nègre** il aurait pu s'y reconnaître avec son fric... Au toucher.»
> (A. Boudard, *La Métamorphose des cloportes*, 1962, p. 162.)

∗ Dans le même ordre d'idées et par ironie, Paul Bilhaud (1854-1933, membre des Hydropathes, auteur de vaudevilles et de chansons de café-concert) fit, à la fin du XIXe siècle, un tableau entièrement noir qu'il intitula ***Combat de nègres dans un tunnel***. Ce tableau fut accroché en 1882 à la première exposition des *Arts incohérents* et devait inspirer à Alphonse Allais l'idée de son *Album primo-avrilesque*: «C'était en 18... (Ça ne nous rajeunit pas, tout cela.) Amené à Paris par un mien oncle, en récompense d'un troisième accessit d'instruction religieuse [...], j'eus l'occasion de voir, avant qu'il ne partît pour l'Amérique, enlevé à coups de dollars, le célèbre tableau de la manière noire, intitulé: ***Combat de nègres dans une cave pendant la nuit***. L'impression que je ressentis à la vue de ce passionnant chef-d'œuvre ne saurait relever d'aucune description. Ma destinée m'apparut brusquement en lettres de flammes. – Et moi aussi je serai peintre! m'écriai-je [...] Le peintre en qui je m'idéalisais, c'était celui génial à qui suffit pour une toile une couleur: l'artiste, oserais-je dire, monochroïdal. Après vingt ans de travail opiniâtre, d'insondables déboires et de luttes acharnées, je pus enfin exposer une première œuvre: ***Première communion de jeunes filles chlorotiques par un temps de neige***. Une seule exposition m'avait offert son hospitalité, celle des Arts incohérents, organisée par un nommé Jules Lévy, à qui, pour cet acte de belle indépendance artistique et ce parfait détachement de toute coterie, j'ai voué une reconnaissance quasi durable. Si j'ajoutais un mot à ces dires, ce serait un mot de trop. Mon Œuvre parlera pour moi!» L'expression ***Combat de nègres dans un tunnel***, se dit aussi, par plaisanterie, pour insister sur l'aspect très sombre d'un lieu, d'une pièce.

• **Étrangler une négresse**, *loc. verb. fig.* [P. RÉF. à la couleur foncée de la bouteille] Boire une bouteille de vin rouge.

> 5. «Giani et le Moko avaient déjà **étranglé** deux **négresses** quand le gros Sam est arrivé.
> – ... et une **rouille** de péteux, dit-il, c'est moi qui régale. C'est l'anniversaire de mon chien!»
> (P. Perret, *Le petit Perret illustré par l'exemple*, 1995, p. 224.)

NÈGRE/NÉGRESSE

♦ *En emploi adj. Vieilli* ou *péj.* [En parlant d'une personne, d'un groupe de personnes] Qui appartient à la race noire; qui est composé de personnes de race noire. Femme nègre; tribus nègres. [En parlant d'une chose abstraite] Qui a rapport à la race noire, à sa culture. Art, musique nègre. V. → NÉGRO, ex. 3, et **negro spirituals**. «La Société Africaine va devenir la société culturelle du monde noir et sera amenée à inclure la diaspora nègre, c'est-à-dire les dizaines de millions de noirs répartis sur les continents américains» (Fr. Fanon, *Les Damnés de la terre*, 1961, p. 261).

∗ *Nègre*, lorsqu'il est employé en parlant d'une personne, est ressenti comme un terme péj., raciste et injurieux (remplacé pour ces raisons par *noir*, et plus récemment par *black* jugés plus neutres). *Nègre, adj.* employé dans le domaine de l'art – *art nègre, musique nègre*, s'il n'est pas chargé de la même connotation dépréciative, tend toutefois à être remplacé par *black*. V. → **Musique black**.

B. — *P. anal. Rare.* **Nègre**. *Subst. masc.* [Pour désigner une chose concrète sombre, noire]

6. «Le pays, couvert de forêts de chênes **noirs** opulents, d'où lui vint son nom d'Armagnac **noir** ou le **nègre**»
(J. de Pesquidoux, *Le Livre de raison*,
t. 2, 1928, p. 119).

∗ *Nègre* et sa variante *tête (-) de (-) nègre* désigne, non une nuance de noir, mais de brun plus ou moins foncé. «Elle se fit faire par Yvonne une robe discrète, beige et tête de nègre, pour la cérémonie intime» (L. Aragon, *Les Voyageurs de l'impériale*, 1947 p. 610). «Nous ne ramassions que les jeunes cèpes à la queue galbée, et dont la tête était coiffée d'un beau velours tête-de-nègre ou violacé» (S. de Beauvoir, *Mémoires d'une jeune fille rangée*, 1958, p. 79). «On s'assied dans son ancien fauteuil devenu le mien, un vieux club tête de nègre, râpé» (C. Paysan, *Les Feux de la Chandeleur*, 1966, p. 166). «Le café […] est plutôt pâteux, lourd à la langue. Non pas noir, mais brun (tête de nègre, dit-on)» (Fr. Nourissier, *Le Maître de maison*, 1968, p. 154). *Tête de*

Nègre, subst., par anal. de couleur (mais aussi de forme) désigne en BOTANIQUE [MYCOLOGIE] une variété de cèpe à chapeau brun et rond, et en PÂTISSERIE, un gâteau meringué de forme ronde, recouvert de copeaux de chocolat noir et *nègre en chemise* un entremet au chocolat garni de crème.

∗∗ *Nègre* et *tête de nègre*, ressentis de nos jours comme des termes à relents racistes, sont bannis, en tant que mots de couleur, des catalogues de vente par correspondance, depuis une vingtaine d'années, et sont absents du corpus d'ouvrages informatisés Frantext depuis 1972.

∗∗∗ *Négrita* est le nom d'une marque de rhum d'origine «exotique», créée par Paul Bardineten 1857, dont l'affiche met en scène une antillaise à la tête enrubannée de madras et dont le nom viendra d'Espagne par la formule «El ron de la Negrita».

◊ **NÉGRESCENT, ENTE**

[De *nègre*: «noir», + *suff.* -escent, -escente, du lat. *escentem*, qui sert à former des adj. dont la plupart sont empruntés au lat. et signifient «qui prend la qualité» ou «qui commence à» (v. aussi *albescent, flavescent, irisdescent, lactescent, opalescent, rubescent*)].

Adj. Vieilli ou *péj.* [En parlant d'une personne] Dont le type physique se rapproche de celui du nègre; dont la couleur de la peau se rapproche du noir. «Pour l'instant, les justes étaient tous noirs, noir d'ivoire, mulâtres olive, quarterons foncés, […] métis bistres, créoles négrescents» (P. Morand, *Magie noire*, 1930, p. 59). «Les puants du cinéma et du porte-plume, tous métèques, négrescants [sic], macaques épouillés de l'avant-veille» (M. Aymé, *Travelingue*, 1941, p. 127).

◊ **NÉGRITUDE**

[De *nègre* + *suff.* – *itude* (du lat. – *itudo*) exprimant la situation ou l'état, la qualité ou le défaut]

NÈGRE/NÉGRESSE

Subst. fém. Littér. Mod. (Néologisme prononcé par le poète martiniquais Aimé Césaire au cours de discussions avec des étudiants, à Paris, en 1930, et écrit dans la revue des étudiants martiniquais, *L'Étudiant noir*, de l'année 1934. Ce terme deviendra le titre d'un des poèmes que Césaire publia en 1939 dans *Cahier d'un retour au pays natal* et sera repris et développé par le poète Léopold Senghor, notamment en 1945 dans *Chants d'ombre*). Identité noire; ensemble des valeurs culturelles des civilisations d'Afrique noire. V. → KEBLA, ex. 1, NÉGRO, ex. 3, NOIRISME, ex. 1, ex. 4.

1. «Ma **négritude** n'est pas une pierre, sa surdité ruée contre la clameur du jour
Ma **négritude** n'est pas une taie d'eau morte sur l'œil mort de la terre
Ma **négritude** n'est ni une tour ni une cathédrale.
Elle plonge dans la chair rouge du sol
Elle plonge dans la chair ardente du ciel
Elle troue l'accablement opaque de sa droite patience.»
(Aimé Césaire, «Ma négritude», *Cahier d'un retour au pays natal*, 1939).

2. «La **Négritude** (Jean-Paul Sartre).
De l'**ombre** au soleil, l'existence est une reconquête de soi. Le peuple **noir**, ethnie sacrifiée, déportée, colonisée, a tenté sa renaissance dans le limon de sa souffrance. Le fer aux chevilles, il s'avance difficilement vers ce soleil, symbole de vie, qui réchauffe sa peau **noire** mais projette son ombre sur le sol de l'injustice.
"La **négritude** sera révolutionnaire ou ne sera pas" criait Senghor, rêvant d'arracher les affiches des **nègres Banania**, sur les murs de Paris. Ses amis poètes se sont alors associés à lui pour rechercher leurs racines perdues et lutter contre l'assimilation. Cette renaissance part d'une quête intérieure, une descente aux enfers d'un Orphée qui revient à la lumière, vainqueur et transformé. L'habit de la connaissance, c'est la redécouverte de ces traditions, qui cache difficilement un corps blessé pur l'abominable sentiment de la différence.
[...] La **Négritude**, c'est ce tam-tam lointain, dans les rues nocturnes de Dakar, ce sont ces cris vaudous sortis d'un soupirail haïtien et qui glissent au ras de la chaussée, c'est ce masque congolais mais c'est aussi ce poème de Césaire, baveux, sanglant, plein de glaires qui se tord dans la poussière comme un ver coupé.»
(J.-P. Sartre, «Orphée Noir» préface *à Anthologie de la nouvelle poésie nègre et malgache de la langue française*, (sous la dir. de L.-S. Senghor), 1948).

3. «Le terme de **négritude** a été souvent contesté comme mot avant de l'être comme concept. Et l'on a proposé de lui substituer d'autres mots: **mélanité**, *africanité*. On pourrait continuer. Et pourquoi pas *éthiopité* ou *éthiopianité*? Je suis d'autant plus libre de défendre le terme qu'il a été inventé, non par moi comme on le dit souvent à tort, mais par Aimé Césaire.
[...] Pour revenir donc à la **Négritude**, Césaire la définit ainsi: "La **Négritude** est la simple reconnaissance du fait d'être **noir**, et l'acceptation de ce fait, de notre destin de **Noir**, de notre histoire et de notre culture." Ce texte est d'autant plus intéressant que, dans sa brièveté, il contient deux définitions complémentaires du concept. En effet, [...] le mot — et, partant, le concept — a un double sens: subjectif et objectif.
Objectivement, la **négritude** est un fait: une culture. C'est l'ensemble des valeurs — économiques et politiques, intellectuelles et morales artistiques et sociales — non seulement des peuples d'**Afrique noire**, mais encore des minorités **noires** d'Amériques, voire d'Asie et d'Océanie. [...]
Subjectivement, la **Négritude**, c'est "l'acceptation de ce fait" de civilisation et sa projection, en prospective, dans l'histoire à continuer, dans la civilisation **nègre** à faire renaître et accomplir. C'est en somme la tâche que se sont fixés les

NÈGRE/NÉGRESSE

militants de la **Négritude**: assumer les valeurs de civilisation du monde **noir**, les actualiser et féconder, au besoin avec les apports étrangers, pour les vivre par soi-même et pour soi, mais aussi pour les faire vivre par et pour les Autres, apportant ainsi la contribution des **Nègres** nouveaux à la *Civilisation de l'Universel*.
Il est donc entendu que, dans le présent exposé, le mot **Négritude** vise le concept dans son acceptation la plus générale, englobant ainsi tous les mouvements culturels lancés par une personnalité noire ou par un groupe de Nègres : aux États-Unis, mouvements de **Niagara** et de la *Negro-Renaissance* ; aux Antilles, mouvement de l'École haïtienne ; en Afrique, mouvement anglophone de l'*African Personality*, aux Antilles et en Afrique, mouvement francophone de la "**Négritude**".»
(L. S. Senghor, «Qu'est-ce que la Négritude?», 1971 – «l'Année francophone internationale», 1997).

4. «Ma **Négritude**, consensuelle et cordiale, est juste l'expression d'une différence dont j'ai bon droit de demander l'acceptation par tous. Pour entrer un jour dans la Cour des Grands, ma **Négritude**, qui est Mémoire, Madame, se parera du souvenir de tout ce que les **Nègres** (qui n'ont inventé ni la boussole ni la poudre à canon) ont créé de grand et de beau pour enchanter le monde. Je prendrai le Jazz de Louis Armstrong et la géométrie des pyramides, le rire de Langston Hugues et les vers incandescents du **Nègre** fondamental, les Amazones de Béhanzin et le ciel au-dessus des Quilombos. Je prendrai surtout le Swing, Madame, enfant **Nègre** turbulent qui n'a que faire de l'ordonnancement de votre chignon.»
(A. Largange, «De ma Négritude au xxie siècle», 22. 7. 2003).

5. «La **négritude** désigne l'ensemble des valeurs culturelles et spirituelles des civilisations d'**Afrique noire** ; elle est ainsi l'expression de l'affirmation de la dignité des **Noirs**, découlant de la prise en charge de leur destinée. Ce mouvement, d'ordre littéraire avant tout, puise aux sources de la culture et du folklore africains, mais il ne se limite pas au seul domaine artistique. Car la **négritude** est tout autant une prise de position politique, et le concept a joué un rôle important dans la lutte contre le colonialisme ; il s'est manifesté à ses débuts dans l'*Étudiant noir* – revue fondée à Paris en 1934 par Léon Damas, Aimé Césaire et Léopold Sédar Senghor –, puis, à partir de 1947, dans *Présence africaine*, nouvelle revue dirigée par Cheikh Anta Diop. La notion de **négritude** connaîtra alors sa période la plus féconde, sur le plan des débats tant littéraires qu'ethnologiques ou politiques.»
(«Négritude», Encyclopedia.yahoo.com).

◊ **NÉGRO**

[De l'espagnol *negro* : « noir »]

Adj. et subst.

A. — *Adj.* [En *loc. nom.* dans laquelle *negro* signifie *noir*] • **Vomito negro**, *loc. nom. masc.* PATHOLOGIE. Vomissement de sang noir qui s'observe dans la fièvre jaune ; *p. méton.* Synon. de → **Fièvre jaune**.

«La fièvre jaune [...] L'on vomit noir comme du caviar pressé. D'où l'autre nom de la fièvre jaune, le vomito negro»
(P. Morand, *Paris-Tombouctou*, 1929, p. 39).

✱ *Du monde entier au cœur du monde, Vomito negro*, est le titre d'un roman de Bl. Cendrars, paru en 1957.

1. «Sans parler des crocodiles, des tigres et des jaguars, il y avait eu les moustiques, la **fièvre jaune**, le **vomito negro**, les flèches au curare, sans parler de l'absence de femmes créant un climat favorable à la disparition des maladies vénériennes, certes, mais enfin, tout de même, sans parler de l'absence de femmes.»
(R. Queneau, *Loin de Rueil*, 1944, p. 190).

2. «[...] à Cristobal où les putains piaillent comme perruches en volière, jouent des griffes, des yeux, de l'éventail, de la lame plantée dans leur chignon, se trémoussent sur un air de cucaraja, sont métissées, malsaines, stupides, mais diaboliques, la plus dangereuse des escales pour un jeune marin, après la **fièvre jaune** et le **vomito negro**.»
(Bl. Cendrars, *Bourlinguer*, 1948, p. 254.)

B. — *En partic.*

1. *Subst. Péj. Raciste* (de nos jours) Personne qui appartient à la race noire ou a une race à peau très foncée. *Synon.*
→ **Black, Nègre, Noir.** V. → BLANCHE-NEIGE, ex. 2. «Les négros et les bicots» *(Pt. Rob. 2003)*.

En emploi adj. [Sans nuance *péj.* dans le contexte de l'art].

3. «*Poètes **négro**-africains francophones.* Éditions Pemf. Collection Regards sur les lettres. [...] L'expérience **négro**-africaine intéresse tous les créateurs soucieux de servir une culture régionale ou nationale dans une langue devenue trop confidentielle. Pourquoi et comment les écrivains africains sont-ils passés d'une tradition poétique orale dans leur langue originelle à une expression généralement écrite dans la langue du colonisateur français? Comment être soi-même et faire vivre sa culture dans ces conditions? Les étapes du cheminement des artistes **noirs** (ou "**nègres**") jusqu'à nos jours sont successives: au temps de la colonisation, l'oubli de la tradition pour une poésie d'imitation des nouveaux-venus. Bientôt la révolte et l'invention de l'idée de "**négritude**" émerge aux Antilles et en **Afrique noire** à la fois, avec Senghor ou Césaire. Enfin, avec Amadou Lamine Sall ou Charles Carrère-Mobdji voici le recours maîtrisé aux sources diverses dont disposait l'artiste **noir**: la tradition retrouvée, la sensibilité africaine et, pour véhicule, une langue française reconstruite au gré du poète.»
(RFO, Culture, «Poetes negro-africains»).

2. [En parlant de l'art, de la culture] Qui a rapport à la race noire; qui en est caractéristique. *[Parfois en apposition à un autre terme]* L'art négro-africain, négro-américain. V. → NÉGRITUDE, ex. 3.

• **Negro-spiritual,** *loc. nom. masc.* [Anglo-américain (1867). De *negro*, emprunt à l'espagnol et de *spiritual*: «qui concerne la religion»] *Subst. masc. Mod.* (1926). *[ART/ MUSIQUE]* Chant religieux chrétien des Noirs des États-Unis qui réalise une symbiose du chant européen protestant, de la musique et des traditions religieuses africaines (d'après *Musique 1976*). Chanter des negro spirituals. «Sister Rosetta Tharpe personnalise et humanise les negro spirituals. Elle les interprète avec une si chaleureuse cordialité que ces chants quasi religieux prennent le ton de conseils ou de confidences» (*Le Figaro*, 22 nov. 1966, p. 28, c. 4).

4. «Auteur de "Dieu est **noir**", Bruno Chenu explique comment le chant des esclaves est devenu un chant de révolte et d'espoir aujourd'hui universel. Le cri de la conscience dans toute situation d'oppression. L'âme des **negro spirituals** chante toujours. Les spécialistes dénombrent environ 6 000 **negro spirituals.** Ces chants religieux populaires ruraux nés au temps de l'esclavage, sont aujourd'hui un modèle d'un métissage musical et religieux réussi, issu d'une rencontre incroyable entre un message, un peuple et une musique, entre les damnés de la terre et la Bible, entre la terre et le ciel.»
(Br. Chenu, «*Le grand livre des negro-spirituals*», assomption.org).

NIELLE

[Du bas lat. *nigella*, féminin substantivé du lat *nigellus*: «noirâtre», dérivé diminutif de *niger*: «noir»]

NIGELLE

A. — *Subst. fém.*
1. BOTANIQUE. *Rare* ou *Région.* *Synon. sc.* → **Nigelle.**
2. *P. ext.*

a) [P. RÉF. à la couleur noire des grains de blé niellés, mêlés de nielle et par comparaison avec celle des graines de la plante] Maladie de l'épi des céréales (notamment du blé), d'origine cryptogamique, qui convertit l'épi en une poussière noirâtre. *Synon. Carie*; → **charbon.** « La carie et la nielle du blé sont parfois confondus sous le nom de charbon » (*Pt. Rob. 2004*).

> 1. « Voir toute sa ferme emplie de ces belles gerbes, mûres et saines, sans charançon, **nielle** ni **charbon**, c'était pour lui le bonheur. »
> (J. de Lacretelle, M. Guéritte, *Sarn*, 1930, p. 234.)

b) « Maladie du blé qui convertit le grain en une masse blanche, qui serait due à l'influence des brouillards » (*TLF*).

∗ L'ancien français *niele* désignait un brouillard nuisible aux céréales.

B. — *P. anal. de couleur.* [P. RÉF. à la couleur noire des grains toxiques de la plante appelée *nielle* ou *nigelle* et P. RÉF. à la couleur noire des grains de céréales gâtés par la nielle]

1. *Adj.* et *subst. fém.* Rare. Couleur noire.

> 2. « Mais tous marchaient sans faire craquer les brindilles et leurs prunelles humides, incongelables, défiaient la saison, la fleurissaient malgré elle, sur quatre tons: **nielle, bleu de lessive, rouille** et **vert-bouteille.** »
> (H. Bazin, *Le Bureau des mariages*, 1951, p. 42.)

2. *Subst. fém.* ART / ORFÈVRERIE. « Incrustation sur métal précieux d'un émail noir, composé d'argent, de cuivre, de plomb, de borax et de soufre, une addition de sel d'amoniac, qui est cuit au feu (Béguin, *Estampe*, 1977); *p. méton.*, émail noir dont on se sert pour cette décoration » (*TLF*).

∗ De la même famille: **NIELLER**, *verbe*. « Gâter une céréale, notamment le blé, par la nielle » (*TLF*); en ORFÈVRERIE, « Orner de nielles un bijou ou une pièce d'orfèvrerie. Nieller la poignée d'un sabre » (*Ac 1935*). *P. métaph.* « Luttant contre l'ombre, la clarté de la grosse lampe basanait un morceau de cuir, niellait un poignard de paillettes étincelantes » (M. Proust, *Du côté de Guermantes*, 2, 1921, p. 97). **NIÉLLÉ, ÉE**, *adj.* « Cette orfèvrerie [...] est une réunion de six pièces [...] toutes disposées sur une table de bronze recouverte d'argent niellé » (Grandjean, *L'Orfèvrerie au* XIXe *s.*, 1962, p. 46). *P. métaph.* « Une haute et molle toiture, dont l'ardoise, niellée de verdures et de lichens safranés » (A. de Châteaubriant, *Monsieur des Lourdines*, 1911, p. 5).

NIGELLE

[Du lat. *nigella*, forme savante de *nielle*: « noir »]

Subst. fém. BOTANIQUE. Plante herbacée (famille des *Cariophyllacées*) dont les graines noires toxiques peuvent altérer les qualités de la farine lorsqu'elles sont moulues avec les grains de blés. *Synon. région.* → nielle. « *Nigelle des champs. Nigelle de Dames* » (*Pt. Rob. 2003*).

> 1. « Aster tout saupoudré de guêpes
> **Orange** sur un **tableau noir**
> Muraille de l'enfer du blé
> Souci la route est achevée
> Cytise les joncs se délassent
> Jacinthe la rainette rêve
> **Nigelle** le portail s'abat
> Chrysanthème cheval brutal [...] »
> (P. Éluard, « Les raisons de rêver, blason des fleurs et des fruits », *Le Livre ouvert, 2*, 1942, p. 1086.)

NOIRÂTRE

[De *noir*, + *suff.* -*âtre*]

Adj. Qui tire sur le noir ; qui n'est pas d'un noir pur. *Synon.* Foncé ; → sombre. Teinte noirâtre ; tâche noirâtre ; fumée, poussière noirâtre ; costume noirâtre. V. → MÉLANCOLIE, ex. 1. «Tous ces tableaux, qui jadis étaient peints et dorés, ont pris, sous les suintements de l'humidité éternelle, une triste couleur noirâtre avec, par place, des luisances de chose mouillée» (P. Loti, *Un pèlerin d'Angkor*, 1912, p. 1205). «[...] une matière noirâtre que je ne savais pas être du caviar» (M. Proust, *À la recherche du temps perdu*. 4. *À l'ombre des jeunes filles en fleurs*, 1918, p. 549). «Certaines dames ont même payé de leur personne – une quéquette noirâtre dans un cul tout rose pour une misère d'anthracite» (A. Boudard, *Mourir d'enfance*, 1995, p. 146).

En partic. [En parlant de la peau, du teint] *Synon.* → **Basané, bistre.** Teint noirâtre.

Emploi subst. Rare. Cette couleur tirant sur le noir. «[...] personnages dessinés en noirâtre sur des sables clairs» (P. Loti, *Vers Ispahan*, 1904, p. 880).

NOIRET, ETTE

[*Du vx français noiret, ette. De noir*, + -*é*, *ée*]

Adj. Région. [*Canada*]. «Un peu noir ; tirant sur le noir, noirâtre» (*Canada 1930*).

NOIRAUD, AUDE

[De *noir*, + *suff.* -*aud*]

Adj. et *subst. Fam.*

A. – *Adj.* De couleur foncée ; brun très foncé à noirâtre.

1. [En parlant d'objets] *Rare, péj.* «Ses claires et spirituelles peintures [de Vernet] ont moins de poésie que les gravures noiraudes où Raffet montre les carrés battus par la cavalerie» (L. Hourticq, *Histoire générale de l'Art. La France*, 1914, p. 354).

2. [En parlant du teint] *Synon.* → **Basané, bistre.** Face, figure noiraude. «Son maigre visage aux yeux de créole, au teint noiraud, aux oreilles débridées et mordues par la bise» (R. Bazin, *Le Blé qui lève*, 1907, p. 182). «Aujourd'hui même, [...] il croyait voir apparaître son visage noiraud et ses nattes nouées de rubans rouges aux extrémités entre les potées de géraniums» (R. Sabatier, *Les Fillettes chantantes*, 1980, p. 48).

B. – *Adj. et subst.* (Personne) Qui a le teint foncé et les cheveux foncés, bruns ou noirs. Être noiraud ; garçon noiraud. V. → Jais, ex. 5. «[...] un petit noiraud, râblé, une tête de corse avec des yeux de braise» (R. Martin du Gard, *Les Thibault, L'Été 1914*, 1936, p. 737). «Tous ses frères étaient blonds, d'un blond pâle, [...] lui était un noiraud aux yeux de braise» (Bl. Cendrars, *Bourlinguer*, 1948, p. 256). «De teint c'était une noiraude, peut-être grillée au soleil dans les champs... mais plutôt prune» (A. Boudard, *Mourir d'enfance*, 1995, p. 13).

◊ NOIRCICAUD, AUDE/ NOIRCICOT

[De *noir* ; sur le modèle de *moricaud*]

Argot.

A. – *Adj.*

1. Noir. *Mod.* (1960, Devaux, in *Colin-Mével 1990*) «Les éclairs de diame qui sortaient de ses lotos plus noircicauds que l'aileron d'un corbeau» (Devaux, in *Colin-Mével 1990*).

NOIRCEUR

2. *Au fig.* (1928, Esnault, in *Colin-Mével 1990*) Ivre. Il est complètement noircicaud.

B. — *Subst. masc. Mod.* [1975, Le Breton, in *Colin-Mével 1990*] Homme à peau noire. « De voir les noircicauds se geler les roustons en balayant les rues, ça fait peine au battant » (Le Breton, *Argot*, 1975). « Au "Black-Dancing", des mousmées respectables radinaient en loucedé pour se farcir les noircicauds qui avaient un gourdin comac ! » (P. Perret, *Le petit Perret illustré par l'exemple*, 1995, s.v. *noircicaud*.)

1. « Y m'cherche z'ou quoi, l'**Noircicot** ! T'sais qu'j'vais l'signaler aux équipes de nettoyement à Le Pen, moi ! tu vas voir Nonœil, comment t'est-ce il lui apprendra la politesse à c'**sac d'suie**. »
(Fr. Dard, *Galantine de volaille pour dames frivoles*, 1987, p. 133, in *Dict. San-Antonio*, 1993.)

◊ **NOIRPIAUD, AUDE**
[De *noir*]

Adj. et subst. Région. [*Thiérache*]. *Vieilli.* (Personne) Qui a le teint sombre et aux cheveux foncés. *Synon.* → **Noiraud**. « Tu sais bien qu'on ne te fait pas tort de rien ! Mais c'est toi qui as toujours été méchante ! Quand tu étais petite, tu ne criais pas quand on te battait, dis, noirpiaude, vilaine ! Est-ce qu'elle n'est pas l'aînée ? Qu'as-tu à lui reprocher, jalouse ? » (P. Claudel, *L'Annonce faite à Marie*, 1912, p. 35.) « Par exemple, la citation : noirpiaude, vilaine, vilaine, venait à l'appui de mon idée de magnifique art primitif ou paysan. Je n'avais mis là aucune idée de mépris, au contraire » (Alain-Fournier, *Correspondance avec Jacques Rivière (1905-1914)*, *1906*, 1914, p. 331). « C'était une jeune fille noirpiaude, les grands yeux noirs de nuit claire n'avaient pas encore gagné leur combat contre les joues » (Cl. Roy, *Une Colombe noire*, 1966, p. 39, in *Rheims 1969*).

1. « Pour les deux petits garçons qui font du patin à roulettes sur le ciment de la passerelle, pour l'ébouriffé **blond** en chandail **rouge** et le petit **noirpiaud** en tee-shirt "University of Oklahoma", le monsieur et la dame sont deux repères du parcours de slalom qu'il s'agit de juste frôler en virtuoses, à toute vitesse élégante de virages très fins. »
(Cl. Roy, *La Traversée du Pont des Arts*, 1979, p. 173.)

NOIRCEUR

[Dér. de *noir* + suff. *-eur*, + *-c-* d'après *noircir*. 1175, *nerçor* : « qualité de ce qui est noir »]

Subst. fém.

A. — *Rare.*

1. a) État, qualité de ce qui est noir. Noirceur de l'ébène, du jais. de l'encre. V. aussi V. aussi → MÉLANCOLIE, ex. 1, ex. 7, NOIR, ex. 17. « Jadis, j'ai découvert avec délice que toutes les choses existent dans un certain accord, et maintenant cette secrète parenté par qui la noirceur de ce pin épouse là-bas la claire verdure de ces érables, c'est mon regard seul qui l'avère » (P. Claudel, *Connaissance de l'Est*, 1907, p. 85). « Au loin chantait à présent la symphonie coutumière : le bleu du ciel, le jaune étendu des boutons d'or, et dans ce jaune les taureaux éclatants de noirceur » (H. de Montherlant, *Les Bestiaires*, 1926, p. 434).

∗ En *ALCHIMIE*, la première étape dans la recherche de la *Pierre philosophale* est la noirceur obtenue dans l'*Œuvre au noir*. La matière philosophale arrivée à l'état de noirceur complète était désignée par le grec *xir*. Elle est encore nommée *matière noire* ou *matière au noir*, *Saturne des Sages*, *terre noire* ou *tête de corbeau*. V. → MÉLANCOLIE, ex. 13.

b) *Vieilli* ou *région.* [*Canada*] Obscurité. Noirceur nocturne. « La nuit maintenant avait tout enveloppé de sa noirceur » (M. Jouhandeau, *Les Pincengrain*, 1924, p. 232). « Et il hurla de peur dans la triple noirceur de la chambre, de la chemise et de son âme » (A. Cohen, *Mangeclous*, 1938, p. 211).

• À la noirceur, *loc. adv.* À la nuit. *Synon. (Canada:)* → À la noireté. «Nous allons arriver à la noirceur. L'année de la grande noirceur» (*Dionne 1909*).

2. Tache noire. «Il a des noirceurs au visage, une noirceur à la jambe» (*Ac. 1935*).

B. — *Au fig.*

1. a) Méchanceté extrême, perfidie (d'une personne, d'une action); acte, parole témoignant de cette méchanceté, de la bassesse. Noirceur de l'âme; méditer, tramer quelque noirceur; être accusé d'un tas de noirceurs. «La noirceur de son ingratitude, de son infidélité, de sa trahison» (*Ac. 1935*). «Pour Swann comme pour eux, c'était la nouveauté de son langage qui faisait croire à la noirceur de ses intentions» (M. Proust, *À la recherche du temps perdu. Du côté de chez Swann,* 1913, p. 266). «Dieu merci, je suis conscient de la noirceur de mon crime» (M. Aymé, *Clérambard,* 1950, p. 150).

b) *Rare.* Tristesse, mélancolie, pessimisme. La noirceur des pensées. «Les Flaubert, les Taine, les Renan, les Goncourt, les Zola et tutti quanti ne sont pleins que de noirceur, de néant, de scepticisme, de désespoir, de pessimisme, de raillerie de tout ce qu'il y a de sain, de bon, de confiant, d'espérant, de joyeux dans la nature humaine» (P. Claudel, A. Gide, *Correspondance: 1899-1926,* 1926, p. 96). «Des larmes montaient à ses paupières, point douces et résignées, mais brûlantes de révolte. Et voilà donc ce qu'elle était venue chercher auprès de sa mère: une noirceur si profonde qu'elle étouffait en soi […] toute velléité d'espoir» (G. Roy, *Bonheur d'occasion,* 1945, p. 318).

c) État de ce qui est inquiétant, menaçant. «Malgré les rigueurs du moment présent et la noirceur du tableau qui m'était fait à la 2e Armée» (Foch, *Mémoires,* t. 1, 1929, p. 170).

◊ **NOIRCITÉ**

[De *noir,* + *-ité*]

Subst. fém. Région. [Canada]. Noirceur, obscurité. «Je me suis réveillé à la noircité avant qu'il fasse jour» (*Canada 1930*).

◊ **NOIRETÉ/NOIRTÉ**

[De *noir* + *suff. -eté. Norté,* fin XIIe s.; *noireté/noirté,* début XIIIe s.]

Subst. fém. Vx. ou région. Obscurité, ténèbres. *Synon.* → **Noirceur**; «Conservé dans les parlers du Centre au sens de "début de la nuit"» *(Rheims 1969).* [Chez Genevoix] «Et dans la nuit, se sentant las, par crainte aussi des coupe-jarrets errants, ils s'étaient arrêtés […]. La noireté, la fatigue les avaient jetés au sommeil» (M. Genevoix, *Le Beau François,* 1965, p. 240, in *Rheims 1969*). «Les landes itou, et les taillis, où un chacun pouvait faire passer ses vaches à sa guise… le vieux, jusqu'à la noirté de la nuit, laissait couler ses souvenirs. Et c'était, avec eux, toute la Sologne d'autrefois, celle d'avant les pineraies, d'avant les routes et les chemins de fer» (M. Genevoix, *Raboliot,* 1925, p. 140).

• À la noireté, *loc. adv.* À la nuit. «Ils sont toute la journée dehors, et quelquefois encore à la noirté» (M. Genevoix, *Raboliot,* 1925, p. 315).

✶ *Noireté* a été supplanté par *noirceur,* mais est encore vivace au Canada *(Canada 1930).*

NOIRCI, IE

[De *noir*]

Adj.

A. — 1. Devenu noir; rendu noir. Bouchon noirci; braises noircies. «Accroupie

NOIRCIF

devant l'âtre, elle soufflait sur les bûches noircies essuyant à son tablier ses yeux rougis par les cendres» (G. Bernanos, *Un crime,* 1935, p. 850). «Une pile d'assiettes ébréchées au fond noirci» (J.-P. Sartre, *La Mort dans l'âme,* 1949, p. 223). Coloré en noir, enduit de noir. Chaussures noircies.

Noirci par/de + *subst.* (désignant la cause du noircissement). «Cet homme charmant, [...] était grand d'Espagne, tira d'un coffret un chiffon noirci de cirage, et donna un petit coup à ses bottines» (H. de Montherlant, *Les Bestiaires,* 1926, p. 443). «Thomas Pezner atteint l'escalier, s'accroche aux barreaux de la rampe poisseuse, descend les marches noircies par la crasse et la cire» (R. Sabatier, *Le Chinois d'Afrique,* 1966, p. 86).

2. *En partic.*

▶ [En parlant du ciel, de la nuit, du temps] Obscurci ; devenu sombre. Ciel noirci ; nuages noircis.

▶ [En parlant de la peau, du teint] Bruni, hâlé par le soleil. **Noirci par** + *subst.* (désignant la cause de la noirceur). «[Simon] vêtu d'une vieille culotte rapiécée tombant à mi-cuisses, d'une chemise dont il retroussait les manches avec orgueil sur ses bras déjà noircis par le hâle et le soleil, les pieds nus dans des espadrilles frangées» (Y. Gibeau, *Allons z'enfants,* 1952, p. 186).

▶ [En parlant du papier, de la «page blanche»] *Fam. Gén. péj.* Recouvert de lettres, d'écriture. «Elle avait pour le papier noirci une méfiance de paysan : tout cela n'était bon qu'à vous faire perdre votre temps et à vous attirer des ennuis» (R. Rolland, *Jean-Christophe, La Révolte,* 1907, p. 508). «Resté seul dans sa chambre [...] il avait pris, dans son secrétaire fermé à clef, un cahier dont beaucoup de pages étaient déjà noircies» (P. Bourget, *Un drame dans le monde,* 1921, p. 157).

▶ TECHNOLOGIE. Cuivre, métal noirci. «Le poirier et le hêtre noirci continuent à imiter l'ébène pour les meubles modestes» (B. Viaux, Le *Meuble français,* 1962, p. 162.)

B. — *Au fig.*

1. Rendu encore plus noir, négatif.

▶ [En parlant d'une chose abstraite] **Noirci par** + *subst.* (désignant la cause de la noirceur). «Avec quelle jubilation j'entrais dans ces modestes consciences, si peu différentes d'aspect, si communes – de petites maisons de brique sans éclat, noircies par l'habitude, les préjugés, la sottise, comme les autres par la suie des villes – ces âmes pareilles aux corons des cités minières» (G. Bernanos, *Monsieur Ouine,* 1943, p. 1558).

▶ [En parlant d'une personne] Dont les défauts, les insuffisances ont été exagérées ; que l'on a accusé d'actions répréhensibles. *Synon.* Dénigré, vilipendé.

2. *Argot* ou *pop.* [En parlant d'une personne] Enivré, saoul. *Synon.* → **Noir, noircicaud.** Il est complètement noirci.

NOIRCIF

[De *noir*]

Subst. masc. Argot.

A. — (1944. ESN). Homme à peau noire. *(Colin-Mével 1990).*

B. — (1977. Caradec). Marché noir. «Il s'est sucré au noircif» *(Riv. -Car. 1969).* «Marché noircif. Acheter au noircif» *(Car.-Argot 1977).*

NOIRCIR

[Du lat. pop. *nigricire,* réfection du lat. classique *nigrescere* : «devenir noir, noircir», dér. de *niger* : «noir»]

NOIRCIR

Verbe. Rendre noir; devenir noir.

A. – **1.** *Emploi transitif.*

♦ **Qqn/qqc. noircit qqc.** Rendre noir; colorer en noir, enduire de noir. Noircir un plancher; noircir ses chaussures avec du cirage. «Faire noircir ses souliers» *(Canada 1930).*

– *Emploi pronom.* Se noircir les cheveux. «Lorsqu'ils avaient tué un ennemi, tous les braves se noircissaient le visage en signe de victoire» (R.-H. Lowie, *Anthropologie culturelle,* 1936, p. 252). «C'est parfois [...] les hommes qui en font usage [de la séduction, de l'artifice], en se couvrant de tatouages, en se limant ou se noircissant les dents. C'est tantôt par la beauté physique, tantôt la force, ou bien la richesse et le prestige que le garçon tente de séduire les filles» (Collectif, R. Caillois [dir.], *Jeux et sports,* 1967, p. 811).

♦ *En partic.*

▶ [Le complément désigne le ciel] Obscurcir. «[...] un brouillard passa sur le soleil, rassembla d'autres nuages venus d'on ne savait où, qui noircirent le ciel» (J. Duvignaud, *L'Or de la République,* 1957, p. 142).

▶ [Le complément désigne la peau, le teint] Brunir, hâler. Le soleil noircit le teint, la peau.

▶ [Le complément désigne le papier, la «page blanche»] *Fam. gén. péj.* Écrire abondamment. V. → MÉLANCOLIE, ex. 7, NOIRCISSEUR, ex. 1. «Il [...] resta plus de trente-six heures d'affilée, sans dormir ni manger, [...] noircissant des blocs-notes et des blocs-notes d'énigmatiques messages du genre de: "le presbytère n'a rien perdu de son charme ni le jardin de son éclat" [...]» (G. Perec, *La Vie mode d'emploi,* 1978, p. 382). «[...] le cagibi du troisième où un vieil homme désabusé terminait sa carrière en noircissant du papier» (M. Del Castillo, *La Nuit du décret,* 1981, p. 289).

▶ *TECHNOLOGIE.* Procéder au noircissement de qqc. «Noircir un cuivre et l'enfumer» (Béguin, *Estampe 1977*).

∗ Pour les emplois de *noircir* en TECHNOLOGIE, V. → NOIRCISSAGE, NOIRCISSEMENT, NOIRCISSEUR.

2. *Emploi intransitif* (ou *pronom.*). **Qqc. noircit/Qqc. se noircit.** Devenir noir. Les raisins noircissent.

«Devant les portes des chambres, dans les corridors, les tentures pendaient en loques, et partout la peinture des boiseries s'écaillait au long des fentes, se noircissait à l'endroit où les mains touchent les portes, où le balai heurte les plinthes» (P. Adam, *L'Enfant d'Austerlitz,* 1902, p. 104).

♦ *En partic.*

▶ [Le sujet désigne le ciel, la nuit, etc.; en parlant du temps] S'obscurcir. *Le ciel noircit.* «Le soir, quand le ciel est pur et que la nuit tarde à noircir» (G. Duhamel, *Suzanne,* 1941, p. 196).

▶ [Le sujet désigne une peinture ou de ses couleurs] Foncer en vieillissant. *Ce tableau a noirci.* «Ainsi la céruse pourrait être remplacée par le blanc de zinc/oxyde de zinc/, qui fournit une peinture aussi belle, ne noircissant pas sous l'influence des vapeurs sulfhydriques» (Dr. Macaigne, *Précis d'hygiène,* 1911, p. 315).

▶ [Le sujet désigne la «page blanche» ou tout support sur lequel on peut écrire] Se remplir de lettres, de textes. Les cahiers, les pages se noircissent.

b) Apparaître comme un espace ou un point noir. «Sur les crêtes, vers Beaumont, noircissent les bois de pin» (J. Giono, *Chronique, Noé,* 1947, p. 54).

B. – *Au fig.*

1. *Emploi transitif.*

a) **Noircir qqc.** Présenter (un fait, une situation, une action) sous des cou-

NOIRCIR

leurs plus sombres que la réalité. Noircir la réalité, la situation.

«[...] il eût fallu se demander honnêtement si nous n'avions pas un peu noirci la Terreur. Après tout, ni la révolte ou l'absence, ni le monstre et le déchaînement ne sont nécessairement terroristes»
(J. Paulhan, *Les Fleurs de Tarbes*, 1941, p. 164).

◗ *Rare. Littér.* [Le complément désigne le visage, l'expression] Rendre sombre, triste. La douleur noircit son visage.

Emploi pronom. S'assombrir sous l'effet de la tristesse ou de l'émotion. Son regard, son visage noircit.

b) Noircir qqn./ qqc. Rendre encore plus noir, mauvais, négatif.

◗ Qqn. noircit qqc. [Le complément est un *subst.* abstrait à connotation négative] «Loin de chercher à noircir son vice, je le lui ai représenté simplement comme une des formes de la paresse» (A. Gide, *Les Faux-monnayeurs*, 1925, p. 1099).

◗ Qqn. noircit qqn. Dénigrer, vilipender. «Il y est retourné le lendemain exprès pour le revoir ce jeunot... Pour essayer de le convaincre qu'il s'était gourré sur son compte... [...] Qu'on l'avait noirci à plaisir!... C'était une question d'amour-propre...» (L.-F. Céline, *Mort à crédit*, 1936, p. 478).

Emploi pronom. Qqn. se noircit. [Le sujet désigne une personne] Exagérer ses défauts, ses insuffisances; s'accuser d'actions répréhensibles; se dénigrer. V. → NOIR, ex. 12. «Chacun de ces complices dupait l'autre en se noircissant de crimes qu'il n'avait pas commis» (P. radiguet, *Le Bal du comte d'Orgel*, 1923, p. 74). «Et même s'il dépiste en lui ce pharisaïsme secret et si, fier de cette humilité subtile, il trouve des délices à se noircir, notre faux publicain avance, à son insu, plus profondément encore dans l'orgueil et dans l'hypocrisie» (Fr. Mauriac, *Journal*, 1, 1934, p. 34).

«On a toujours intérêt à se noircir, d'emblée, en se présentant: un fort soupçon immédiat d'antipathie, à la longue, à la fréquentation, ne peut que virer à la sympathie» (H. Guibert, *Des aveugles*, 1985, p. 66).

c) *Argot* ou *pop.* (1918, Esnault). *Emploi pronom.* Qqn. se noircit. S'enivrer. «Après ces périodes de barbouille, le vieux s'offre alors une grande détente... Il se noircit, se saoule à mort pendant six jours, exactement pas une heure de plus. Le reste du temps il boit que de la flotte, mais là il se rattrape d'importance» (A. Boudard, *Cinoche*, 1974, p. 172). «Il m'arrivait de me noircir tout comme un aut', quand c'est que le cafard dardait trop» (Colin-Mével 1990).

• Se noircir comme un corbeau. *(Esn. 1966).* V. → CORBEAU (fin d'article *).

2. *Rare. Emploi intransitif.* Qqn./qqc. noircit. Noircir de rage. «Les yeux du Rouge [...] reprirent leur frais éclat vivant [...], ses prunelles noircissaient de colère» (M. Genevoix, *La Dernière harde*, 1938, p. 82).

✴ **DÉNOIRCIR**, verbe formé sur «noir» et le *préf. dé-*, (1947) signifie au *fig.*, dans la langue courante, changer d'humeur; quitter son humeur morose; s'égayer., et *se dénoircir*, en langue *pop.* ou *argotique*, en *emploi pronom*, dessouler.

✴✴ **DÉNIGRER** (du latin *denigrare*: «noircir») appartient à la famille de «noir». Ce verbe employé toujours dans un sens *fig.*, signifie: attaquer la réputation, le talent de qqn.; dire du mal de qqc. Synon. Discréditer, décrier. Très proche de *noircir*, *dénigrer* s'en différencie toutefois: «Par la raison que *noircir* attaque l'honneur, il ne se dit que des personnes ou de leurs actions morales. Par la raison que *dénigrer* s'adresse à tout genre de mérite, il s'applique aux choses. Car on tâche de rabaisser leur prix, de les rendre méprisables. On dénigre un ouvrage, une marchandise, on ne les noircit pas: on dénigre et on noircit un auteur, un marchand» (*Guizot* 1864). «Une bourgeoisie grincheuse, qui ne lit rien, qui ne comprend rien, qui ne veut rien comprendre, qui ne sait que dénigrer, dénigrer à vide, aigrement, sans résultat pratique, qui n'a qu'une passion : dormir sur son sac aux gros sous, avec la haine de ceux qui la dérangent, ou même de ceux qui travaillent : car cela la dérange que les autres se remuent » (R. Rolland, *Jean-Christophe, La Foire sur la place*, 1908, p. 765). « S'affirmer, c'est déjà voter pour soi contre le néant ou contre la mort. Le mélancolique se dénigre jusqu'à l'absurde et finalement se tue. Le paranoïaque se surestime jusqu'au grotesque et finalement délire » (E. Mounier, *Traité du caractère*, 1946, p. 590). Sur *dénigrer* ont été formés les dérivés DÉNIGREMENT (*subst.* action de dénigrer, de médire) et DÉNIGREUR, EUSE (*adj.* et *subst.* (Personne) Qui dénigre.

◊ NOIRCÉANT

[De *noir*]

Adj. Rare. Littér. Qui noircit. *Synon.* → Noircissant. « Sables noircéant, bleuâtres d'alcool salin... » (E. Looten, *Le Grenier sur l'eau*, 1949, p. 23, in *Rheims 1969*).

◊ NOIRCISSAGE

[De *noircir*]

Subst. masc. TECHNOLOGIE *[LITHOGRAPHIE, MÉTALLURGIE, PEAUSSERIE, TEINTURE]* Action de noircir, d'effectuer le noircissement. « Nettoyage d'une surface de cheminée [...] avec le récurage du cadre en cuivre et avec le noircissage à la mine de plomb » (Robinot, *Pratique des travaux bâtis*, 1929, p. 95).

∗ En *PEAUSSERIE, noircissage* a pour synonyme → brunissage.

◊ NOIRCISSANT, ANTE

[De *noircir*]

Participe présent et *adj.*

A. – Qui devient noir ; qui s'assombrit, s'obscurcit ; qui rend noir. « Mlle Sergent devient d'un cramoisi noircissant, et répond vivement : "J'étais allée voir où il serait possible de loger la nouvelle adjointe" » (Colette, *Claudine à l'école*, 1900, p. 91). « Sous le ciel où des nuages se déploient, déchiquetés comme des linges à travers l'étendue noircissante qui semble s'être salie » (H. Barbusse, *Le Feu*, 1916, p. 334). « [...] la noix qu'il faut commencer par débarrasser de son brou, de cette enveloppe rebutante et noircissante » (P. Claudel, *Commentaires et exégèses.*, 4, *Le Cantique des cantiques*, 1948, p. 279).

B. – *Au fig. Rare. Littér.* Qui noircit, considère sous un aspect négatif qqc. ou qqn. ; qui dénigre. Imagination noircissante.

◊ NOIRCISSEMENT

[De *noircir* + *suff.* -*ment*]

Subst. masc.

A. – [Sens concret] Action de noircir ou de se noircir ; résultat de cette action. « [...] et comme, sur mon émerveillement des plafonds à caissons écussonnés, provenant de l'ancien palazzo Barberini, de la salle où nous fumons, je laisse percer mon regret du noircissement progressif d'une certaine vasque par la cendre de nos "londrès" », Swann, ayant raconté que des taches pareilles attestent sur les livres ayant appartenu à Napoléon *Ier* [...] que l'empereur chiquait » (M. Proust, *Le Temps retrouvé*, 1922, p. 716). « Takashima (1924) en ajoutant à la tyrosinase à une culture pigmentaire de la choroïde d'embryons jeunes, a observé un noircissement net du tissu au bout d'un ou deux jours, par comparaison avec une culture témoin » (J. Verne, *La Vie cellulaire hors de l'organisme : la culture des tissus*, 1937, p. 110).

▶ ART *[PEINTURE]* Assombrissement des teintes d'un tableau au cours du temps. V. → NOIR, ex. 57. « C'est grâce à des précautions infinies dans le traite-

NOIRCIR

ment de la matière que les tableaux des Vénitiens sont parvenus jusqu'à nous sans craquelures et sans profond noircissement» (Collectif, dir. P. Abraham, *Arts et littérature dans la société contemporaine*, t. 1, 1935, p. 3011). «Le noircissement peut provenir de causes diverses. Il peut s'agir de la remontée d'un pigment noir, lequel est souvent envahissant. Les pigments au plomb ont également tendance à noircir les couleurs [...]. Un encrassement superficiel dû à des suies, des fumées, des dégagements de gaz peuvent noircir les couleurs. L'abus du noir, du brun et du bitume, en peinture d'art, provoquent souvent le noircissement» (*Bég Peint.*, 1982, p. 861).

▸ *[LITHOGRAPHIE].* Noircissement du métal. «On cherche quelquefois à noircir les plaques métalliques, en général pour améliorer la visibilité de l'image [...]. Noircissement du zinc : On peut utiliser une solution de chlorure d'antimoine [...]. Noircissement du cuivre : Avec une solution très diluée de polysulfure de sodium» (A. Béguin, *Estampe*, 1977).

▸ *MÉTALLURGIE.* «Action de graisser l'intérieur des moules dans les fonderies» (*Lar. encyclop.*).

B. − *Au fig. Rare. Littér.* Action de peindre sous des couleurs plus sombres que n'est la réalité ou de rendre sombre, triste ; résultat de cette action. Noircissement de la situation. «Et ce noircissement systématique, dans votre roman, de tous les représentants d'un ordre social détestable, c'est parce qu'il n'est pas très honnête que je ne le crois pas très adroit» (A. Gide, in *Lar. Lang.fr.*).

> 1. «ô Voyageuse jusqu'à moi hors de ta nuit de femme,
> et qui t'éveilles en mains profanes, comme fille d'immortelle
> prise aux aisselles hors de l'écume mère, qui m'es-tu d'autre dans le jour et tout ce **noircissement** de l'être, son écorce ?»
> (Saint-John Perse, *Amers*, 1957, p. 349.)

◊ **NOIRCISSEUR, EUSE**
[De *noircir* + *suff. -eur, euse*]

Subst.

A. − *TECHNOLOGIE.* Machine à noircir ; personne qui effectue le noircissage. Noircisseur de caoutchouc, de pneu ; noircisseur de verre ; noircisseur de cuivre. *TEINTURERIE.* Ouvrier teinturier spécialiste des noirs. *PEAUSSERIE. [GANTERIE]* «Ouvrière chargée de teindre la tranche de la peau lorsqu'elle a été tendue» (*Métiers 1955*).

B. − *Fam. Souvent Péj.* • Noircisseur de papier/de pages, *loc. nom. masc.* Écrivain fécond (mais sans grand talent). *Synon. Barbouilleur, écrivassier, scribouillard.* «Claude Javeau [...] est un prolifique noircisseur de pages. Il va de l'essai (il y excelle, surtout quand il faut quelque peu croiser le fer) à la littérature et à la poésie» («Javeau», Catalogue, Les auteurs, *talus. be*). «bœuf mode : "[...] juste une prose de plumitif... un scribouillard, un noircisseur de papelard..."» (*Forum, opiom.net*).

C. − *P. métaph.* ou *au fig. Péj.* Personne qui noircit, rend sombre, triste, accentue le côté négatif de qqc. ou de qqn. «Vous étiez un déraciné déracineur, un tentateur, un transgresseur, mon contradicteur préféré, un mélangeur d'hommes, de confiances et de défiances ! Un optimiste noircisseur !» (Isaac Chiva, «Hommage à Clemens Heller [1917-2002] *e-semiotics.* msh-paris.fr).

1. «*Jack Ralite.* [...] Jean-Marie Messier me paraît porteur de deux dogmes : le messianisme technologique et l'efficacité managériale. L'intérêt général est absent. Il se prononce pour la culture... du groupe Vivendi et tient la tête du grand front de l'archaïsme. Il est le champion, au moins provisoirement, au plan financier, mais au plan de la culture et de l'esprit, c'est un homme du

passé, quelles que soient ses aptitudes langagières. Le poète Michel Leiris écrivait : "Le problème n'est pas de **noircir** le papier, c'est de l'éclairer." Jean-Marie Messier, si l'on rapporte ce propos à l'image, est un "**noircisseur**".»
(J. Ralite [Interview de D. Widemann:] «Quels seront le statut de l'esprit et celui du vivant dans le prochain millénaire?», *Les Archives intégrales de l'Humanité*, 26. 12. 2001).

◊ **NOIRCISSURE**

[De *noircir* + suff. *-ure*]

Subst. fém. Tache noirâtre produite par une altération. Livre qui présente des noircissures. «Et d'où vient cette noircissure?» *(Ac. 1935).*

▶ *VINICOLOGIE.* Altération du vin qui devient noirâtre.

NOIREMENT

[De *noir* + suff. *-ement*. Vers 1220]

Adv. vx. ou *littér.*

A. — En noir. «On trouve assez aisément l'Imitation de Corneille [...] en de nobles in-quartos [...], noirement et largement imprimés» (P. Valéry, *Pièces sur l'art,* 1931, p. 31).

1. «[...] ce paysan qu'on montre combattant à pied et que je conçois comme une manière de maréchal-ferrant, large d'épaules et **noirement** barbu, qui tape sur les Anglais comme il taperait sur son enclume.»
(M. Leiris, *La Règle du jeu,* 4, *Frêle bruit,* 1976, p. 26.)

B. — *Au fig. Littér.* De manière triste, sombre ou inquiétante, menaçante. Destinée noirement atroce ; être noirement songeur.

2. «Le voici [Degas], vieillard nerveux, **sombre** presque toujours, parfois sinistre, et **noirement** distrait»
(P. Valéry, *Danses, dessins*, p. 1177, in *Rheims 1969*).

3. «[...] pour avoir confiance en vous, continuez à prendre de la tisane.
HUBERT
Vous m'accablez !
DOCTEUR
Pas de fausses joies.
HUBERT
Vous me faites tout **voir** de plus en plus **noirement**.
DOCTEUR
De la tisane ! De la tisane ! voilà le seul réconfort en dehors du bicarbonate et de ma nouvelle méthode.
HUBERT
Vous n'arrivez pas à m'enlever tout espoir.»
(R. Queneau, *Le Vol d'Icare,* 1968, p. 150.)

* M. Rheims commente ainsi cet exemple : «Le français ne forme pas d'adverbes en *-ment* sur les adjectifs de couleur. Lorsqu'il le fait, c'est que ces adjectifs ont une valeur figurée ("répliquer vertement"). Il faut donc prendre *noirement* dans une telle acception : *sombre* et *sinistre* y invitent du reste, et *noirement* évoque un aspect triste, rébarbatif.» *(Rheims 1969).*

NOIRIEN/NOIRIN/NOIREAU/ NOIROT

Subst. masc. VITICULTURE. Cépage à raisins noirs cultivé en Languedoc et en basse Bourgogne *(noirien)*, en Beaujolais et dans le Forez *(noireau)* (d'après *Fén. 1970*). «Une grappe de "noirot", raisins à jus très noir» (P.-L. Menon & R. Lecotté, *Au Village de France*, 2, *Des Moissons à la Noël,* 1954, p. 75). «Le groupe des noiriens avec le pinot, le gamay, le chardonnay...» (L. Levadoux, *La Vigne et sa culture,* 1961, p. 30).

NOIRISME

NOIRISME
[De *noir* + suff. *-isme*]

Subst. masc. Mod. (1939). [Dans le contexte de la situation d'anciennes colonies françaises, en particulier de Haïti, puis de la Guadeloupe]. Revendication de l'identité noire (→ Négritude) menée dans d'anciennes colonies françaises (Haïti puis Guadeloupe), et pouvant aller jusqu'au racisme noir.

1. «De nouvelles élections le 22 septembre 1957 portent au pouvoir François Duvalier, ancien médecin de l'hôpital de Port-au-Prince et dirigeant d'une importante secte vaudoue. Surnommé "Papa Doc", il met rapidement en place une implacable dictature, qui va plus loin que celle de ses prédécesseurs. [...] Se plaçant comme "le chef des **Noirs**", il exalte la **négritude**, ou le "**noirisme** haïtien", selon ses propres mots. Il persécute non seulement les Métis, mais aussi l'Église, les intellectuels ainsi que ses opposants politiques. Pour asseoir son pouvoir, il met en place la milice des Volontaires de la sécurité nationale, qui comprend 40 000 "tontons macoutes" ("bonhomme bâton", en créole), et qui ont **carte blanche** pour faire régner la terreur et traquer les ennemis du régime.»

(Radio Canada, Haïti. Entre dictature et pauvreté, radio-canada.ca).

2. «L'écrivain d'origine haïtienne Dany Laferrière [...] ajoute que, comme François Duvalier, Jean-Bertrand Aristide s'est adonné au **noirisme**, une idéologie qui monte les **Noirs** contre les **Blancs** et les riches contre les pauvres, mais qui favorise les clivages plutôt que d'essayer de faire travailler tout le monde à la construction d'une même société.»

(M. Montpetit, «Départ d'Aristide – La communauté haïtienne de Montréal est très divisée», 1. 3. 2004, *Le devoir.com*).

3. «Dans *Viejo*, Casséus, en représentant les basses couches de la société haïtienne, s'appuie fortement sur les éléments africains d'Haïti, célébrés à l'époque grâce aux efforts du mouvement indigéniste et de leur "maître", le docteur Price-Mars, qui a dénoncé la tendance chez les Haïtiens à **dénigrer** leur culture nationale en faveur des modèles d'origine européenne. Cette célébration de la culture africaine se trouve également dans plusieurs poèmes de Casséus, surtout dans le "Tambour Racial" [*Les Griots*, 1939] où il écrit, "c'est toi, pauvre **nègre** et ta déchéance millénaire,/ que tu traînes sur cette terre inconnue/À travers des siècles d'amertume". À propos de ce dernier, J. Michael Dash maintient qu'il nous renvoie à l'esthétique africaniste extrême du **noirisme**, mouvement culturel et politique mené par François Duvalier et Lorimer Denis et qui a fait suite à l'indigénisme au moment où les intellectuels qui y étaient associés se sont dispersés.»

(Maurice Casséus. Littérature, *lehman.cuny.ed.*).

4. «Haïti, le pays en dehors.
Par cette piquante expression, les habitants de la capitale, Port-au-Prince, et des autres villes désignent l'arrière-pays mental et rural. Je l'emploierai à mon tour pour marquer l'île comme une excroissance de l'Afrique matricielle et ses habitants comme autant de fils déportés, diasporisés. [...] Ainsi, Haïti est un fragment d'Afrique du grand dehors, un surgeon autant follement désiré que rejeté. Les relations entre une partie de l'Afrique (la face atlantique en somme, de la Mauritanie au pays d'Angola) et l'île du vaudou sont synonymes d'attraction et de répulsion, d'amour et de haine, de mémoire ravivée et d'oubli entretenu. Les intellectuels des deux côtés ont échangés des mots de passion, se sont promis des retrouvailles cordiales et fraternelles. La **Négritude**, ce tribut à la race, est leur

socle; mieux, leur alphabet commun fait de mots-rythme, de mots-religion et de musique-racines. Cependant que la **négritude**, ou plutôt sa version locale, le "**noirisme**", ne fut pas exempt de sang et de larmes, notamment sous la dictature de François Duvalier.»
(Abdourahman A. Waberi, «Haïti, le pays en dehors», Afrique-Haïti : une identité partagée. Parole aux écrivains. *radiofranceinternationale.fr*).
5. «Je suis Haïtien **noir** de peau. Ce n'est pas une raison pour laquelle je dois prôner le **noirisme**. À souhaiter qu'un jour, Haïti deviendra un État de droit et, seront poursuivis ces imbéciles qui incitent aux préjugés de couleur. Que fait-on du métissage? Dans une même famille, on peut trouver aussi bien des Mulâtres que des **Noirs**. Duvalier père a bâti sa campagne et son programme de gouvernement sur cet antagonisme. Plus sanguinaire que lui, tu meurs! Il nous a bien couillonnés. Des imbéciles viennent remettre le **noirisme** sur le tapis. Est-ce la couleur de la peau qui détermine son haïtianité? Entre un Jean Dominique (mulâtre) et un Luckner Cambronne (**Noir**), lequel s'est le plus battu pour la Liberté? [...] Des imbéciles de **Noiristes** ne doivent rien comprendre à ma démarche. Je ne suis pas complexé, je ne renie pas la couleur **noire** de ma peau. Je refuse de tomber tout simplement dans cet attrape-nigaud. L'histoire d'Haïti m'a appris que parmi les 4 fondateurs de la nation haïtienne, il y avait 3 Noirs (Christophe, Toussaint, Dessalines) et 1 Mulâtre (Pétion). [...] Note pour: Je suis Haitien **noir** de peau...! [...] Haïti est issue de 2 cultures: la culture africaine et la culture européenne. L'on ne peut tenir compte uniquement que de la culture africaine. Haïti a une CULTURE métissée, plus précisément CRÉOLE. C'est la raison pour laquelle, la nouvelle école (Raphaël Confiant, Patrick Chamoiseau) parle de CRÉOLITE. Être créole, ne veut pas dire que nous rejettons notre part d'africanité. Nous ne sommes pas des AFRICAINS mais des AFRO-CARAÏBEENS, des CRÉOLES. Lors de mes études universitaires (France), j'ai suivi un Certificat de Spécialisation d'Études Africaines et, ceci m'a amené à conforter la thèse de la créolité au lieu de la **négritude**.»
(Forum «Trop, C'est Trop!» *intervision2000.com.*)

* *Noirisme* a donné **NOIRISTE**: partisan du noirisme. V. *supra*, ex. 5.

NOIROT

[De *noir* + suff. *-ot*]

Subst. masc. Argot. (1935, Simonin, Bazin). «Chauffeur de taxi qui rentre la nuit à sa compagnie, sans être un nuiteux» *(Colin-Mével 1990).*

OUTRENOIR

OUTRENOIR

[P. RÉF. au «noir-lumière» caractéristique des toiles de Pierre Soulages (24 décembre 1919 -Rodez). Les toiles de Soulages, abstraites et sombres, où le noir domine, ont très vite été remarquées tant elles différaient de la peinture à demi-figurative et très colorée de l'après-guerre. Mais ce n'est qu'en 1979 que Soulages expose, au MNAM-Centre Georges Pompidou, ses premières peintures monopigmentaires fondées sur la réflexion de la lumière par les états de surface du noir (→ **Noir (-) lumière, noir (-) Soulages**)]

Subst. masc. Mot créé par Soulages par analogie avec *outremer* pour désigner un «au-delà du noir» atteint à travers le noir d'ivoire utilisé dans ses toiles, «toutes les couleurs de la lumière»; «non pas banalement le passage des ténèbres à la lumière, mais la coexistence du noir et de la lumière, de l'un par l'autre. Le noir renvoie la lumière vive et multiplie, et la lumière s'interposant entre le regardeur et le noir lui conserve sa vérité d'absence dans la présence» (P. Encrevé, «Le noir et l'outrenoir», *Soulages. Noir Lumière*, 1996, p. 41). *Synon.* → noir (-) **lumière**, noir **Soulages, ultranoir.** V. → LUMIÈRE (*noir-lumière*), en particulier ex. 3, NOIR, ex. 48, SOULAGES, ex. 1, ULTRANOIR, ex. 1.

1. «**"Outrenoir"** pour dire: au-delà du **noir** une **lumière** reflétée, transmutée par le **noir**. Outrenoir: **noir** qui, cessant de l'être, devient émetteur de **clarté**, de **lumière** secrète. Outrenoir: un champ mental autre que celui du simple **noir**. J'ai tenté d'analyser la poétique propre à ma pratique de cette peinture, à la "pictique" devrais-je dire, et ses rapports à l'espace et au temps: la **lumière** venant de la toile vers le regardeur crée un espace devant la toile et le regardeur se trouve dans cet espace; il y a une instantanéité de la vision pour chaque point de vue, si on en change il y a dissolution de la première vision, effacement, apparition d'une autre: la toile est présente dans l'instant où elle est vue, elle n'est pas à distance dans le temps, comme le sont les peintures représentatives et gestuelles qui renvoient au moment du geste ou au moment de ce qui est représenté; sous une **lumière** naturelle, la **clarté** venant du **noir** évolue avec celle marquant dans l'immobilité l'écoulement du temps.»
(P. Soulages, «Les éclats du noir», entretien avec P. Encrevé, *Beaux-Arts magazine*, hors série, mars 1996, p. 29).

2. «L'**outrenoir** – Depuis janvier 1979, Soulages couvre d'une **peinture noire** épaisse la totalité de la surface de la toile, qui produit la **lumière** par reflet: la texture de la pâte, striée par la brosse ou lissée en aplat, renvoie la lumière vers le regardeur, changeant sans cesse selon le point de vue, la modification des incidences de la lumière faisant basculer la même surface du **clair** au **sombre**. C'est ce que Soulages a appelé le **noir lumière**, ou mieux encore, l'**outrenoir** [...]»
(P. Encrevé, Préface, Catalogue de l'exposition au musée de l'Ermitage à Saint-Pétersbourg, 2001, *pierre-soulages.com*).

OUTRENOIR

3. «[…] l'intensité exceptionnelle de l'**outrenoir** conduit souvent la critique à limiter aujourd'hui l'œuvre de Soulages à cette peinture qui, par reflet, donne à voir la **lumière** à même le **noir**. On ne saurait surestimer l'importance dans l'art du xxe siècle de ces 250 toiles "**outre-noir**", dont la surface est entièrement recouverte de **noir** d'**ivoire** et dont aucune pourtant n'est monochrome. Aucun peintre dans l'histoire n'aura autant utilisé le **noir**, ni aucune autre couleur unique. Cette aventure poétique inouïe d'un homme en tête à tête avec cette "couleur-non-couleur", pour avoir regardé toutes ces toiles, toutes si semblables et pourtant si dissemblables, chacune changeant de visage quand je me déplace devant elle, je sais qu'elle ébranle pour toujours les certitudes routinières du regard. Et, cependant, la peinture de Soulages excède l'**outrenoir** et c'est ne pas vouloir la connaître vraiment que de feindre de l'oublier. D'autant que, depuis 1999, le fond **blanc** de la toile est visible dans presque toutes les peintures […]

La surface de la toile offre au regard la potentialité d'une infinité d'images lumineuses, dont aucune ne peut prétendre en retenir "la" vérité picturale. La photographie, qui propose une image unique de la toile, avec une unique répartition des **clairs** et des **sombres**, ne peut en rendre compte. Il faut donc aller voir l'**outrenoir**, peinture inaccessible à la reproduction, laquelle tient captive une **lumière** que le peintre a rendue libre.»

(P. Encrevé, Préface, Catalogue de l'exposition au musée de l'Ermitage à Saint-Pétersbourg, 2001, *pierre-soulages.com*.)

4. «L'envahissement potentiel de toute la surface de la toile par le **noir**, avec lequel Pierre Soulages paraît flirter dès le début, qu'il laisse presque advenir en 1945-1955, puis qu'il semble repousser durant une décennie par le recours à la technique du raclage qui retire au **noir** une partie de la surface qu'il a conquise tout en le laissant teinter les fonds colorés que la lame dévoile, qu'il recule encore à l'issue de ces années d'arrachage en passant à l'occupation latérale de la surface par le **noir**, lorsqu'il se présente comme inéluctable, en janvier 1979, au lieu de l'accomplir dans le monochrome, Soulages le métamorphose en un quatrième type, absolument nouveau, de traitement de la surface, par lequel le pigment **noir** se donne à voir comme **lumière**. Soulages est parvenu à ce qu'il cherchait sans le savoir avec ce qu'on peut appeler la double nature de l'**outrenoir**, à la fois **noir** et **lumière**, à la fois absence et présence du **noir** et de la **lumière** : sur un même point de la toile, si je me déplace, mon œil voit le **sombre** virer au **clair** et réciproquement. Que le regardeur l'éprouve comme inaccessibilité du **noir**, dont la rencontre est définitivement différée, la **lumière** réfléchie empêchant l'œil de l'atteindre comme s'il s'agissait de le préserver du regard, ou qu'il l'éprouve comme impossibilité de s'approprier une image de la toile, donc la toile, du fait de l'instabilité de la **lumière**, de son insaisissabilité, la multiplicité lumineuse intrinsèque lui fait faire l'expérience de l'inséparabilité du **noir** et de la **lumière**.»

(P. Encrevé, *Soulages, L'œuvre complet*, Peintures, vol. 3, 1979-1997, socgen.com).

[Parfois au pluriel]

5. «*Les "Abattoirs" de Toulouse : Un musée d'art moderne et contemporain unique en France*. Une salle étonnante est consacrée aux peintures au brou de noix ("une matière banale et bon marché, qui produit un **noir** profond et chaud que j'aime") exécutées par Soulages à différentes étapes de sa carrière, depuis 1948 jusqu'en 2000. En cours de route, on se souvient que même chez Soulages, d'autres couleurs ont existé. C'est une joie devenue assez rare que de retrouver les peintures des années 1950 à 1970 où le **noir** se mêle

OUTRENOIR

aux tons **rouges, bleus, jaunes, bruns.** Mais le point final de l'exposition, dans la "Salle Picasso" au sous-sol du musée, ce sont les **"Outrenoirs"**, un néologisme de Soulages pour dire : "au-delà du **noir,** une lumière reflétée, transmutée par le noir".»
(Cl. Canetti, Musée Guimet, museeguimet.fr.)

♦ *P. méton.*

▶ *Emploi adj.* **Outrenoir, outrenoires.** [En parlant de l'œuvre de Soulages] Qui est caractéristique de l'outrenoir de Soulages ; qui s'y rapporte. Éléments outrenoirs.

6. «[Des] différences évidentes distinguent entre elles l'ensemble des 340 **toiles "outrenoires"**. La diversité des formats d'abord : plus des deux tiers des toiles sont de format petit ou moyen, mais le troisième tiers est de très grand format, particulièrement dans les formats étroits, qu'ils soient horizontaux ou verticaux. L'utilisation de polyptyques d'autre part [...]. À part quelques polyptyques verticaux de 1990, les très grands polyptyques sont tous monopigmentaires, et l'on peut considérer que le grand polyptyque est le domaine propre de l'**outrenoir**, où Soulages le pousse à des intensifications aux pouvoirs quasiment hypnotiques.
À pigment unique, et dans l'absence de tout signe, toute forme détachable, le format prend évidemment une importance décisive, et la division en éléments multiplie les potentialités de la texture.»
(P. Encrevé, «Le noir et l'outrenoir», *Soulages. Noir Lumière*, 1996, p. 38).

7. «L'emploi de l'**outrenoir** est une rupture dans la pratique picturale de Soulages, qui passe [...] à "une peinture autre". Mais, en plus de vingt ans, cette pratique a beaucoup évolué, faisant vivre avec cet unique **pigment noir** des toiles d'une diversité insoupçonnable et aboutissant ces dernières années à d'immenses surfaces d'une extrême simplicité de texture et d'une **luminosité** inconnue.
Le visiteur pourra distinguer deux grands types parmi les toiles **outrenoires**. Les polyptyques de 1985-1986 d'abord, où joue maximalement l'opposition entre les surfaces lisses et les surfaces striées, et, partant, la bascule des clairs et des sombres au changement de point de vue. C'est le cas des *Polyptyques A, E, F* et *G* composés de quatre éléments horizontaux superposés de 81 x 362 cm. Dans ces très grands tableaux, où l'élément formel, outre le format qui en est partie prenante, est volontairement réduit au rythme des oppositions lisse/strié, le regardeur est amené à combiner les différentes lectures latérales avec une réappropriation de l'ensemble en vue simultanée.
Les autres polyptyques **outrenoirs**, postérieurs d'une dizaine d'années, donnent à voir un tout autre travail de **lumière.** Qu'il s'agisse de l'immense *Peinture 290 x 654 cm, janvier 1997,* ou des deux grands polyptyques verticaux, *Peinture 324 x 181 cm, 22 décembre 1996* et *Peinture 324 x 181 cm, 30 décembre 1996,* les surfaces y sont intégralement traitées à l'horizontale, en stries rectilignes et parallèles, mais diffèrent en épaisseur d'un élément à l'autre et parfois à l'intérieur d'un même élément. Soulages fait jouer ici maximalement la continuité lumineuse, au point que dans *22 décembre 1996* les stries enjambent les deux panneaux supérieurs. Dans *janvier 1997,* Soulages ramène au minimum la variation des stries au profit d'une homogénéité extrême de l'horizontalité lumineuse. **Lumière** prodigue, insaisissable, captant le regard dans un présent éternisé, l'**outrenoir** atteint dans ces peintures une sorte de classicisme absolu : un seul **pigment (noir)**, une seule technique de pose (striage), une texture unifiée sur toute la surface, une **lumière** infinie.
Mais un autre polyptyque vertical de même dimensions, *Peinture 324 x 181 cm, 14 mars 1999,* qui offre au

regard un élément en **noir** et **blanc** joint à trois panneaux de **noir lumière**, nous ramène au déroulement de l'histoire de la peinture de Soulages. Au-delà de l'**outrenoir**, à côté de lui, Soulages a, en effet, retrouvé le **noir** et le **blanc**. »

(P. Encrevé, Préface, Catalogue de l'exposition au musée de l'Ermitage à Saint-Pétersbourg, 2001, *pierre-soulages.com*.)

▶ *Emploi subst.* Toiles outrenoires de Soulages. *Les outrenoirs.*
8. «*Francophonie. Dîner offert à l'occasion de la 58ᵉ session de l'assemblée générale des Nations unies. Allocution du ministre des Affaires étrangères,* M. Dominique de Villepin. (New York, 25 septembre 2003).
[...] Nous voici une nouvelle fois réunis, entre amis, en famille. C'est une famille éprouvée par le lâche attentat de Bagdad contre les Nations unies. [...] Comme toujours, le chemin est dans la persévérance. Ce n'est pas un hasard si notre dîner est placé ce soir sous le signe amical de Pierre Soulages, qui a signé notre menu. Pierre Soulages, avec ses **"outrenoirs"**, avec ses **"noir-lumière"**, qui nous convainc avec générosité et talent que du plus **sombre** de la nuit peut sortir la clarté.»

(D. de Villepin, Bulletin, Actualité, Diplomatie française, 25. 9. 2003, *diplomatie.gouv.fr*).

PERCNOPTÈRE

PERCNOPTÈRE

[Emprunt au grec *perknopteros*, : «aux ailes noirâtres ou tachetées de noir». De *perknos-*: «noirâtre» et *pteron*: «aile». Repris par Buffon en 1770]

ORNITHOLOGIE. Oiseau rapace diurne (Ordre des *Falconidés*, genre *Néophron*), sorte de vautour de taille moyenne, au plumage blanchâtre tacheté de noir, qui vit principalement en Europe méridionale et en Afrique orientale. *Synon. Poule de pharaon, vautour d'Égypte.*

1. «Le **percnoptère**, vulgairement appelé *poule de Pharaon* (*neophron percnopterus*), est un petit vautour à bec long [...]; la tête, dénudée, est munie en arrière d'une collerette de longues plumes pointues [...]. La livrée d'abord **brune** et **ardoisée**, puis **roussâtre**, se fait **jaune** puis **blanchâtre** chez les vieux individus. Les Égyptiens vénéraient le **percnoptère** comme un génie solaire»
(*Nouv. Lar. ill.* 1904).

2. «**Noir** se dit *perknos* en grec, qui donne les **percnoptères** (oiseaux aux ailes **noires**)»
(É. Bremond, *L'Intelligence de la couleur*, 2002, p. 81).

RENOI

[De *noir*]

Subst. masc. Verlan. Mod. (1983, *infra*). Personne de race noire. *Synon.*
→ **Black, Noir.** Danser, zouker comme un renoi.

1. «Pat, avant de tirer sur le joint:
— Pour baiser, peut-être qu'elles aiment bien les **renoi**, mais pas pour sortir!»
(M. Charef, *Le Thé au harem d'Archi Ahmed,* 1983, p. 179.)

2. «**RENOI.** Subst. masc.
Couleur **obscure**. Irascible tabou qui au moindre heurt met en branle les spectres du racisme, quand ce ne sont les passions troubles de l'admiration. Quoi qu'il en soit, le **noir** reste une couleur au même titre que le **jaune**, le **rouge** et le **blanc**, formant toutes les quatre une humanité qui s'étire, bouleversée, entre les plus beaux sentiments et les bassesses d'une médiocrité profonde.
— Autrement dit la connerie n'a pas de couleur!»
(L. Andreini, *Le Verlan. petit dictionnaire illustré,* éd. Henri Veyrier, Paris, 1985.)

ULTRA-NOIR

ULTRA-NOIR/ULTRANOIR

[Du lat. *ultra* marque d'intensif, + *noir*]

A. – *Adj.*

1. *COSMÉTOLOGIE. Mod.* [En parlant d'un mascara] D'un noir intense. «[...] Gel Dompte-sourcils, Mascara Ultracils "ultra-noir", [...]» (*20 Ans*, février 1991, p. 36).

2. *Au fig.* [P. RÉF. aux valeurs fig. du noir : mélancolie, pessimisme, drame, pathétique] Très noir ; très dramatique, pessimiste. «Inédites, angoissantes, cruelles, voici les quinze nouvelles [Faut être nègre pour faire ça] que Chester Himes écrivit en prison, dans l'État d'Ohio, [...] L'auteur n'en est d'ailleurs pas sorti indemne. Mais, puisque ce petit chef-d'œuvre ultra-noir en est le prix, ne le regrettons pas pour lui» (*L'Express*, 14. 11. 1986, p. 154, c. 1).

B. – *Subst. masc. ART/PEINTURE. Rare.* [À propos de l'œuvre de Soulages]. *Synon.* de → **noir (-) lumière, noir Soulages, outrenoir.**

1. «Il [Soulages] a constamment utilisé une palette retenue. Les tons **sombres** et **noirs** ont prédominé dès le début. Ils étaient portés largement et avec assurance, souvent avec une spatule ou de larges pinceaux de peintre en bâtiment, ou avec des brosses qui rappellent les balais-brosses. Personne parmi les Européens n'a eu recours à la **couleur noire** de manière aussi radicale. Et pas simplement au **noir** mais à l'**ultranoir** ou au **noir** au-delà de toute limite. Sans doute est-ce ainsi qu'il faut traduire l'*"outrenoir"*, mot dont Soulages se sert souvent et qu'il a lui-même inventé par analogie avec **outremer**. La **couleur noire** a été utilisée de façon diverse par les prédécesseurs du peintre. Les Impressionnistes, par exemple, l'évitaient mais leur compagnon de route, Manet, qui voyait dans le **noir** un aspect important de la contemporanéité, aimait l'employer. Au XXe siècle, les cubistes en firent un dénominateur spatial important de leur peinture. C'est précisément en cette qualité qu'il est employé par Soulages mais d'une manière autrement plus active. Dans le même temps, le paradoxe consiste en ce que l'obsession du **noir** résulte chez Soulages de son aspiration à exprimer la substance de la couleur qui a pour lui une importance peu commune ailleurs. Le **noir** offre naturellement le contraste le plus puissant. Comme le dit un proverbe russe, "plus sombre est la nuit, plus vives sont les étoiles". Ce n'est pas un hasard si l'artiste, lorsqu'il a visité la salle Nicolas du Palais d'Hiver longtemps avant l'exposition, a discuté scrupuleusement des paramètres d'éclairage dont il avait besoin.»

(Al. Kostenevich, préface, Catalogue d'exposition Pierre Soulages, Ermitage, 2001, *pierre-soulages.com*).

VARIATIONS SUR LE NOIR

De Airelle à Zan

AIRELLE

[P. RÉF. à la couleur très sombre, d'un noir bleuté ou violacé, des baies d'un genre d'Airelle, sous-arbrisseau montagnard (famille des *Éricacées*, genre *Vaccinium*), appelé suivant les régions *brimbelle, gueule noire, myrtille, raisin des bois, vigne de montagne* et *bleuet* ou *bluet* au Canada (v. vol. ⇒ *Le Bleu*). Emprunté à un mot dialectal du Massif Central (Chamalières) ou des Alpes. Cévenol *airelo*. Dér. du provençal moderne *aire*, du lat. *atra*, fém. de *ater*: «noir». V. ⇒ ÂTRE]

D'airelle, *loc. adj. inv.* D'une nuance sombre, noirâtre ; d'un noir bleuté. [Chez Pourrat]

> 1. «Ils dévalèrent tous entre les ramas de roches, et les pieds rebondissaient sur cette épaisse laine **d'airelle** et **de réglisse.**»
> (H. Pourrat, *Les Vaillances, farces et aventures de Gaspard des montagnes*, 3. *Le Pavillon des amourettes ou Gaspard et les Bourgeois d'Ambert*, 1930, p. 276.)

AMADOU

[P. RÉF. à la couleur brunâtre ou noirâtre de l'amadou, mèche noire faite avec de l'amadou traité qui, s'enflammant facilement au contact d'une étincelle, est utilisé pour allumer le feu. L'amadou est une substance spongieuse et inflammable, virant sur le brun sombre ou le noir, fournie par plusieurs espèces de champignons, principalement le *Polypore amadouvier*. Amadou est emprunté à l'ancien provencal *amador*: "celui qui aime" (du lat. *amator*), parce que l'amadouvier s'enflamme très facilement]

D'une nuance brun sombre à noir.

A. − Couleur d'amadou, *loc. adj. inv.*
«Une espèce de bonhomme à nez rouge, sec, déplumé, éveillé, toujours habillé de serge couleur d'amadou» (H. Pourrat, *Les Vaillances, farces et aventures de Gaspard des montagnes*, 1, *Le Château des sept portes ou les enfances de Gaspard*, 1922, p. 67).

> 1. «Deux feuilles **couleur d'amadou** grelottaient seules aux ramilles.»
> (H. Pourrat, *Les Vaillances, farces et aventures de Gaspard des montagnes*, 4. *La Tour du Levant ou quand Gaspard mit fin à l'histoire*, 1931, p. 76.)

B. − (Couleur) Amadou, *loc. adj. inv.* ou *p. ell.* Amadou. Carton, façade de couleur amadou. La cathédrale couleur amadou de Bayonne, de Biarritz. [Avec un adj. qui en précise la nuance] *Rare*. «Le dessin n° 2 montre le devant et le dos d'une toque de velours de soie d'une jolie nuance amadou foncé, miroitante et changeante comme le sont […] ces nuances dérivées du marron» (*La Mode illustrée*, 17. 11. 1900, p. 458, c. 1).

◊ AMADOU BRÛLÉ

Couleur d'amadou brûlé/Amadou brûlé, *loc. adj. inv.* D'une nuance d'un brun très sombre à noir. «Tout autour, une ceinture de bois, que l'automne mûrissait: hêtres de cuivre rouge, châtaigniers blonds, sorbiers aux grappes de corail, flammes des cerisiers aux petites langues

ANTHRACITE

de feu, broussailles de myrtils aux feuilles orange, cédrat, brun, amadou brûlé» (R. Rolland, Jean-Christophe. Le Buisson ardent, 2ᵉ partie, 1911, p. 1428).

1. «Puis les pentes s'adoucissaient, on apercevait des prairies où, quand le temps était **clair**, et que les brumes suspendues ne les dérobaient pas aux yeux de Pascal, on déchiffrait parfois comme des jouets des troupeaux de moutons **blancs**, **bruns** et **noirs**, et un chien qui courait follement entre les pierres, de petites baraques **couleur d'amadou brûlé»**
(L. Aragon, Les Voyageurs de l'impériale, 1ʳᵉ partie, 1947, p. 90).

ANTHRACITE

[P. RÉF. à la couleur très sombre et brillante, grise très foncée à noire, de l'anthracite, charbon naturel à très forte teneur en carbone (→ CARBONE, CHARBON). Du grec *anthrax*, *anthrakos* : «charbon». Anthracite a d'abord désigné une pierre précieuse de couleur rouge (1549), puis diverses roches, notamment des schistes]

A. – [Pour nuancer *gris* ou *noir*. Anthracite est un terme chromatique intermédiaire entre le champ du gris et celui du noir]

1. Gris anthracite, *loc. adj. inv. Cour.* D'une nuance d'un gris très foncé, proche du noir.

▶ [En parlant d'un élément de la nature, d'un végétal, etc.] «Les troncs des hêtres, des tilleuls, étaient gris anthracite et les façades des maisons semblaient crépies à poussière de scories» (S. Germain, *La Pleurante des rues de Prague*, 1992, p. 81).

▶ [En parlant d'un produit fabriqué, en particulier d'un vêtement, d'une étoffe] Tissu, valise gris anthracite. «Premier soleil grisant, à droite, dans un pull sans manches, ras du cou, en maille mousseline de viscose gris anthracite [...]» (*Madame Figaro*, 31. 1. 1998, p. 36).

1. «Acte de foi, que nul C.Q.F.D. ne conclura ici, car si j'ai démontré quelque chose, ce n'est pas que les tailleurs sont des philosophes, mais plutôt qu'ils sont aisément des bavards... **Gris anthracite, gris fer, gris Marengo, bleu ardoise, bleu marine, midnight blue.»**
(M. Leiris, *La Règle du jeu*, 4, *Frêle bruit*, 1976, p. 299.)

2. *Plus rare.* **Noir anthracite,** *loc. adj. inv.* Noir.

2. «Beauté. Poudre **Black Star noir anthracite** pour lustrer les sourcils, 260 F (39,64 euro), et ombre soyeuse pour les paupières noir fusain, 170 F (25,92 euro), le tout By Terry, 21, passage Véro-Dodat, 75001 Paris (tél. : 01-44-76-00-76).»
(*Le Monde*, 08.09. 2001, p. 4.)

B. – *P. ell.*

1. Couleur d'anthracite/D'anthracite, *loc. adj.* Gris très foncé, proche du noir ou noir. [En parlant d'un élément de la nature, d'un végétal, etc.] V. → CARBONE, ex. 2. «[...] un terrain mou, d'un gris plombé, presque noir, où des racines aux formes bizarres [...] et des bois flottés uniment revêtus d'une admirable patine couleur d'anthracite se trouvaient amoncelés comme de rares pièces de fouilles» (A. Pieyre de Mandiargues, *Le Lis de mer*, 1956, p. 72).

▶ [En parlant d'un produit fabriqué, en particulier d'un vêtement, d'une étoffe, d'une encre] «Les cassures noires, les lueurs d'anthracite des carrosseries des voitures bougent là-haut, d'un mouvement imperceptible qui ne se fatigue jamais» (J.-M. G. Le Clézio, *Le Déluge*, 1966, p. 274). «[...] une sombre et étrange couleur d'anthracite c'est le gratte-ciel tout neuf, grillagé, entretoisé, du Hancock Center» (J. Gracq, *Lettrines 2*, 1974, p. 194).

ANTHRACITE

◗ *En partic.* [En parlant des yeux, et p. méton. du regard] Noir et vif, perçant. «Mon homonyme m'a considéré avec intérêt, de ses yeux d'anthracite, à l'éclat adouci par le sourire répondant au mien [...]» (L. Malet, *Sueur aux tripes,* 1969, p. 239). «[...] fuyant éperdue, cernée, accroupie derrière une rangée de poubelles au métal terni, sauvagement suivie par les regards d'anthracite, luisant dans l'ombre, des primitives tribus occupant par clans, par familles entières, les rangées de fauteuils et qui semblaient comme autant de vivants démentis» (Cl. Simon, *Les Géorgiques,* 1981, p. 212).

2. Anthracite.

a) *Adj. inv.* Gris très foncé, proche du noir ou noir. [En parlant d'un produit fabriqué, d'un vêtement, d'une étoffe] «Au chapitre des capelines notons "Arc-en-ciel", (...) et, chez Hélène Corbett, un immense bakou "anthracite", piqué d'ailes blanches de lingerie» (*Le Monde,* 13 mars 1952, p. 11, col. 4). «Je vais vous faire une robe-manteau en fil à fil anthracite, mais anthracite gaie, précisa-t-il d'une voix caverneuse. Vous pourrez aller partout, à toute heure. La note est juste» (B. Beck, *Une Lilliputienne,* 1993, p. 93). «La Nouvelle Gamme de Robe-Culotte. Courte comme un short, boutonnée sur une épaule et un côté, en laine sèche anthracite (Agnès B, 880 F)» (*Marie-Claire,* févr. 1995, p. 162).

b) *Subst. masc.* Cette couleur; gris très foncé à noir. «Avant qu'Armand ait le temps d'entraver ce qui lui advenait l'autre jour, Lapibouze, c'est son blaze, lui a cloqué à la bienvenue les trois costards de base du gentilhomme: l'anthracite, le marine et le gris perlouze» (A. Simonin, *Du mouron pour les petits oiseaux,* 1960, p. 284).

◊ **ANTHRAX**

[Empr. au lat. et au grec *anthrax*: «charbon, ulcère». 1495: *antrac*]

A. – *Couleur d'anthrax, loc. adj. inv.*
[P. RÉF. à la couleur de l'⇥ anthrax (B.)]
[Chez Saint-John Perse]

1. «Vers les peuplements de palmes, vers les mangles, les vases et les évasements d'estuaires en eau libre,
Qu'elles descendent, tertres sacrés, au bas du ciel **couleur d'anthrax** et **de sanie**, avec les fleuves sous leurs bulles tirant leur charge d'affluents, tirant leur chaîne de membranes et d'anses et de grandes poches placentaires.»
(Saint-John Perse, «Guidez, ô chances, vers l'eau verte les grandes îles alluviales», in *Vents,* II. 4, 1946, p. 207.)

B. – *Subst. masc.*

1. *PATHOLOGIE.* Tumeur inflammatoire due au staphylocoque doré, confondue autrefois avec la maladie du charbon (d'où son nom). «Agglomération de plusieurs furoncles à tendance nécrosante» (*Méd. Biol.* t. 1 1970). «Ce mot regroupait autrefois l'*anthrax* bénin et l'*anthrax* malin. Ce dernier a pris le nom de *charbon* et n'a aucune anal. [ogie] avec l'*anthrax bénin* ou *anthrax* proprement dit. Inversement, *charbon* a pu être utilisé comme synon. de *anthrax*» (*TLF*). Synon. ⇥ **Charbon, fièvre charbonneuse, mal noir, sang (-) de (-) rate.** V. ⇥ CHARBON, ex. 4. «Un gros anthrax s'ouvrait sur son avant-bras droit laissant jaillir par instants un pus catarrhal» (G. Perec, *La Disparition,* 1969, p. 30). «... mon père [...] il lui est sorti au début du mois de septembre, toute une quantité de furoncles, d'abord sous les bras et puis ensuite derrière le cou alors un véritable énorme, qu'est devenu tout de suite un anthrax» (L.-F. Céline, *Mort à crédit,* 1936, p. 374).

2. «Et alors je vis qu'il était rendu méconnaissable par l'adjonction d'énormes poches **rouges** aux joues qui l'empêchaient d'ouvrir complètement la bouche et les yeux, si bien que je restais hébété, osant regarder cette sorte d'**an-**

thrax dont il me semblait plus convenable qu'il me parlât le premier»
(M. Proust, *Le Temps retrouvé*, in *À la recherche du temps perdu*, 20, 1922, p. 933).

▶ *P. métaph.* ou *au fig.* [Pour désigner une chose abstraite, du domaine du comportement humain, des idées, des paroles] «Un juge pressant, précis, pointant l'ongle, habile à faire éclater l'anthrax des aveux, l'avait torturé pendant deux heures pour le convaincre d'autres méfaits» (H. Bazin, *La Tête contre les murs*, 1949, p. 159).

3. «[...] qui dégueulera père et mère en charogne putride, se pressera le plus fort sur son **anthrax de l'intellect**, chiera la diarrhée la plus cataractueuse... Bien souvent toute cette sanie sort pourtant de pageots douillets, études Normale Sup, café des Magots... Une mode comme une autre, un romantisme néonéo!»
(A. Boudard, La Cerise, 1963, p. 409.)

2. *ZOOLOGIE*. Genre d'insectes diptères, de couleur noire, qui s'attaquent aux abeilles et aux guêpes, etc. «Les mouches du genre des anthrax ont le vol puissant» (H. Coupin, *Animaux de nos pays*, 1909, p. 314).

◊ **ANTHRACNOSE**

[Du grec *anthrax, -akos* : «charbon», et *nosos* : «maladie, fléau»]

AGRICULTURE [VITICULTURE]. Maladie de la vigne due à un champignon microscopique du genre glocosporium, qui attaque les fleurs, les fruits et les feuilles et qui s'observe par les taches noires dont la vigne est recouverte.
Synon. Charbon carie, → **Rouille noire**.
Synon. anglais : → **Black-rot** [*rot* : pourriture, putréfaction]. «Les traitements [de la vigne] au sulfate de fer acide [...] sont les seuls procédés [...] qui permettent d'enrayer l'anthracnose» (R. Brunet, *Le Matériel viticole*, 1909, p. 27).

ARAIGNE/ARAIGNÉE

[P. RÉF. à la couleur noire de l'espèce la plus courante d'araignée. Du lat. *aranea* : «toile d'araignée», puis «araignée»]

Noir araigne, *loc. adj.* ou *loc. nom.* Vx ou *poét.*, rare.

1. «Veuve
d'un éclat **gris**
la Solana te perce
avec un seul soleil **rosâtre**
l'éventail abaissé dit la résignation –
l'anémie **blême** en mains de caoutchouc
– la transparence en **noir araigne**.»
(Fr. Caron, «Marquise de la Solana», in *Musée du Louvre*, éd. terre Inconnue, 1981, p. 32.)

∗ On rencontre chez divers auteurs quelques comparaisons de couleur avec l'araignée. Ainsi chez Colette : *couleur d'un ventre d'araignée*. «Jeunesse studieuse qui te ruines à payer le "meublé", professeur miteux aux manches cirées, et vous, tous les instituteurs qui allez, colletés de celluloïd, sur des semelles spongieuses, ce ministère est ravagé à votre image. On m'assure que chaque tornade ministérielle travaille pour lui, avec çà et là quelques rouleaux de cette poussière ancienne, qui a la couleur et le velours d'un ventre d'araignée, et je veux le croire» (Colette, *Belles Saisons*, 1945, p. 189).

∗∗ Les superstitions populaires font de l'araignée, à cause de sa couleur généralement noire, un symbole néfaste. «Beaucoup de gens détruisent les araignées parce qu'ils les trouvent hideuses ou gênantes [...]. Avec la pieuvre [...] et le chat noir, l'araignée offre une parfaite représentation de l'angoisse diabolique» (*Tondr. Vill.* 1968). Cette «angoisse diabolique» provoquée par la vue d'une araignée est étroitement liée à la couleur noire à laquelle cet insecte est associé. Comme d'autres «bêtes noires», l'araignée est le plus souvent considérée en mauvaise part, comme un animal néfaste, inquiétant, souvent associé aussi à la folie. La *loc. verb. fam.*: **Avoir une araignée dans le plafond/la coloquinte** signifie être dérangé, avoir une idée fixe, être un peu fou et est synonyme de *avoir des charançons dans l'abat-jour, avoir une punaise dans le bois de lit;* → **avoir des cafards dans la tête, avoir des cases noires dans le cervelet, avoir un rat dans la contrebasse/le grenier.**

«Je voudrais bien savoir si c'est par jalousie qu'il s'enferme dans les cabinets pendant des fois deux et trois heures pour déclamer tout haut contre la société, hurler que l'univers entier a une araignée dans le plafond, une punaise dans le bois de lit, et un rat dans la contrebasse» (G. Courteline, *Le Commissaire est bon enfant*, 1900, p. 17). «[...] elle, qui était pudique, qui ne les prononcerait jamais, même pas pour elle-même, les mots qui faisaient dresser son index, parsemant de démangeaisons son corps, c'étaient "cinglée", "fondue", "piquée", "tapée", "cintrée", "une-qui-a une araignée au plafond", "une-qui travaille-du-chapeau"... Nul ne sait ni où ni quand il est le plus lui-même» (H. Bianciotti, *Sans la miséricorde du Christ*, 1985, page 202). V. aussi les expressions liées à la tristesse et la mélancolie : → **Avoir le bourdon, avoir des papillons noirs.**

✱✱✱ *Veuve noire* est le nom donné à une araignée venimeuse d'Amérique du Sud.
V. → *Noir*

ASPHALTE

[P. RÉF. à la couleur noirâtre et mate de l'asphalte, bitume constitué de matières hydrocarbonées diverses (notamment de calcaire et d'argile), durcissant au froid et se ramollissant à la chaleur, utilisé dans les travaux publics pour le revêtement des rues et des chaussées. Ce n'est qu'au XIXe siècle qu'apparurent les premiers trottoirs asphaltés dans Paris et en 1925 que commença l'emploi des produits bitumeux sur les routes françaises. Du lat. *asphaltus* (transcription du grec *asphaltos*: «bitume». L'asphalte ou bitume (de Judée) fut aussi initialement utilisé comme pigment (→ BITUME, BITUME DE JUDÉE).

A. – [Pour nuancer *gris* ou *noir*. *Asphalte* est un terme chromatique intermédiaire entre le champ du gris et celui du noir]

1. Gris (couleur) asphalte, *loc. adj.* ou *loc. nom; inv.*

1. «Tu avais les yeux **gris couleur asphalte**
Dans mon horizon tu as fait une halte
Mes **nuits blanches** ont pris de la couleur [...].»
(Nadj, «Une couleur, une odeur», La poésie de Nadj, *geocities. com/).*

2. Noir (d')asphalte, *loc. adj.* ou *loc. nom. inv.*

2. «[...] la visqueuse matière interstitielle des banlieues, et, sur les plans, leurs cancéreuses auréoles, je rêve depuis peu d'une Ville qui s'ouvrît, tranchée net comme par l'outil, et pour ainsi dire saignante d'un vif sang **noir d'asphalte** à toutes ses artères coupées, sur la plus grasse, la plus abandonnée, la plus secrète des campagnes bocagères» (J. Gracq, *Liberté grande*, 1946, p. 9).

3. «Coloragri FR Natura est disponible en 4 teintes obtenus par application de pigments en cours de fabrication: **Flammé Rouge tuile, Vert prairie, Noir asphalte.**»
(*http://www.eternit.fr/Produits-Natura/ ond-coloragri. html.*)

B. – *P. ell.*

1. Couleur (d') asphalte/D'asphalte, *loc. adj. inv.* Gris très foncé à noir. «[...] un porte-documents d'un noir, «peu cendré, d'asphalte, dont bâille en partie la longue fermeture éclair comme la gueule aux dents très fines d'un serpent marin» (M. Butor, *La Modification*, 1957, p. 10). «Lunettes en bataille et barbe en tempête, un corps maigre sanglé dans une blouse

ASPHALTE

d'instituteur couleur asphalte, l'abbé Pierre, […] un catholicisme en lutte contre la souffrance au quotidien et le spectacle du dénuement» (Fr. Angelier, *À propos de l'ouvrage Confessions, de l'abbé Pierre*, Amazon.fr, 2004).

4. «Ou mieux encore, et parmi nous, la douce bête nue dans sa **couleur d'asphalte**, et peinte à grands motifs d'argile fraîche et d'ocre franche, porteuse seulement du sceptre au joyau **rouge** et du bétyle **noir**.»
(Saint-John Perse, «Chœur», 2, in *Amers*, 1957, p. 369.)

2. **Asphalte.**

a) *Adj. inv.* Gris très foncé à noir. V. aussi *infra*, ex. 5. «Doudoune courte Capuche amovible 100 % nylon Couleurs: noir, asphalte, sable, gris. Hommes, femmes...» (*Collection Blousons*, 2003, *jaj.fr*).

b) *Subst. masc.* Cette couleur; gris très foncé à noir. *Souvent dans un contexte métaphorique.*

5. «LITTÉRATURE/ÉCRITURE
ASPHALTE
[…] déposé au cœur des nervures et des sillons
le corps extrait de braise
et de toute incandescence
délivre en crissant dans l'**asphalte**
d'une encre intense
– un **noir** exact et presque égal.»
(«Littérature, Écriture», *franceasso.com*).

* Lac asphaltite est le nom donné par les Anciens au *Lac de Judée* ou *mer morte* de l'Écriture ainsi appelé à cause de l'asphalte ou bitume qu'on trouve sur ses bords. V. ➜ BITUME DE JUDÉE. On trouve cette locution chez Hugo: «Gomorrhe, fiancée au noir lac Asphaltite» (V. Hugo, *La Fin de Satan*, 1885, p. 801).

BANANIA

[P. RÉF. à la publicité de *Banania*, breuvage composé de farine de banane, de céréales, cacao et sucre, découvert en 1912 au Nicaragua par le journaliste Pierre Lardet qui, de retour en France, se lancera dans la fabrication industrielle du produit et déposera le nom de *Banania* et le dessin de l'«Antillaise» (1914) qui sera remplacée en 1915 (Andreis), pour faire écho à la popularité des troupes coloniales, par le «tirailleur Sénégalais» et accompagné de la formule devenue célèbre: «*Y'a bon Banania*» inspirée du langage de ces soldats. La représentation de ce personnage noir, débonnaire, aux relents colonialistes, reflet des préjugés de la société de l'époque et d'une vision caricaturale – si ce n'est raciste – connaîtra des évolutions et sera peu à peu remplacé, au cours du XXe siècle, par un graphisme de plus en plus stylisé qui aboutira en 1977 (Sekigushi) à la disparition presque complète du personnage dont il ne reste que le sourire et le regard. Le slogan «*Y'a bon*» avait, quant à lui, disparu au milieu des années 60, pour être remplacé par des formules telles que «*Banania du ressort pour la journée*» (1966) ou «*Un repas le matin*»]

Banania, *subst. masc./Plus rare.* Y a bon Banania, *loc. nom. Le plus souvent* en interjection. P. iron. Fam. Mod. Personne de race noire ou à la peau très foncée.

1. «C'est un **black** en solde, pas boursier de son dictateur, qui fait pas d'effet de gourmette en or et de chemise **saumon frais**, comme y en a... Y perd complètement ses légumes, y chiasse son manioc, **banania** en exil... Personne le soutiendra, se fait pas d'illuses... Ses quinquets de porcelaine bon marché courent dans tous les sens après quelque chose [...].»
(J.-L. Degaudenzi, *Zone*, 1987, p. 139.)

2. «Tu veux que les **Noirs** soient comment, des **ya bon banania**, **ya bon black**, **ya bonne négrita** (comme l'Équipe de France) ou qu'ils aient l'air aussi humain que n'importe qui d'autre qui se sent injustement sanctionné. Je ne peux que difficilement souffrir les athlètes français qu'on sort de leur île à l'occasion des jeux. C'est grave comment la TV et les journaux ont été colorés ces trois derniers jours. Sinon le reste du temps.»
(Bamboula, Forum Amadoo, 01. 09. 2003, http://www.amadoo.com/forum/topic.php?forum.)

BASALTE

[P. RÉF. à la couleur sombre, noirâtre du basalte, roche éruptive très dure. Du lat. *basaltes*, altération de *basanites*]

A. – Couleur (de) basalte/De basalte. *Loc. adj. inv.* De couleur foncée ; noirâtre. [Souvent avec ALLUS. à la dureté de cette roche ; en parlant du visage d'une personne ; souvent pour connoter une expression figée]

1. «Le visage **de basalte** de Samba Diallo avait des reflets **pourpres**. **De basalte**? C'était un visage **de basalte**, parce que aussi il était comme pétrifié.

BITUME

Aucun muscle n'en bougeait plus. Le ciel, dans ses yeux, était **rouge**.»
(Cheikh Hamidou Kane, *L'Aventure ambiguë*, 1961, p. 70.)

B. – Basalte, *subst. masc. inv.* [Chez Senghor, dans une métaphore où la couleur noire n'est pas dévalorisée; pour connoter la noirceur et la dureté de quelque chose]

2. «1972, Sur la plage Bercé
Ils ont creusé sur la colline de **grès rose**, jusqu'au **basalte noir de l'âme**
Dans le basalte ils ont scellé leur cœur, la Vénus rythmique de Grimaldi.»
(L. S. Senghor, *Lettres d'hivernage*, 1972, p. 237.)

∗ *Basalte* entre parfois dans des comparaisons. Ainsi chez Senghor: «Il était droit comme un rônier/Il était noir comme un bloc de basalte/Terrible comme un lion pour les ennemis de son peuple/Bon comme un père au large dos/Beau comme une épée nue» (L. S. Senghor, Élégies, Élégie pour Aynina Fall, «Le Chœur des jeunes hommes», *Nocturnes*, 1961, p. 210).

BITUME

[P. RÉF. à la couleur noirâtre du bitume, substance minérale composée de diverses matières hydrocarbonées, utilisée notamment pour le revêtement des chaussées et trottoirs (→ Asphalte). Le bitume qui, selon la Genèse (XI), aurait servi à la construction de la Tour de Babel, serait de l'asphalte. Cette résine fossile utilisée initialement comme pigment était autrefois récoltée à l'état naturel près du lac d'Asphaltite, d'où ses autres appellations: → **asphalte** et **bitume de Judée**. «Elle fut également appelé **momie** ou "**baume de momie**"» (A. Leduc, *Les Mots de la peinture*, 2002, s. v. *bitume*). Du lat. *bitumen*]

A. – [Pour nuancer *brun*, *gris* ou *noir*. *Bitume* est un terme chromatique intermédiaire entre le champ du brun, du gris et du noir]

1. **Brun bitume**, *loc. adj.* ou *loc. nom. inv.* Brun noir. «Les illustrations aquarellées des anciens livres anglais sont une inépuisable source d'inspiration pour la peinture sur porcelaine. [...] COULEURS – Jaune d'or, rouge capucine, rouge coquelicot, brun bitume, [...], ocre, pourpre rosé, vert olive [...].» («Cerises aux oiseaux», *Décoration sur porcelaine*, zoom n° 20, passionceramique.com).

2. **Gris bitume**, *loc. adj.* ou *loc. nom. inv.* Gris noir. «Christian Tournafol ouvrait ses collections, cette fois au Carrousel du Louvre. [...] La gamme de coloris marie le noir, le bordeaux, le rouge, le prune et le bleu roi, outre les bruns et gris bitume des tweeds» (V. Transon, «Les Parisiennes», *La Mode française*, 2000, lamodefrancaise.tm.fr).

3. **Noir (-) bitume**, *loc. adj.* ou *loc. nom. inv.* Route noir-bitume.

1. «Yvon Bobinet, professeur d'éducation artistique à Nantes a son œil droit qui interroge le monde et son œil gauche qui l'interroge lui même. De cette double interrogation germent des bas-reliefs évoquant des faits politiques ou sociaux de l'époque. Conditions des femmes en Afganistan, massacres en Algérie, pollution en Bretagne [...]. Ces créations, traditionnelles dans la forme choisie [...] échappent à cette première lecture tant par le choix du matériau utilisé: du papier journal collé et moulé, matériau métaphorique du présent, que dans l'utilisation irréaliste ou symbolique des couleurs et des objets, telles que la **couleur sable** de ses femmes voilées (enlisement? inhumation?) ou ce calvaire breton dont les 3 crucifiés deviennent 3 robinets laissant échapper des gouttes de sang **noir bitume**.»
(D. Morvan, «Des fées contre la dureté du temps», *Ouest France*, 10. 12. 1998,).

B. – *P. ell.*

1. **De bitume**, *loc. adj. inv.* Qui a la couleur sombre, noirâtre du bitume; d'une

nuance brun grisâtre, grise ou noire. Mer de bitume. V. → CARBONE, ex. 2.

[*Dans un contexte métaphorique*]

2. «Ange **d'anthracite** et **de bitume**
Claire profondeur des rades mythologie des tempêtes
Eau purulente des fleuves eau lustrale des pluies et
des rosées
Créature sanglante et végétale des marées
Du marteau sur l'enclume au couteau de l'assassin
Tout ce que tu brises est étoile et diamant
Ange **d'anthracite** et **de bitume**
Éclat du **noir** orfraie des vitrines
Des fumées lourdes te pavoisent quand tu poses les pieds
Sur les cristaux de neige qui recouvrent les toits
Haletants de mille journaux flambant après une nuit
d'encre fraîche.»

(R. Desnos, «Sirène-Anémone», in *Corps et biens*, 1930, p. 158).

2. **Bitume.** *Adj.* et *subst. masc.*

a) *Adj. Rare.* Couleur sombre, noirâtre du bitume; d'une nuance brun grisâtre ou noire. [Dans l'exemple suivant, en apposition; avec un trait d'union] «Les cafés qui dérivent, là-bas, comme de grands paquebots illuminés. Le décor est planté. Vous y êtes. La proue de ma bécane fend les flots-bitume. Je me faufile entre les embarcations en tous genres qui sillonnent le port d'Orléans» (Fr. Lasaygues, *Vache noire,* h*annetons*, 1985, p. 82).

b) *Subst. masc.* Cette couleur sombre, noirâtre du bitume; brun grisâtre, gris ou noir. *En partic. ART/PEINTURE.* Couleur brun foncé, brillante, qui fut utilisée par les artistes peintres, notamment au XIXe siècle. «Avec Manet, nous parvenons au seuil de l'impressionnisme et nous passons du règne du bitume et du noir à celui de la couleur pure» (A. Lhote, *La Peinture d'abord*, 1942, p. 66).

[*Parfois en apposition à valeur d'adjectif*]

3. «LA PÉRIODE **BITUME**.
Pourquoi, diable, peignez-vous si "noir"? s'exclame Diaz un jour en regardant sa toile [de Renoir] "La Esmeralda". En ce temps-là Renoir "nageait dans le **bitume**". Cette toile fut sa dernière contribution à la peinture **ténébreuse**. Il la détruisit.»

(«Pierre-Auguste Renoir 1841-1919», «La période bitume», *Art et décoration,* art-deco.france/).

◊ **BITUME DE JUDÉE**

[P. RÉF. au bitume ou asphalte du premier gisement connu de la *mer Morte* (d'où son nom de *bitume de Judée*; la *mer Morte* étant appelée elle-même, par les Anciens, *lac Asphaltite.* V. → ASPHALTE* et BITUME]

Adj. Brun très foncé à noir.

1. «Dans le miroir, j'aperçus mon grand corps érodé, recouvert d'un imperméable kaki assorti à mes yeux **bitume de Judée**, ma face **rose** aux pommettes de princesse juive violée par quelques cosaques pogrommeurs et ma longue natte **fauve**»

(A. Francos, *Sauve-toi, Lola!*, 1983, p. 18).

∗ Le *bitume de Judée* a servi aux premiers essais de photographie de Nicéphore Niépce, qui utilisa l'action de la lumière sur cette matière photosensible: vers 1822, il réalisa des copies de gravures sur des plaques de verre recouvertes de bitume de Judée et, en 1827, il effectua, avec des temps de pose de plusieurs jours, les premières photographies du paysage qu'il pouvait observer de sa fenêtre et qu'il nomma héliographies. Plus récemment, le *bitume de Judée* a été utilisé par les peintres pour produire, dissous dans l'huile de lin, une couleur brune.

BLANCHE-NEIGE

◊ **BITUMEUX, EUSE**
[De *bitume*, + -*eux*]

Adj.

A. – D'une couleur sombre, noirâtre. [En parlant, le plus souvent, d'un élément du ciel, des nuages] Ciel bitumeux. «De gros cumulus bitumeux roulaient au loin, sur la vallée de l'Oise» (G. Duhamel, *Suzanne et les Jeunes Hommes*, 1941, p. 283).

ART/PEINTURE. [En parlant de tableaux] D'une nuance sombre et brillante; brun foncé à noir. *Synon. plus rare.* → **Cirageux.** Teintes, tonalités bitumeuses d'un tableau; monochromie bitumeuse. «[...] la bitumeuse et ombreuse profondeur des vieux tableaux craquelés [...]» (Cl. Simon, *La Route des Flandres*, 1960, p. 58). «On lui pardonne ses fonds bitumeux et noirs parce que quelquefois il les déchire pour y faire apparaître des ciels puissants où traînent des nuages solidement modelés» (É. Faure, *Histoire de l'Art. L'Art moderne*, 1921, p. 71).

1. «Il est parti avec les deux grands Carolus-Hourcades... [...] deux grands machins assez **bitumeux** avec des éclats de lumière. Ma grand-mère en torera et, en pendant, sa maîtresse, la princesse Pignatelli, à moitié nue, enveloppée dans un châle espagnol... [...] Adieu, également, ma belle-mère par Jacques-Émile Blanche... sans intérêt... assez moche même... une petite fille très **pruneau**, très juive, assez ridicule dans sa robe en dentelle avec son cerceau... Dieu sait à qui il a bien pu la fourguer...»
(P. Combescot, *La Sainte Famille*, 1996, p. 232.)

B. – *P. métaph.* ou *au fig. Rare.* Caractère trouble, indécis, confus de quelque chose. «Hier, séance de la Chambre. Depuis combien d'années ne m'étais-je penché sur cette cuve, dont je hais le jour blême [...], l'atmosphère bitumeuse de mauvais tableau d'histoire» (Fr. Mauriac, *Bloc-notes*, 1958, p. 101). «Le nuage de poussière blanche que nous laissions derrière nous, et le fracas des silex sur nos ailes métalliques, nous obligent à admettre les avantages bitumeux du progrès» (A. T'Serstevens, *L'Itinéraire espagnol*, 1963, p. 29). «Tous deux [J. Gracq et J. Cabanis] ont pourtant un commun amour de la solitude, de la lecture, de la province et du xixe siècle. C'est même étrange, cette affinité de deux fins stylos pour un siècle un peu bitumeux, un peu rhétorique, mais c'est ainsi» (*Le Point*, 20. 4. 1987, p. 130, c. 3 – J.-P. Amette).

BLANCHE-NEIGE

[P. RÉF. à l'héroïne du conte de Perrault, *Blanche-Neige*, ainsi dénommée par allusion à sa peau blanche comme la neige]

P. antiphrase et p. iron. Fam. Mod. (1970, *infra*). Le plus souvent en interjection. Personne de race noire ou à la peau très foncée.

1. «Il rit. "**Blanche-Neige**", ça fait toujours marrer. [...] C'est plaisant, quoi! Pas hargneux; quasi amical. Ça veut dire, implicitement, qu'on n'en veut pas au **Noir** d'être **nègre**, mais qu'on trouve farce qu'il soit **black**; tellement contents nous sommes de notre belle couleur de bidoche avariée, nous les pseudo-**Blancs**! **Blancs** mon cul, oui! Un **Blanc** réellement **blanc**, ce serait atroce à regarder. Heureusement qu'il est **rouge** ou **vert**, le **Blanc**. Il aurait pas la **couperose** ou le cancer du foie pour s'égayer la vitrine, il ressemblerait à de la pourriture.»
(San-Antonio, *Béru-Béru*, 1970, p. 122, in *Gd. Rob.*)

2. «[...] supériorité musculaire des **Blacks** pour mettre les bouts. Ils ont gentiment sautillé un peu sur place, ricané et disparu vers le carrefour.

– On te laisse avec **Blanche-Neige**!
– Vous pouvez l'enculer, **négros**!
Les employés m'ont remis sur pied.
– Ca va, monsieur? Les salauds! Pas t-w-op de casse?
J'ai retrouvé mes lunettes presque à tâtons.»
(J.-L. Degaudenzi, *Zone*, 1987, p. 50.)

Plus rare au pluriel.

3. «Content de te voir, Pollak, qu'est-ce que tu trafiques chez les **Blanche-Neige**? Au Parlement, ils en revenaient pas, tout le Nord-Est du Ghana décimé par des tueries impensables, pistolets, flèches et coutelas, des villages brûlés [...]»
(Ph. Labro, *Des bateaux dans la nuit*, 1982, p. 214).

∗ V. aussi ➜ **Banania**, autre nom donné par ironie, aux personnes de race noire.

BLOUSON

[P. RÉF. à la couleur noire des blousons (le plus souvent en cuir) portés par la jeunesse dans les années soixante en France, à la suite du héros du film américain *L'Équipée sauvage*, interprété par Marlon Brando, et qui devint, sur le modèle de ce héros, le signe de reconnaissance d'une jeunesse rebelle, parfois délinquante. V. ➜ **blouson noir**; ➜ RÉBELLION.

Noir blouson, *loc. adj. inv. Mod.* (1985, *infra*). *Rare.*

1. «Comme prévu et comme papa, il [Anthony Delon] est très beau. L'œil **bleu-vert lac** bordé d'une forêt de cils, les dents **blanc neige**, le cheveu **noir blouson**, les épaules rondes juste ce qu'il faut. Et la jambe longue, longue, longue...»
(*Elle*, 29. 7. 1985, p. 22, c. 1 – C. Pringle).

CACHOU

CACHOU

[P. RÉF. à la couleur brun très foncé à noir de la pastille aromatisée au cachou, substance extraite du bois et des gousses fraîches de l'*Acacia catechu*, utilisée couramment pour la confection de confiseries du même nom, mais aussi comme astringent en médecine et comme colorant en teinturerie]

Adj. inv. D'une couleur sombre; brun rougeâtre à noir.

▶ [En parlant d'une chose concrète, le plus souvent d'un vêtement, d'une étoffe] Bas cachou. «Le gilet de tricot cachou [...] disparaît sous un dolman saphir» (Colette, Music-hall, 1913, p. 174). «Dans la glace d'une devanture il admira son petit manteau cachou à revers de velours, très étroit et qui ne descendait qu'à mi-cuisses» (A. Cohen, Mangeclous, 1938, p. 188).

   1. «La maison qu'habitait Durtal était une ancienne bâtisse, **couleur de pierre ponce**, coiffée de tuiles **brunes** et agrémentée de volets **cachou**.» (J.-K. Huysmans, L'Oblat, 1903, p. 98).

− *Parfois variable.* «C'est vivace un régiment, comme couleur et comme cadence, ça se détache bien sur le climat... Ils étaient grenats les "musiques"... ils ressortaient en pleine violence dans le ciel... sur les murs cachous... Ils jouent gonflé, cambré, musclé, ils jouent costaud les Écossais... Ils jouent marrant la cornemuse, ils jouent gaillard, ils jouent poilu comme des molletons...»
   (L.-F. Céline, *Mort à crédit*, 1936, p. 312).

▶ [En parlant de la peau d'une personne] *Rare.*

   2. «Doudou s'en fout
Y'a des doudous partout, c'est fou
Celle de ma chanson, elle a les yeux vraiment doux
On dirait des cailloux, des perles
Aussi **noires** que sa peau **cachou**.
Elle travaille dans un magasin
Elle vend des maillots de bain
à des belles et à des boudins
à des moches et à des bien
à des vieilles qu'ont la peau qui craint.»
   (Renaud, «Doudou s'en fout», in *Mistral gagnant*, 1985, p. 193).

CAFARD

[P. RÉF. à la couleur noire du cafard, insecte orthoptère (groupe des *Blattidés*), appelé encore blatte ou cancrelat; p. réf. aussi à ses mœurs ténébreuses. 1542 : *caffar*: «blatte», appellation probablement issue par métaphore de *cafard*: «faux dévot»]

A. − *Subst. masc. Au fig. Fam.* [Apparu en 1857, chez Baudelaire, dans *Les Fleurs du mal*] Tristesse lancinante accompagnée d'idées noires et de lassitude; humeur sombre. Synon. (sc.:) Hypocondrie, (argotique:) bourdon; cour. ou littér.: spleen; → idées noires, blues, grise, mélancolie. Crise de cafard. jour, période de cafard. «Le spleen de Londres, lent, mouvant, subtil, qu'est-il à côté du cafard de New-York combattu à coups de cocktails, de l'affaissement nerveux qui nous y guette?

Un Européen résiste quelques mois. Le New-yorkais n'y échappe que par les départs. Le salut dans la fuite» (P. Morand, *New-York*, 1930, p. 280). «N'importe quoi, des souvenirs, des espérances, un nuage de cafard qui passe, même des bêtises qui vous auront trotté par la tête, il peut l'entendre, vous comprenez» (M. Genevoix, *Eva Charlebois*, 1944, p. 133). «Il lui narrait les phases [...] de son cafard, de son alcoolisme, de son esseulement» (R. Queneau, *Loin de Rueil*, 1944, p. 190).

1. «Quand son **cafard** le prenait il était plus emmerdant qu'une femme qui a ses affaires. Il avait la migraine, **broyait du noir**, était franchement insupportable.»
(Bl. Cendrars, *La Main coupée*, 1946, p. 24.)
2. «Bref, hier après déjeuner, j'étais en plein **cafard**, j'avais des **idées noires**.»
(J. Dutourd, *Pluche ou l'amour de l'art*, 1967, p. 183.)
3. «Il était six heures du matin, un mauvais rêve, je me suis levé avec un épais **cafard** dans la tête, j'ai ouvert le frigo, j'ai pris la petite boîte en plastique transparent dans laquelle je range les cotons de mes shoots, j'ai mis les cotons dans la cuillère, de la flotte, beaucoup de citron et j'ai cherché ma veine à six heures trente du matin.»
(D. Belloc, *Képas*, 1989, p. 122.)

▶ [Le plus souvent en *loc.*] *Loc. verb.* Attraper, donner, foutre le cafard. «Un proposa d'aller au Zoo, mais c'est pas marrant dirent les autres on attrape le cafard [...]» (Ch. Rochefort, *Encore heureux qu'on va vers l'été*, 1975, pp. 160-161.)

• **Avoir le cafard/un coup de cafard**, *loc. verb. cour.* Être triste, mélancolique. *Synon. Avoir le spleen (littér.)*;
• **Avoir les blues** (→ vol. *Le Bleu*); avoir la grise (→ vol. *Le Gris*); avoir des idées noires; avoir du noir, broyer du noir; cafarder; être mélancolique; avoir le bourdon (noir); avoir les

papillons noirs. «Je suis dégoûté, j'ai un cafard atroce, je souffre, c'est la grande crue, la grande débâcle, le cœur serré, la tête pleine» (R. Fallet, *Carnets de jeunesse*, 1947, p. 94). «Elle sent que ses yeux aussitôt se remplissent de larmes, elle lève la tête, elle plisse les lèvres comme une petite fille : "Je ne sais pas, j'ai le cafard"». (N. Sarraute, *Le Planétarium*, 1959, p. 67).

Loc. nom. • **Coup de cafard.** Tristesse provoquant des actes irréfléchis. Un coup de cafard l'envahit, le saisit. «Les regards au sol, il répond : – Un coup de cafard, mon lieutenant, j'avais perdu la tête !» (R. Vercel, *Capitaine Conan*, 1934, p. 77.) «Un soir, en arrivant, j'apprends que Paulot, qui s'était caché pour ne pas aller au boulot, un coup de cafard, il est comme ça, s'était fait piquer par le garde-champêtre alors qu'il fauchait des patates dans un wagon, en gare de Zerrenthin» (Fr. Cavanna, *Les Russkoffs*, 1979, p. 305.)

En partic. **Cafard de** + *subst.* Nostalgie sombre, profonde particulière à certaines personnes ou circonstances. «Je savais quand ça le reprenait ce cafard des architectes, C'était surtout à la campagne... et au moment des ascensions... quand il allait passer la jambe pour escalader la nacelle... Il lui revenait un coup de souvenirs» (Céline, *Mort à crédit*, 1936, p. 444).

B. – *Adj.*

▶ [En parlant d'un aspect d'une personne, de son comportement, de l'expression de son visage, de ses sentiments] Qui traduit le cafard, la tristesse, la mélancolie. «Elle avait un visage plein de ruse, audacieux et fin, que rendait pitoyable et qu'avilissait en même temps une expression de haine cafarde, où se voyait le vivace souvenir de tous les coups qui l'avaient meurtrie» (M. Genevoix, *Raboliot*, 1925, p. 92). «Lui, devant cette main nue, reculait la tête en soufflant : et des rires fusaient sous les arbres, si forts que

CAFARD

les valets se retournaient vers la maison de l'Homme avec des mines apeurées et cafardes» (M. Genevoix, *La Dernière harde*, 1938, p. 91).

▶ [En parlant d'une personne ou d'un groupe de personnes] Enclin à la tristesse, à la mélancolie. «Nous sommes en train de fabriquer la génération d'hommes d'action la plus cafarde qu'on ait jamais vue» (R. Abellio, *Heureux les pacifiques*, 1946, p. 32).

C. – *En partic. Fam.* [En *loc. verb.* dans laquelle *cafard* connote le «dérangement» mental, la folie] • **Avoir un cafard/des cafards dans la tête.** *Loc. verb.* Avoir l'esprit dérangé. *Synon.* argotiques: Avoir des charançons dans l'abat-jour, avoir une punaise dans le bois de lit; → **Avoir une araignée au plafond/des cases noires dans le cervelet/un rat dans la contrebasse.**

∗ V. aussi, *supra*, les expressions liées à la tristesse et à la mélancolie: → **Avoir le cafard, avoir le bourdon, avoir les papillons noirs.**

∗∗ *Cafard* désignant l'insecte et, *p. ext.*, au *fig.*, la tristesse, la mélancolie, les idées noires ou le dérangement mental, est certainement issu, par métaphore, de *cafard* emprunté à l'arabe *kafir*: «incroyant», appliqué par les Arabes aux non-musulmans, et en particulier à la tribu des *Cafres*, qui a ensuite pris le sens de «converti à une autre religion que la sienne», d'où «faux dévot», *part. prés.* de *kafara* «être incroyant», le *suffixe* péjoratif *-ard* ayant remplacé la finale insolite (d'après *TLF*). 1512, *caphar, subst.* «faux dévot»; 1544, *caphard, adj.* «hypocrite»; 1834, *cafard*: «mouchard».

Cafard désignant au départ un faux dévot, un tartuffe, une personne qui montre une dévotion exagérée, puis, *p. ext.*, un fourbe, une personne qui dénonce sournoisement les autres, un mouchard, et, en argot, la police. «[...] il lui montre d'un côté les savants, les artistes, les poètes, tous ceux qui sont grands, de l'autre les cafardes, les vieilles fèmmes, les abbés, les confessionnaux» (J. Rivière, févr. 1907, in Alain-Fournier, *Correspondance avec Jacques Rivière* [1905-1914], 1914, p. 316). «On en est

à se traiter de cafard, de saloperie volante, de con bénit, [...] de fumier de lapin et de républicain de mes fesses» (M. Aymé, *Jument*, 1933, p. 101). *Cafard* fonctionne aussi comme adj., en parlant du comportement d'une personne, de ses attitudes, de ses actions, pour signifier l'hypocrisie, comme synon. de *affecté, cauteleux, fallacieux, faux, mensonger, mielleux, patelin, sournois, trompeur.* Contenance, déférence, mine, ton, zèle *cafard*. «L'homme des barricades et de la liberté au grand jour venait combattre sur son terrain l'homme de l'Inquisition, de la résignation cafarde et de la persécution hypocrite» (G. Chevallier, *Clochemerle*, 1934, p. 242).

∗∗∗ *Cafard*, au sens de hypocrisie, a donné lieu à plusieurs dérivés, les substantifs **CAFARDAGE, CAFARDERIE, CAFARDISE** ainsi que le verbe **CAFARDER: CAFARDAGE** *Subst. masc. Fam., rare.* [De *cafard* (faux dévot, hypocrite) + *-age*]. Action de cafarder, de moucharder. *Synon. Mouchardage*; **Cafarderie, cafardise.** *En loc. verb.* Faire des *cafardages*. Moucharder. «Fanny, je t'ai dit tout ce que je sais, et si tu en parles à Marius... Comme je n'aime pas faire des cafardages je te prie de lui dire que c'est moi qui t'ai avertie» (M. Pagnol, *Marius*, 1931, p. 192). **CAFARDISE.** *Subst. fém.* [De *cafard* (faux dévot, hypocrite) + *suff. -ise*. 1551, *cafardise*; 1586, *caphardise* (d'après *TLF*)] Dévotion feinte; hypocrisie. *Synon.* Bigoterie, cagotisme, pharisaïsme. «Mais on voit, cette même année et à cette même occasion, Renan, dans son rapport annuel, à la société asiatique, sur les études orientales, parler du grand poète persan sur un ton de pharisaïsme (j'allais dire de cafardise) qui surprend d'abord, et que l'on comprend bien ensuite» (A. Thibaudet, *Réflexions sur la littérature*, 1936, p. 178). «Je me dis que si je voulais en tirer quelque chose de solide et de sincère, sans cafardise, le sortir de ses préméditations, il me fallait le dérégler un peu, le mettre en colère, faire l'imbécile avec excès» (R. Abellio, *Heureux les pacifiques*, 1946, p. 322). *P. méton. Fam., Vx. rare.* Acte, parole de mouchard. *Synon. Délation, mouchardage (pop);* → **Cafarderie.** *Faire repentir quelqu'un de sa cafardise.* **CAFARDER.** *Verbe intransitif.* Tenir une langue de faux dévot; dénoncer, trahir, se livrer à des manœuvres secrètes. *Synon.* moucharder; → **Cafeter**. «Mais le petit Salomon mangea le morceau et cafarda sans plus» (A. Cohen, *Solal*, 1930, p. 89). «Mais Mam'zelle Mélie m'épie et ne cesse de me cafarder à maman Yaya et à mon papa» (J. Zobel, *La Rue Cases-Nègres*, 1950, p. 155). «[...] savoir tenir sa langue et la délier quand il faut, abriter les traqués, et toutes sortes d'autres actions liées à des impératifs aussi simples que le "tu ne cafarderas point" des morales enfantines» (M. Leiris, *La Règle du jeu*, 1955, p. 160). CAFETER/CAFTER. *Verbe intrans. Synon.* de → **Cafarder**. «L'index pointé: – Des mots comme ça et j'te cafte, menace le rouquin» (J. Vautrin, *Bloody Mary*, 1979, p. 147).

◊ **CAFARDER**

[De *cafard* (tristesse, mélancolie) + *dés.* -*er*]

Verbe intransitif. Fam. Synon. Avoir le spleen (*littér.*); → Avoir le blues (→ *Le Bleu*); avoir la grise (→ *Le Gris*); → Avoir des idées noires; avoir le noir, broyer du noir; avoir le bourdon (noir), avoir le cafard; avoir des papillons noirs; être mélancolique. «J'en ai assez, de cafarder depuis huit jours!» (M. Genevoix, *Ceux de 14*, 1950, p. 261.) «[...] aussi avait-il préféré lire cette lettre tout de suite, protégé par la tendre présence du petit garçon, plutôt que d'attendre d'être seul et de cafarder inutilement» (G. Matzneff, *Ivre du vin perdu*, 1981, p. 273).

◊ **CAFARDEUX, EUSE**

[De *cafard* (tristesse, mélancolie) + *suff.* -*eux*.
1918, *cafareux* (P.-L. Blanchet, *En représailles*, p. 109, dans *Esnaut, Notes inédites*, 1956); 1919, *cafardeux* (argot de troupiers, ESN.) (d'après *TLF*)]

Adj. Fam.

A. – [En parlant d'une personne, d'un groupe de personnes] Qui a le cafard; qui est sujet au cafard, à la mélancolie.

Synon. Hypocondriaque, spleenétique; → **Mélancolique**. «Une foule de pauvres bougres affamés et cafardeux se suspendait à ces sourires et se pliait à une obéissance empressée, pour ne s'attirer point les foudres de vainqueurs aussi cléments» (Fr. Ambrière, *Les Grandes Vacances*, 1946, p. 47).

B. – [En parlant d'une chose concrète ou abstraite]. Qui dénote ou suscite de la mélancolie, de la tristesse. Ton cafardeux; expression cafardeuse. «Ces paysages cafardeux, bords de Seine ou de canal, où des fonctionnaires endeuillés pêchent à la ligne» (J. Lhote, *La Peinture d'abord*, 1942, p. 159). «... rien ne devient plus cafardeux que les plages soi-disant de joie, chalets, casino, sitôt que les télégrammes affluent, les mauvaises nouvelles et la foudre... alors nous là à regarder le ciel et les mouettes planer, à espérer quoi?» (L.-F. Céline, *Rigodon*, 1961, p. 73.)

1. «Mais est poignant, désespéré, **cafardeux** d'un cafard envoûtant et morbide, pue la guerre d'avance perdue, le désespoir désiré, est subtilement décadent, vénéneux comme un opium, défaitiste par son flou même, je parle surtout de la musique»
(Fr. Cavanna, *Les Russkoffs*, 1979, p. 234).

CAMBOUIS

[P. RÉF. à la couleur noire du cambouis, graisse ou huile oxydée ou chargée de poussières métalliques ou terreuses ayant servi à lubrifier les axes, les essieux d'une machine]

Couleur de cambouis/De cambouis, *loc. adj. inv.* Noir [Parfois avec ALLUS. à la consistance épaisse du cambouis] «Les Zoulous sont des géants, couleur de cambouis, avec des anneaux dans le nez, et une petite houppe au sommet d'un crâne rasé» (R. Crevel, *Babylone*, 1927, p. 46). «La nuit de cambouis s'illumine, somptueuse et barbare comme un tapis d'Orient» (Fr. Cavanna, *Les Russkoffs*, 1979, p. 147).

CARBONE

— [*Dans un contexte métaphorique*]

1. «Comme un automne de brebis
Descendant vers les brumes de ma solitude
J'ai toujours eu peur du silence
Il y naît des rires sans raison
Machines machinales aux roseaux **de cambouis** aux frissons figés
L'écœurant métal doux
Plus stérile que la cendre
Face aux rideaux apprêtés
Le lit défait vivant et nu
Redoutable oriflamme
Son vol tranchant.»

(P. Éluard, «De L'ennui à l'Amour», *La Rose publique*, 1934, p. 445.)

CARBONE

[P. RÉF. à la couleur noire du carbone, élément essentiel du charbon. Du lat. *carbo, carbonis*: charbon de bois, produit de la combustion incomplète]

De carbone/Noir (-) carbone. *Loc. adj. inv. rare.* Noir. Synon. → **Anthracite, charbon.** «Nos armes semblent les extensions noir-carbone de nos mains de machines, latex bioniques chair iridescente sous la lumière halogène des torches» (M. Dantec, Babylon *Babies*, 2003, p. 348).

1. «Marqué par mes amours et pour la vie
Comme un cheval sauvage échappé aux gauchos
Qui retrouvant la liberté de la prairie
Montre aux juments ses poils brûlés par le fer chaud
Tandis qu'au large avec de grands gestes virils
La sirène chantant vers un ciel **de carbone**
Au milieu des récifs éventreurs de barils
Au cœur des tourbillons fait surgir l'anémone.»

(R. Desnos, «Sirène-Anémone», in *Corps et b*iens, 1930, p. 160).

2. «**Mots de carbone, d'anthracite**
Et **de bitume**
Sombre lumière aux luisances de poix
Corps noir révélateur d'invisible
Noir lumière Soleil Noir.»

(A. Mollard-Desfour, «Mots noir d'encre», *Mots de carbone, d'anthracite et de bitume*, [M. Lafon – J. Laurans, A. Mollard-Desfour], 2004, n. p. [Livre d'artiste]).

◊ **CARBONISÉ, ÉE**

[De *carbone*, + *dés. -é*]

Adj. Brûlé et noirci (comme) par le feu. «Un des côtés est noirci, s'émiette carbonisé» (P. Loti, *Vers Ispahan*, 1904, p. 939).

1. «[...] en quelques heures de guerre, la ville avait pu se transformer en ces enfilades de carcasses **noircies**. Le train s'avançait lentement, comme à tâtons, dans ce crépuscule **carbonisé**, sous un soleil qui ne faisait plus mal aux yeux. Ils s'étaient déjà habitués à cette marche hésitante et au ciel rempli de rugissements d'avions. Et même à ce sifflement.»

(A. Makine, *Le Testament français*, 1995, p. 125.)

CASSIS

[P. RÉF. à la couleur noire des baies du cassis ou *groseiller noir* (famille des *Saxifragacées*), dont les fruits noirs, disposés en grappes servent à fabriquer une liqueur aux propriétés digestives. Du lat. *cassia* : « casse » (sans s final), le cassis ayant été employé au Moyen Âge pour remplacer la casse]

A. – 1. De cassis, *loc. adj. inv.* Noir. Prunelles, yeux de cassis.

1. «NEURASTHÉNIE. – une ombre **de cassis** entre deux yeux pareils.»

(P. Éluard, *Dictionnaire abrégé du surréalisme*, 1938, p. 758.)

2. *P. ell.* **Cassis,** *adj.* et *subst.* Cette couleur noire.

2. «Au bord du Loudjiji qu'embaument les arômes
des toumbos, le bon roi Makoko s'est assis.
Un n'gannga tatoua de zigzags polychromes
sa peau d'un **noir vineux** tirant sur le **cassis.**»
(G. Fourest, «Pseudo-sonnet africain et gastronomique ou (plus simplement) repas de famille», in *Le Géranium ovipare. La négresse blonde,* 1909, p. 27.)

B. – *Argot.* [Le cassis, p. RÉF. à sa couleur foncée entre dans le champ de l'ivresse]

• **Être débarbouillé avec du cassis,** *loc. verb.* Être ivre, saoul. *Synon.* → **Être de corvée de cirage/Être cirage, être goudronné/Être noir.**

✱ On rappellera ici la célèbre métaphore de couleur du poème de Rimbaud, «La rivière de cassis»:
«La rivière **de cassis** roule ignorée
en des vaux étranges:
la voix de cent corbeaux l'accompagne, vraie
et bonne voix d'anges:
avec les grands mouvements des sapinaies
quand plusieurs vents plongent.»
(A. Rimbaud, «La rivière de cassis», in *Derniers Vers,* 1872, p. 150).

Poème souvent source d'interrogation pour les poètes et romanciers contemporains, notamment J. Gracq. «[…] toutes sortes d'échappées sur les sites mêmes des *Illuminations*: ici, la maison du général dans *Enfance,* là "ce pont de bois arqué", plus loin certains mouvements très insolites que Rimbaud a décrits: tout cela s'engouffrait dans une certaine boucle du petit cours d'eau bordant la partie du parc qui ne me faisait qu'un avec la "rivière de cassis"» (J. Gracq, *La Forme d'une ville,* 1985, p. 63). «Et, pour quelques mois encore – le temps peut-être que s'achève l'aménagement, annoncé par un panonceau municipal, du "val de Chézine" – oui, la vision de Breton se prolonge: «… la rivière de cassis roule toujours ici, ignorée en des vaux étranges.»
(J. Gracq, *La Forme d'une ville,* 1985, p. 66).
«La Semois est-elle, comme on le dit souvent, la Rivière de cassis du poème de Rimbaud?»
(J. Gracq, *Carnets du grand chemin,* 1992, p. 89.)

CAVIAR

[P. RÉF. à la couleur du *caviar noir* ou du *caviar gris,* préparations culinaires, originaires de Russie, faites avec des œufs d'esturgeon (et p. ext. d'autres poissons), salés ou marinés, servies en hors-d'œuvre]

A. – 1. (1935). [*Caviar* est un terme chromatique intermédiaire entre le champ du gris et du noir, mais fonctionne en apposition seulement avec le terme *gris*] **Gris caviar,** *loc. adj. inv.* Gris foncé. «Les cailles exotiques et la cocotte "mama" gravée gris caviar» (*Elle,* publicité, 26. 4. 1982, p. 36, c. 2).

2. *P. ell. MODE.* [En parlant d'un vêtement, d'une étoffe] **De caviar,** *loc. adj. inv.* ou *p. ell.* **Caviar,** *adj. inv.* Gris foncé à noir. Blazer caviar. «La tunique vert olive des professeurs à toque de caviar» (J. Cocteau, *Portraits-souvenirs,* 1935, p. 86). «1 500 F: veste pied-de-poule, pure laine, gilet caviar, pantalon rayé» (*L'Express,* 24. 10. 1977, p. 49). «À droite, pardessus super-classique en pur cachemire sur un costume trois pièces en tweed caviar […]» (*Elle,* 25. 9. 1978, p. 64).

B. – *P. méton. Argot journalistique.*
[P. réf. au procédé appliqué par la censure russe, sous Nicolas Ier (1877)] • **Passer au caviar,** *loc. verb. fig. Synon.* de → **Caviarder.** • **Caviar blanc,** *loc. nom. masc.* Lignes supprimées par la censure. «Les revues paraissent irrégulièrement et, depuis quelque temps, avec beaucoup de caviar blanc. Dans tel article il y a plus de blanc que d'imprimerie» *(Chroniques*

CAVIAR

russes, avril 1916, in Lourie, *La Russie en 1914-1917*, DDL, II, 7).

◊ **CAVIARDAGE**

[De *caviar*, + *suff. -age*]

Subst. masc. Argot journalistique. [Début xxᵉ] Suppression d'un mot, d'un passage, dans un écrit (article, ouvrage) en noircissant les passages à censurer avec de l'encre noire ; *p. ext.*, en supprimant les passages et en réécrivant le texte (notamment pour des écrits consultables sur internet).

1. « Le **caviardage**.
Il s'agit (comme pour un acte de censure) de supprimer des parties d'un texte en les rayant selon des critères ludiques et subversifs. Ce faisant, son sens sera modifié. Il deviendra un autre texte. Contrairement au **caviardage** traditionnel, le **caviardage** informatique ne garde pas la trace du texte original.
Il en découle quelques conséquences : d'une part une lisibilité parfaite du texte (contrairement au **caviardage** papier ou les ratures, l'éclatement de la phrase rendent la lecture difficile) d'autre part, l'obligation de porter aux regards des lecteurs le texte original non **caviardé** pour pouvoir l'apprécier pleinement. Vous pouvez choisir n'importe quel texte. »
(http://membres.lycos.fr/esfsite/ netesf8.htm.)

2. « CENSURE. Après un livre sur les dessous de l'affaire Ben Laden s'attire les foudres juridiques du demi-frère d'Oussama Ben Laden et de ses associés. Pour l'instant la diffusion de l'ouvrage est suspendue en Suisse. […] "Le livre n'est qu'un tissu de mensonges" accuse l'avocat zougois Jürg Brand associé de M. Binladin. Avec l'appui de la SICO et de deux autres personnes liées à Yeslam Binladin et également citées dans "La vérité interdite" – MM. Fred Muggli et Sandro Arabian – une action a été intentée contre l'éditeur parisien.
CAVIARDAGE EXIGÉ
À l'origine les plaignants exigeaient rien de moins que la suppression de quelque 80 pages et l'insertion dans l'ouvrage d'un droit de réponse explique M. Brand. Chez Denoël on a choisi la prudence en entrant en matière non pas sur le **caviardage** du texte évidemment exclu mais sur l'ajout d'un communiqué signé Binladin. "Par élégance" explique un cadre supérieur de l'éditeur.»
(http://www.lecourrier.ch/print. php?sid=1050.)

◊ **CAVIARDÉ, ÉE**

[De *caviar* ; + *dés. -é, ée*]

Participe passé et *adj. Argot journalistique.*

I. – *Participe passé* de → Caviarder.

II. – *Adj.* [En parlant d'un écrit ou de certains passages d'un écrit]. Supprimé, biffé à l'encre noire afin d'être rendu illisible ; censuré. V. → **caviardage**, ex. 1. « Des journaux censurés, des correspondances caviardées » (Malègue, *Augustin ou Le Maître est là*, t. 2, 1933, p. 14). « Le diascope […] permet […] la lecture en transparence des inscriptions "caviardées"» (*L'Histoire et ses méthodes*, 1961, p. 1101). « Chère Mademoiselle (à côté de Mademoiselle un mot imperméablement caviardé), Votre […] » (J.-L. Bory, *Un prix d'excellence*, 1979, p. 120).

◊ **CAVIARDER**

[De *caviar* ; + *dés. -er*]

Verbe transitif.

A. – *Argot journalistique.* (1907. Lar. *pour tous*) Supprimer en biffant à l'encre noire, les passages d'un écrit (interdits par la censure), afin de les rendre invisibles. *Synon.* → **Passer au caviar.** «Celui-ci étalait naïvement la satisfaction de son succès, malgré les accès de mauvaise humeur que provoquait chez lui la censure, chaque fois que, comme il le disait avec son habitude d'employer les mots nouveaux pour montrer qu'il n'était pas trop universitaire, elle avait caviardé une partie de son article» (M. Proust, *Le Temps retrouvé*, 1922, p. 792).

B. – *P. ext. Fam.* (1922. *Lar. univ.*) Supprimer un passage d'une publication; censurer. «La censure […] "caviarda" les quelques feuilles qui osaient élever des critiques» (G. et H. Coston, *L'A.B.C. du journalisme*, 1952, p. 55).

CHANEL

[P. RÉF. à la couleur noire mise à l'honneur par la styliste de mode Coco Chanel avec la création, en 1926, de sa célèbre «petite robe noire», baptisée «La Ford de Chanel», par référence au fait que Ford ne voulait faire construire que des voitures noires]

Noir Chanel, *loc. nom. masc.* Noir de la «petite robe noire» de Coco Chanel.

1. «À la fin de la décennie, la **petite robe noire** va trouver un second souffle auprès des jeunes créateurs: Mugler, Montana, Beretta, Gaultier ou Alaïa vont changer le cours de la mode. Elle devient l'emblème d'une **jeunesse dorée,** qui, Paloma Picasso en tête, va s'étourdir du Studio 54 de New York au Palace à Paris, pendant que les adolescentes avec la complicité d'Agnès B. l'arborent désormais dans les cours des lycées. Elle commence alors à perdre sa connotation de robe "femme-femme" et élargit encore son emprise.
En 1983, l'arrivée rue Cambon de Karl Lagerfeld réveille une maison somnolente. Inès de La Fressange est l'égérie du couturier. Clin d'œil à la Ford, le top-model conclut chaque défilé en **noir Chanel.**»
(D. Ludot, *La petite robe noire,* 2001, p. 11.)

CHARBON

[P. RÉF. à la couleur noire du charbon, combustible riche en carbone, utilisé comme source de chaleur et d'énergie. Du lat. *carbo, carbonis:* «charbon de bois»; ce qui résulte de la combustion (→ CARBONE)]

A. – De charbon, *loc. adj. inv.*/Noir de charbon/Noir charbon, *loc. adj.* ou *loc. nom. inv.* [En parlant des yeux] Yeux de charbon. «Coiffée d'un chapeau noir […], elle a un petit visage tout blanc et des yeux de charbon, des yeux d'une grande douceur» (J. Green, *Journal,* t. 3, 1940-1943, Année 1942, 1943, p. 23). «Robicek se renfrogna en observant l'icône de chargement tournoyer inlassablement au centre de l'écran noir charbon» (M. Dantec, *Babylon Babies,* 2003, p. 348).

1. «L'officier portait une impériale **noire** bien propre, des moustaches **noires,** des yeux d'un **noir de charbon,** brûlants, et l'allure générale du monsieur avec qui il vaut mieux être d'accord.»
(B. Vian, *Le Grand sommeil* [trad.]/1948, p. 8.)

2. «**NOIR CHARBON Black is beautiful** et, quand les poudres et les flacons de parfum, les pots de crème et les **rouges à lèvres** s'habillent de **sombre,** l'élégance est absolue. **Obscurs** objets de désir…»
(*Elle,* Zoom Beauté, 4. 11. 2002, p. 78.)

✱ À noter encore, par comparaison, la *loc. adj.* **noir comme du charbon:** «Le jour même, tous les enfants du quartier sont au courant: "Amkoullel et Daouda ont rapporté de Sinci des excréments de Blancs! Les excréments des Blancs et le village d'ordures. Va voir, c'est noir comme du charbon!" Par la suite, Daouda et moi retournerons souvent à Sinci pour prélever de nouveaux trésors dans les "villages d'ordures" [...] » (A. H. Bâ, *Amkoullel, l'enfant peul*, 1991, p. 240). Et aussi, en parlant des yeux, la *loc.* : **en charbon noir.** « De vastes yeux en charbon noir [...], des mains d'écolières gercées en plein mois d'avril, un paroissien gonflé par les images de première communion de ses petites amies » (J. Malègue, *Augustin ou le Maître est là*, t. 1, 1933, p. 65)

B. – *Subst. masc.*

1. MÉDECINE/PATHOLOGIE. Maladie infectieuse provoquée par la *bactéridie charbonneuse*, commune à l'homme et à l'animal. *Synon. vieilli.* → **Anthrax, fièvre charbonneuse, mal noir, sang (-) de (-) rate.** Avoir le charbon. V. → RAT **(sang(-)de(-)rate),** ex. 1.

3. « [...] charbon, fièvre charbonneuse, sang de rate désignent une maladie mortelle pouvant frapper les animaux et l'homme. »
(E. Garcin, *Guide vétérinaire*, 1944, p. 214.)

4. « BACILLUS ANTHRACIS
La maladie du **Charbon**, ou **anthrax**, ou encore **"sang de rate"** est une maladie bien plus ancienne qu'on ne le pense... La première mention faite à propos d'une infection apparentée à celle provoquée par Bacillus anthracis date de l'Antiquité, lorsque Moïse menaça les Égyptiens d'une 5e Plaie envoyée par Dieu et qui devait décimer les troupeaux et les humains dans d'atroces mais rapides souffrances. »
(http://www.ulg.ac.be/fmv/ BACILLUSANTHRACIS. pdf.)

2. BOTANIQUE. Champignon à l'aspect de poussière noire, parasite de plantes ; maladie parasite provoquée par ce champignon. « Dès 1807, le pionnier de la phytopathologie, le genevois B. Prévost, dans son "Mémoire sur la cause immédiate de la carie ou charbon des blés", avait bien démontré que la maladie était contagieuse et il avait obtenu la germination des spores d'un certain nombre d'endophytes » (Collectif [sous la dir. de R. Taton], *Histoire générale des sciences, t. 3, La Science contemporaine*, vol. 1, Le XIXe siècle, 1961, p. 541).

C. – *P. métaph.* ou *au fig.* « Combien, à côté de cette opération sinistre, révélée dans le plus noir charbon de la pensée comme par un phare d'automobile, la grande page de Rubens nous apparaît consolante dans sa majesté et sa tendresse ! » (P. Claudel, *Un poète regarde la croix*, 1938, p. 213.)

∗ *Tas de charbon* est le titre de la première sculpture (1963) de Bernar Venet, artiste célèbre notamment pour son travail sur le noir, ses peintures au goudron, ses photographies de détails de bitume, et ses recherches d'équivalences sonores et filmées de son travail plastique, en particulier son enregistrement de *Gravier- Goudron* et la réalisation d'un court film intitulé *Asphalte*. V. → ASPHALTE, GOUDRON.

◊ **CHARBONNÉ, ÉE**

[De *charbon*, + *suff.* -é, ée]

I. – *Participe passé* de → **Charbonner.**

II. – *Adj.*

A. – [Pour nuancer une couleur] Semblable au charbon. Fauve, sable, noir charbonné ; chat, chien, husky noir charbonné ; museau noir charbonné. « Pour mes artéfacts de fonte et de fer, je les frotte avec de l'huile Mazola ou de maïs. Ainsi, avec mes mains, j'applique une généreuse couche de cette huile. La pièce va devenir d'un beau noir charbonné » (L. Langlois, « Pas d'engrais chimique l'année de plantation », 2002, horticole.com).

B. – *Spéc.*

1. *Péj* [En parlant des yeux] Excessivement maquillé de noir ou d'une

CHARBON

couleur sombre. *Œil charbonné.* «Elle [...] parlait d'autre manière, donnant son avis d'un sourire à lèvres noires et à dents blanches, baissant, d'un air complice, ses paupières charbonnées sur ses yeux de mulâtresse» (Colette, *La Maison de Claudine*, 1922, p. 150). «Elle était dégoûtante et terrible à voir, l'œil sans cils, charbonné, les bras tremblants.» (L. Aragon, *Les Beaux quartiers*, 1936, p. 445).

2. [En parlant du pelage d'un animal, et *p. méton.* en parlant d'un animal] Dont l'extrémité des poils est tachée de noir. «Un beau matou siamois, amplement fourré gris et le museau charbonné, sauta moelleusement sur le parquet» (R. Martin Du Gard, *Les Thibault, La Sorellina*, 1928, p. 1207).

▶ *CYNOLOGIE.* Chien présentant ces caractéristiques. *Chien charbonné.* «Première portée, née le 13 octobre 2000. Il y a eu 2 femelles (1 fauve-charbonnée et 1 fauve-bringée) et 4 mâles (1 fauve-charbonné et 3 fauve-bringés).» *(www.bichonhavanais.be/fr/1_nichees.php).*

1. «Les bergers belges. Quatre variétés. *Mêmes formes harmonieuses, puissantes et élégantes, même corps d'athlète, même expression vive et intelligente, même regard franc et direct, même coup d'œil tendre pour le maître, et inquisiteur pour l'inconnu. Seul l'habit change.* Le chien de BERGER BELGE est le type même du chien POLYVALENT. Pouvant tout faire, on l'utilise comme chien de berger, de police et de douane, de dépistage, d'avalanche et il excelle comme chien de famille.
LE MALINOIS : Poil court, fauve charbonné et masque noir, voilà d'Artagnan le meneur. Déjà remarqué à Malines pour ses qualités de mordant, il est devenu le compagnon privilégié des services de gardiennage, de la police et des armées.» (M. Riopel, «Les bergers belges», refcc.org).

2. «Spitz. Les couleurs autorisées par le standard. Elles sont les suivantes : **noir**, **brun**, **blanc**, **orange**, **gris loup** (gris nuagé) et autres couleurs. [...] Le **blanc** doit être pur, et en particulier exempt de taches **jaunes**, ce qui arrive assez souvent sur les oreilles. Le **gris loup** est un **gris argenté charbonné** (c'est-à-dire avec du **noir** à l'extrémité des poils). Les autres couleurs ne sont pas une autorisation à faire n'importe quoi ! Elles sont en fait bien définies : **crème**, **crème zibeline**, **noir** et **feu**, panaché, **orange zibeline**. Les chiens panachés ont un fond de robe **blanc** et des taches d'une seule couleur, soit **noires**, soit **oranges**, soit **brunes**, soit **grises**, et celles-ci doivent être bien réparties sur tout le corps. Quant à l'**orange zibeline** (c'est-à-dire fortement **charbonné**), il peut poser des problèmes aux juges car un faiblement **charbonné**, qui devrait donc être classé en **orange**, peut se révéler fortement **charbonné** lors de la mue.»

(«Le standard de la Fédération cynologique internationale, Les chiots spitz de l'élevage», www.hayagriva.com/races).

3. *ART/PEINTURE.* [En parlant des couleurs d'une œuvre artistique] Comme noirci avec du charbon.

3. «Non, mais plus **sombre** et sourd que jamais, dans la gamme **noire**, **blanche** et **verdâtre** qu'affecte alors son coloris, les figures ricanantes et **charbonnées** des sorcières, du chien **noir**, de la bête, hurlant sur une crête désertique ; et enfin, Saturne lui-même, dévorateur de ses enfants [...].»

(R. Huyghe, *Dialogue avec le visible*, 1955, p. 318.)

▶ **Charbonnée.** *Emploi subst. fém. Rare.* Esquisse ou croquis au charbon, au fusain. *Faire une charbonnée.*

◇ CHARBONNER

[De → *charbon*, + dés. – *er* (→ Charbon)]

Verbe transitif.

CHARBON

A. – Noircir avec du charbon; *p. ext.*, donner la couleur du charbon (à quelque chose). «La poussière avait charbonné tout cela» (Châteaubriant, *Monsieur des Lourdines*, 1911, p. 51). «Cette barbe de quinze jours qui charbonnait le menton et les joues» (M. Genevoix, *Raboliot*, 1925, p. 187).

B. – *Spéc.*

1. *Péj.* Maquiller de manière excessive ses yeux de noir ou de couleur sombre. «Elle avait refait son visage, charbonné les yeux, soigneusement ravalé le rouge des lèvres» (Ph. Labro, *Des bateaux dans la nuit*, 1982, p. 320).

– *P. ellis. du complément.* «Avoir la main légère. Surtout résister à la tentation de trop charger sur le fond de teint et la poudre : on prend vingt ans en une heure. Dessiner le sourcil, mais ne pas charbonner. C'est tragique!» (*Marie-Claire*, déc. 1992, p. 195).

2. *ART/PEINTURE.* Dessiner à l'aide de charbon, de fusain. «Ernest Pignon-Ernest explore, interroge les mythologies, les religions, les archétypes qui fondent ses racines méditerranéennes. Il charbonne en toute simplicité avec du fusain, griffe le papier de traces d'encre, travaille de longues heures en atelier. Mais il n'arrive pas à penser l'art dans un cadre, l'œuvre installée dans une galerie» (*perso.wanadoo.fr/hotelbeury/hotelbeury_html/hotel_beury_pignon-ernest.html*).

◊ CHARBONNEUX, EUSE

[De → *charbon*, + *suff.* -*eux*, *euse*. (→ CHARBON)]

Adj.

A. – **1.** Noirci par le charbon ou la poussière de charbon. «[...] les docks charbonneux de la gare badoise» (R. Martin du Gard, *Les Thibault, L'Été 1914*, 1936, p. 702). «[...] une courette charbonneuse»

(G. Duhamel, *Le Combat contre les ombres, Chronique des Pasquier*, 1939, p. 32).

2. *En partic.*

a) Réduit en charbon; calciné et noir. «Des arbres foudroyés, charbonneux, dressés [...], des tibias calcinés.» (P. Morand, *Magie noire*, 1930, p. 157).

b) [En parlant des ongles] Noirci par la saleté. *Synon.* → **En deuil.** «Loin de se faire valoir, de soigner sa personne et sa mise, il se néglige. Il est mal rasé. Les ongles sont ternes et charbonneux» (G. Duhamel, *Les Maîtres, Chronique des Pasquier*, 6. 1937, p. 63).

B. – Qui a la couleur du charbon; noir ou d'une couleur sombre.

1. [En parlant d'une couleur] Noir charbonneux. «[Un] bourgeon bleu charbonneux» (H. Barbusse, *Le Feu*, 1916, p. 158).

2. [En parlant d'une chose concrète] V. → FULIGINEUX, ex. 3, PUNK, ex. 1.

1. «Traverse les ponts, les canaux et les douves
et va-t'en, soutenu par le mal que tu couves,
porter ton cœur farouche en ces pays haineux
où, comme lui souffrante et pourtant parfumée,
fleurit chaque printemps vers un ciel **charbonneux**
aux portes de l'usine une rose enfumée!»
(V. Muselli, «Les travaux et les jeux», 1914, in *Œuvre poétique*, 1941, p. 33.)

2. «[...] stérile, aveugle et incohérente agitation tandis qu'au-dessus des toits, à peine distincts dans le ciel s'assombrissant, les vols d'étourneaux étiraient leurs écharpes, tournoyaient, se rassemblaient, se condensaient en soleils **charbonneux**, puis explosaient aurait-on dit, se déployaient de nouveau en myriades [...].»
(Cl. Simon, *L'Acacia*, VII 1982-1914, 1989, p. 206.)

CIRAGE

3. [En parlant du système pileux, des cheveux, de la barbe]. «... un nez busqé rouge comme un piment, des sourcils charbonneux... Il parlait d'une voix tonitruante qui faisait rouler des r, comme la Kicking Horse river bousculait les galets dans ses crues» (M. Genevoix, *Eva Charlebois*, 1944, p. 75). «La peau et le poil charbonneux, ses yeux dardaient à travers la nuit obscure de sombres feux» (S. de Beauvoir, *Mémoires d'une jeune fille rangée*, 1958, p. 259).

4. *Spéc.*

a) [En parlant des paupières, des yeux] *Péj.* Outrancièrement maquillés de noir ou d'une couleur sombre. Yeux charbonneux. «Paupières cernées d'une ombre charbonneuse» (J. Green, *Journal*, 1931, p. 47).

b) *MÉDECINE/PATHOLOGIE.* Qui se rapporte à la maladie infectieuse appelée charbon. Bactérie charbonneuse.

- Fièvre charbonneuse, *loc. nom. fém.* *Synon.* ➔ Anthrax, charbon, mal noir, sang (-) de (-) rate. V. ➔ CHARBON, ex. 3.

c) *ZOOLOGIE. [ENTOMOLOGIE].*

- Mouche charbonneuse, *loc. nom. fém.* Mouche noire qui transmet la maladie du charbon. «[...] la mouche charbonneuse que je croyais reconnaître en chacune de ces grosses mouches bourdonnantes dont le corps, brillant et d'un noir bleuté, a la couleur de l'anthracite [...]». (M. Leiris, *La Règle du jeu*, 2, 1955, p. 29).

C. – *P. métaph.* ou *au fig.* Style charbonneux.

3. «Inutile de rappeler ses œuvres de jeunesse [de Georges Desvalliés], précieuses et raffinées, [...] puis la crise qui a suivi et changé brusquement ces élégances un peu mièvres en un style convulsif, balbutiant, sanglotant, balafré, **charbonneux**, dramatique.»
(L. Gillet, *Essais sur l'Art français*, 1938, p. 150).

CINÉMA

[P. RÉF. au cinéma en «noir et blanc» et par allusion aux connotations de luxe et de sensualité des robes noires des stars (➔ **star**)]

Noir-cinéma, *loc. nom. masc. Rare. Mod.* (1967, *infra*).

1. «Le **noir-cinéma**, le **noir-soir**, le **noir-star**. Des robes, des bas (**noirs**, oui, même le jour et même l'été), du cuir... Une femme à la mesure des rêves masculins : c'est Elsa Martinelli qui tourne "Lady Beauty" en gentleman cambrioleur, qui passe en "show" à la télévision, toute vêtue de **cuir noir**.»
(*Vogue*, mars 1967, p. 202.)

CIRAGE

[P. RÉF. à la couleur noire du cirage le plus courant. Dér. de *cire* + *-age*]

A. – De cirage, *loc. adj. Rare.* Noir. «Quel éclat, créature d'inexorable onyx sous cette végétation de deuil. Les bras lourds de pensées géantes, de palmes du vert le plus cru, tu gazouilles, colombe de cirage. Les parures que les veuves réservent aux maisons des hommes morts elles font bien sur ta peau» (R. Crevel, *Babylone*, 1927, p. 129).

∗ À noter aussi la *loc. adj.* **noir comme du cirage.** Très noir. «On coursait les Allemands, on en ramassait qui étaient saouls, perdus, noirs comme du cirage» (H. Dorgelès, in *Lar. Lang.fr.*). V. ➔ NÈGRE, ex. 1.

∗∗ Toujours par comparaison, la loc. **couleur de cirage** a été employée par Huysmans, dans le célèbre «repas noir» de *À Rebours*: «On avait mangé dans des assiettes bordées de noir, des soupes à la tortue, des pains de seigle russe, des olives mûres de Turquie, du caviar, des poutargues de mulets, des boudins fumés de Francfort, des gibiers aux sauces couleur de jus de réglisse et de cirage, des coulis de truffes, des crèmes ambrées au chocolat, des

141

CIRAGE

poudings, des brugnons, des raisinés, des mûres et des guignes [...] » (J.-K. Huysmans, *À Rebours*, 1884, p. 16).

B. – Cirage. *Subst. masc.*

1. *P. méton.* [En parlant d'une personne] *Vx.* Homme à peau noire. C'est un cirage.

2. *Au fig.* [De l'argot des aviateurs, vers 1930 : « être dans le brouillard, sans visibilité », ne plus rien voir (➜ **Pot au noir**)].

a) *Fam. et argot.*

• **Être dans le cirage/en plein cirage**, *loc. verb.*

▶ Ne rien comprendre ; ne plus savoir où l'on en est ; être dans le brouillard. *Synon.* ➜ **Être dans le noir**. « J'avais un copain de brave lettré un peu dans le cirage, sur le tard, une fois tout gâché, la dernière année » (Bayon, *Le Lycéen*, 1987, p. 375).

▶ *P. ext.* Être dans une demi-conscience sous l'effet d'une maladie, d'un choc, de l'ivresse, etc. (1950, in *TLF*, *ESN*). « Un homme en combinaison brune s'approcha : – Mon copain est toujours dans le cirage ? » (B. Vian, *Le Grand sommeil* [trad.], 1948, p. 163.)

Var. Rare.

• **Partir dans le cirage**, *loc. verb. Synon. Perdre connaissance, tomber dans les pommes.* « Il ouvre la gargue, peut pas articuler un son tant le mal brusquement redouble, grandit au centuple, plus supportable, à partir dans le cirage... Et ça faut pas, faut pas avant que quelqu'un vienne ! » (A. Simonin, *Du mouron pour les petits oiseaux*, 1960, p. 303.)

P. ell. du verbe.

• **Dans le cirage**, [Le plus souvent en parlant de l'ivresse] « Thierry et Madjid s'occupèrent de Loucif bourré comme une vache, et de Farid encore dans le cirage et

qui toussait » (M. Charef, *Le Thé au harem d'Archi Ahmed*, 1983, p. 144).

[Parfois sous la forme :]

• **Être de corvée de cirage** (vers 1918)/ **Être cirage**.

▶ Être ivre *(Colin-Mével 1990). Synon. Être saoul ;* ➜ Être noir, être débarbouillé avec du cassis, être goudronné, souffler dans l'encrier.

Plus rare, • **Corvée de cirage**, *loc. nom. fém.* Saoulographie *(Colin-Mével 1990).*

▶ Être dans une situation difficile. [1935, Simonin]. *Synon. Être dans la mélasse, la merde, la mouise, la panade ; être dans le coaltar, le schwartz ;* ➜ **Être en plein goudron**. « Il ne voulait donc pas lui réjouir trop le cœur en lui avouant qu'il allait se trouver dans le cirage... » (Queneau, *Pierrot mon ami*, 1942, p. 126). « Quand on a une culture politique et l'habitude des coups durs, c'est facile de mépriser les pauvres gars qui sont dans le cirage » (J.-P. Sartre, *La Mort dans l'âme*, 1949, p. 264).

b) *Spéc. Rare.* [En parlant d'un état mental pathologique] « En somme, partant du normal, disons le blanc ou le presque blanc, nous passons par la névrose – tous les gris, de plus en plus foncés – pour parvenir au noir, au plein "cirage" de la psychose » (H. Bazin, *La Fin des asiles*, 1959, p. 25).

◊ **CIRAGEUX, EUSE**

[De *cirage*, + *-eux, euse*]

Adj. ART/PEINTURE. *Rare.* Qui a l'aspect d'un cirage ; qui est d'une couleur foncée et terne. *Synon.* ➜ **Bitumeux**. « Cela [les peintures de Manet] fait plutôt aujourd'hui l'effet d'une honnête peinture un peu cirageuse» (É. Toulet, *Notes sur l'art*, 1920, p. 17).

CORBEAU

[P. RÉF. au plumage d'un noir intense et brillant, aux reflets bleutés du corbeau, oiseau (famille des *Passereaux Corvidés*) à la réputation de charognard. Du lat. pop. *corbellus*, diminutif de *corbus*, lui-même à l'origine de l'ancien français *corp* (pluriel *cors*, 1120), remplacé par *corbeau*. Le lat. avait déjà *cracinus* : «noir comme un corbeau», créé sur le grec]

Adj. et *subst. masc.*

A. – [Pour nuancer *bleu* ou *noir* et en indiquer une nuance très foncée, à reflets bleutés ; le plus souvent en parlant du système pileux, des cheveux, de la barbe] Noir intense, à reflets bleutés. *Synon.* → Aile (-) de (-) corbeau, hirondelle.

1. Bleu (de) corbeau/Bleu (-) corbeau, *loc. adj.* ou *loc. nom. inv.* [1909, *La Mode illustrée, in DDL* 33] Noir intense à reflets bleutés. «Marthe avait un nez retroussé et des yeux en amande. Jeanne des lèvres trop rouges, des cheveux bleu corbeau» (J. Giraudoux, *Simon le pathétique*, 1926, p. 236). «En deux enjambées, il fut devant l'armoire. L'arme était là. À sa portée. Bleu corbeau. Froide. Précise. Sans état d'âme» (J. Vautrin, *Bloody Mary*, 1979, p. 198).

1. «L'olivier, à moi, m'est jumeau,
Ô **bleu** de l'air, ô **bleu corbeau** !
Quelques collines se le dirent
Et les senteurs se confondirent.»
(R. Char, *Les Matinaux*, 1950, p. 301.)

2. *Cour.* **Noir (de) corbeau/Noir (-) corbeau,** *loc. adj.* ou *loc. nom. inv.* «La Cousine Zabelle. Elle avait de beaux cheveux noir de corbeau, des traits réguliers, un visage ovale, mais hélas, son teint était jaune, ce qui la faisait enrager» (L. Guilloux,

Le Pain des rêves, 1942, p. 381). «[...] dans ses cheveux noir-corbeau, les quelques fils blancs faisaient très distingués» (E. Triolet, *Le premier accroc coûte deux cents francs,* 1945, p. 189). «[...] une de ces grosses mémères de Marseille, mi-putain mi-marchande de poisson, pesant cent kilos, endimanchée, les cheveux noir-corbeau, la frimousse peinturlurée, perchée sur des talons-aiguilles!» (J. Dutourd, *Pluche ou l'amour de l'art,* 1967, p. 119). «Tatie Hélène ressemble à Yaya, en plus large, ses cheveux sont teints en noir corbeau et crêpés très haut sur la tête» (D. Belloc, *Néons,* 1987, p. 96).

2. «Le soir, quand il rentra de l'étude, il vit, assise à côté de Harriet, sur le divan, une grande femme aux cheveux **noir corbeau**, au teint **blafard**, à l'aspect chevalin : "Hogg, dit Harriet, c'est Eliza..."»
(A. Maurois, *Ariel ou la vie de Shelley,* 1923, p. 87.)

B. – *P. ell.*

1. (Couleur) De corbeau, *loc. adj. inv.* Noir intense. [Dans un contexte métaphorique]

«Certain soir, il reçut une autre visite. C'était un soir de peintre, un soir où tout le Lubéron noirci par un orage récent tenait là-bas les fonds de Manosque sous son aile couleur de corbeau»
(P. Magan, *La Maison assassinée,* Denoël, 1984, p. 84).

2. Corbeau, *adj. inv.* et *subst. masc.*

a) *Adj. inv.* [En parlant du système pileux, des cheveux, de la barbe ; *p. méton.*, en parlant d'une personne] (qui a les cheveux, la barbe...) D'un noir intense (à reflets bleutés).

3. «– Tu te fais un henné, Serge ?
– Si j'essaie pas ici, j'essaierai jamais.
– Tu vas être **corbeau** comme madame Clément. [...]
– Mais non, c'est du neutre.
Mon œil. Je vous connais, les emballages.

CORBEAU

Le lendemain il n'était pas **corbeau,** mais presque. Il avait pris l'air de celui qui est embêté... je me suis trompé. Ça reviendra... »
(D. Picouly, *Fort de l'Eau,* 1997, p. 297.)

b) *Subst. masc.*

α) [*P. méton.* Désigne une personne]

▶ [P. RÉF. à son aspect physique]

— Personne de race noire. « Adieu l'obligation compartimenteuse "corbeaux" dans les tramways! [...] Nous voyageons en pullmann et le nègre porte nos valises » (P. Morand, *Magie noire,* 1930, p. 103).

— Personne aux cheveux très noirs. « Au collège quand j'avais onze ans, mes camarades m'appelaient le corbeau, parce que j'étais un petit garçon noir de cheveux, grave et isolé » (M. Barrès, *Mes cahiers,* t. 12, 1919-1920, 41ᵉ Cahier, 1920, p. 171).

▶ [P. RÉF. aux vêtements noirs portés autrefois dans certaines fonctions] *Vieilli.* *Pop.* Employé des pompes funèbres; croque-mort. *HISTOIRE.* Personne qui transportait les corps des pestiférés (*Dict.* xxᵉ). *HISTOIRE DE L'ÉGLISE.* Curé en soutane noire; prêtre. *Synon.* → *Fusain.* « Journalier pour la forme comme son capitaine est aubergiste, il est connu sous les noms caractéristiques de Pille-Bourse ou Tueur de Corbeaux. Ce dernier sobriquet lui est acquis après le meurtre du curé » (Claude, in *Colin 1990*).

* Vieilli compte tenu de la « laïcisation » de la tenue des prêtres dans les années soixante.

β) *Au fig.* [P. RÉF. aux valeurs négatives du corbeau] *Vx.* Homme avide, sans scrupule, acharné aux gain (1880). *Synon. Rapace, requin.* Auteur de lettres ou d'appels téléphoniques anonymes; délateur. *Les Corbeaux,* comédie d'Henri Becque; *Le Corbeau,* film de H.-G. Clouzot. « Un "corbeau" se balade au Sénat et à l'Assemblée nationale. De nombreux députés et sénateurs ont en effet reçu une lettre anonyme, cherchant à impliquer Charles Pasqua dans l'affaire Boulin » (*L'Événement du jeudi,* 29. 11. 1984, p. 45, c. 1). « Cette fois, c'est archiprouvé, démontré, juré, craché : Christine V. est coupable. Les "ultimes et dernières expertises en écriture", comme le dit joliment France-Soir, sont formelles : la mère de Grégory est le corbeau » (*L'Événement du jeudi,* 16. 1. 1986, p. 30, c. 3 – M. Pracontal).

* Le corbeau, par sa couleur noire, entre dans le champ lexical de l'ivresse et la *loc. verb. argotique,* se *noircir comme un corbeau,* signifiant se saouler, est synonyme de *se culotter/se salir le nez; se mâchurer;* → Être noir, être de corvée de cirage, se débarbouiller avec du cassis, se goudronner, souffler dans l'encrier.

** Le symbolisme de l'oiseau s'est chargé, au XIXᵉ siècle, de valeurs négatives (oiseau noir de mauvais augure) et a donné lieu à plusieurs dénominations péjoratives : du prêtre (1845) et du croque-mort, on est passé à l'idée d'homme sans scrupules, acharné aux gains (1882) et, au XXᵉ siècle, à l'auteur de lettres ou de coups de téléphone anonymes. Le *Dict. des Symboles 1982* retrace les évolutions sémantiques du corbeau et son passage récent à des connotations négatives en Europe : « Il semble [...] que le symbolisme du corbeau n'ait été reçu dans son aspect purement négatif que récemment, et quasi exclusivement en Europe. On le considère, en effet, dans les rêves, comme une figure de mauvais augure, liée à la crainte du malheur. C'est l'oiseau noir des romantiques, planant au-dessus des champs de bataille pour se repaître de la chair des cadavres. Cette acception [...] paraît récente et très localisée. Elle se retrouve en Inde, où le *Mahâbhârata* compare à des corbeaux les messagers de la mort [...]. Mais presque partout, cependant, en Orient comme en Occident, les vertus positives du corbeau sur lesquelles se construit son symbolisme. [...] Dans la plupart des croyances à son sujet, le corbeau apparaît comme un héros solaire, souvent démiurge ou messager divin, guide en tout cas, et même guide des âmes en leur dernier voyage puisque, psychopompe, il perce sans se dérouter le secret des ténèbres. Il semblerait que son aspect positif soit lié aux croyances des peuples nomades, chasseurs et pêcheurs, tandis qu'il deviendrait négatif avec la sédentarisation et le développement de l'agriculture» (*Dict. des Symboles* 1982 [1969], pp. 285-286, s.v. *corbeau*). En ALCHIMIE le corbeau est un animal symbolique capital. Il est associé à la phase de *putréfaction* et à la ➜ **Matière au noir** appellée encore **tête de/du corbeau** : c'est la matière philosophale arrivée à l'état de noirceur totale, la première étape de l'Œuvre philosophale, de ➜ l'**Œuvre au noir**, par laquelle il faut obligatoirement passer pour atteindre, après l'Œuvre au blanc, l'ultime étape de l'Œuvre au rouge. «Si tu ne vois cette tête de corbeau noir du noir, très noir, il te faut recommencer» (Nicolas Flamel 1330-1418). C'est à partir de cette *tête de corbeau* ou **matière noire, terre noire, résidu noir, soufre noir** que sera obtenue la *matière blanche* au cours de l'*Œuvre au blanc*, puis la Pierre Philosophale dans l'étape ultime, l'*Œuvre au rouge*. V. ➜ NOIR, ex. 57. L'alchimie a à voir avec la noirceur puisque le terme **alchimie** vient de l'arabe *el khimiyâ* (la chimie), mot qui viendrait du subst. égyptien *khemi*, désignant la couleur noire et le limon du Nil. Les forgerons primitifs liaient étroitement le travail des métaux à la magie et ne transmettaient leur savoir qu'à leur disciples, formant ainsi de petites confréries. La véritable apparition de l'alchimie daterait des premières civilisations évoluées, et du passage du savoir de tradition orale des métallurges au savoir transmis par écrit. L'inventeur de l'alchimie serait Hermès Trismégiste (Hermès le trois fois grand), l'égyptien Thoth, le grec Hermès, ou un personnage réel (-1399 à -1257). C'est l'auteur de la Table d'Émeraude, dont l'original grec date du IVe siècle a.v. J.-C., traduit en arabe, puis seulement au Xe siècle en latin. Les premiers textes alchimiques sont uniquement grecs, et se situent géographiquement et chronologiquement à l'époque des adeptes d'Alexandrie (IIIe, IVe et Ve s. avant J.-C.).

✱✱✱ Pour évoquer les connotations négatives et inquiétantes des corbeaux, ces oiseaux noirs de mauvais augure, on ne peut pas ne pas mentionner l'ultime toile de Van Gogh *Les champs de blé aux corbeaux* et la première phrase du fameux *Chant des Partisans* : «Ami/entends-tu/le vol noir/des corbeaux/sur la plaine…», paroles de Joseph Kessel et Maurice Druon, musique d'Anne Marly (1943), qui fut adopté comme chant de marche par la Résistance française pendant les dernières années de la Seconde Guerre mondiale et deviendra l'hymne de la Libération de la France.

◊ **AILE (-) DE (-) CORBEAU**
Loc. adj. ou *loc. nom. inv.*

A. – [En parlant du système pileux, des cheveux, de la barbe; *p. méton.*, en parlant d'une personne] (**Couleur**) **Aile (-) de (-) corbeau**, *loc. adj.* ou *loc. nom. inv.* Noir intense à reflets bleutés. *Synon.* ➜ **Corbeau, hirondelle.**
«Des cheveux couleur aile de corbeau» (H. de Montherlant, *Les Jeunes Filles,* 1936, p. 1021). «[…] visage triangulaire aux pommettes hautes à moitié mangées par des mèches aile-de-corbeau […]» (J.-L. Benoziglio, Tableaux d'une ex, 1989, p. 217).

▌ [Avec ALLUS. à la forme des ailes du corbeau] **Aile de corbeau**, *loc. nom. masc. Rare.* Bandeau de cheveux très noirs. «Coiffée d'une aile de corbeau» (J. Cocteau, *Portrait-souvenir*, 1935, p. 219).

B. – *Plus rare.* [En parlant d'un vêtement, d'une étoffe] **Aile (-) de (-) corbeau**, *loc. adj. inv.* Noir intense. «De vieux juifs, comme on n'en rencontre qu'à Bydgoszcz, Zlatana ou Milowek, se faufilent le soir entre les livres. On s'étonne de voir à Paris, vêtus de touloupes qui balayent le sol, le favori roulé, le cheveu huileux, la main tremblante […]. Affairés et rêveurs, ils vont et viennent dans la boue du ghetto, coiffés de petites toques à courte visière, enveloppés, enhaillonnés de longues redingotes aile de corbeau, de lévites funèbres» (L.-P. Fargue, *Le Piéton de Paris*, 1939, p. 101).

CUL

CUL

[P. RÉF. à l'obscurité, au noir qui règne dans l'orifice anal comme dans tout espace clos: v. ⇢ Four, Taupe (Trou de taupe)]

[*P. comparaison*; en *loc.*] **Être tout noir comme un cul/Faire noir comme dans un cul/comme dans mon cul**, *loc. verb*. *Vulg. P. plaisanterie.* Faire très sombre, noir; être plongé dans l'obscurité. *Synon.* ⇢ Faire noir comme chez le diable/comme dans un four/comme dans la gueule d'un loup/comme dans un trou de taupe. «Moi, je vois rien du tout... – C'est tout noir comme un cul, qu'il m'a répondu Kersuzon» (L.-F. Céline, *Voyage au bout de la nuit*, 1932, p. 36).

«Si seulement il y avait de l'eau dans le coin et qu'il faisait pas noir comme dans un cul, ouille que ça brûle c'était sûrement des grandes rouges je les reconnais oh maman!» (Chr. Rochefort, *Encore heureux qu'on va vers l'été*, 1975, p. 193.)

1. «Merde, je l'alpague aux épaules, et alors je sens que c'est du pas dégueulasse sous la poigne, question fermeté de viande, je savais même pas laquelle c'était, **il faisait noir comme dans mon cul**, je la prends contre moi, je la berce [...].»
(Fr. Cavanna, *Les Russkoffs*, 1979, p. 245.)

* V. aussi sous ⇢ Nègre, la variante intensive, par plaisanterie, et vulgaire ⇢ **Faire noir comme dans le (trou du) cul d'un nègre**.

DEUIL

DÉSESPOIR

[P. RÉF. aux associations du noir avec l'affliction, la tristesse profonde, la douleur, l'aspect lugubre. Dés-, + espoir (de espérer, lat. sperare). Deol (980), puis doel, duel (XIIᵉ s.). Du lat. dolus: «douleur»]

Noir-désespoir, *loc. nom. inv. Fig., rare.*
[Pour connoter la tristesse, le malheur, la désespérance (→ **Avoir des idées noires; broyer du noir, voir tout en noir; atrabilaire, mélancolie; deuil, Saturne** (planète de la tristesse), **saturnien**]

> 1. «Mais de même que le fou des échecs ne se déplace que sur sa **couleur,** de même Blanchard [le personnage du roman d'Henriette Jelineck, Gallimard, 40 ans, marié, 2 enfants] ne sortira plus de la sienne: ni **blanc-qui-gagne,** ni **rose-bonheur,** ni **rouge-passion,** ni **noir-désespoir** ; le **gris-mélancolie** des jours qu'on passe et qu'on gâche sans trop savoir pourquoi, sans trop chercher comment. La vie à tâtons rompus…»
> (*Elle*, 22. 2. 1968, p. 96, c. 2 – Cl. Berthod.)

DEUIL

[P. RÉF. au noir comme marque extérieure de la douleur du deuil dans la culture occidentale. Du bas lat. *dolus*: «douleur». *Dol* (980), *doel, duel* (XIIᵉ). La forme *deuil* est due à une réfection de l'ancien fr. *duel,* plur. *dueus.* La vogue du noir au XXᵉ siècle est liée à cette association du noir au deuil, noir auquel Coco Chanel a donné ses lettres de noblesse au début du XXᵉ siècle, lors de la grande période de deuil de la Première Guerre mondiale, grâce au «petit tailleur noir» et à la très célèbre «petite robe noire»]

A. – 1. Noir (-) deuil/Couleur (de) deuil, *loc. adj. inv. Rare.* Noir intense (comme le noir porté pendant le «grand deuil»). «Courtois l'aîné, il était nerveux et sans cesse avançait les lèvres en poussant un petit grognement, ce qui hérissait bizarrement sa moustache teinte d'un noir-deuil.» (G. Duhamel, *Le Notaire du Havre*, 1933, p. 199). «L'été, les pièces d'eau semblaient, comme ce soir, couleur de deuil: velours noir et broderies d'argent.» (Fr. Chandernagor, *L'Enfant des Lumières*, 1995, p. 151).

1. «Autre icône du **noir,** Barbara semble chanter des prières adressées aux ombres qui l'accompagnent. Vêtue **couleur deuil,** car à l'époque c'est moins coûteux, elle tente d'exorciser une enfance malheureuse, entre pauvreté et violence, et une jeunesse sordide qui l'a acculée à la prostitution… S'ensuit une vision ternie du monde, une existence de tourments, au cœur de la nuit… Comme tiré de l'un de ces cauchemars, *L'Aigle noir* cristallise ce cri de souffrance: "Quatre plumes, **couleur de la nuit,** une larme, ou peut-être un rubis, j'avais froid, il ne me restait rien… L'oiseau m'avait laissée seule avec mon chagrin." Chez Barbara, le **noir** devient une métaphore de la douleur, de la mort et du passé. Ceux qu'elle chante: Mouloudji, Brel, Brassens ou Gainsbourg la rejoignent dans ses **ténèbres.** Gainsbarre n'est-il pas aussi l'auteur de ces vers: "Les pensées que je médite, sont plus

DEUIL

noires que l'anthracite..."? C'est le noir des poètes, subi comme une fatalité...» («Les idées noires», «Le noir du désespoir», france5.fr, chanson.htm.)

2. Loc. fam.

• **(Avoir) Les ongles en deuil.** [P. RÉF. à la coutume de border de noir les faire-parts de décès] (Avoir) Les ongles bordés de noir, Avoir les ongles sales. V. ➔ SUIE, ex. 3. «[...] c'est une petite femme brune, pas très soignée de sa personne, avec des ongles en deuil.» (G. Duhamel, *Le Désert de Bièvres*, in *Chronique des Pasquier*, 5, 1937, p. 218). «Plus de suées, plus de travaux sales, plus d'ongles en deuil» (R. Guérin, *L'Apprenti*, 1946, p. 206).

2. «[...] Y a qu'en couveuse que j'ai eu la paix... Et "tu viendras à table quand tu seras propre"!.... Et mes pieds que c'était une honte!.... Et mes **ongles** qu'ils **étaient en deuil**! qu'il suffisait déjà pas que je me les ronge, dans la soupe, jusqu'au sang!.... Et mes oreilles! d'un **noir**! d'un **jaune**! Je lui en faisais voir de toutes les couleurs.»
(B. Blier, *Les Valseuses*, 1972, p. 311.)

B. – Au fig. Noir deuil/Couleur de deuil, loc. adj. ou loc. nom. [Pour connoter la tristesse profonde, la douleur, le désespoir].

3. «Que ses chansons nouvelles, parfois trop longues, soient **noir deuil** et **rouge sang**, importe peu : à 68 ans, Ferré appartient au patrimoine, comme Trenet.»
(*Le Point*, 1. 10. 1984, p. 157, c. 3 – R. Mallat.)

∗ Toujours par métaphore, le terme *deuil* peut exprimer des teintes sombres, avec souvent une connotation de profonde tristesse produite. *Le deuil de la nature, de la tempête.* «Ces poussières de charbon, elles avaient noirci de leur deuil la gorge entière, elles ruisselaient en flaques sur l'amas lépreux des bâtiments de l'usine, elles semblaient salir jusqu'à ces nuages sombres qui passaient sans fin» (É. Zola, *Le Travail*, t. 1, 1901, p. 2). «Je sens monter vers moi le deuil d'une vallée où j'eusse été le roi» (Fr. Jammes, *De tout temps à jamais*, 1935 p. 57).

∗∗ Les règles du deuil ont été extrêmement codifiées au cœur des sociétés et des époques. On a ainsi distingué le «grand deuil», le «petit deuil» et le «demi-deuil», périodes de deuil au cours desquelles le port de vêtements aux couleurs (et aux matières) très précises devait être respecté, règles devenant moins sévères à mesure qu'on s'éloignait de l'époque du décès et que les liens familiaux étaient plus éloignés. Ainsi, Mallarmé, dans *La Dernière mode*, nous offre-t-il un tableau très précis du deuil de la fin du XIXe siècle : «[...] l'étiquette absolue du deuil : cachemire noir et crêpe pendant les six premiers mois, soie noire et crêpe lisse noir pendant les six autres ; enfin du gris, du violet ou du noir et blanc pendant les six dernières semaines» (St. Mallarmé, *La Dernière Mode*, 1874, p. 757). Le *grand deuil* se portait en noir. Pendant le *demi-deuil*, deuil moins sévère que le grand deuil, il était admis de porter des vêtements combinant le noir, le blanc, le gris et le violet, au lieu du seul noir : «Marie Belhomme, en demi-deuil, toile mauve à bouquets noirs» (Colette, *Claudine à l'école*, 1900, p. 180). «Nous prîmes le demi-deuil, ripolin noir jusqu'à la ceinture et guêtres blanches le dimanche, et une nouvelle vie commença, un peu différente de la précédente, mais toujours lune et soleil alternativement» (J. Prévert, «Souvenirs de famille», *Paroles*, 1946, p. 39). «Du deuil intégral, elle passa au demi-deuil, qui devait être un ensemble de violets, sans voile de crêpe désormais, puis au quart de deuil qui tolérait les gris clair ; et le brassard noir que je portais [...]» (É. Ollivier, *L'Orphelin de mer*, 1982, p. 39). «[...] tailleur dégriffé de panne de velours parme, parmentures de daim violine. Escarpins serpent. – Tu aurais pu prendre autre chose, disait Olympia. Mauve, c'est demi-deuil. – Justement, j'enterre ma vie de fille» (B. Beck, *La Prunelle des yeux*, 1986, p. 123).

∗∗∗ *Grand deuil, demi-deuil*, par référence à leurs codes couleurs peuvent évoquer, pour certains auteurs, et de manière plus ou moins lexicalisée, des termes chromatiques précis. **S'ENGRANDEUILLER**, verbe pronom., signifiant «se mettre en grand deuil», a été

DEUIL

employé par Laforgue, au sens métaphorique de «prendre des teintes sombres (et tristes)»: «Et l'automne s'engrandeuille au bois de Boulogne» (P. Laforgue, *Complaintes*, 1885, p. 182). De même, par référence au crêpe noir porté autrefois en signe de deuil, **CRÊPE** et ses dérivés **ENCRÊPÉ, ENCRÊPER** ont autrefois exprimé l'inquiétude, la mélancolie. «Elle [la nuit] arrive insensiblement, et déjà son crêpe noir s'étend sur la terre, triste de la perte d'un père bienfaisant» (Ch. Dupuis, *l'Origine des cultes*, 1796, p. 99). «Journée de mélancolie croissante. Sentiment de décrépitude, froid dans les moelles, crêpe sur l'avenir, sourde désespérance» (Amiel, *Journal*, 1866, p. 149). *La loc. fig. viellie. Jeter/mettre un crêpe sur/à (qqc.)*, était utilisée dans le sens de «assombrir, attrister»: «Sa mort […] jeta des crêpes sur les joies de cette union» (H. de Balzac, *Le Lys dans la vallée*, 1836, p. 62). «La pénible aventure qui met un crêpe à votre constante gaieté» (H. Murger, *Scènes de la vie de bohème*, 1851, p. 154). Le verbe *encrêper*: «garnir d'un crêpe, d'un voile noir, en signe de deuil» – *encrêper un chapeau, un enfant* – a été employé, jusqu'au milieu du XXe siècle, par Bazin, pour exprimer les teintes sombres et l'obscurité: «La nuit était venue encrêpant la maison» (H. Bazin, *Qui j'ose aimer*, 1956, p. 199). Dans le courant du XXe siècle, et parfois encore de nos jours, dans le champ lexical du deuil, certains termes servent à l'évocation de nuances sombres, de la pénombre et de l'obscurité, avec souvent des connotations de tristesse: → **Demi-deuil, endeuillé, endeuiller**. On a pu noter aussi, chez Goncourt, **ENDEUILLEMENT**, *subst. masc.*, au sens de «assombrissement»: «Ces fleurs qui semblent peintes sur un crêpe noir, ces fleurs au mystérieux endeuillement des couleurs» (E. de Goncourt, *Journal*, 1896, p. 995).

◊ **DEMI-DEUIL**

[P. RÉF. aux codes sociaux qui admettaient, pendant le demi-deuil, de porter des vêtements combinant le noir, le blanc, le gris et le violet, au lieu du seul noir]

Subst. masc. [Chez J. Renard] Noir et blanc. «21 octobre. Le corbeau: il revient de l'enterrement. Une pie en demi-deuil» (J. Renard, *Journal, 1887-1910*, 1910, p. 293). «-Le modeste demi-deuil de sa robe à pois blancs, dit Rostand de la pintade» (J. Renard, *Journal, 1887-1910*, 1910, p. 319). «Plus rien, que le corbeau et la pie, le deuil et le demi-deuil.» (J. Renard, *Journal, 1887-1910*, 1910, p. 622).

• *ART CULINAIRE.* • (En) Demi-deuil, *loc. adj.* [En parlant d'une volaille] Garni, décoré de truffes. Poularde rôtie en demi-deuil. «Pourquoi lui gâter cette poularde demi-deuil?» (R. Martin du Gard, *Devenir*, 1909, p. 17.) «Mocassins Crécy à la Romaine, […] Chantilly, Cuissot badois, Parmentier Macaire, Ris glacés demi-deuil, Rosette de Milan, Suprême Dieppoise» (R. Guérin, *L'Apprenti*, 1946, p. 58). «Poularde en demi-deuil. Farcir une grosse poularde […] avec deux cents grammes de farce mousseline additionnée de cent cinquante grammes de purée de truffes» (Sans mention d'auteur, *Les Grandes heures de la cuisine française* par Cécile Éluard-Valette, 1964, p. 189).

◊ **ENDEUILLÉ**

[De *deuil*, + -*en*, + -*é*. P. RÉF. aux codes sociaux qui ont fait des couleurs sombres, – et en particulier du noir – les couleurs du deuil]

Adj. Obscur, sombre; noir. «Entre deux masses de nuées ténébreuses, un éclair tranquille en sort, et cette ligne de lumière, si resserrée, si endeuillée, si pauvre, qu'elle a l'air pensante, apporte tout de même la preuve que le soleil existe» (H. Barbusse, *Le Feu*, 1916, p. 379). «On eût dit que ces baies trop larges et parfois sans rideaux appelaient un air et une lumière que le demi-jour endeuillé du parc leur refusait» (J. Gracq, *La Presqu'île*, 1970, p. 198). «Sa tête au front bombé, large et haut, semblait faire éclater le ruban noir d'une coiffe blanche qui, de face, présentait un quartier de lune endeuillé» (R. Sabatier, *Les Noisettes sauvages*, 1974, p. 33).

DIABLE

▶ *En partic.* [En parlant des ongles] Noir, sale. *Synon. plus cour.* → **En deuil.** «Elle tendit la main, une main incroyablement crasseuse, aux ongles endeuillés» (M. Déon, *Le Rendez-vous de Patmos*, 1965, p. 112).

◊ **ENDEUILLER**

[De *deuil*, + *-en*, + *-er*. P. RÉF. aux couleurs sombres (en particulier noires) portées pendant le deuil]

Verbe transitif.

A. – Endeuiller qqn. *Rare.* Faire porter à qqn des couleurs sombres en signe de deuil. «On nous a endeuillés, nous qui aimions le rouge, et le ciel et l'éclat de la vie, nous qui combattions la mort» (P. Éluard, *Les Sentiers et les Routes de la poésie*, 1952, p. 546).

B. – Endeuiller qqc. *Rare.* Donner des teintes sombres et tristes. «L'ombre endeuillait le lit à baldaquin, les solives du plafond où l'on avait suspendu des branches de chasselas de la dernière récolte, des grappes fripées et poussiéreuses» (É. Moselly, *Terres lorraines*, 1907, p. 29). «La nuit était claire. Au large de la forteresse de Bannwihr, le cimetière est la plus sérieuse des redoutes. Sur le faîte du mur poussent des fleurs jaunes. La lune les endeuille joyeusement de mauve» (D. Boulanger, *Le Téméraire*, 1962, p. 32).

▶ *Emploi pronom. à valeur passive.* Prendre des teintes sombres et tristes; s'assombrir. «La toussaint les suivit d'un jour, semant ses feuilles comme des larmes d'or sur son ciel qui s'endeuille» (Fr. Jammes, *Les Géorgiques chrétiennes*, chants I et II, 1911, p. 51).

DIABLE

[P. RÉF. à la couleur noire par laquelle est représenté le diable ou démon, Satan, le principe du Mal, appelé encore → *ange noir* ou *ange de la nuit, Prince des ténèbres, Lucifer* (Porteur de lumières ou); p. réf. aussi aux associations du noir avec le mal. L'autre couleur de représentation du diable est le rouge, celui des flammes de l'enfer et du péché (→ *Le Rouge*). Diable vient du lat. *diabolus*: «démon», du grec ecclésiastique *diabolos*, de même sens]

[Dans des *loc.*]

A. – [En *loc. comparatives*]

• **Être noir comme le/un diable,** *loc. adj.* Être d'un noir très sombre. «Ses cheveux, ses sourcils, ses cils, tout cela est noir comme le diable» (Colette, *La Vagabonde*, 1910, p. 104). «[...] un jour d'automne, me trouvant seul dans le salon, je vis sortir de la cheminée un petit Savoyard noir comme un diable» (A. France, *Le Petit Pierre*, 1918, p. 131).

• **Faire noir comme chez le diable,** *loc. verb. Fam.* Faire très sombre, noir; manquer de lumière; être plongé dans l'obscurité. «Il fait noir comme chez le diable» (J. Roumain, *Gouverneurs de la rosée*, 1944, p. 149).

B. – **Du diable** [En *loc.* dans laquelle *diable* est *synon.* de *noir* et marque l'intensité] *Surtout dans la loc. verb.*:
• **Faire un froid du diable.** Faire un froid très intense. *Synon. Faire un froid de canard/de chien;* → **Faire un froid noir/de loup.**

✴ La *loc. adj. cour. Du diable,* signifie intense. «Elle fait un pétard du diable» (H. Bataille, *Maman Colibri*, 1904, p. 4). «Il faisait un vent du diable, qui me mettait les cheveux en l'air» (P. Léautaud, *In memoriam*, 1905, p. 218). «Je me vois encore, assis sur mon lit, à poil et les cheveux en hérisson, par une chaleur du diable» (A. Malraux, *Les Conquérants*, 1928, p. 21).

C. – *Au fig., vieilli.* [En *loc.* dans laquelle *diable* est mis en relation avec la couleur noire et la méchanceté] • **Il n'est pas si diable qu'il est noir,** *loc. adj. vieillie* «Il n'est pas si méchant qu'il le paraît». (*Ac. 1935*).

∗ Le terme *diable* désigne, par analogie, divers animaux ou plantes à l'aspect noir (ou hideux). *Diable de mer* est le nom usuel de plusieurs poissons, notamment la baudroie et la grande raie, etc. On appelle aussi *diable* un oiseau nocturne de la Guadeloupe, et, en botanique, la *Scabieuse des bois*.

∗∗ «Le Diable symbolise toutes les forces qui troublent, assombrissent, affaiblissent la conscience et la font régresser vers l'indéterminé et l'ambivalent : *centre de nuit* par opposition à Dieu, *centre de lumière*. L'un *brûle dans un monde souterrain, l'autre brille au ciel*. [...] Mais ces forces sont indispensables à l'équilibre même de la nature : seul Lucifer, porteur de lumière, pouvait devenir *Prince des Ténèbres*» (*Dict. des Symb. 1982*). Déchu, précipité du haut du ciel dans un monde obscur, le diable ne peut être que noir et oppose ses ténèbres aux clartés et à la pureté des anges (blancs, dorés, parfois rouges). «Les premières apparitions du diable chrétien le montrent sous des traits exotiques. La vie de saint Macaire d'Alexandrie décrit cette scène étonnante : *À l'heure de l'office, saint Macaire d'Alexandrie vit se répandre dans toute l'église où priait la communauté, une nuée de petits enfants, noirs comme des Éthiopiens, et qui semblaient voltiger.* [...] Outre ces premiers moines, sainte Perpétue, saint Basile, saint Théodoret et le pape Grégoire le Grand reçurent eux aussi la visite de Satan sous les traits d'un Éthiopien rusé. Dans ses *Dialogues*, Césaire d'Heisterbach décrit Satan comme un Maure, un gros homme vêtu de noir. La première apparition figurée de Satan se trouve dans l'église égyptienne de Baouit, le diable y est représenté sous les traits d'un bel ange, seule la couleur sombre de la peau permet de le distinguer. Noir, bleu sombre, le diable est parfois rouge. Ce n'est plus ici le rouge céleste des anges mais celui des flammes de l'Enfer. Le vitrail renaissance de l'église Saint-Nicolas de Troyes présente la lutte entre les anges, vêtus de blanc et d'or et les démons nus aux couleurs rouges, vertes et bleu sombre. La présence du vert s'explique par l'analogie au serpent, autre image du mal. Un contrat de commande d'œuvre signé par un artiste catalan au XVe siècle stipule que le peintre doit éviter de faire tous les diables noirs ; il y en aura des rouges et des verts. La suprématie du noir diabolique et du blanc angélique ne s'établit que bien tardivement, dans le XIXe siècle romantique» (S. Cassagnes-Brouquet, *Les Anges et les Démons*, 1993, pp. 60-62). Entre noir du monde souterrain, de l'enfer et du mal (v. → **magie noire** ou **satanisme, royaume noir**), et rouge des flammes de l'enfer (v. → **Le Rouge**), le diable a donc été aussi associé à la couleur verte et à la couleur bleue. Dans la quinzième arcane majeur du Tarot, on retrouve cette association du bleu au diable – est représenté avec des ailes bleues semblables à celles des chauve-souris, des chausses bleues (retenues par une ceinture rouge en forme de croissant sur le devant, et sa tête coiffée d'une coiffure jaune constituée de sortes de croissants de lune et de bois de cerf à cinq cors. Les diables sont clairement associés à la couleur bleue en Angleterre : les *blue devils* (ainsi certainement que la locution verbale *to be blue* : «broyer du noir») sont à l'origine du terme *blues* (*blue* étant lui-même emprunté à l'ancien français), et la *locution vieillie française souffrir les diables bleus* signifiant «avoir le spleen, le cafard ; être mélancolique» était encore employée au XIXe SIÈCLE (→ **Le Bleu**).

ÉBÈNE

ÉBÈNE

[P. RÉF. à la couleur noire de l'ébène, bois de l'ébenier (arbre de la famille des *Ebénacées*), réputé pour sa dureté et son poli, utilisé principalement en marqueterie]

A. – Noir d'ébène/Noir (-) ébène/ (Couleur) D'ébène, *loc. adj.* ou *loc. nom. inv.* Noir intense.

1. [En parlant du système pileux, des cheveux, de la barbe] «[…] les moustaches teintes dont la couleur d'ébène contrastait avec les cheveux grisonnants» (M. Proust, *Sodome et Gomorrhe, À la recherche du temps perdu*, 13, 1922, p. 861). «Sous ses cheveux d'ébène et d'argent elle semblait plus jeune et plus décidée que jamais» (S. de Beauvoir, *Les Mandarins*, 1954, p. 533). «Elle en prenait des cheveux blancs, et son chignon jadis noir d'ébène et toujours bien lissé n'était plus qu'une masse grisâtre de mèches informes» (A. Simonin, *Confessions d'un enfant de la chapelle*, 1977, p. 181).

1. «Courtial, il se teignait les tiffes en **noir ébène** et la moustache, la barbiche il la laissait **grise**… tout ça rebiffait à la "chat" et les sourcils en révolte, touffus, plus agressifs encore, nettement diaboliques, surtout celui de gauche.» (L.-F. Céline, *Mort à crédit*, 1936, p. 410.)

2. «Les femmes élégantes utilisaient des fards et des parfums, elles ont porté des tresses postiches et des perruques teintes en **blond** ou en **noir d'ébène**.» (G. Lipovetsky, *L'Empire de l'éphémère: la mode et son destin dans les sociétés modernes*, 1987, p. 38.)

◗ *En partic.* [En parlant du poil d'un animal] «C'est un demi-sang de quatre ans épaissi par un apport ardennais, mais dont le chanfrein busqué et la robe d'ébène moirée se souviennent de ses origines barbes, malgré sa taille» (M. Tournier, *Le roi des Aulnes*, 1970, p. 347).

2. [En parlant de la peau, du teint] V. → NÈGRE, ex. 1.

3. «[…] à chaque pas il était frappé par la vue de visages **d'ébène** sous des feutres trop clairs, de putains aux yeux d'eau, donneuses de lèvres fades, d'hommes aux dents d'or, aux peaux **basanées**, aux méplats tuméfiés, de petites filles chlorotiques vêtues sans espoir […]» (R. Guérin, *L'Apprenti*, 1946, p. 99.)

3. [En parlant des yeux, du regard] «Son visage était mangé par une frange brune surplombant un regard d'ébène.» (Fr. Dorin, *Les Vendanges tardives*, 1997, p. 237).

B. – *P. ell.* Ébène.

1. *Adj.* D'une couleur foncée; noir. [En parlant d'une chose concrète, d'un objet fabriqué]

4. «Franchement, elles sont assez chouettes toutes ces cocottes, poêles et casseroles. Les Fonderies de Fontanges ont fait fort. Puis il y a les couleurs, **gris perle, rouge vermeil, blanc** et **ébène**.» (*Le Nouvel observateur*, 24. 10. 1986, p. 18.)

2. *Subst. masc.* Cette couleur sombre; noir intense. [Le plus souvent en parlant de la peau, du teint] «Il aimait le bled, le grouillement, entre quatre murs de torchis, à l'ombre d'un toit végétal, des gamins crépus, nourris au mil, les yeux luisants sous l'ébène lisse du front, la moquerie à fleur de bouche et le cœur sur la main» (C. Paysan, *Les Feux de la chandeleur*, 1966, p. 84).

C. – En partic. *Langue des négriers.*
• **Bois d'ébène,** *loc. nom. masc.* ou *p. ell., rare.* • **Ébène.** *subst. masc.* Esclave noir. Marchands (de bois) d'ébène. V. → NOIR, ex. 68. «[…] nous passions la nuit à bavarder et à parler du trafic des "bois d'ébène" qui est à l'origine des plus grosses fortunes de l'Angleterre et du développement du port de Liverpool […]» (Bl. Cendrars, *Bourlinguer*, 1948, p. 337). «En Afrique, réservoir de "bois d'ébène" du nouveau monde, les européens décimaient la population par leurs razzias et, des noirs embarqués, une partie succombait en mer […]» (G. Lefebvre, *La Révolution française*, 1963, p. 11). «Lui, Alexis, savait vaguement, très vaguement (car sa mère restait concise quand elle en parlait), que son grand-père Frécourt avait possédé du "bois d'ébène" autrefois, et que son père s'en était débarrassé» (Fr. Chandernagor, *L'Enfant des Lumières*, 1995, p. 462).

5. «Au surplus, le Nantes bourgeois des nouveaux riches du XVIIIe siècle, qui a prospéré par le sucre des Isles et le commerce du **bois d'ébène**, s'est laissé bloquer et assiéger de toutes parts par des banlieues ouvrières, sans garder nulle part d'issue résidentielle vers la campagne, sinon un peu au Nord, le long du cours sinueux de l'Erdre.» (J. Gracq, *La Forme d'une ville*, 1985, p. 57.)

∗ «La symbolique de l'ébène serait, comme le noir, liée à celle des enfers et du passage par les ténèbres, et Pluton, roi des enfers, est représenté assis sur un trône d'ébène. "Prince des ténèbres" est, en astrologie, le symbole des profondeurs et des ténèbres intérieures» (*Dict. des Symb. 1982*).

ECCLÉSIASTIQUE

[P. RÉF. à (l'ancienne) soutane noire des prêtres: le noir étant considéré comme une couleur neutre, une couleur «morale», d'abnégation. Le clergé de Constantinople a été le premier au Ve siècle à revêtir le noir en signe d'abnégation, d'obéissance, de domination de soi, et d'effacement. Les protestants ont repris cette coutume du noir-uniforme et ont cultivé cette éthique de l'effacement de la personnalité. Du lat. *curatus*: «qui a la charge des âmes», dér. de *curare*: «prendre soin de» (→ *curer*: «avoir souci de») (→ SOUTANE)]

Noir ecclésiastique, *loc. adj. inv. rare.* Synon. → **Noir soutane.** «Il pensa que Christine avait dû ouvrir la porte, elle ou sa mère, parmi tous leurs troubles, et il eut tant de pitié… l'abbé était debout dans le salon, tenant son sac d'un noir ecclésiastique» (J. Malègue, *Augustin ou le Maître est là*, t. 2, 1933, p. 228).

∗ On note aussi la loc. comparative vieillie **noir comme un curé** (M. Barbier & M. Lis, *Dict. du gai parler*, 1980, s.v. *noir*). Voir aussi les diverses appellations des prêtres: → CORBEAU, FUSAIN.

ENCRE

[P. RÉF. à la couleur noire la plus courante parmi les couleurs des encres, préparations liquides qui, laissant une trace sur un support, servent à écrire, à dessiner, à imprimer (→ ATRAMENTAIRE, ATRAMENTEUX)]

A. – 1. [Pour nuancer *bleu* ou *noir*]
a) **Bleu d'encre,** *loc. adj.* ou *loc. nom. inv.* [En parlant d'une chose concr., d'un élément de la nature, de l'eau, etc.] Bleu très foncé, presque noir. «[…] je ne vis plus, devant nous, que deux ombres démesurées d'un bleu d'encre, qui couchées et rampantes sur la terre se brisaient au pied de la façade, l'escaladaient verticales et gesticulaient sur le toit» (Colette, *La Naissance du jour*, 1928, p. 63).

[En parlant des cheveux] D'un noir intense à reflets bleutés. «Elle avait des cheveux bleu d'encre et une peau très

ENCRE

blanche» (L. Aragon, *Les Voyageurs de l'impériale*, 1947, p. 530).

b) Noir d'encre, loc. adj. ou loc. nom. inv. Noir intense. [En parlant des cheveux, de la barbe, etc.] «[...] un personnage blême, émacié, aux yeux de braise, aux cheveux d'un noir d'encre» (J. Green, *Journal*, t. 5, 1950, p. 95).

1. «La duchesse avait une robe de soie grise à volants, et des frisures d'un **noir d'encre** encadraient durement son petit visage tout plissé, où luisaient des yeux **sombres** extraordinairement cernés»
(Gyp, *Souvenirs d'une petite fille*, t. 2, 1928, p. 239.)

- BOTANIQUE [MYCOLOGIE] **Coprin noir d'encre/Coprin goutte d'encre.** *Synon.* de → **Coprin atramentaire.** V. → ATRAMENTAIRE, ex. 2.

2. «COPRINUS ATRAMENTARIUS. Coprin noir d'encre ou Coprin goutte d'encre. Chapeau gris terreux, d'abord oviforme, puis campanulé, finement squameux au sommet, sillonné vers le bas [...]. Lamelles serrées, d'abord **grisâtre pâle**, puis **noires** et déliquescentes. [...] Très commun dans les jardins, près des chemins et dans les bois. Toxique.»
(J.-E. & M. Lange, *Guide des Champignons*, 1977, p. 134.)

2. Couleur d'encre/D'encre, loc. adj. inv. Sombre, obscur; d'un noir qui rappelle l'encre. [En parlant d'une chose concrète, d'un élément de la nature, de l'eau, du ciel, des yeux, etc.] Eau, nuage d'encre. «[...] le paysage dont les arbres se détachent comme des plumets de cygne sur un ciel d'encre» (M. Tournier, *Le Roi des Aulnes*, 1970, p. 175). «Le visage toujours goguenard sous la paillasse de poils noirs bouclés, brossés net sur son front large aux yeux d'encre, Dominique le champion était mon modèle en épate et ami choisi»
(Bayon, *Le Lycéen*, 1987, p. 132.)

3. «Masque de la mort rejeté
Il y avait au front de tous les hommes
une lumière

Une étoile vivante au creux de chaque nuit
Un astre camouflé au fond du lourd ciel **d'encre**
Quel vol de main saura rallumer cette lampe
Repolir l'étoile et le ciel
Desserrer l'étau de ma tempe
Et rouvrir dans mon cœur une porte au soleil.»
(P. Reverdy, «Hommes de main hommes de peine», *Main-d'oeuvre* (1913-1949), 1949, p. 518.)

4. «je ne comprends rien aux heures
je ne sais pas calculer
je ne sais pas m'habituer
tout ce que je sais à présent
c'est qu'il fait une nuit **d'encre**
et que dans cette nuit **d'encre**
je-de-man-de-le-so-leil!»
(J. Tardieu, «Objets perdus, Complainte de l'homme exigeant», *Monsieur Monsieur*, [1948-1950], 1951, p. 153.)

3. P. ell. Encre, adj. ou subst. masc. Littér. ou MODE. Couleur d'encre (noire); noir. «C'est une charmante tenue habillée, facile et simple, composée d'une chemise ras de cou à poches appliquées et d'un pantalon confortable monté sur élastique. Coloris: écru, vieux rose, encre» (*Le Point*, 18. 12. 1978, p. 29, c. 1). «Ramosport, la collection automne-hiver 1997/98. Le trench classique est proposé dans une version plus sophistiquée, procurée par l'utilisation du satin-cuir, parfaitement imperméable, dans les tons de chocolat, encre, noir et rouge» (*Le Nouvel Observateur*, 1. 10. 1997, p. 119).

5. «L'**encre** de tes yeux
Puisqu'on ne vivra jamais tous les deux
Puisqu'on est fous, puisqu'on est seuls
Puisqu'ils sont si nombreux
Même la morale parle pour eux
J'aimerais quand même te dire
Tout ce que j'ai pu écrire
Je l'ai puisé à l'**encre** de tes yeux.»
(Fr. Cabrel, «L'encre de tes yeux», chanson, 1980.)

Pierre SOULAGES, détail, « peinture, 296 x 324 cm, octobre 1994 ».

❝ *Outrenoir*, au-delà du noir, une lumière transmutée par le noir et, comme *Outre-Rhin* et *Outre-Manche* désignent un autre pays, *Outrenoir* désigne aussi un autre pays, un autre champ mental que celui du simple noir. ❞

Pierre SOULAGES

• Cécile ANDRIEU, « Textus », 2004, Chapelle de Boondael, Bruxelles.

• Alain NAHUM, « Silouhettes vues de ma fenêtre », 2003.

" Écriture à déchiffrer ou à créer en pénétrant les plis et replis, de feuille en feuille, entre le profane et le sacré. "

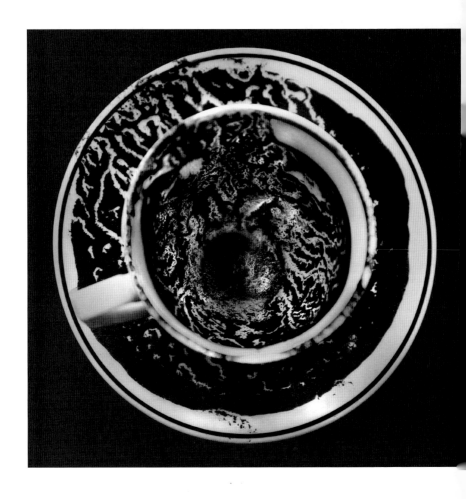

❝ Noire, la pâte est broderies, calligraphies, hiéroglyphes.
Voir au fond de la tasse, c'est forcer un secret inachevé.
Dans la profondeur de la tasse réside un invisible occulté par la surface
Des images d'origine inconnue, à dévoiler, à révéler. ❞

Alain NAHUM,
« Voir au fond
de la tasse »,
photographie, 2003.

« Reflet de la ville »
photographie, 2009.

« Le noir est ma boule de cristal :
du noir seul, je vois de la vie sortir. »
Henri MICHAUX, « Peindre », 1938,
Passages, 1950

> Et il en coûte de résister à la gouache que l'on pousse du tube, à l'acrylique noir charbon qui déborde de sa boîte ou à l'encre, de Chine ou d'ailleurs, qui gicle de son flacon. On a envie de les toucher, de les étaler, à coups de pinceau généreux ou même avec les mains.

Christian Lacroix [Entretien], Ch. Seeling,
La Mode au siècle des créateurs 1900-1999, 2000

Céline CAUMON et Julie GIACOMINI, « Peinture noire », photographie, 2004.

❝ *Mélaina cholé* : dans le nom même de la mélancolie est inscrite la noirceur. Noire la bile, noire les idées : depuis des siècles, médecins et malades, artistes et poètes vont répétant que le monde mélancolique est un monde décoloré. ❞

Albrecht DURER,
Melencolia I,
eau forte, 1545.

Yves HERSANT, « Mélancolie rouge »,
Question de couleurs. IXe Rencontres psychanalytiques d'Aix-en-Provence, 1990

Annie MOLLARD-DESFOUR, « Aranea », Photographie, 2009.

Céline CAUMON, « Noir réglisse », Photographie 2004.

❝ Une couleur aux multiples appellations qui nous renvoie à l'ombre, à l'âtre ou encore à ce noir qui s'évanouit sur le palais en petits bouts de Zan ou en hosties de truffe… ❞

Martine LAFON,
Mots de carbone, d'anthracite et de bitume,
préface, livre d'artiste, 2004

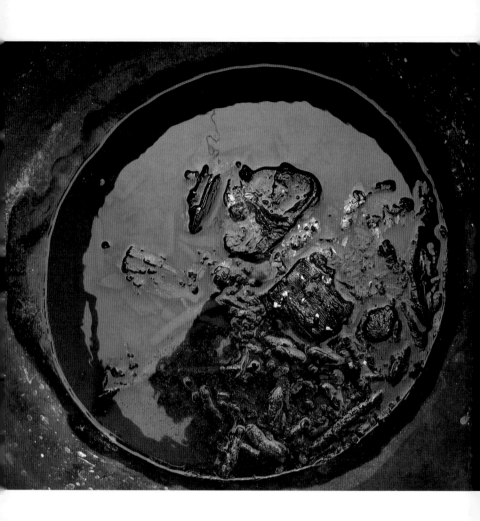

Guy LECERF, « Cendres et charbon après la pluie », photographie, 2004.

❝ La gamme infinie des noirs, du jais à l'ébène et à l'ivoire calcinée. ❞

Alexandre Arnoux,
Roi d'un jour, 1956

Thierry POULET,
« Noire pensée »
Photographie,
2004.

> Noir araigne. Les superstitions populaires font de l'araignée, à cause de sa couleur généralement noire, un symbole néfaste, inquiétant, associé aussi à la folie.

Annie MOLLARD-DESFOUR

> [...] l'éclair noir du merle, ou l'auberge aux murs bas : je n'ai rien oublié.

(haut)
Alain PASQUET
« Araneus quadratus »
Photographie, 1993.

(bas)
Alain DEVEZ
« Merle »
Photographie, 2001.

 La sirène chantant vers un ciel de carbone
Au milieu des récifs éventreurs de barils
Au cœur des tourbillons fait surgir l'anémone.

Robert DESNOS,
« Sirène-Anémone »,
Corps et Biens, 1930

Hervé THERY,
« Baie de Santos »
Photographie, 2006.

" Le noir est la racine et l'origine des autres couleurs. "

PARACELSE

> Au-delà des galaxies, s'étend cette obscurité primordiale, d'où brillent les étoiles. (...) Le noir est illimité, l'imagination galope dans l'obscurité. Des rêves palpables courent à travers la nuit.

Derek JARMAN,
Chroma. Le livre des couleurs, 1994

Olivier PREIS
« Eclipse totale de soleil »
Photographie, 2009.

ENCRE

✱ *Encre*, entre dans des métaphores ou la comparaison lexicalisée **noir comme de l'encre**, pour exprimer la couleur: «Le café c'est une encre d'un noir olivâtre, qui laisse aux parois des tasses une teinture tenace» (Colette, *La Vagabonde*, 1910, p. 122). «Je fume et je me remets à tracer des signes sur le sable, que j'efface immédiatement, et je me remets à boire ce vin de Puzzoles, épais et noir comme de l'encre d'imprimerie» (Bl. Cendrars, *Bourlinguer*, 1948, p. 167). «[…] le ciel était noir comme de l'encre, et sous la galerie, par les portes et les fenêtres ouvertes s'échappaient des bruits de voix étouffées, des pleurs d'enfant» (Z. Oldenbourg, *Les Cités charnelles ou l'histoire de Roger de Montbrun*, 1961, p. 291).

B. – *Au fig. Fam.* ou *argot.*

1. [P. RÉF. au fait que le sang devenu noir (puisque sa couleur normale est le rouge) est le signe d'un état anormal, troublé] • **Se faire un sang d'encre**, *loc. verb.* Se faire beaucoup de souci. *Synon. Se faire du mauvais sang.* V. → NOIR, ex. 24. «Soit ça lui fournissait juste le prétexte qu'il fallait pour se faire un sang d'encre, pour distiller une mauvaise bile, bien fielleuse, d'hypocondriaque chronique, quand il avait reçu une bonne réponse insolente ou quand il se heurtait à notre silence buté» (Bayon, *Le Lycéen*, 1987, p. 52). «Se faire un sang d'encre. […] C'est le sang le plus noir, le plus mauvais qui soit. Métaphoriquement, ne pourrait-on parler d'un sang d'écrivain? "Il arrive un moment où je peux imaginer que, au lieu de me faire 'un sang d'encre' (expression révélatrice de l'angoisse qui consiste à être écrit malgré soi), l'encre devienne sanguine, une sorte de sang bleu, oxygénée par le souffle" (Ph. Sollers, *Le Monde aujourd'hui*, 12. 8. 1989)». (Ph. Brenot, les *Mots du corps*, 1987, p. 135).

En appos. à valeur d'adj. rare. • **Sang d'encre**. [En parlant des pensées] Tristes; noires. «Faut mieux que je m'active plutôt que de rester là à tourner mes idées sang d'encre» (Fr. Lasaygues, *Vache noire, hannetons et autres insectes*, 1985, p. 72).

2. [Pour marquer le manque de clarté, l'opacité de qqc.] • **C'est la bouteille à l'encre**, *loc. verb.* C'est très obscur, peu clair, incompréhensible. «Cette affaire-là, jusqu'ici, c'est la bouteille à l'encre. Je ne dis pas que d'un côté comme de l'autre il n'y ait à cacher d'assez vilaines turpitudes» (M. Proust, *Du côté de Guermantes, 1, À la recherche du temps perdu.* 8. 1920, p. 245). «C'est la bouteille à l'encre, on n'y voit goutte dans les affaires-là» (G. Chepfer, *Saynètes, paysanneries*, 2, 1945, p. 216).

• **Nager dans l'encre**, *loc. verb. Argot.* [P. ALLUS; aussi à l'encre que les céphalopodes rejettent pour troubler l'eau et se dissimuler en cas de danger] Ne rien comprendre à quelque chose *(Colin-Mével 1990) Synon.* → Être dans le noir.

• **Vendre de l'encre**, *loc. verb. Argot.* Fournir des informations obscures. «Il voulait connaître ta planque, ce que tu faisais, etc. J'ai vendu de l'encre et ça n'a pas eu l'air de l'enchanter» (Giovanni, 1958, in *Colin-Mével 1990*.)

3. [Pour marquer l'intensité] **D'encre**. Très intense, profond. *Synon.* → **Noir**. [Chez Éluard] «La nuit, les yeux les plus confiants nient/Jusqu'à l'épuisement:/ La nuit sans une paille,/ Le regard fixe, dans une solitude d'encre» (P. Éluard, *Défense de savoir*, 1928, p. 217).

6. «Au seuil des plaies au seuil du baume
Mal funèbre mal **d'encre**
Caché par des doigts purs
La glaise de l'automne alourdit le feuillage
Le cheval arrivé ne dépassera pas
La corde pour se pendre
L'horloge enfarinée dit l'heure du départ.»
(P. Éluard, «Droits et devoirs du pauvre, l'heure exacte», *Cours naturel*, 1938, p. 829.)

✱ Dans le champ lexical de l'ivresse, par référence à la couleur la plus souvent noire de l'encre, la *loc. verb.* **souffler dans l'encrier**, signifie s'énivrer, se saouler. *Synon. Se poivrer; se culotter / se salir /* → Se noircir le nez; → Se noircir comme un corbeau; → Se

ENCRE

débarbouiller avec du cassis; se goudronner, se mâchurer. V. aussi: avoir le nez sale; ➜ Être gris, noir; ➜ Se dénoircir: dessoûler.

∗∗ On appelle aussi *encre* le liquide noir émis par certains céphalopodes et qui leur sert à troubler l'eau pour se dissimuler à la vue en cas de danger (➜ SÉPIA).

∗∗∗ Voir *infra*, les variantes ➜ ENCRE À STYLO, ENCRE DE CHINE.

∗∗∗∗ Voir aussi, par référence au fait que l'encre est le symbole de l'écriture, les diverses locutions: *ouvrage de la meilleure encre, suer sang et encre, traiter de la même encre*, et par référence plus particulière à l'encre noire; ➜ Écrire noir sur blanc, mettre noir sur blanc, noircir la page.

◊ **ENCRE À STYLO**

Couleur d'encre à stylo. *Loc. adj. inv. Mod.* Noir. [Chez Fargue] «Une belle fille au teint abricot, aux cheveux gras, couleur d'encre à stylo, et qui, je crois, n'avait jamais quitté le boulevard Saint-Michel que pour aller montrer ses jambes aux Folies-Bergère» (L.-P. Fargue, *Le Piéton de Paris*, 1939, p. 66).

◊ **ENCRE DE CHINE**

[P. RÉF. à la couleur noire et brillante de l'encre de Chine, composition solide ou liquide, à base de noir de carbone, originaire de Chine, et utilisée notamment pour le dessin à la plume ou le lavis]

A. – Noir d'encre de Chine, *loc. adj.* ou *loc. nom. inv.* «Une végétation touffue montait à l'assaut de ces remparts plumeux, les murait, en faisait une retraite secrète, où un noyer sous la lune jetait une ombre compliquée, ocellée, d'un noir d'encre de Chine» (J. Gracq, *Un beau ténébreux*, 1945, p. 79).

B. – *P. ell.* Encre de Chine, *loc. adj.* ou *loc. nom. inv.* D'un noir profond, brillant. «Selon que les nuages étaient blanc gris, ou blanc blanc, l'eau en devenait bleu clair ou encre de Chine» (J. Giraudoux, *Siegfried et le Limousin*, 1922, p. 186). «[...] il me lutine aux cuisines. [...] Ses lèvres chaudes se baladent le long de mes zones érogènes. Les ont détectées facile. Encre de Chine dans les mirettes. Trouver la pupille au milieu mon pote faut être costaud. Dans l'genre Tecmé t'es pas raté. Une vraie trombine de Sud Américos» (É. Hanska, *J'arrête pas de t'aimer*, 1981, p. 151).

1. «On écoutait Fip, la voix semblait venir tout droit d'un porte-jarretelles et devait faire triquer les automobilistes coincés dans les embouteillages: Mariella, prunelles **encre de Chine** embrumées d'une vieille tristesse, a murmuré qu'elle aimerait bien être à la place du camion. D'ailleurs, si ça continuait comme ça, elle irait s'allonger sous le tunnel et un Berliet lui passerait dessus, ce qui ferait une belle partouze avec la mort.» (É. Hanska, *Les Amants foudroyés*, 1984, p. 127.)

◊ **ENCREUX, EUSE**

[De *encre*, + *suff. -eux*]

Adj. Rare. Très sombre; d'un noir d'encre. [En parlant de l'eau; chez Guyotat] «Après l'opération, le genou alourdi et serré, Serge remue les lèvres, sa tête se renverse sur son épaule emprisonnée, ses dents tirent le pansement, la mer tinte au pied du lit, les photographies flottent sur la mer encreuse» (P. Guyotat, *Tombeau pour cinq cent mille soldats: sept chants*, 1967, p. 232).

FULIGINEUX, EUSE

FOUR

[P. RÉF. à l'obscurité qui règne dans un four puisque celui-ci possède un minimum d'ouvertures]

[Dans les *loc. comparatives*] • **Noir comme un four** *loc. verb. Fam.* Très noir, sombre (et sale). «Son oreille bien ouverte est noire comme un four» (J. Renard, *Journal*, 1900, p. 584). «[…] vous m'avez fourrée dans la cuisine, et qué cuisine: un craffougnat noir comme un four, ousqu'il faut de la lumière en plein midi» (G. Chepfer, *Saynettes, Paysanneries*, 2, 1945, p. 92). «[…] ce chemin noir comme un four et surplombé par les massifs serrés des arbres» (M. Duras, *Les Impudents*, 1946, p. 64).

• **Faire noir comme dans un four**, *loc. verb. Fam.* Faire très sombre, noir; manquer de lumière. *Synon.* → **Faire noir comme chez le diable/comme dans un cul/comme dans la gueule d'un loup/comme dans un trou de taupe**. «Attention donc, ne tombez pas dans les escaliers, y fait noir comme dans un four» (G. Chepfer, *Saynettes, paysanneries*, 2, 1945, p. 118).

∗ Dans la langue du théâtre, p. réf. au fait qu'on éteignait autrefois, faute de public, les chandelles de la salle du théâtre qui devenait alors noire comme un four, on qualifie de **four** et, en intensif, de **four noir**, une représentation, un spectacle, une réunion, une manifestation artistique qui est un échec, un insuccès. «Dès le deuxième acte, il a bien fallu me rendre à l'évidence: une pièce exécrable, un four noir» (R. Martin du Gard, *Notes sur Gide*, 1951, p. 1369).

FULIGINEUX, EUSE

[P. RÉF. à la couleur noirâtre de la suie. Emprunté au bas lat. *fuliginosus*, dérivé du lat. classique *fuligo, -inis* «suie». Le sens premier a été attesté en 1549, en médecine, au sens de «qui a la couleur noirâtre de la suie». Le sens fig. qualifiant une chose qui manque de clarté est attesté en 1842 (→ SUIE)]

Adj.

A. – 1. Qui rappelle la suie, qui en a la couleur noirâtre.

a) [En parlant d'une chose concrète, des cheveux, etc.] «À l'autre extrémité de la chaîne familiale, le garçon, reconnaissable à ses cheveux fuligineux, tendait sa main libre vers un soleil aux nombreux rayons» (B. Beck, *La Prunelle des yeux*, 1986, p. 116). «[…] aucun noir n'est noir comme cet enduit fuligineux que la verdure environnante avive cruellement» (J. Gracq, *Carnets du grand chemin*, 1992, p. 72).

[Parfois avec ALLUS. à l'aspect flou, trouble de qqc.] «Michel Strogoff, dévoré à dix ou onze ans dans une édition brochée, en fascicules, illustrée à foison de vieilles gravures sur bois, très noires, très fuligineuses et très fatiguées, d'un dessin précis et tourmenté, fascinant» (Fr. Cavanna, *Les Russkoffs*, 1979, p. 108).

b) *Spéc.*

▶ ART [PEINTURE; en parlant d'un tableau] Aux teintes sombres.

1. «On n'y trouve aucune trace de cette rhétorique, chère aux âmes puériles,

FULIGINEUX, EUSE

désireuses de se payer un petit extra à base de pathétique, et qui trouvent que le très **verdâtre**, très **fuligineux** tableau intitulé : *La vengeance et la justice divine poursuivant le crime* du pompier glorieux qui a nom Prud'hon, est ce qu'il y a de mieux en fait de lyrisme pictural» (J. Lhote, *La Peinture d'abord*, 1942, p. 40).

− [*P. méton.* : en parlant d'un peintre qui fait une peinture fuligineuse] «Et pour ceux qui ne connaissent pas le turbulent Borgianni, un Toscan enfiévré par Caravage, ou le sec Carioni, un Vénitien "poussinisé", ou le fuligineux Cairo, c'est dans la collection Kaufmann-Schlageter qu'ils pourront les découvrir sous leur meilleur jour» (*Le Point*, 28. 9. 1987, p. 138, c.3 − J.-L. Ferrier).

▶ *MÉDECINE/PATHOLOGIE.* [En parlant des lèvres, des gencives, des dents, de la langue] Qui présente un aspect noirâtre sous l'effet d'une affection grave, comme la fièvre typhoïde. «Sa bouche fuligineuse lui faisait mâcher les mots et il tournait vers le docteur des yeux globuleux où le mal de tête mettait des larmes» (A. Camus, *La Peste*, 1947, p. 1231)

2. *En partic.*

a) Qui est sombre, obscur.

▶ [En parlant du ciel, des nuages, de la lumière naturelle ou artificielle] Teinte fuligineuse ; nuages fuligineux ; clartés, lueurs, nuées fuligineuses. V. → MÉLANCOLIE, ex. 7. «Tout ce meuble fondait dans une lumière fuligineuse et l'effort de mémoire était chaque fois à recommencer» (J. Malègue, *Augustin ou le Maître est là*, t. 1, 1933, p. 253). «[...] et le vaste ciel encombré et fuligineux, un ciel d'orage où le soleil s'enlisait, achevait de descendre, parmi de grands reflets dorés, des masses noires de nuées et de grands rayonnements obliques à travers l'espace» (M. Van der Meersch, *Invasion 14*, 1935, p. 123). «Ils descendirent dans le grand salon, que la pâleur fuligineuse du ciel, encore assombrie par les épaisses draperies de soie, emplissait alors d'une obscurité lugubre» (J. Gracq, *Au château d'Argol*, 1938, p. 170).

▶ [*P. méton.* En parlant d'un moment du jour où le ciel est fuligineux] «Sous ce jour fuligineux, dans cette moiteur ensommeillée et cette pluie tiède, la voiture roulait plus précautionneusement, jetant sur ce douteux voyage comme une nuance fugitive d'intrusion» (J. Gracq, *Le Rivage des Syrtes*, 1951, p. 20).

− [*Dans un contexte métaphorique*]

2. «Ce silence lui était devenu une vie palpable où les condensations, comme des nombrils de lumière, devaient aboutir à une tension d'excroissances cellulaires de rayons qui lui rappelait la formation du premier bourbillon d'arbuste dont témoignait encore l'entière et frugale **noirceur** de son existence ; mais néanmoins c'est là que grandissait son esprit parmi les barattements **fuligineux** et **opalins** des nuits, dans une douleur de rouille et de caresses imaginaires»

(Tr. Tzara, «Le travail de la solitude», *Personnage d'insomnie*, 1934, p. 173).

b) Qui a des couleurs et des formes imprécises, troubles, floues. [En parlant d'une silhouette, du visage, du teint, etc.] «Swedenborg, vêtu d'une longue tunique blanche, la poitrine constellée d'emblèmes rosicruciens, apparition lumineuse, vacillante, fuligineuse et fulgurante, effrayante [...]». (G. Perec, *La Vie mode d'emploi*, 1978, p. 386). «[...] les longs wagons aux flancs verdâtres, avec leurs fenêtres garnies de visages curieux ou indifférents, pâles, fuligineux, rendus comme irréels» (Cl. Simon, *Les Géorgiques*, 1981, p. 86).

3. «[...] une série de déclics [de l'appareil photo] qui faisaient se succéder sur l'écran les galopades, les facéties de comiques obèses, les duels, ou le visage de cette actrice au masque plâtreux ou plutôt (dans le flou sautillant de la mauvaise projection, le tremblotement des

FUMÉE

ombres charbonneuses et violemment contrastées) **fuligineux** (évoquant ces photographies de nébuleuses où sur un fond d'insondables **ténèbres** apparaît la lueur aux contours indécis, terrifiante et vertigineuse).» (Cl. Simon, *Les Géorgiques*, 1981, p. 212.)

– [*Dans un contexte métaphorique*] «Qui éveille la mémoire au fond du rêve pour lui donner la prenante acuité du jour, qui l'abaisse au niveau d'une confidence en sourdine, pendant la veille, ou l'élève et la mate pour lui imprégner l'allure fuligineuse qu'ont les ombres derrière un rêve dépoli?» (Tr. Tzara, «Des réalités nocturnes et diurnes», *Grains et issues*, 1935, p. 33.)

B. – *Au fig.* Qui manque de clarté; qui est obscur, confus.

▸ [En parlant de productions de l'esprit, des sentiments, etc.] «De la littérature qu'Emmanuel connaissait, ce qui le toucha le plus, ce fut le pathos épique de Victor Hugo et la rhétorique fuligineuse de ces orateurs révolutionnaires, qu'il ne comprenait pas bien et qui, non plus que Hugo, ne se comprenaient pas toujours eux-mêmes» (R. Rolland, *Jean-Christophe, Le Buisson ardent*, 1911, p. 1298). «Il ne donne dans un mysticisme fuligineux que pour en mieux accabler la religion raisonnable, modérée, qui fut toujours en honneur dans notre famille» (Fr. Mauriac, *Le Nœud de vipères*, 1932, p. 305).

▸ [*P. méton*. En parlant d'une personne, d'un groupe de personnes] Qui a des idées, des sentiments peu clairs, confus. «Tout ça, c'est votre faute! Philosophicailleurs fuligineux! Espèces de snobs!» (E. Ionesco, *L'Impromptu de l'Alma*, 1958, p. 173.)

◊ **FULIGINEUSEMENT**

[De *fuligineux*, + suff. *-ment*].

Adv. De manière fuligineuse; noirâtre.
[Chez Arnoux] «Brillait fuligineusement une mèche qui trempait dans une écuelle d'huile noirâtre, puante» (A. Arnoux, *Roi*, 1956, p. 143).

FUMÉE

[P. RÉF. à la couleur grisâtre ou noirâtre de la fumée; p. réf. aussi parfois au noir de fumée]

A. – [Pour nuancer *gris* ou *noir*. *Fumée* est un terme chromatique intermédiaire entre le gris et le noir]

1. Gris (de) fumée/Gris (-) fumée *loc. adj.* ou *loc. nom. inv.* Gris plus ou moins intense.

▸ [En parlant du ciel] «[...] d'obliques pluies sifflantes occupaient le ciel gris fumée» (J. Malègue, *Augustin ou le Maître est là*, t. 2, 1933, p. 370). «[1945] 29 septembre. vers 8 heures du matin, première vue des côtes de France. Elles sont d'un bleu sourd entre une mer vert amande et un ciel d'un gris de fumée» (J. Green, *Journal*, t. 4, 1943-1946, 1946, p. 228).

▸ MODE. «[...] une longue fente s'ouvrait sur le côté et laissait apercevoir ses bas gris fumée» (B. Vian, *L'Herbe rouge*, 1950, p. 159).

▸ [P. RÉF. aux valeurs fig. du gris; pour qualifier le pessimisme; chez Leiris] «[...] la décoration pompeuse de tant de salles où, voyant représenter des opéras, je me gavais d'une triste plénitude à quoi mon pessimisme pas même noir mais gris fumée d'aujourd'hui n'est plus capable d'atteindre, sauf par raccroc et si je me force un peu» (M. Leiris, *La Règle du jeu*, 3, 1966, p. 259).

∗ On note aussi *gris fumé*. V. → Fusain, ex. 1.

2. **Noir de fumée**, *loc. adj.* ou *loc. nom. inv.* [P. RÉF. à la couleur de la fumée mais aussi au noir de fumée, matière colorante obtenue en récupérant le dépôt noir qui se forme sur diverses matières au cours de la calcination] Noir intense. V. → AILE-DE-PIE,

FUMÉE

ex. «Au-delà des jardins sertis de barrières blanches, de vastes étendues vertes sous un ciel qui tourne au gris, presque au noir de fumée, et vers la gauche, de longues allées d'ormes et d'érables» (J. Green, *Journal*, t. 4, 1943-1946, 1946, p. 68).

1. «[Le] redwing **blackbird**, entièrement d'un **noir de fumée** comme pour faire chanter davantage, au faîte de ses ailes **ténébreuses**, des épaulettes **incarnadines** de la nuance la plus exquise, ocelles en flammes accompagnant son vol.»
(M. Genevoix, *Les Routes de l'aventure*, 1959, p. 84.)

∗ *Noir de fumée* se rencontre aussi dans des comparaisons ou métaphores. «[Il] s'est appliqué laborieusement à faire des criminels extraordinaires, plus noirs que le noir de fumée, sans jamais parvenir, le vieux et le maître, avec tout ce labeur, malgré tout ce labeur, à faire un seul être disgracié» (Ch. Péguy, *Victor-Marie, comte Hugo*, 1910, p. 773). Chez Prévert, dans une métaphore qui joue des synesthésies et fait entrer en jeu les sons:

2. «Volets ouverts
la maison se réveille
au grand air du Printemps
Et la plus belle eau de vaisselle
sur le plus sordide des éviers
soudain comme une eau vive
se reprend à chanter
et se met à danser
sur les assiettes ébréchées les fourchettes édentées
Musique de **blanc de céruse**
et de marc de café
et de **bleu de lessive**
et de **noir de fumée**
et de **noir animal**
et d'appétit coupé
Musique de petite braise à nouveau enflammée
Musique de gros sel et d'écorces d'oranges
Un rempailleur de chaises
dans une flûte.»
(J. Prévert, «Volets ouverts, volets fermés», *Histoires*, 1963, p. 193.)

B. – *P. ellis.* **Fumée**, *adj. inv.* MODE. Gris. [En parlant de bas et collants] «Elle porte des bas couleur fumée» (J. L. Benoziglio, *Cabinet portrait*, 1980, p. 226).

◊ **ENFUMÉ, ÉE**

[De *fumer*, + *préf.* en-]

Adj.

A. – **1.** Noirci, terni sous l'action de la fumée. Plafond, tableau enfumé. «Elle est maintenant tout à coup dans une grande pièce sombre au plafond enfumé – elle la reconnaît: [...] c'est le cabinet de travail de son vieil oncle» (N. Sarraute, *Le Planétarium*, 1959, p. 18).

∗ Ce qui est noirci par la fumée se dit encore **CHAUDRONNÉ** ou **BOUCANÉ**, en parlant d'une viande séchée.

2. *P. anal.* Qui a l'aspect terne, la couleur grise de la fumée. Teint enfumé; paupières, yeux enfumé(e) s; ciel enfumé. «La femelle a les teintes plus enfumées, la poitrine et la gorge marquées de roussâtre» (Coupin, *Les Animaux de nos pays*, 1909, p. 142).

3. *MINÉRALOGIE.*

• **Quartz enfumé**, *loc. nom. inv.* Quartz noir. «Le quartz ou cristal de roche est de la silice pure [...], il est transparent et d'un blanc limpide, on l'appelle quartz hyalin, coloré en violet par l'oxyde de manganèse, c'est l'améthyste, coloré en noir, c'est le quartz enfumé». (J. Bourde, *Les Travaux publics. 1. Matériaux et résistance des matériaux*, 1928, p. 68).

B. – *Au fig. Rare.* [En parlant de l'esprit, du cerveau] Qui est troublé par l'alcool, l'ivresse. *Synon.* → **Gris, noir**. Cerveau, esprit enfumé.

FUSAIN

[P. RÉF. à la couleur noire du charbon de bois fait avec le fusain, dont on se sert pour dessiner et aux nuances noires du dessin au fusain. Du bas lat. *fusago, fusaginis*, dér. du lat. classique *fusus*: «fuseau», le bois dur du fusain, (arbrisseau ornemental originaire du Japon), étant utilisé dans l'Antiquité pour faire des fuseaux]

A. – Noir fusain, *loc. adj. inv. COSMÉTOLOGIE.*

«Que la prunelle soit claire ou sombre, les paupières sont discrètement soulignées de brun ou de gris fumé et, clin d'œil à la mode pirate, le noir fusain fait son apparition dans les boîtiers duo de Chanel, Saint-Laurent ou Casanova»
(*F Magazine*, déc. 1981, p. 16, c. 1 – M.-H. Tellier).

B. – Fusain, *subst. masc. P. méton.* [En parlant d'une personne; p. RÉF. aux vêtements noirs portés] *Argot.* «Prêtre en soutane» (*Colin-Mével 1990*). *Synon.*
→ **Corbeau.** V. aussi → Ecclésiastique, Soutane.

✱ Par référence au fusain végétal, non séché, le terme *fusain*, peut se rencontrer en apposition à *vert*: «Les teintes grège (naturelle) beige, vert fusain, vert cresson, seront en grande faveur» (*La Mode illustrée*, 1905, p. 110, in *DDL 33*).

◊ FUSINÉ, ÉE

[De *fusain*, + -*é*, *ée*. Le respect de l'orthographe aurait dû imposer la forme *fusainé*]

Adj. Rare. Vieilli. Noirci, barbouillé de noir, charbonneux, comme dessiné au fusain. «L'aînée aux yeux farouches, aux traits fusinés par la poussière dont s'emplissaient ses rides, entretenait, dans son chignon, des garennes de poux qui couraient sur ses épaules pour rejoindre une autre colonies d'insectes campés dans son corsage» (J.-K. Huysmans, *Les Foules de Lourdes*, 1906, p. 201, in *Rheims 1969*).

GOUDRON

GOUDRON

[P. RÉF. à la couleur noire du goudron, substance huileuse, visqueuse et noirâtre, obtenue par distillation de diverses matières végétales ou minérales, et utilisée pour le revêtement de la chaussée. Emprunté à l'arabe *goudron*. Cf. le lat. médiéval *catarannus, catranum*. (➩ ASPHALTE, BITUME)]

A. − Noir intense.

1. Noir goudron, *loc. adj. inv.* «[...] très léger. Je comprends d'ailleurs pas pourquoi ils le font si clair, puisque c'est de l'orge grillée. Pourraient au moins en mettre assez, de quoi lui donner cette belle couleur noir goudron d'un bon café, ça serait déjà ça» (Fr. Cavanna, *Les Russkoffs*, 1979, p. 207).

2. *P. ell.* **Couleur goudron,** *loc. adj./* **Goudron,** *adj. inv.* «La petite Perdicion, chorégraphe espagnole, dont les cheveux couleur goudron ondulent sur un front bas, a promis un intermède» (E. Toulet, *Tendres ménages*, 1904, p. 97).

1. «Tes cicatrices des proverbes lunaires
lune tannée déploie sur les horizons ton diaphragme
lune œil tanné dans un liquide visqueux
noir

vibrations le sourd
animaux lourds fuyant en cercles tangents
de muscles **goudron** chaleur
les tuyaux se courbent tressent
les intestins
bleu.»
(Tr. Tzara, «Retraite», *Poèmes*, 1912-1924, 1924, p. 97.)

B. − *Au fig.*

a) [P. RÉF. à la consistance du goudron et à sa couleur noire] • **Être en plein goudron,** *loc. verb. fam.* Être en difficulté. *Synon.* Être dans la mélasse, la merde, la mouise, la panade; ➩ **Être dans le cirage.** «Moi? fit Petit-Pouce en savourant les doulces blandices de l'hypocrisie, moi? je suis en plein goudron. Qu'est-ce que je vais devenir?» (R. Queneau, *Pierrot mon ami*, 1942, p. 127.)

b) *Subst. masc.* Argot (des «fayots»: officiers mariniers de la Royale). *P. méton.* «Vin (rouge)... près de Lorient, en 1983, rapporté par notre correspondant de Vannes» (Doillon, *Dico Plus*, n° 40, juin 1987).

∗ Le goudron a été le matériau privilégié du travail de plasticien de Bernar Venet qui, dès le début des années soixante, a utilisé du goudron en peinture. Ses premières peintures au goudron (1961) dans lesquelles le goudron recouvre entièrement la surface du tableau, furent d'abord gestuelles, peintes au sol avec les pieds, puis à l'aide d'une raclette, de manière spontanée et très rapide. Son travail sur le goudron en peinture ou sur le charbon (notamment dans sa première sculpture sans forme spécifique, *Tas de Charbon* (1963), ses photographies de détails de bitume ou de portraits où les visages à peine reconnaissables paraissent se fondre dans l'obscurité de la photographie, les recherches d'équivalences sonores et filmées de son travail plastique (composition musicale *Gravier-Goudron* et *Tar-Macadam*, ainsi que le court film *Asphalte*) constituent un apport majeur à l'art conceptuel où se révèle l'obsession du noir (travaillé tout particulièrement avec le goudron), d'un noir rébellion et refus de la communication, et expression d'un «pessimisme méthodique, condition indiscutable de la liberté humaine». Dans des propos recueillis par Daphné Le Sergent Le Muy, en août 2003, B. Venet, analysant son travail dit : «Quand, en 1961, j'utilise du goudron pour faire un tableau, le titre en est "goudron", c'est tout, ce n'est même pas un monochrome parce qu'un monochrome, c'est de la peinture, là nous sommes devant un matériau qui rompt avec l'idéalisme que le regard porte sur l'œuvre et qui s'attend à "voir" tout un ensemble de symboles» (interview Bernar Venet, exporevue,). V. aussi les sites consacrés à B. Venet, notamment sur le site de la Galerie Denoirmont). ainsi que charbon **.

◊ GOUDRONNÉ

[De goudron, + dés. -é]

Adj. Argot. • Être goudronné. Loc. verb. Être ivre, saoul. Synon. → Être débarbouillé avec du cassis ; être cirage/être dans le cirage/de corvée de cirage ; être gris/noir.

◊ GOUDRONNER

[De goudron, + -er]

Se goudronner. Verbe pronom. Se saouler, → Se griser, se noircir (le nez). (Dict. argot.).

◊ GOUDRONNEUX

[De goudron, + -eux. P. RÉF. à la couleur noire du goudron et parfois à sa consistance]

Adj. [En parlant d'une couleur] D'une nuance qui rappelle le goudron ; noirâtre. «La paroi de planches aux lattes horizontales sommairement rabotées où se dessinent en clair les veines et les nœuds du bois est d'un brun noir, goudronneux» (Cl. Simon, L'Acacia, 1989, p. 334).

▶ [En parlant d'un vin] Noir (et épais) comme le goudron. «Le gros vin d'Algérie, violet, goudronneux, teignit le verre jusqu'au bord» (R. Fallet, La Grande ceinture, 1956, p. 9).

HOUILLE

HOUILLE

[P. RÉF. à la couleur noire de la *houille noire* ou charbon, combustible solide résultant de la fossilisation de végétaux au cours des temps géologiques, et qui se présente en gisements. Synon. *Charbon* (➔ CHARBON)]

A. – (Couleur) De houille, *loc. adj. inv.* D'une couleur sombre, noirâtre, semblable à la houille. «[...] affûtées, luisantes comme des sous, on dirait que les yeux sont des billes d'ivoire et d'onyx. De temps en temps, sur la file, se balance, plus haut que les autres, le masque de houille d'un tirailleur sénégalais» (H. Barbusse, *Le Feu*, 1916, p. 51). «Paris n'était plus qu'une gare, un battement de portes entre deux trains, où clignotaient la nuit au long des tranchées de maisons couleur de houille les petits signaux fuligineux des lampes» (J. Gracq, *Un balcon en forêt*, 1958, p. 142).

HIRONDELLE

[P. RÉF. à la couleur généralement noire à reflets bleutés du dos de l'hirondelle (le ventre étant blanc). L'hirondelle est un oiseau migrateur (famille des *Passereaux*), à ailes longues et effilées, à queue fourchue, et comprend plusieurs variétés parmi lesquelles l'*hi-rondelle de cheminée* ou *hirondelle rustique*, à gorge brun rougeâtre et l'*hirondelle de fenêtre*, à gorge blanche. 1546 *hyrondelle*. Emprunté à l'ancien provençal *irondela*: «hirondelle», XIIe s., diminutif de *irunda*, même sens, du lat. *hirundo*. Hirondelle a supplanté après le XVIe s. l'ancien français *arondelle*. V. *Aronde*, ancien nom de l'hirondelle]

A. – 1. [Pour nuancer *bleu* ou *noir*]

a) **Bleu hirondelle,** *loc. adj. inv.* Noir à reflets bleutés. (➔ vol. *Le Bleu*). MODE. «Admirez la merveilleuse dentelle plate à motifs "placés" Myosotis, réf. 1781, Blanc – noir, bleu hirondelle, blond. Slip assorti» (*Elle*, publicité, 12. 06. 1976, p. 38, c. 1).

b) **Noir (d') hirondelle,** *loc. adj. inv.* Noir intense à reflets bleutés. «En me haussant sur mes poignets j'aperçois, émergés déjà de l'ombre que traque la lumière, une mer noir d'hirondelle, et le "Dé" encore sans couleur propre, le "Dé" où repose un garçon solitaire, qui mûrit un secret de trop» (Colette, *La Naissance du jour*, 1928, p. 34).

2. *P. ell.* **Hirondelle,** *adj. inv.* Rare. Noir bleuté à bleu très sombre. «J'avais mis ma robe hirondelle. Les autres femmes d'ici sont en bleu foncé et, je dois le dire, sans chic» (P. Morand, *L'Europe galante*, 1925, p. 34).

B. – *P. méton.* **Hirondelle (bleue) (- à tête bleue),** *subst. fém. Pop. P. plaisant.* [P. RÉF. à la cape noire portée autrefois par les agents de police qui effectuaient leur tournée à bicyclette, et toujours par deux; p. RÉF. à la couleur mais aussi à la forme de cette cape flottante rappelant les ailes des hirondelles, et p. jeu de mots sur *Hirondelle* qui était le nom de la marque des vélos de l'entreprise Manufrance sur lesquels ils circulaient] (1917, *Esn*, in *Colin-Mével 1990*). Gardien de la paix, agent de la police municipale. «Ce coup-ci, mon homme est allé chercher les flics... [...]. Le concierge, flanqué de deux hirondelles, atteignait déjà le

HIRONDELLE

troisième étage» (H. Bazin, La Tête contre murs, 1949, p. 388). «Les hirondelles à tête bleue nous ont cueillis comme des fleurs» (L. Malet, Le soleil n'est pas pour nous, 1949, in Colin-Mével 1990). «Une convocation un matin de bonne heure, portée par un cycliste flic... une hirondelle avec sa cape, ses pinces à vélo au bas du bénard. Il me fait un salut militaire... me demande si je suis bien moi... oui, oui!» (A. Boudard, Les Enfants de chœur, 1982, p. 203.)

1. «Il y a quelques décennies on appelait **"hirondelles"** les agents de police cyclistes car ils étaient revêtus d'une longue **cape noire** qui leur donnait l'aspect de ces oiseaux migrateurs. Leurs successeurs portent aujourd'hui des tenues sportives mieux adaptées à la pratique de "la petite reine" [...].»
(*La République de Seine-et-Marne*, 11. 11. 2004, B. Buzzi.)

IVOIRE CALCINÉ

IVOIRE CALCINÉ

[P. RÉF. à la matière colorante noire produite par calcination de l'ivoire (et de nos jours par calcination d'os). L'ivoire calciné était nommé *elephantinum* par Apelle]

Ivoire calciné, *loc. adj. inv.* Rare. Noir rappelant celui de l'ivoire calciné.

   1. «La gamme infinie des **noirs**, du **jais** à l'**ébène** et à l'**ivoire calciné**.»
   (A. Arnoux, *Roi d'un jour*, 1956, p. 177.)

∗ Le noir d'ivoire, matière colorante noire produite par calcination en vase clos d'os d'animaux et non plus d'ivoire comme autrefois, ne semble pas fonctionner comme locution adjective de couleur (bien que certains textes soient parfois ambigus) mais comme nom de matière colorante. Ainsi G. Perec énumère-t-il toute une liste de noms de matières colorantes dont certaines pourraient fonctionner comme termes de couleur: «[...] la surface intérieure émaillée avait été soigneusement nettoyée à la fin de la séance de la veille et y disposait, dans un ordre rituel, treize petits godets de couleur – noir d'ivoire, sépia colorée, terre de Sienne brûlée, ocre jaune, jaune indien, jaune de chrome clair, vermillon, laque de garance, vert Véronèse, vert olive, outremer, cobalt [...]» (G. Perec, *La Vie mode d'emploi*, 1978, p. 155).

JAIS

[P. RÉF. à la couleur noire et brillante d'une variété de lignite fossile, qui souvent taillée à facettes et polie, est considérée comme une pierre fine et utilisée en bijoux, en parures de deuil, en garnitures de passementerie. *Jaiet*, XIIe s. Issu, par l'intermédiaire du lat., du grec *Gagates* (ville et fleuve de Lycie)]

A. – Noir de jais, *loc. adj.* ou *loc. nom. inv.* Noir intense et brillant.

   1. [En parlant du système pileux, des cheveux, de la barbe] «Comme échappée d'un ghetto russe, cheveux d'un noir de jais ajustés en bandeaux, forte de hanches, Helena Rubinstein portait la robe serrée de la gitane qui, à la mi-cuisse, se déploie en volants» (H. Bianciotti, *Le Pas si lent de l'amour*, 1995, p. 220).

   1. «[...] nous, les C.., possédons les caractéristiques des Maures andalous: nez bourbon, **cheveux noir de jais**, œil sombre, fixe et lointain.»
   (R.-V. Pilhes, *La Rhubarbe*, 1965, p. 19.)

   2. «Ici, bien des noms en ont gardé témoignage [du passage des Maures]: le chemin des Maures, le pré des Maures, le puits des Maures... Et nombre de Saugains ont gardé le type arabe... Olivier pensa au teint **basané** de sa grand-mère, à des paysans aux **cheveux noir de jais**, quasi crépus, aux lèvres épaisses faisant la lippe que la mémé appelait bada la bitche.»
   (R. Sabatier, *Les Noisettes sauvages*, 1974, p. 261.)

   2. *En partic.* [En parlant de la robe d'un cheval et *p. méton.*, d'un cheval] «Un matin que le cheval était touché par un rayon de soleil tombant à contre-jour, il s'avisa que son poil d'un noir de jais présentait des moires bleutées en forme d'auréoles concentriques» (M. Tournier, *Le Roi des Aulnes*, 1970, p. 348).

   3. «Ce n'étaient que yourtes **blanches** et chevaux de toutes robes: des **alezans**, des **arzels** bien sûr, mais aussi des

aubères, des **cavecés**, des **gris moucheté**, des **tisonnés**, des **marron**, des **miroités**, des **bais**, des **blanc argenté**, des **gris-fauve**, des **noir de jais**.»
(J. Lanzmann, *La Horde d'or*, 1994, p. 346.)

3. [En parlant du plumage d'un oiseau, et *p. méton.* d'un oiseau] *Rare.*

∗ V. *infra*, en fin d'article ∗∗, la note sur les homonymies et jeux de mots à propos du poème de Prévert :

4. «Je te salue
geai d'eau d'un **noir de jais**
que je connus jadis
oiseau des fées
oiseau du feu oiseau des rues
oiseau des portefaix des enfants et des fous
je te salue
oiseau marrant
oiseau rieur
et je m'allume
en ton honneur
et je me consume
en chair et en os
et en feu d'artifice
sur le perron de la mairie
de la place saint-sulpice
à Paris […].»
(J. Prévert, «Salut à l'oiseau», *Paroles*, 1946, p. 262.)

4. [En parlant d'un animal sans poils] *Rare.* «[…] elle faillit marcher sur un serpent d'un noir de jais, rayé de blanc, qui traversait le sentier» (Gracq, *Lettrines 2*, 1974, p. 211).

5. [En parlant des yeux; souvent avec une connotation de dureté du regard, de l'expression]

5. «D'après ce que je pouvais en apercevoir, ses **yeux de jais** n'étaient plus que deux fentes, d'un **noir brillant** et dur.»
(J.-Cl. Izzo, *Chourmo*, 1996, p. 121.)

B. – Couleur de jais/De jais, *loc. adj.* ou *loc. nom. inv.* Noir intense et brillant.

1. [En parlant du système pileux, des cheveux, de la barbe] Barbe (couleur) de jais. «C'était un colosse mou, aux yeux noirs, à la barbe de jais, très jeteur de poudre aux yeux, très piaffeur, et qui recevait chez lui, et abreuvait de liqueurs rares, une foule de journalistes et de politiciens» (L. Daudet, *Bréviaire du journalisme*, 1936, p. 21). «Qu'est devenue la belle Grecque aux cheveux de jais, au visage à l'ovale régulier, aux grands yeux noirs?» (M. Déon, *Le Balcon de Spetsai*, 1961, p. 15.) «Il est […] mâtiné de Tatar : cheveux de jais, œil de velours, peau mate» (Fr. Cavanna, *Les Russkoffs*, 1979, p. 335).

5. «Ainsi, cet élégant **noiraud** portant moustache **de jais** bien effilée, tapotant sans cesse une pochette en dentelle du Puy.»
(R. Sabatier, *Les Noisettes sauvages*, 1974, p. 9.)

3. [En parlant des yeux; souvent avec une connotation de dureté du regard, de l'expression] «Une sorte de jocrisse étrange, à la face enfarinée, à l'œil de jais, aux cheveux plaqués comme une calotte de moleskine, s'approcha […]» (A. Gide, *Les Faux-monnayeurs*, 1925, p. 1169). «[…] ses prunelles de jais manquaient de douceur, ses lèvres minces se terminaient aux commissures par un trait aigu comme une incision, et sa voix avait une désagréable sécheresse» (R. Martin Du Gard, *L'Été 1914*, *Les Thibault*, 1936, p. 57).

C. – **Jais**, *subst. masc. inv.* Cette couleur; noir intense, brillant. V. → IVOIRE, ex. 1. «Je m'efforçais vainement à deviner ce passé auquel elle et à moi auquel elle se reportait en pensée. Mais je ne l'apercevais pas mieux à travers le jais translucide des larges et douces prunelles qui ne laissaient passer que le sourire, qu'on ne distingue un paysage situé derrière une vitre noire même enflammée de soleil» (M. Proust, *Du côté de Guermantes, 2, À la recherche du temps perdu*, 9, 1921, p. 425).

∗ Le terme *jais* peut être employé pour insister sur l'éclat, la brillance. *Un brillant, un luisant, un miroitement de jais.*

JAIS

** Une confusion est souvent notée entre *jais* et son homonyme **geai**, oiseau passereau de la famille des *Corvidés*, au plumage gris ou brun clair, mêlé de noir, de bleu vif et de blanc ou de rouge orangé sur les ailes. Le noir caractéristique du jais étant attribué à l'oiseau geai qui, s'il a un plumage mêlé de noir, ne peut toutefois pas être associé à cette couleur. L'influence de l'idée d'oiseau noir – et en particulier du noir corbeau – est certainement aussi à l'origine de ces confusions. « Par attraction de noir comme un corbeau, certains disent à tort noir comme un geai [...] (oiseau qui n'est pas du tout noir, mais gris-bleu) » *(Thomas 1956)*. « Petit diable noir aux cheveux de geai, ô profonde malice! » (M. Proust, *Sodome et Gomorrhe, À la recherche du temps perdu*. 11. 1922 p. 846.) « Ô mort, jette-moi sur le fumier, fais passer le roi, lève-lui son doigt, arrête ses valets aux yeux bridés sous la frange noir de geai [...] » (P. Guyotat, *Tombeau pour cinq cent mille soldats: sept chants*, 1967, p. 383). Les poètes jouent aussi parfois volontairement de cette homonymie entre *jais* et *geai* – et dans la citation suivante de Prévert avec *jet* (d'eau)! – en rapprochant ces termes: « Je te salue geai d'eau d'un noir de jais. V. ⇢ ex. 4.

*** Le jais, à cause de sa couleur noire, a été utilisé, monté en bijoux ou brodé sur les vêtements, comme signe de deuil. V. ⇢ DEUIL (en particulier *grand deuil*) « [...] une variété compacte, d'un beau noir brillant, le jais ou jayet, est employée pour faire des bijoux de deuil » (M. Boule, *Conférences de géologie*, 1907, p. 36). « Les larmes, les voiles de crêpe, les bijoux de jais et les divers affiquets du grand deuil, tout cela, nous l'abandonnons et de bon cœur à la concubine plus ou moins légale, au rejeton de l'assassiné » (R. Crevel, *Le Roman cassé*, 1935, p. 34). « [...] la veuve, égrenant nerveusement son collier de jais » (H. Bazin, *La Mort du petit cheval*, 1950, p. 108).

LUMIÈRE

LOUP

[P. RÉF. au fait qu'on associe le loup, mammifère carnassier (famille des *Canidés*) à la couleur noire, et ce, pour des raisons symboliques plus que p. réf. à la nuance du pelage de cet animal dont l'espèce commune se caractérise par un pelage jaunâtre, mêlé de noir, et des yeux jaunes]

A. – [*Dans des loc. verb. comparatives*]
• **Faire noir comme dans la gueule d'un loup,** *loc. verb. Fam.* Faire très sombre, noir; manquer de lumière. *Synon.* → **Faire noir comme chez le diable/comme dans un cul/comme dans un four/comme dans un trou de taupe.** «Mais c'était votre tour de passer en réserve. – Bah! le secteur est tranquille. Les Boches ne sortiront pas de leurs trous. Pristi! Quelle nuit! Il fait plus noir que dans la gueule d'un loup...» (M. Genevoix, *Ceux de 14*, 1950, p. 117).

[En *loc.* dans laquelle *loup* est *synon.* de *noir* et marque l'intensité] • **Faire un froid de loup.** Faire un froid très intense. *Synon. Faire un froid de canard/de chien;* → **Faire un froid noir/du diable.**

B. – *Subst. masc.* Masque (de velours) noir couvrant le pourtour des yeux. Son visage était dissimulé par un loup. «Seul, le museau était couvert par un loup en satin noir à travers lequel brillaient deux gouttes: les yeux» (J. Kessel, *Le Lion,* 1958, p. 11).

* Dans l'imaginaire contemporain et les représentations (imageries, contes de fées) le loup est noir et ne pouvait être que noir puisqu'il est l'animal redoutable, la «bête noire» par excellence, incarnation de la méchanceté et de la cruauté... «Et il se gonfla d'air, à bloc, comme le grand loup noir des trois petits cochons» (H. de Montherlant, *Le Démon du bien,* 1937, p. 1365). Or le pelage du loup n'est pas noir mais jaunâtre, parfois parsemé de taches noires. Ainsi l'*adj.* dérivé de *loup*: **LOUVET, ETTE,** qualifie la robe d'un cheval ou d'une jument jaunâtre mêlée de noir, analogue à celle du loup. «Le cheval louvet a des poils clairs à la base et noirs à leur extrémité» (Tondra, *Cheval*, 1979).

LUMIÈRE

[P. RÉF. au noir des toiles de Pierre Soulages, noir qui joue avec la lumière, qui dynamise la surface de la toile sous le regard du spectateur, véritable acteur de l'œuvre. Plus qu'un travail sur le noir, il s'agit d'un travail sur la lumière reflétée par le noir, d'une «invention de la lumière à partir du noir comme absolu de la couleur» (préface du catalogue d'exposition: *Soulages. Noir Lumière,* Musée d'art moderne de la ville de Paris, 11 avril-23 juin 1996). *Noir-lumière* qualificatif donné par les critiques d'art, est appelé par Soulages *outrenoir.* (→ OUTRENOIR, SOULAGES, ULTRANOIR).

Noir (-) lumière, *loc. nom. masc. Mod.* [1996. «Soulages, Noir lumière», titre d'une exposition [Direct. S. Pagé, org. J.-L. Andral], musée municipal de la ville de Paris] ART [PEINTURE; à propos du peintre Pierre Soulages] *Synon. de* → **Noir Soulages, outrenoir, ultranoir.** V. → OUTRENOIR, ex. 2, ex. 7. «Le noir secret, tabou, mystère, profond... qu'on terre... et puis il y a l'outrenoir de Pierre

LUMIÈRE

Soulages, ce noir-lumière... qui prend vie grâce à la lumière, au regard posé, présent qui le dynamise et le nuance» (Pierre-soulages, Zazie.web – 30/09/200).

1. «**UN NOIR LUMIÈRE**
Soulages est le peintre le plus **noir** de toute l'histoire de la peinture, et il a réinventé la **lumière**. On identifiait Hugo à ses antithèses. Il le bat. Puisqu'il ne fait pas que juxtaposer des contrastes. Il tire du **noir** même, la **lumière**. Et la violence devient un bonheur. [...]
Dans ses grands **noirs** lisses et striés, ce n'est pas, ce n'est plus un travail de coloriste, comme il faisait auparavant avec les transparences et les oppositions (...). Le départ est la violence, le **noir** – "la couleur qui s'oppose le plus à tout ce qui l'entoure" [P. Soulages, "La peinture au présent", interview par Catherine Millet, Art-Press, n° 34, févr. 1980]. Non seulement il mène le **noir** là où on ne l'avait jamais mené, mais il en fait la théorie. Une poétique du **noir** : "trois voies du **noir**", la première, "le **noir** sur un fond : contraste plus actif que celui de toute autre couleur pour illuminer les **clairs** du fond" – et c'est le **noir** qui **illumine**; la seconde, des couleurs "venant par endroits sourdre de la toile, exaltées par ce **noir** qui les entoure" ; la troisième, "la texture du **noir** (avec ou sans directivité dynamisant ou non la surface); matière matrice de reflets changeants" [P. Soulages, Sur le **noir**, Bibliothèque municipale de Boulogne-sur-Mer, Boulogne, 1985]. Et à la question "pourquoi le **noir**?", sa réponse est l'impossibilité de répondre à ces intimations qu'on oppose à une poétique, parce qu'elle est, comme on avait oublié depuis Aristote, de l'inconnu, du "sans nom jusqu'à maintenant [...]" et il disait : "La seule réponse incluant les raisons ignorées tapies au plus **obscur** de nous-mêmes et des pouvoirs de la peinture, c'est : – PARCE QUE". »
(H. Meschonnic, «Un noir lumière», *Le Rythme et la Lumière, avec Pierre Soulages*, 2000, pp. 183-184.)

2. «Le rythme est naturel et ancien chez Soulages. Il est de la nature du tout a basculé qui revient plus d'une fois dans ce qu'il dit. Comme en parlant de la gravure : "À force d'approfondir ce **noir**, brusquement j'ai troué la planche, c'est-à-dire que j'ai trouvé le **blanc**, le **blanc** du papier à l'impression. À ce moment-là tout a basculé. Alors que dans le procédé habituel il y a continuité. [...] Il y a un seuil, tout change d'un coup, il y a rupture." [P. Soulages, "Un entretien sur la gravure" avec Christian Labbaye, Eaux fortes, lithographies, Arts et Métiers, 1974, p. 20.) Une rupture-préparation. ce n'était pas encore les grands **noirs**. Mais l'intuition est la même.
Ces **noirs** sont la matière de la **lumière** parce qu'ils sont une inversion liée à un temps-sujet. matière de temps, matière de sujet. Puisque la **lumière** et le présent n'ont lieu que dans et pour un sujet. [...]
Ce que ces **noirs** réalisent, c'est le rythme. Ce qui en fait de la **lumière**, c'est le rythme. C'est pourquoi **noir lumière**, c'est **noir Héraclite**. Comme on dit un **vert Véronèse**. Mais ce n'est pas une nature.
"Peintre de la lumière", c'est ainsi que Soulages est reconnu et qu'il se reconnaît : "Peintre de la lumière, je crois que vous avez raison. Dans mes dernières toiles, ce ne sont ni mes brosses, ni le **noir** qui sont mes véritables outils, mais la **lumière** qui naît de la toile lorsque je peins. Et c'est elle aussi qui dynamise les surfaces sous le regard du spectateur, au moment même du regard". [**Magie noire** à Lyon, à propos des "Grands Formats" de Pierre Soulages, entretien avec Joseph-Guy Poletti et Clément Rosset, Critique, 1987, p. 1087-1090].»
(H. Meschonnic, «Un noir lumière», *Le Rythme et la Lumière, avec Pierre Soulages*, 2000, pp. 189-190.)

3. «J'avais la volonté de faire de la gravure une véritable création, quelque chose d'unique, pas une reproduction, quelque chose qui ne soit pas similaire,

LUMIÈRE

par exemple, à ce qui aurait pu être de l'aquarelle [...] Il est possible, mais c'est une supposition et je n'en suis pas sûr, que ce soient ces choses-là que j'avais en tête, sans le savoir, qui m'ont conduit à faire la peinture que l'on a appelée "**noir lumière**", et que moi j'appelle "**outrenoir**". Quand je suis revenu voir ce que j'avais fait, je me suis aperçu que je ne travaillais plus avec du noir, mais avec la **lumière** reflétée par le **noir**.»
(P. Encrevé et M.-C. Miessner, *Soulages*. *L'œuvre imprimé*, [sous la direction de] Catalogue d'exposition, entretien public de Pierre Soulages avec Pierre Encrevé, juin 2001, Seuil, 2003.)

▶ [À propos d'un autre peintre dont l'œuvre est influencée par le «noir-lumière» de Soulages]
4. «Bengt Olson. Dans la Lumière du Nord. Jusqu'au 14 janvier 2002 [...] Après avoir travaillé dans l'atelier de Fernand Léger, Bengt Olson côtoie, dans les années 50, Degottex, Poliakoff, Riopelle, Nicolas de Staël, Soulages... Ses toiles du début vont se situer en particulier sous l'influence de ce dernier; par le biais d'une importante fascination pour le **noir** en tant que **noir lumière**. Sa manière se caractérise alors par de forts empâtements de couleurs associées au **noir** omniprésent»
(Fl. Cheval, «B. Olson. Dans la Lumière du Nord», axelibre.org).

MERLE

[P. RÉF. à la couleur sombre, souvent noire, du plumage du merle, oiseau passereau (famille des *Turdidés*), commun en France, caractérisé par un bec fort et arqué (jaune chez le mâle adulte), et remarquable par son chant. Le plumage du merle est noir chez le mâle adulte, brun-roux chez les jeunes et la femelle]

P. compar. Rare. **Couleur de l'aile du merle. Noir.** «Elle avait des épaules tombantes, des hanches minces et des cheveux couleur de l'aile du merle» (J. de Lacretelle, M. Guéritte, *Sarn*, 1930, p. 117).

∗ Seules des comparaisons avec la couleur noire du merle peuvent se rencontrer, de nos jours, dans les textes. Le merle a pourtant fourni un terme de couleur dans le vocabulaire de la mode : **QUEUE (-) DE (-) MERLE**, qui avait cours au XIXᵉ siècle, mais qui semble aujourd'hui hors d'usage. «Madame le désire, je vais lui passer sa robe de taffetas queue-de-merle ou fleur-de-prune, ce sera l'affaire d'un instant […]» (Th. Gautier, *Le Capitaine Fracasse*, 1862, p. 106; Garnier, 1961, in *DDL 33*).

∗∗ P. anal. de couleur avec le merle, on nomme, en VITICULTURE, **MERLOT**, un cépage à raisin noir. «[…] apparentés entre eux, souvent caractéristiques d'une région viticole, par exemple le groupe des carménets qui renferme beaucoup de cépages du sud-ouest : le cabernet, le merlot, le verdot ou le groupe des noiriens avec le pinot, le gamay, le chardonnay…» (L. Levadoux, *La Vigne et sa culture*, 1961, p. 30).

∗∗∗ V. aussi les dénominations de couleur ayant pour référents ailes et queues d'oiseaux noirs : ➜ AILE (-) DE (-) CORBEAU, AILE-DE-PIE, QUEUE-DE-PIE. V. aussi en *ALCHIMIE* ➜ **Tête de corbeau.**

MOREAU, ELLE

[D'un lat. populaire *maurellus* «brun comme un Maure», dér. de *Maurus*: Maure. *Morel* (1180) : «cheval noir»]

Adj. HIPPOLOGIE. [En parlant d'un cheval] Qui est d'un noir foncé et luisant. Chevaux moreaux. V. ➜ MORELLE, ex. 1. «C'est un tape-cul attelé d'une jument morelle, conduit par un cocher borgne et souvent ivre» (Arnoux, *La Nuit de St-Avertin*, 1942, p. 10).

Emploi subst. masc. Cheval moreau. *(Dict. XXᵉ s.).*

∗ V. les dénominations de couleur issus de *maurellus* et *maure/more* exprimant des nuances de brun plus ou moins foncé : ➜ **Tête-de-maure, mordoré** (➜ vol. *Le Brun*), ➜ MORICAUD.

∗∗ De *more/maure* a été formé *cap (-) de-more/cap (-) de (-) maure*, adj. et subst. : (cheval) dont la tête et les extrémités sont noires. *Aubère*, «cheval, rouan cap (-) de (-) more/ cap (-) de (-) maure». «Des caps de more». Ce terme désigne également un cépage entrant dans la composition du gaillac.

◊ **MORELLE**

A. – **BOTANIQUE.** (milieu du XIIIᵉ s. *morele*. Du lat. médiéval *maurella* «id.», dér. de *Maurus*. V. *maure*) Plante dicotylédone (famille des *Solanées*) dont les nombreuses variétés comportent des formes toxiques sauvages et des espèces comestibles et dont les feuilles sont utilisées en médecine populaire notamment comme narcotiques. Morelle noire. «Si l'on ajoute aux euphorbes et aux ellébores, la morelle qui est là-bas et qui produit de fausses groseilles rouges et les ciguës qui fusent de tous les côtés, mais sans que je les aie cultivées, celles-là, il y a en effet de quoi empoisonner ici un régiment!» (J.-K. Huysmans, L'Oblat, 1903, p. 112).

1. «Enfin, il semble régner une grande confusion à établir les rapports entre "folium" et **morella** médiévale, auj. **maurelle, morelle**, qui se rencontre surtout dans des noms communs de beaucoup de Solanacées (mais aussi dans **garcinia morella**, par exemple). C'est ainsi que la **"morella"** médiévale, mentionnée par Cennini, semble correspondre à **solanum nigrum** (**morelle noire**), une solanacée, alors que la **"morella"** des Liber diversarum artium, Liber de coloribus illuminatorum siue pictorum paraît être notre "faux" tournesol. Pourtant, argumentons ici le fait que **morella** désignait et continue de désigner plutôt les solanaceae. Celles-ci sont connues pour être ternes, **sombres**. Linné ne les qualifiait-elles pas de **"livides"**? : cela concerne au premier chef l'étymologie même de **maurelle**, "maurellus" : **brun comme un Maure** (on dit, d'ailleurs, des **chevaux moreaux**, une **jument morelle**)". Cela va plus loin encore : "Ainsi la terminologie montre que les Solanacées font penser à :
1) la **noirceur** : **Morelle** et aussi **Bouton noir** (autre nom de la Belladone) ;
2) la mort : Atropa (Belladone) est dans la mythologie, parmi les 3 Parques, celle qui coupe la vie. Elle est aussi appelée Deadly nightshade.
3) le diable : Herbe aux magiciens désigne aussi bien la Stramoine que la **Morelle noire** ; la Cerise du diable, c'est le fruit de la Belladone ;
4) le loup : la Pêche de loup, c'est la Tomate et le Raisin de loup, c'est le fruit de la **Morelle noire**."»
(.Encyclopedie-universelle.com)

B. – *ZOOLOGIE*. (Dér. de *more* [var. de *maure*], suff. -*elle* [v. aussi *morillon*]). Variété de canard. (*Dict.* xxe). *Synon.* de *Foulque macroule*. (*Fulica atra*). *Synon.* → **Foulque noire**.

2. «La Foulque macroule
Nom "savant" : Fulica **atra**
Famille : Échassiers
Nom vernaculaire : Judelle, Blérie, Blairie, Courte, Cope, Gendrelle, Greuche, **Morelle**
La Foulque macroule vit l'hiver en grandes bandes sur les étangs, sur les lacs et sur les fleuves. Les adultes sont caractérisés par une plaque frontale et un bec **blancs**, le plumage est entièrement **sombre**, un peu plus **clair** dessous.»
(«Le gibier d'eau» «Le Foulque macroule», http://www.fdc62.com/gibier_eau.htm.)

MORICAUD, AUDE

[De *more* (variante de *maure* : «habitant de Mauritanie, arabe»), avec influence du lat. médiéval *mauriscus*, + suff. -*aud*]

A. – *Adj. et subst.* (Personne) Qui a la peau foncée, sombre (comme celle des Maures). *Synon.* → **Basané, noiraud**. Homme ou femme de couleur. *Synon.* *Mulâtre*; → **nègre, Noir**. «[...] sa petite main moricaude, experte à commettre des vols» (P. Loti, *Prime jeunesse*, 1919, p. 145). «[Une pirogue] est montée par deux petits moricauds. L'un est couché sur le dos immobile L'autre accroupi à l'avant pagaie nonchalamment» (B. Cendrars, *Du monde entier*, 1924, p. 203). «Je ne suis pas cause si vous n'êtes qu'un sac d'os et aussi noire qu'un moricaud» (G. Chepfer, *Saynètes, paysanneries*, 2, 1945, p. 195). «Quant à ton argent, tu ne pourras jamais rien en faire

MORICAUD, AUDE

tout seul, moricaud, rien, tu as besoin de moi pour parler» (B.-M. Koltès, *Quai ouest*, 1985, p. 44).

    1. «Ma **flave moricaude** en exhibant sa fesse
époustoufla tel cuistre et tel juticiard et mon géranium pondeur, je le confesse,
semble aux gens distingués terriblement criard.»
        (G. Fourest, «Apologie pour Georges Fourest», *La négesse blonde*, 1909, p. 39.)

✱ V. les dénominations de couleur issus de *maurellus* et *maure/more* : ➔ **Tête-de-maure**,
mordoré (➔ Vol. *Le Brun*), nuances de brun plus ou moins foncé. Maure a désigné les hommes à peau «noire» jusqu'au XVIIe siècle, époque de l'apogée de l'esclavage durant laquelle le terme a été remplacé par *Noir* et *Nègre*.

✱✱ V. aussi ➔ **moreau,** en parlant d'un cheval noir, ainsi que ➔ *cap (-) de (-) more/de (-) maure, supra,* s.v. ➔ *moreau* ✱✱

B. – *Subst. masc., Argot* et *pop. Vx.* «Broc pour servir le vin dans les pots de terre dits petits pères noirs» (*Esn. 1966*). *Vieilli.* «Café noir» (*Esn. 1966*). *Synon. mod. Jus (noir)* ; ➔ (**Petit**) **noir**.

NUIT

[P. RÉF. à l'absence de lumière, à l'obscurité dans laquelle se trouve plongée la surface de la Terre qui ne reçoit plus de lumière solaire, pendant la nuit]

A. – 1. Bleu (-) **de** (-) **nuit, bleu** (-) **nuit,** *loc. adj.* ou *loc. nom. inv.* Bleu très foncé. *Synon.* → **Bleu nocturne.**

▶ [En parlant de la couleur du ciel, de la lumière régnant la nuit, etc.] «[...] Il y avait la fenêtre, avec son carré bleu de nuit sans lune, et le bas du ciel sans étoiles [...]» (Ch.-F. Ramuz, *Aimé Pache, peintre vaudois*, 1911, p. 260).

▶ [En parlant d'un vêtement, d'une étoffe, etc.] Étoffes bleu de nuit; robe bleu nuit. «À la scène comme à la ville, Rima arborait un blouson de daim bleu nuit et une mine de suicidaire» (A. Vergne, *L'Innocence du boucher*, 1984, p. 36-37).

▶ [En parlant d'une chose concrète quelconque] «Par les hautes fenêtres d'un bleu de nuit ouvertes sur la lagune, les maillons lunaires qui montaient de l'eau toute proche bougeaient sur les voûtes comme un faible murmure de clarté» (J. Gracq, *Le rivage des Syrtes*, 1951, p. 106).

«Des files de camions bleu nuit, aux vitres grillagées, passaient au loin» (G. Pérec, *Les Choses*, 1965, p. 71).

▶ [En parlant d'un aspect d'une personne, de ses cheveux, de sa peau, de ses yeux, etc.]

«Mes yeux s'habituent à la demi-pénombre. Je devine une femme [...]. Une cloche à la tronche bubonique et violacée, avec des jambons éléphantesques qui jaillissent, striés de varices bleu-nuit, d'une jupe en boule sur les fesses»

(J.-L. Degaudenzi, *Zone*, 1987, p. 61).

▶ *POSTES/TÉLÉCOMMUNICATIONS* [P. RÉF. à la couleur bleue de leur représentation visuelle sur les dépliants tarifaires, les publicités, etc.] Dans un système d'OPPOS. notamment à → **rouge** (plein tarif); en parlant d'une période de temps; le qualificatif *bleu nuit* joue à la fois sur le sens concret de *nuit* et sur la couleur] Mod. (1996, *infra*). Pendant laquelle les utilisateurs du téléphone peuvent bénéficier d'une réduction maximun de tarif de la communication (au-delà de 100 km, entre 22 h 30 et 6 heures du matin). «Le prix des communications au-delà de 100 km passe à moins de 2 F TTC la minute le 2 mars 1996, soit une baisse d'environ 10 %. Désormais, le prix de la minute va de 0,74 F TTC en période bleu nuit à 1,98 F TTC en période rouge. Prix TTC en francs par minute au 2 mars 1996 sur la base d'une communication de 3 minutes en France métropolitaine» *(La Lettre de France Télécom*, févr.-mars 1996, pub.).

2. Noir (-) **nuit,** *loc. adj.* ou *loc. nom. inv. Rare.* De couleur très foncée; noir. *Synon.* → **Noir nocturne.**

▶ [En parlant du système pileux, des cheveux, de la barbe, etc.] «Elle était grande [...], ses cheveux [...] étaient d'un noir nuit profond. Son visage était d'une blancheur éclatante, ses yeux étaient d'un bleu nuit profond» (Geocities.com).

◗ *AUTOMOBILE.* «Mercedes. Classe A 14. essence. 15 549. 2002. 12 000. noir nuit. Les Moutiers en Retz, (44)» (Petites Annonces Mercedes, *occasionspro.caradisiac.com*).

B. – *P. ell.*

1. Couleur de nuit/De nuit, *loc. adj. inv. Rare.*

◗ [En parlant du système pileux, des cheveux, de la barbe, du pelage ou du plumage d'un animal] De couleur très foncée; noir. V. ➔ NOIR, ex. 7, ex. 20.

◗ [En parlant de la peau, du teint] V. ➔ NÈGRE, *ex. 3*.

1. «Une main de lumière a caressé mes paupières **de nuit**
Et ton sourire s'est levé sur les brouillards qui flottaient
monotones sur mon Congo
Mon cœur a fait écho au chant virginal des oiseaux d'aurore
Tel mon sang qui rythmait jadis le **chant blanc** de la sève
dans les branches de mes bras.»
(L.-S. Senghor, «Chants pour Signare», *Nocturnes*, 1961, p. 171.)

◗ *Littér.* ou *poét.* :

2. «**Violence rouge** et **colère noire**!!!!!
[...] Hé! Bourgeois! Y a quelque chose qui va pas? La couleur des lacets qui te plaît pas? C'est le **rouge** de la honte **au front** de nos parents sous l'humiliation, c'est le **rouge** des chiffons enflammés du Cocktail mondain Molotov style.
Violence **Rouge**!
Violence! [...]
Colère Noire!
Colère!!
Colère Noire!
Colère!!
[...] Hé! Bourgeois! Y a quelque chose qui va pas? La couleur du regard qui te plaît pas? C'est le **noir nuit** des bas-fonds de tes ghettos, de tes prisons,

c'est le **noir** de ta Merco crâmée, feu de joie des beaux quartiers.
[Refrain]
[...] Hé! Bourgeois! Vois notre poing levé, c'est dans ta face qu'il va retomber. Lacets **rouges** et **regards noirs**, **violence rouge** et **colère noire**, les couleurs de la classe ouvrière seront, bourgeois, celles de ton enfer.»
(*Forums, etnoka.fr*, 05.2004).

2. Nuit, *subst. masc. Rare. Littér.* ou *poét.* Noir profond. V. ➔ OBSCUR, ex. 2.

✶ La nuit (et ses nuances sombres mais variées) sert de référent de couleur au bleu et au noir. *Nuit* fonctionne le plus souvent en *loc.* de couleur en association avec *bleu*: (*bleu [-] de [-] nuit, bleu [-] nuit*), et de manière très rare en association avec *noir* (*noir nuit*). *Nuit* ne fonctionne pas seul comme terme de couleur. Nuit toujours sombre, bleue ou noire, elle a été aussi associée à d'autres couleurs: le gris très sombre, et le brun qualifiant la tombée du jour, le début de la nuit, le crépuscule (V. la *loc. à la brune*: «au crépuscule»). M. Pastoureau a évoqué les diverses couleurs associées à la nuit, notamment le brun, et l'absence de la *loc. noir nuit* ainsi que *brun nuit*. «Dans l'imaginaire et dans les codes iconographiques, la nuit [...] est presque toujours sombre: noire, grise, brune, bleue surtout. Dans l'image, en effet, la nuit est bien plus souvent bleue que noire. C'était déjà le cas dans l'enluminure et dans la peinture du Moyen Âge, et c'est encore largement le cas dans l'affiche publicitaire, dans le livre pour enfants [...] et dans la bande dessinée. Un bleu foncé certes, mais *un bleu nuit* même, mais un bleu nettement distinct du noir. Au reste, ce lien entre la nuit et la couleur bleue est fort bien souligné par cette expression *bleu nuit*, qui existe dans d'autres langues (*nacht-blau*, *night blue*) [...]. On ne dit pas [...] *brun nuit* ni, surtout, *noir nuit*. En revanche, on disait autrefois *couleur de nuit* pour qualifier un gris très sombre, presque noir, et l'on avait recours aux expressions *à la brune* ou *sur la brune* pour désigner le crépuscule [...]. Comme si le brun constituait ici le palier ordinaire précédent le noir (ou le bleu: j'ai en effet toujours été frappé par la sonorité "bleue" et non pas

NUIT

marron de l'adjectif féminin *brune!*)» (M. Pastoureau. *Dict. des Couleurs 1992*, pp. 135-136). Quelques observations et conclusions: *couleur de nuit* est encore utilisé pour désigner le noir (et non plus le gris foncé) et l'absence de la loc. *brun nuit* semble logique puisque le brun est associé à un moment très particulier, le crépuscule, qui précède la nuit, et présente donc des teintes moins sombres. Bien que le terme *bleu* (et non le terme *noir*), soit le terme de couleur couramment associé à *nuit*, la nuit est noire dans nos imaginaires, comme en attestent de nombreux sens et symboles de la nuit et du terme *nuit*. La nuit a la même symbolique que le noir: elle est symbole de destruction (oubli, mort, néant, etc.), d'ignorance et d'obscurantisme, de la condition humaine (destin tragique, esclavage, malheur, impureté, aveuglement du cœur et de l'esprit), et du mal (avec notamment *l'Ange des nuits*, *le Prince des ténèbres*: le démon, Lucifer). V. aussi → NOIR, ex. 27.

∗∗ La nuit, a été représentée dans la peinture, avec ses contrastes et ses symboliques étroitement liées au noir: «La nuit est un défi pour la peinture. De fait, son effort habituel de mettre en scène l'espace et la narration avec la meilleure lisibilité possible trouve ici ses limites. Cependant, cette perte de transparence se voit souvent récompensée par l'obtention d'un contraste dramatique, par la tension qui s'instaure entre les parties clairement distinctes et celles cachées ou suggérées. C'est avec les scènes religieuses que l'on trouve pour la première fois un paysage obscur (*Nativité, Adoration des mages*). Toutefois, rapidement la nuit devient le lieu où s'expriment l'inquiétude et l'angoisse. L'espace éclaté convient parfaitement tantôt à la représentation de différentes catastrophes (déluge, tempête), tantôt aux rêves cauchemardesques, irréels et fantastiques (Ingres, Fuseli). Pour les romantiques et les symbolistes, la nuit évoque avant tout la solitude et la mélancolie (Friedrich, Spilliaert, Kubin). Avec les artistes de la modernité, à l'aspect symbolique de la lumière et de l'obscurité, se substitue son emploi comme moyen de disparition ou d'émergence des formes» (I. Goldberg: *La nuit, un défi pour le peintre*. http://www.ccic-cerisy.asso.fr/nuit04.html).

◊ **NOCTURNE**

[P. RÉF. à la couleur noire, sombre, obscure de la nuit. Emprunté au lat. *nocturnus* «de la nuit», «qui agit dans les ténèbres, pendant la nuit» 1355: «qui se fait, qui a lieu la nuit»; 1581: «qui est propre à la nuit, sombre, obscur (en parlant de l'enfer)» *(TLF)*]

Adj.

A. – [Pour qualifier *bleu* ou *noir*]

1. Bleu nocturne, *loc. adj.* ou *loc. nom. inv.* Bleu foncé. *Synon.* → **Bleu (-) de (-) nuit/bleu (-) nuit.**

1. «Le papier à décalquer les broderies, gras, d'un **bleu nocturne**, le poinçon à percer les "roues" dans la broderie anglaise, les navettes à frivolité, les navettes d'ivoire, d'un **blanc d'amande**, et les bobines de soie **couleur de paon**, et l'oiseau chinois, peint sur riz, que ma sœur copiait au "passé" sur un panneau de velours...»
(Colette, *La Maison de Claudine*, 1922, p. 119.)

2. Noir nocturne, *loc. adj.* ou *loc. nom. inv.* De couleur très foncée; noir. *Synon.* → **Noir nuit.**

▮ [En parlant des cheveux] «[...] son impensable beauté me transperça comme l'eût fait un long stylet de glace: ses cheveux d'un **noir nocturne**, ses yeux perçants, perfides au point de feindre la candeur [...]» (M. Carayol, *Multimania.com*).

▮ *AUTOMOBILE/MOTOS.* Une Renault noir nocturne. «1996. Plusieurs évolutions esthétiques apparaissent cette année la sur la RS: [...] Les couleurs sont rouge Marrakech [...] et noir nocturne [...]» («BMW», *ifrance.com*).

3. P. ell. **Nocturne**, *adj. Synon.* → **Couleur de nuit.** [En parlant des yeux, du regard] «Il souhaitait un regard sombre, nocturne et velouté, comme celui, par

NUIT

exemple, de son cher ami Justin, et, ce qu'il a reçu du sort, c'est le regard bleu véronique de sa famille paternelle» (G. Duhamel, *Le Combat contre les ombres*, in *Chronique des Pasquier*, t. 8, 1939, p. 8).

B. – Au fig. Nocturne. *Adj.* Sombre, obscur; triste; peu clair; mystérieux, secret. «Commencé la lecture d'Aurélia. [...] j'y retrouve, avec un étonnement mêlé de tristesse, beaucoup de mes propres angoisses, la partie la plus nocturne de moi-même» (J. Green, *Journal*, 4, 1945, p. 98). «[...] dans la mesure où la Nature est réputée silencieuse, nocturne (du moins dans ce post-romantisme dont fait partie Fromentin), elle est la substance neutre d'où peut surgir une parole pure, infinie» (R. Barthes, *Nouveaux essais critiques. Fromentin*, 1972, p. 154).

2. «Car notre apparente lucidité actuelle est une nuit profonde, et la véritable clarté ne nous est plus accessible que dans les aspects **nocturnes** de notre existence.

Chapitre v les aspects **nocturnes** de la vie: Tout l'effort des romantiques tend à rejoindre, par-delà les apparences éphémères et décevantes, l'unité profonde et seule réelle: et, par conséquent, à retrouver en nous tout ce qui peut y survivre encore de nos pouvoirs d'avant la séparation.»

(A. Béguin, *L'Âme romantique et le rêve: essai sur le romantisme allemand et la poésie française*, 1939, pp. 73-74.)

▶ *Emploi subst.* [Dans le domaine de l'*ART* et de la *LITTÉRATURE*; pour désigner les artistes – écrivains et peintres – qui s'expriment par touches subtiles, nuances, allusions; chez Mounier]

3. «Pousser le mystère en pleine lumière, sans qu'il perde ses ressources et sa séduction de mystère, est la plus haute réussite de la pensée et de l'art. [...], une incompréhension irréductible divisera toujours les deux familles des **clairs** et des **nocturnes** [...] à jamais **les nocturnes** accuseront les **clairs** de céder l'univers aux puissances superficielles de la conscience, tout entière vers le dehors, qui arrête, divise et démembre l'unité du monde; ils lui opposeront une pensée toute baignée de mythe et magnifique de force, une pensée qui est pouvoir, magie, chant, rédemption en même temps que savoir. Les **clairs** gardent une intolérance incoercible pour l'ébauche, le balbutiement, **l'obscurité**, le vacarme éloquent ou la **pénombre** brouillée où se tiennent **les obscurs**, et pour le maniérisme où parfois ils semblent se complaire.»

(E. Mounier, *Traité du caractère*, 1946, pp. 647-648.)

✱ Dans le domaine de la PEINTURE, on nomme *nocturne* un paysage représentant un effet de nuit, d'ombre et de lumière. «On dit qu'il [Latour] fut, comme ses contemporains amateurs de nocturnes, voire comme Bassano, un analyste des effets de lumière» (A. Malraux, *Voix du Silence*, 1951, p. 386). Employé substantivement, et dans un contexte métaphorique et figuré, *nocturne* peut exprimer ce qui est négatif, néfaste. Ainsi le titre *Nocturnes* donné à une exposition contemporaine de peintures: «Les peintures de Pierre Pagès traitent d'un questionnement permanent sur le fonctionnement des mécanismes pervers qui polluent la société; où l'art est une forme de résistance ou l'expression d'un profond désarroi. Venez découvrir ses œuvres récentes dans l'exposition *Les Nocturnes*, où l'artiste prend pour sujet l'oppression sociale qui frappe l'individu» *(http://www.ile-de-france-paris.com/francilien/evenements/DFO920006514.html).*

OBSCUR, E

[Emprunt au lat. *obscurus*: D'abord *oscur* (fin XIᵉ s.) puis *obscur* (XIIᵉ s.)]

Adj.

    1. «**Obs-cur**. Hobs-curr, en aspirant le O et en accentuant le r qui ressemble à une jota. Ah! aucun mot n'est innocent dans sa sonorité. Celui-là moins que tout autre. Et c'est pourquoi il me fascine. Je pense à la **nuit obscure** de saint Jean de la Croix et **obscur** se remplit de vertige. En una noche oscura... Il y a dans ce mot, entre la première et la deuxième syllabe, une sorte de torsion que je ne m'explique pas. Pourquoi ce mot est-il à ce point fascinant? Est-ce parce qu'il contient le mystère, l'inexplicable, c'est-à-dire l'inépuisable, dans l'un de ses sens? Parce qu'il me fait penser à la Pythie en transe et à ses messages abscons venus d'une crevasse **obscure**? Peut-être. En tout cas, **obscur** reste pour moi un mot inépuisable, désagréable et fascinant comme l'entrée d'un souterrain dont je ne sais où il mène.»

(R. Pons, *Petit dictionnaire subjectif*, 2000, p. 80.)

A. – 1. [En parlant d'un lieu] Qui manque de lumière (naturelle ou artificielle); qui est mal éclairé. *Synon.* → **Enténébré, noir, pénombreux, sombre, ténébreux.** Cachot, cave, couloir obscur; rue obscure. V. → MÉLANCOLIE, ex. 9, TÉNÈBRES (S), ex. 5. «[...] la douceur d'une pièce obscure après l'éblouissement de la lumière» (J. et J. Tharaud, *La Fête arabe*, 1912, p. 154).

• **Faire obscur**, *loc. verb.* Faire sombre, couvert; être mal éclairé. *Synon.* → **Faire noir/sombre.** *En partic.* [En parlant de la nuit] *Synon.* de → **Nuit noire.** «La porte de la maison s'ouvrit peu à peu, ombre plus noire dans la nuit obscure» (B. Vian, *Le Grand sommeil*, 1948, p. 221).

• **Salle obscure**, *loc. nom. fém.* Salle de cinéma. V. → PÉNOMBRE, ex. 1. «Le voici dans une cinémathèque assistant à quatre projections successives pour émerger de la salle obscure la tête pleine de visions et de mots» (R. sabatier, *Le Chinois d'Afrique*, 1966, p. 333). «Tu ne choisis plus tes films, entrant indifféremment dans la première salle que tu rencontres aux alentours de huit, de neuf ou de dix heures du soir, n'étant plus dans la salle obscure que l'ombre d'un spectateur, l'ombre d'une ombre regardant se faire et se défaire sur un rectangle oblong diverses combinaisons d'ombres et de lumières [...]» (G. Perec, *Un Homme qui dort*, 1967, p. 87).

▮ *Emploi subst. masc.* L'obscur. *Rare.* L'obscurité. *Synon.* **Le noir.** «Dans l'obscur, il griffonnait à tâtons des notes, ce qui lui faisait perdre la moitié des raisonnements» (P. Adam, *L'Enfant d'Austerlitz*, 1902, p. 198). «Il n'y avait aucun lumignon, tout baignait dans l'obscur» (G. Perec, *La Disparition*, 1969, p. 221).

▮ *P. ext.* Peu visible; indistinct (à cause de l'éloignement). Horizons obscurs. «Et, aux bruissements de l'arrivée, s'ajoutent à présent des petits cris aigus qui se propagent devant nous dans ces lointains si obscurs...» (P. Loti, *Un pèlerin d'Angkor*, 1912, p. 1201).

OBSCUR, E

2. D'une nuance très foncée *Synon.*
→ Noir, sombre, ténébreux. V. → NOIR,
ex. 9, RÉBELLION, ex. 1.

2. «Femme **noire**
Femme nue, femme **obscure**
Huile que ne ride nul souffle, huile
calme aux flancs de l'athlète, aux flancs
des princes du Mali
Gazelle aux attaches célestes, les perles
sont étoiles sur la **nuit** de ta peau
Délices des jeux de l'esprit, les reflets de
l'or **rouge** sur ta peau qui se moire
À l'**ombre** de ta chevelure, s'éclaire mon
angoisse aux soleils prochains.»
(L.-S. Senghor, *Chants d'ombre*, 1945, p. 17.)

▶ [En parlant d'une couleur; pour en indiquer une nuance foncée, sombre, terne] *Anton. Éclatant, vif.* Bleu obscur, violet presque obscur. V. → BLACK, ex. 1. «Vers lui arrivait au galop, pourchassé, un petit taureau d'un rouge obscur de cuir patiné» (H. de Montherlant, *Les Bestiaires*, 1926, p. 420).

▶ *Emploi subst. masc.* Dégradés du clair à l'obscur. *ART. [DESSIN / GRAVURE / PEINTURE / PHOTOGRAPHIE] Subst. masc. pluriel.* [Le plus souvent en opposition à *clairs*] Parties obscures d'un tableau, d'une photographie (généralement *en noir et blanc*). Voir aussi → Clair-Obscur. «Dans Table avec des fleurs rouges de 1950, les corolles sont comme deux points fixes. [...] Abandonner son énergie sur cette chose unique, jusqu'à la sentir glisser, se défaire comme si elle était plus fragile que les fleurs. On peut y lire la dialectique d'une rupture dans les clairs et les obscurs, la couleur brûlée de Romiti, le côté sensible du squelette-table qui est squelette de lumière» («Romiti», Revue Udnie, n° I. Delage-Lidolff, *laurygranier.free.fr*). «L'autre aspect de mon travail est de modifier dans les grandes largeurs les ombres et les lumières. En effet, partant de photos pour travailler, mon objectif n'est pas de rendre une photo plus grande. Je laisse libre cours à mon imagination pour retravailler les clairs et les obscurs, la composition de la peau, le sens de "lecture" de celle-ci» (http://www.ifrance.com/Visages-du-7ieme art/L'artiste.htm). «Serge Forcet utilise beaucoup la lumière naturelle, modèle les chairs, les clairs et les obscurs... et n'appuie jamais à la légère sur le déclencheur» (*Le Dauphiné Libéré*, 11. 3. 2004 – L. Lanier).

B. – *Au fig.*

1. [Domaine intellectuel] Qui n'est pas clair pour l'esprit, qui est difficile à comprendre, à expliquer.

a) [En parlant de l'activité intellectuelle, des œuvres de l'esprit, de l'expression écrite ou orale] Qui manque de clarté; qui est confus, embrouillé, équivoque. *Synon. Abscons, nébuleux;* → **Ténébreux**. Idées, paroles, phrases obscures; langage, poème, style obscur; terme, texte obscur. «[...] mais un voisin de Mourad, fondant son témoignage sur la rumeur publique, a fait [...] le récit d'un épisode fort obscur... Selon ce voisin, Mourad aurait quitté le lycée sur les injonctions de sa cousine [...]». (Y. Kateb, *Nedjma*, 1956, p. 78). «Tout au plus pouvait-on l'accuser de présomption pour avoir présenté comme la plus plausible une obscure théorie contredisant l'écriture» (M. Yourcenar, *L'œuvre au noir*, 1968, p. 792).

▶ *Emploi subst. masc. à valeur de neutre.* Ce qui n'est pas clair, évident; l'incompréhensible, l'inintelligible. L'obscur d'un poème. «[...] en fin de compte nous serons un écrivain du vécu, clair, et non de l'obscur, dur à vivre [...]» (B. Schreiber, *Un silence d'environ une demi-heure*, 1996, p. 188).

▶ [*P. méton.*, en parlant d'une personne, notamment d'un écrivain dont l'œuvre est difficilement compréhensible] Philosophe, poète obscur. «Mallarmé a compris le langage comme s'il l'eût inventé. Cet écrivain si obscur a compris l'instrument de compréhension et de coor-

OBSCUR, E

dination au point de substituer au désir et au dessein naïfs et toujours particuliers des auteurs, l'ambition extraordinaire de concevoir et de dominer le système entier de l'expression verbale» (P. Valéry, *Variété III*, 1936, p. 27). «[...] dans des genres qui prétendent présenter une vue objective sur la réalité, notamment sur la vie; la thèse est alors que, la vie étant une chose obscure, l'écrivain qui en traite doit être obscur (une pensée sur le bleu doit être bleue); que, s'il commet de la clarté, il trahit son sujet» (J. Benda, *La France byzantine ou le triomphe de la littérature pure : Mallarmé, Gide, Valéry, Alain, Giraudoux, Suarès, les Surréalistes*, 1945, p. 112).

– *Emploi subst.* Personne embrouillée, peu claire dans ses explications. V. ⇾ NOCTURNE, ex. 3.

▶ [*Dans des loc. nom.*]

• **Idée obscure**, *loc. nom. fém.* PHILOSOPHIE/RELIGION. «Chez Descartes, est obscur tout ce qui s'ajoute à ce que l'esprit saisit directement et dans l'évidence, et qui vient des sens, de l'imagination et de la mémoire. Chez Leibniz, est obscure l'idée qui ne suffit pas à faire reconnaître la chose qu'elle représente; ainsi en va-t-il du souvenir d'un objet vu auparavant, dans la mesure où il n'est pas suffisamment précis pour permettre de le reconnaître au milieu d'autres quand il apparaît à nouveau» (*Thinès-Lemp. 1975*). «Comme, depuis Descartes, beaucoup de termes dont nous avons ici besoin ont changé de sens, il est nécessaire de rappeler la terminologie de l'École. On y oppose l'idée claire à l'idée obscure. On définit l'idée claire, celle qui distingue son objet de tout autre objet, l'idée obscure, celle qui ne le distingue pas ainsi» (Collectif, Dictionnaire de théologie catholique, 1re partie [sous la dir. de A. Vacant et E. Mangenot], t. 4, 1, articles «Démon et Dieu» – E. Mangenot, 1920, p. 875).

• **Nuit obscure**, *loc. nom. fém.* RELIGION. • **Nuit obscure (de l'âme)**, *loc. nom. fém.* Foi qui, selon saint Jean de la Croix, doit s'appuyer sur la non-connaissance; titre du traité de saint Jean de la Croix exposant cette théorie. V. ⇾ *supra*, ex. 1. «Celui qui veut entreprendre ce rude voyage [dans la voie mystique] doit renoncer à lui-même et aux choses de ce monde. Il demeure ensuite dans les ténèbres de la nuit obscure» (A. Carrel, *L'Homme, cet inconnu*, 1935, p. 159).

3. «Le thème favori de saint Jean de la Croix est un état qu'il nomme la **"Nuit obscure"**. La foi exige ou se crée cette nuit, qui doit être l'absence de toute lumière naturelle, et le règne de ces **ténèbres** que peuvent seules dissiper des lumières toutes surnaturelles. Il lui importe donc, sur toute chose, de s'appliquer à conserver cette précieuse **obscurité**, à la préserver de toute clarté figurée ou intellectuelle [...]. Demeurer dans la **Nuit obscure** et l'entretenir en soi doit donc consister à ne rien céder à la connaissance ordinaire – car tout ce que l'entendement peut comprendre, l'imagination forger, la volonté goûter, tout cela est fort dissemblable et disproportionné à Dieu [...]».

(P. Valéry, *Variété V*, 1944, p. 166).

4. «Mais ils gardaient au cœur une foi indicible qui était quelque chose, pour eux, comme l'absolu des philosophes, comme la **nuit obscure** des mystiques: quelque chose dont on ne peut rien dire, qu'on ne peut pas décrire, qu'on ne peut que taire, et aimer»

(J. d'Ormesson, *Au Plaisir de Dieu*, 1974, p. 145).

– *P. ext.* [En dehors du contexte religieux] • **Nuit obscure**. Moment de mystère, d'incertitude, de souffrance. *Synon.* ⇾ **Ténèbres**. «Tu étais la lumière de ma vie mais maintenant toutes les étoiles sont tombées maintenant que tout est fini entre nous je demeure dans la nuit obscure, sans clarté, sans soleil, dans le froid de la mort» (Fl. Delay, *Le Aïe Aïe de la corne de brume*, 1975, p. 189).

OBSCUR, E

• **Nuit obscure de** + *subst.* Manque d'informations; mystère. «[...] si mon irresponsabilité plonge ses racines dans la nuit obscure de l'hérédité et des malchances collectives, ma responsabilité se grossit de toutes les irresponsabilités que j'ai laissé s'installer en moi par d'insensibles abandons» (E. Mounier, *Traité du caractère*, 1946, p. 675).

b) [En parlant d'un sujet, d'un problème, d'une affaire] Affaire, question obscure; événement obscur. «La situation était fort obscure après dix mois de cabinet Poincaré» (L. Aragon, *Les Beaux quartiers*, 1936, p. 199). «[...] ce n'est pas seulement quinze ans après un crime resté obscur qu'un magistrat peut encore trouver les éléments qui serviront à l'éclaircir [...]» (M. Proust, *Du côté de Guermantes*, 2, 1921, p. 418).

2. [Domaine affectif, moral]

a) [En parlant notamment des sentiments] Qui est ou paraît confus, vague; qui ne se manifeste pas ou ne se perçoit pas nettement. *Synon.* **Indéfinissable, indistinct, trouble, mystérieux.** *Anton.* **Net, précis.** Certitude obscure. «Et puis, elle était une raisonnable petite Française, qui se refusait à admettre un sentiment obscur, dont la source lui échappait, et qui était sans avenir» (R. Rolland, *Jean-Christophe, Antoinette*, 1908, p. 913). «Un obscur instinct, hérité peut-être de quelque ancêtre inconnu ou nié qui avait combattu sous le Croissant, l'assurait que tout homme tué dans un combat contre les infidèles est forcément sauvé» (M. Yourcenar, *Anna, Soror*, 1935, p. 912).

– *En partic.* [Avec une connotation négative] Zones obscures de l'âme. V. → RÉBELLION, ex. 1.

– *Emploi subst. masc.* L'obscur. «[...] on avait auparavant compris qu'il finirait la narration. Chacun, s'avançant plus loin dans l'obscur du non-dit, a ourdi jusqu'à sa saturation, la configuration d'un discours qui, au fur qu'il grandissait, n'abolissait l'hasard du jadis qu'au prix d'un futur apparaissant sans solution, [...]» (G. Perec, *La Disparition*, 1969, p. 304).

b) [En parlant d'une action humaine généralement néfaste] Qui se fait secrètement, dans l'ombre. *Synon.* **Clandestin, occulte.** Menées obscures. «Dans cet étrange faubourg en pleine ville où le plus obscur travail s'exécute, personne n'est jamais venu voir» (P. Reverdy, «Réalité des ombres», *La Plupart du temps*, 1915-1922, 1945, p. 41).

3. [Domaine social; en parlant d'une personne] Qui est de condition sociale modeste, humble; qui n'a aucun renom; qui n'est pas connu; qui mène une existence effacée. Des gens obscurs; rougir de ses obscurs ancêtres, parents; un pauvre et obscur paysan; un poète, un savant obscur; la foule obscure. «Sur sa table de travail, depuis la veille était ouverte une invitation de Madame Morille, [...] et depuis la veille il se pénétrait de l'honneur qui lui était fait, à lui, adolescent pauvre et obscur, par l'illustre, la puissante famille Morille [...]» (Fr. de Miomandre, *Écrit sur de l'eau*, 1908, p. 9). «Ce n'est pas seulement en effet comme un praticien obscur, devenu, à la longue, notoriété européenne, que ses confrères considéraient Cottard» (M. Proust, *Les Jeunes filles en fleurs*, 1918, p. 433). «Dans la pratique, quel recours aurait l'héritier d'un auteur décédé et obscur contre l'écrivain illustre ou le journaliste renommé qui aurait "plagié" les œuvres du mort?» (G. & H. Coston, L'*A. B. C. du journalisme: cours élémentaire en 30 leçons*, 1952, p. 100).

– *Emploi subst.*

5. «Et nous, les petits, les obscurs, les sans-grades,
Nous qui marchions fourbus,
blessés, crottés, malades,
Sans espoir de duchés ni de dotations;
Nous qui marchions toujours et jamais n'avancions...»
(E. Rostand, *L'Aiglon*, 1900, II, 9, p. 91).

OBSCUR, E

∗ À noter aussi le dérivé le plus ancien de *obscur*: **OBSCURÉMENT**, *adv.* [D'abord *oscurement* (1170): «d'une façon peu intelligible, peu claire» puis «d'une façon peu précise, vague» (1300)] *Rare.* D'une manière obscure, peu claire, sombre, foncée. *Un brun obscurément teint de verdâtre.* D'une manière imperceptible. Plus fréquent. *Au fig.* D'une manière peu intelligible, vague, imperceptible ou de manière à rester inconnu, anonymement, sans éclat. *Écrire, s'exprimer obscurément; sentir, prévoir obscurément; vivre obscurément.*

◊ **CLAIR-OBSCUR**

[De *clair* et *obscur*, calque du *subst.* italien *chiaroscuro*, fin XVe-début XVIe. 1596, *chiar obscuro*; 1655: *le clair et l'obscur*; 1668: *clair-obscur*]

Subst. masc.

A. – 1. *ART [GRAVURE/PEINTURE]* Effet de contraste d'ombre et de lumière, de relief et de profondeur, obtenu par le jeu des valeurs claires ou foncées, du noir et du blanc. Le clair-obscur des tableaux flamands, de l'École hollandaise, de Caravage, de Rembrandt. V. → TÉNÉBRISME, ex. 2. «Tandis que la conscience retrouve et nomme les choses bien définies [d'un tableau de Rembrandt], les données significatives du tableau, nous recevons toutefois l'action sourde, et comme latérale, des taches et des zones du clair-obscur» (P. Valéry, *Variété II*, 1929, p 35). «Dans les dessins de Hugo comme dans ses poèmes règne la même poétique de l'antithèse et du clair-obscur»
(L. Réau, *L'Art romantique*, 1930, p. 144).

«Dans les œuvres récentes de Gromaire, la dominante du noir, du clair-obscur s'affirme. [...] Gromaire s'achemine vers une gravité rembranesque» (J. Cassou, *Arts plastiques contemporains*, 1960, p. 628).

– *Par méton.* Les gravures, les tableaux ainsi traités. Les clairs-obscurs de Caravage, de Rembrandt.

▶ *Spéc.* Ce qui est peint sans mélange d'autres couleurs que du blanc et du noir, ou du blanc avec une seule couleur, comme les camaïeux *(TLF)*; tableau, esquisse monochrome aux couleurs et aux contours fondus. *Synon.* → **Grisaille**. «Cette technique souple et vaporeuse qui noie les contours dans un clair-obscur savamment ménagé, nous la trouvons chez Prud'hon» (Réau, *L'Art romantique*, 1930, p. 23). «Il s'affirme dans le goût du clair-obscur qui rend imprécis chaque modelé» (R. Huyghe, *Dialogue avec le visible*, 1955, p. 330).

2. *P. ext.* Lumière tamisée, diffuse, au sein de l'ombre. Le clair-obscur du crépuscule; le clair-obscur d'un boudoir, d'une église, d'une forêt; le demi-jour, la pénombre du clair-obscur; pièce dans le clair-obscur. «J'aime, à Londres, ces boutiques pareilles au Vieux magasin d'antiquités, ou à L'Antiquaire, de Dickens et de Walter-Scott, avec leur clair-obscur, leur poussière, leur fouillis maléfique, leur aspect hanté» (P. Morand, *Londres*, 1933, p. 211).

1. «Cette silhouette **noire** se fondait dans la **pénombre**. Seul s'éclairait, dans une sorte de **clair-obscur** chimérique, le fin visage aigu, pointu, triangulaire, un visage presque sans pommettes et sans joues et comme écrasé sous une chevelure accablante et **sombre**, trop lourde.»
(M. Van Der Meersch, *Invasion 14*, 1935, p. 108.)

B. – *Au fig.*

1. [Domaine intellectuel]

a) État intermédiaire entre rêve et réalité; demi-conscience.

«[...] À mi-conscience du poète, et comme au clair-obscur du songe, s'exerce la maîtrise de l'écrivain. La certitude, la promptitude du goût l'assiste jusqu'en ce point flagrant [...] où jaillit l'étincelle et s'amorce l'image» (Saint-John Perse, *Hommages*, 1971, p. 515).

OBSCUR, E

b) Caractère confus, peu clair de la pensée, d'une œuvre littéraire, du style, du vocabulaire. «Tout ce que Joubert dit sur la poésie est incomparable. Il faudra pour retrouver cette familiarité avec la ligne serpentine de la pensée et avec son clair-obscur attendre Mallarmé et Valéry» (A. Thibaudet, *Histoire de la littérature française de 1789 à nos jours*, 1936, p. 70).

2. «Le mot que je cherche, ou plutôt dont je guette avec patience le surgissement dans les parages d'un autre qui me sert d'appât, lui est bien apparenté de quelque façon. Seulement il l'est plus souvent, hélas! de la main gauche que de l'autre, et les pudiques dictionnaires ne connaissent que les unions légitimées. Les mystérieux airs de famille qui guident seuls la quête de l'écrivain dans le **clair-obscur** du vocabulaire sautent les barrières des unions officielles; pour lui, la langue vibre surtout dans ses compromissions adultères. Familles de mots légales et trop homologuées, il vous hait!»
(J. Gracq, *En lisant, en écrivant*, 1980, p. 148.)

2. [En parlant de deux choses, deux idées contradictoires] Entre-deux, milieu, compromis entre deux choses opposées. «Nous autres avons peur de la foudre et végétons comme nous pouvons, dans l'entre-deux de la vérité et du mensonge, le clair-obscur de la justice et de l'injustice mêlées» (J. Guéhenno, *Jean-Jacques*, 1948, p. 13).

3. [Domaine affectif: en parlant d'une personne] Aspect sombre; mélancolie. «[...] la joie de vivre lui semblait grossière; elle cherchait le clair-obscur mélancolique de l'âme, et elle se figurait qu'elle l'aimait. Il faisait trop jour en Christophe.» (R. Rolland, *Jean-Christophe, Les Amies,* 1910, p. 1116).

∗ Pour le symbolisme du clair-obscur et la dualité lumière-ténèbres, v. → TÉNÈBRES (s) (fin d'article ∗∗) et le → yin-yang chinois.

◊ CLAIR-OBSCURISME

[De *clair-obscur*, + suff. *-isme*]

ART [GRAVURE/PEINTURE] Rare. Procédé consistant à faire des clairs-obscurs, à faire jouer les contrastes d'ombre et de lumière.

1. «La conception hugolienne du paysage est foncièrement celle du **clair-obscurisme** [...]. La plupart des techniques et des procédés qu'il introduit, sont conçus afin d'obtenir des effets de contraste entre le **clair** et l'**obscur**, tout particulièrement: le grattage, l'emploi du pochoir, celui de la réserve soluble, l'incorporation de gouache **blanche** sur fonds **obscurs** aussi bien au pinceau qu'à l'impression, etc.»
(V. Tébar, «La création artistique hugolienne. Ses apports dans le domaine des procédés techniques», *groupugo.divjussieu.fr*).

∗ La *loc. nom. masc.* **CLAIR-OBSCURISTE**, aujourd'hui *vieillie* et *rare*, était encore vivace au XIXe s. pour désigner un artiste utilisant le procédé du clair-obscur. «C'est à Rembrandt qu'il était réservé de puiser des trésors dans le clair-obscur, disait David à son élève Auguste Couder» (Ch. Blanc, *Grammaire des arts du dessin*, 1876, p. 556). V. aussi → TÉNÉBRISME.

◊ OBSCURANTISME

[De *obscurant*, + suff. *-isme*]

Subst. masc.

A. – Attitude, système politique ou religieux qui s'oppose à la diffusion des «lumières», des connaissances scientifiques, du progrès, de l'instruction et de la culture notamment dans les classes populaires. Religion d'obscurantisme; âges, périodes d'obscurantisme; chasser l'obscurantisme; lutter contre l'obscurantisme. «Il avait un anticléricalisme enthousiaste et crédule qui traitait toute religion – surtout le catholicisme – d'obscurantisme, et voyait dans le prêtre l'ennemi-né de la lumière» (R. Rolland, *Jean-Christophe, Dans la maison,* 1909, p. 967). «Depuis des siècles, l'humanité vivait dans l'obscurantisme à cause de la religion» (J. L'Hôte, *Le Mécréant ou les preuves de l'existence de Dieu,* 1981, p. 76).

1. «[...] honorer la chasteté, consacrer la virginité, le célibat, opposer aux forces essentielles de l'homme les murailles de l'**obscurantisme**, égarer le désir dans le marais des aspirations religieuses et perdre, parmi le **sable noir** de la résignation, l'amour, le besoin qui fait la vie [...].»
(R. Crevel, *Les Pieds dans le plat,* 1933, p. 247.)

B. – *P. anal.* Refus d'adopter un comportement libéral, ouvert, tolérant, dans un domaine. V. → RÉBELLION, ex. 1. «Je détestais le conformisme, tous les obscurantismes, j'aurais voulu que la raison gouvernât les hommes [...]». (S. de Beauvoir, *Mémoires d'une jeune fille rangée,* 1958, p. 236). «Comment expliquer cet obscurantisme tenace qui a élevé un mur de silence devant la sexualité infantile et conduit parents et éducateurs de la IIIe République à faire comme si elle n'existait pas?» (Fr. Dolto, *La Cause des enfants,* 1985, p. 32.)

◊ **OBSCURANTISTE**

[De *obscurantisme,* + *suff.* -iste]

A. – *Adj.* Qui a rapport à l'obscurantisme; qui est caractéristique de l'obscurantisme. Attitude obscurantiste; traditions obscurantistes. «On exploite la tendance obscurantiste des masses rurales» (F. Fanon, *Les Damnés de la terre,* 1961, p. 158). «Une réalité archaïque, antédiluvienne, obscurantiste, condamnée par les Temps... Nous sommes à la fin du XXe siècle, que diable, à l'aube d'une autre humanité réconciliée avec elle-même, nouvelles maternités et paternités, maîtrise de la vieille terreur ancestrale!» (Ph. Sollers, *Le Secret,* 1993, p. 169.)

B. – *Subst.* Personne inspirée par l'obscurantisme; partisan de l'obscurantisme. *Anton.* Progressiste. «Je voudrais tenir un de ces savantasses qui me traitent d'obscurantiste, je lui dirais: "ce n'est pas ma faute si je porte un costume de croque-mort. Après tout, le pape s'habille bien en blanc, et les cardinaux en rouge"» (G. Bernanos, *Journal d'un curé de campagne,* 1936, p. 1046).

∗ **OBSCURANT, ANTE,** *adj.* et *subst.,* et **OBSCURANTIN,** *subst. masc.* sont les *synon.* rares et vieillis de *obscurantiste.* «Lui qui, dans son enfance, semblait promis au sort d'un de ces talmudistes obscurants, dont il subit d'ailleurs les attaques véhémentes, il fut la vivante démonstration de cette vérité que du ghetto pouvait surgir un jour l'homme capable de retrouver les titres du judaïsme rabbinique à l'audience du monde en conciliant un traditionalisme sincère, mais revivifié, avec les aspirations spiritualistes les plus modernes» (J. Weill, *Le Judaïsme,* 1931, p. 40). «Je ne jetterai pas la pierre à Michelet pour avoir fait d'Abélard un libre esprit, un apôtre de la raison contre les "obscurantins scolastiques"» (Marrou, *Connaisance de l'histoire,* 1954, p. 64).

◊ **OBSCURCI, IE**

[De *obscur,* + *dés.* -i, ie]

Participe passé, adj. et *subst.*

I. – *Participe passé* de → Obscurcir.

II. – *Adj.*

A. – Privé de lumière, de clarté; devenu, rendu obscur, sombre.

1. [En parlant d'un espace, d'un lieu] *Synon.* → **Assombri, enténébré, sombre, ténébreux.** *Anton. Éclairé, illuminé.* Bois, paysage obscurci; rue, salle obscurcie. «Et de la grande salle obscurcie, par les larges

OBSCUR, E

fenêtres, nous regardions silencieusement dans le ciel gris la déroute des nuages» (Alain-Fournier, *Le Grand Meaulnes*, 1913, p. 191). «Sans rien dire, elle le précédait de marche en marche dans la spirale étroite du deuxième escalier, subitement obscurci» (A. Robbe-Grillet, *Le Voyeur*, 1955, p. 171).

2. *P. anal.* (En parlant du regard, de la vue, des yeux]. Affaibli, troublé, voilé. Regard obscurci; yeux obscurcis.

3. [En parlant d'un objet, d'une couleur] Rendu plus foncé; qui a perdu son éclat; qui est terni. Couleur obscurcie; rouge obscurci. V. → NOIR, ex. 57.

B. *– Au fig.*

1. [Domaine intellectuel]

a) [En parlant d'un événement, d'une situation, d'une manifestation de l'esprit] Rendu obscur, peu clair, difficile à comprendre. *Synon. Embrouillé, incompréhensible, inintelligible. Anton. Éclairci.* Situation obscurcie.

b) [En parlant de l'esprit, de la pensée, de l'intelligence] Privé de jugement, de discernement; affaibli intellectuellement. *Synon. Aveuglé, brouillé, troublé.* Intelligence, raisonnement obscurci.

▸ *En partic.* [En parlant d'une personne sous l'effet de l'alcool] «Jeune, mais de crâne fumeux et obscurci par l'alcool, sans doute» (Alain-Fournier, *Correspondance avec Jacques Rivière* (1905-1914), 1914, p. 296). «L'ivrogne a l'air complètement obscurci, cette fois» (A. Robbe-Grillet, *Les Gommes*, 1952, p. 119).

c) [En parlant de la mémoire, des souvenirs] Rendu obscur, flou, trouble. *Anton. Clair, précis, net.* «[...] une honte confuse, pareille à ce mauvais goût que laisse derrière lui l'accès, et le souvenir se brouilla dans ma mémoire obscurcie» (M. Yourcenar, *Alexis ou le Traité du vain combat*, 1929, p. 27).

2. [Domaine affectif; en parlant d'une personne, de son état d'esprit] Devenu, rendu triste, mélancolique, sombre.

1. «Afin que ma lumière arrive aux lointains illuminés?
Sous des immensités de tristesse,
Ainsi que le tonnerre sous des voûtes asphyxié,
Je suis un voyageur à l'âme obscurcie» (Tr. Tzara, «L'Orage et le chant du déserteur» [1914], *Poèmes*, 1924, p. 31).

3. [Domaine social] Devenu, rendu terne; privé de notoriété, de lustre, de renom; oublié. Renommée obscurcie. «Rien ne réconforte autant le chef des français libre que le contact de cette jeunesse, fleuron d'espoir ajouté à la gloire obscurcie de la France» (Ch. de Gaulle, *Mémoires de guerre*, t. 1, *L'Appel*, 1954, p. 242).

III. *– Emploi subst. Rare.* [Chez Claudel] Personne affaiblie physiquement ou intellectuellement. «Vous tous qui venez ici demander la guérison de vos yeux souffrants, Vous tous, les obscurcis d'en bas, tout le peuple clopin-clopant, batteurs de blé, batteurs de fer, cantonniers et joueurs de clarinette, porte-besaces, porte-bâtons [...]» (P. Claudel, *Corona Benignitatis*, 1913, p. 432).

◊ OBSCURCIR

[De *obscur*, + *-ir*. Sur le modèle de *noircir*, *éclaircir*. D'abord *oscurir* (1120)]

Verbe transitif.

A. – Priver de lumière, de clarté; rendre obscur.

1. [Le complément désigne un lieu] *Synon.* → **Assombrir, enténébrer.** *Anton. Éclairer, illuminer.* Les nuages obscurcissent le ciel. «Le soir commençait à obscurcir le charmant paysage» (M. Barrès, *Mes Cahiers*, t. 11, 1914, p. 69).

Emploi pronom. passif. L'horizon, le jour, le temps s'obscurcit. «Le ciel étoilé s'obs-

OBSCUR, E

curcit peu à peu. Sur le champ des ténèbres viennent les rêves visiter le dormeur» (P. Valéry, *Variété III*, 1936, p. 95).

2. *P. anal.* Affaiblir, troubler, voiler (le regard, la vue). Larmes qui obscurcissent la vue. «Il pleuvait doucement : j'ai levé les yeux vers ta fenêtre et j'ai cru que des larmes obscurcissaient mon regard» (J. Bousquet, *Traduit du silence*, 1936, p. 61). «L'âge a obscurci mes oreilles et mes yeux» (P. Claudel, *Un poète regarde la croix*, 1938, p. 246).

Emploi pronom. passif. [Le sujet désigne le regard, les yeux] Dont la vue est troublée, voilée (notamment par les larmes). «Et sa tête vacille et ses yeux s'obscurcissent/Et sa bouche maudit l'univers tout entier.» (P. Éluard, *Poèmes de Christo Botev* [trad.], 1952, p. 494).

Dont le regard se voile, devient trouble ou sans expression. «[...] il baissa lentement la tête, et pour la première fois l'abbé Donissan vit ses yeux s'obscurcir et deux profondes larmes en descendre» (G. Bernanos, *Sous le soleil de Satan*, 1926, p. 222).

3. [Le complément désigne un objet, une couleur] Rendre plus foncé, sombre ; ôter l'éclat ; foncer, ternir. Obscurcir une couleur. «Elle [...] maniait sans dégoût des cartes qu'obscurcissait un glacis de crasse» (Colette, *La Fin de Chéri*, 1926, p. 218).

B. – *Au fig.*

1. [Domaine intellectuel]

a) [Le complément désigne une manifestation de l'esprit, un événement, une situation] Rendre obscur, peu intelligible, difficile à comprendre. *Synon.* Embrouiller. *Anton.* Éclaircir. Obscurcir une notion, une pensée.

1. «[...] l'analyse des manuscrits, ont-elles mis en évidence, d'une manière qui semble irréfutable, un point que des querelles partisanes avaient quelque

peu **obscurci** : c'est que, chaque fois que l'un des grands mathématiciens de cette époque a porté témoignage sur ses propres travaux, sur l'évolution de sa pensée, sur les influences qu'il a subies et celles qu'il n'a pas subies, il l'a fait d'une manière honnête et sincère»
(N. Bourbaki, *Éléments d'histoire des mathématiques*, 1960, p. 184).

▶ *Emploi pronom. passif.* Devenir obscur, peu clair, incompréhensible. Langage qui s'obscurcit. «Ces mots eux-mêmes finissaient par s'obscurcir devant mon esprit, ne me disaient plus rien, perdaient tout poids» (M. Proust, *À l'ombre des jeunes filles en fleurs*, 1918, p. 444).

b) [Le complément désigne l'esprit, la pensée, l'intelligence] Priver (l'esprit) de jugement, de discernement, de lucidité ; affaiblir intellectuellement. *Synon.* Aveugler, brouiller, troubler. Obscurcir les idées, l'intelligence, le raisonnement. «Ma pensée. Je croyais que la fatigue l'obscurcirait. Au contraire, j'ai conservé presque jusqu'au bout une lucidité parfaite»
(J. Rivière, *Correspondance* [avec Alain-Fournier], 1906, p. 247).

2. [Domaine affectif] Rendre obscur, triste, sombre ou dramatique. «Elle [l'intelligence] nous est donnée pour connaître, pour agir, pour éclairer nos sentiments, et non point pour les obscurcir et nous éloigner du réel» (H. Massis, *Jugements*, t. 1, 1923, p. 167). «L'ombre qui avait obscurci son visage s'effaça ; et, de nouveau, elle se sentit pénétrée par cette intime certitude de bonheur qui, depuis deux jours, bouleversait et renouvelait tout son être» (R. Martin du Gard, *Les Thibault, L'Été 1914*, 1936, p. 400). «[Les] événements [...] viennent obscurcir l'horizon de l'Europe bientôt plongée dans la guerre» (Cacérès, *Histoire de l'éducation populaire*, 1964, p. 102).

∗ À rapprocher de la famille de *obscur*, *obscurcir*, le verbe **MÂCHURER**, qui a subi une altération mal expliquée, peut-être d'après l'ancien français *oscurer* (1119 : *nuit oscurée* ;

OBSCUR, E

1350, *fig.*), dérivé de *obscur* (V. le lat. *obscurare* : « obscurcir »), puis ultérieurement de *mâcher*, de l'ancien français *mascherer*, d'un verbe *mascarare* : « barbouiller de suie » dérivé de *mascaro* : « noir, barbouillé de suie, suie », lui-même dérivé pré-romain de *maska* (v. *masque*).

◊ **OBSCURCISSANT, ANTE**

[De *obscurcir*, + -*issant*]

Participe présent et *adj. Rare*. Qui obscurcit, qui ôte la clairvoyance, le discernement ou qui enlève la pureté, qui salit, souille. « Ne nous dit-on pas que le péché est "obscurcissant" ? » (J. Green, *Journal*, 1945, p. 268.)

◊ **OBSCURCISSEMENT**

[De *obscurcir*; + *suff.* -*issement*]

Subst. masc.

A. – Action d'obscurcir, de s'obscurcir ; résultat de cette action ; perte de lumière, d'éclat. *Synon.* → **Assombrissement, noircissement.** L'obscurcissement du ciel, du jour, du soleil. « Après le court obscurcissement d'une nuée qui passait vite, un rayon de soleil éclairait dans la plaine » (Chardonne, *L'Épithalame*, 1921, p. 416).

▶ *P. métaph.* « À un obscurcissement de sa lumière intérieure, Augustin s'aperçut que malgré l'effrayante dépression morale qui durait depuis la veille, il avait continué d'espérer contre toute espérance » (J. Malègue, *Augustin ou le Maître est là*, t. 2, 1933, p. 385).

▶ *P. anal.* Affaiblissement de la vision. « C'est peut-être à l'obscurcissement de ma vue que je mesure le mieux ma fatigue » (A. Gide, *Le Retour du Tchad*, 1928, p. 980).

∗ On note un terme *rare* et *vieilli*, *synon.* de *obscurcissement*, en ASTRONOMIE : OBSCURATION, *subst. masc.* [De *obscur*] Obscurcissement résultant d'une éclipse, employé parfois par métaphore. « Vive le soleil! Honte à l'éclipse! C'est la plus belle journée qui soit. En vérité. Quelle belle journée! À peine a-t-il clamé cette phrase que l'obscuration devient totale » (M. de Ghelderode, *Pantagleize*, 1934, p. 77). « […] il y a l'élancement de la nuit ; dans l'instant il y en a toujours un : le terrible demandeur. Mais dans l'échancrure de l'éclipse – ou de l'obscuration – qui ne ronge pas la poésie, voici le verbe, c'est-à-dire la nuance ardente » (R. Char, *Sous ma casquette amarante*, 1980, p. 825).

B. – *Au fig.*

1. [En parlant d'une situation, d'une manifestation de l'esprit] Fait de rendre incompréhensible, peu précis, peu clair et intelligible. Obscurcissement d'une question, du style, d'un texte. « J'ai trouvé dans les livres plus d'obscurcissement que de clarté » (A. Gide, *Les Nouvelles Nourritures*, 1935, p. 280). « Ce monde constitue un obscurcissement de la conscience qui ne se laisse pas comprendre comme le dialogue intelligible du volontaire et de l'involontaire » (P. Ricœur, *Philosophie de la volonté*, 1949, p. 264).

2. [En parlant de l'esprit] Perte de la clairvoyance, de l'aptitude à comprendre. Obscurcissement de l'intelligence, de l'esprit. « La période de l'Entre-deux-guerres, qui va de 1885 à 1898 environ, marque, en littérature comme en musique, un obscurcissement singulier de l'esprit français » (L. Daudet, *L'Entre-deux-guerres*, 1915, p. 179).

◊ **OBSCURISME**

[De *obscur*, + -*isme*]

Subst. masc. Recherche délibérée de l'obscurité, de la difficulté intellectuelle (chez un artiste, un écrivain). « Ce que Planche reprochait à Sainte-Beuve n'était rien de moins que ce qu'on appelle

OBSCUR, E

depuis Fernand Vandérem de l'obscurisme, mais alors que l'obscurisme d'un Mallarmé ou d'un Valéry s'explique par une recherche extrême de l'expression [...]» (A. Billy, *Sainte-Beuve*, 1952, p. 268).
∗ V. aussi → Clair-Obscurisme (s.v. *clair-obscur*).

◊ **OBSCURITÉ**

[Emprunt au lat. *obscuritas*: «obscurité, affaiblissement (de la vue); manque de clarté; condition obscure; obscurité (de la naissance)»]

Subst. fém.

A. – 1. Absence totale ou presque totale de lumière (naturelle ou artificielle), dans un espace; état de ce qui est obscur. *Synon.* → Noir, noirceur, ténèbre(s). Obscurité complète, profonde; être plongé dans l'obscurité. V. → ENTÉNÉBRÉ, ex. 1, POIX, ex. 1. «De nouveau le mugissement du vent déferla sur la campagne comme une énorme vague, couvrant tout, versant tout dans l'obscurité ainsi qu'au fond d'un grand gouffre noir» (J. Green, *Minuit*, 1936, p. 14).

> 1. «Et dans l'**obscurité** qui s'accroît peu à peu
> la **blancheur** de la route à peine se devine.»
> (A. Samain, «Les roses dans la coupe», *Le Chariot d'or*, 1900, p. 46.)
> 2. «[...] je voulais revenir [...] à cette âme arrêtée, maltraitée, écrasée sous la meule – ainsi le grain sous l'**obscurité** de la pierre qui tourne, même si les eaux du canal sont toujours scintillantes, et la mousse du plus tendre **vert**, et les martinets à garder la cour, tels des **archers noirs**...»
> (Ph. Jaccottet, *Éléments d'un songe*, 1961, p. 118.)

♦ *En partic.*

▌ Obscurité d'une prison, d'un cachot. «Je vous salue dans l'obscurité de ce cachot» (P. Claudel, *Le Repos du septième jour*, 1901, p. 835). «L'extrême est la fenêtre: la crainte de l'extrême engage dans l'obscurité d'une prison, avec une volonté vide d'"administration pénitentiaire"» (G. Bataille, *L'Expérience intérieure*, 1943, p. 74).

▌ État d'une personne non voyante; cécité. «S'il devenait aveugle un jour, ce serait une obscurité comparable à celle-ci qu'il connaîtrait. Donc, pas malaisé à imaginer. Toutefois, là, il savait qu'après le tunnel, la clarté lunaire de la campagne environnante lui restituerait le sentiment rassurant de sa vue» (R. Guérin, *L'Apprenti*, 1946, p. 384).

2. Couleur sombre, noire. *Synon.* de → Noir, noirceur, ténèbres. L'obscurité d'une teinte, d'une couleur. «Les nuages étaient si noirs qu'ils ajoutaient leur obscurité à la nuit qui montait dans le ciel» (P. Quignard, *Terrasse à Rome*, 2000, p. 83).

▌ ART [PEINTURE] Caractère sombre, peu lumineux (d'une couleur, d'un objet). L'obscurité de ce costume dans ce tableau.

B. – *Au fig.*

1. [Domaine intellectuel]

a) [En parlant d'une manifestation de l'esprit, d'un événement, d'un fait, et *p. méton.* d'une personne] Caractère confus, peu clair de quelque chose; défaut de clarté, d'intelligibilité. *Synon. Ambiguïté, hermétisme. Anton. Clarté, évidence, limpidité, lumière.* L'obscurité d'une phrase, d'un texte; l'obscurité d'une affaire; l'obscurité d'un écrivain, d'un poète. «Vient le psychanalyste l'obscurité du poème ne sera pour lui qu'un effet de chiffrage du subconscient ou de l'inconscient» (P. Ricœur, *La Philosophie de la volonté*, 1949, p. 381).

3. «Je n'ai, en ce qui me concerne, qu'une préoccupation dans cette affaire:

OBSIDIENNE

c'est celle de l'**obscurité** constante, c'est celle de l'angoisse publique augmentant tous les jours, grâce à des **ténèbres** qui s'épaississent quotidiennement, je ne dis pas par des mensonges, mais je dis par des équivoques.»
(R. Martin du Gard, *Jean Barois*, 1913, p. 385.)

b) Caractère d'une chose confuse, vague, qui ne se perçoit pas nettement, sur laquelle on manque de renseignements. *Synon. Incertitude.* Obscurité du passé, de l'histoire, d'une situation, de l'avenir, des origines de l'homme. «Si la conjoncture internationale paraît, aujourd'hui encore, comporter maintes obscurités, notre pays entend s'employer à les éclaircir» (Ch. de Gaulle, *Mémoires de guerre*, 1959, p. 632).

c) *En partic.*

▌ Absence de connaissances (dans un domaine). «L'obscurité continuait sur les circonstances matérielles du drame quand un de nos confrères, ami de Prince, journaliste de grand talent et d'une extraordinaire perspicacité, Alfred Détrez, résolut de faire son enquête personnelle en procédant avec méthode» (L. Daudet, *Bréviaire du journalisme*, 1936, p. 199).

▌ Partie de l'être qui échappe à la connaissance rationnelle. «L'une des seules positions philosophiques cohérentes, c'est [...] la révolte. Elle est un confrontement perpétuel de l'homme et de sa propre obscurité» (A. Camus, *Sisyphe*, 1942, p. 77).

2. [Domaine social] Condition sociale modeste ou absence de renommée, de gloire où l'on demeure dans l'ombre, où l'on reste obscur, inconnu. «Si cela n'avait dépendu que d'eux, sans aucun doute Manet et ses amis seraient morts dans une totale obscurité, [...] bannis des Salons et des Musées» (J. Mauclair, *Les Maîtres impressionnistes*, 1923, p. 158).

OBSIDIENNE

[P. RÉF. à la couleur noire d'une variété d'obsidienne, appelée parfois *verre des volcans* ou *agate noire*, roche volcanique ressemblant à du verre de bouteille]

Adj. rare. [Chez I. Frain] «[...] avant dégustation et injection, la couleur du caviar doit être... dans l'ordre de la matière noire. Or, il en est de nombreuses, anthracite, obsidienne... de béluga, de sévruga» (I. Frain, «Caviar. Le plaisir au sein du plaisir», *Senso*, 17, 12. 2004- 1-2005, p. 40).

∗ Les *loc. adj.* ou *nom.* de couleur *noir obsidienne/couleur d'obsidienne/D'obsidienne*, ne semble pas employées au xxe siècle, ni de nos jours. On note aussi des emplois métaphoriques ou figurés, en référence au noir de l'obsidienne : «Tout le jour se levait sur la première angoisse. Ce monde en laque et en obsidienne n'acceptait pas plus le chagrin que la pluie» (J. Giraudoux, *Suzanne*, 1921, p. 73).

◊ **OBSIDIEN**

[De *obsidienne*]

Noir Obsidien, *loc. adj. inv. Rare.* Noir qui rappelle le noir de l'obsidienne. *AUTOMOBILE.* «Coloris et Habillages de la 406. (Peinture Métallisée) Le coloris Noir Obsidien est disponible dans les séries : Furia, Pack Confort, Pack Sport, ST» («Gamme de couleurs Peugeot», *peugeot.be*).

OMBRE

[Du lat. *umbra* : «ombre (d'un corps), absence de lumière»]

Subst. fém.

A. – **1. a)** Zone sombre produite par un corps opaque qui intercepte la lumière (naturelle ou artificielle) ; obscurité, absence de lumière de cette zone. Ombre

OMBRE

épaisse, noire, profonde; à l'ombre des arbres, faire de l'ombre; se mettre à l'ombre; s'habituer à l'ombre; le versant à l'ombre ou ubac; se coucher, s'asseoir à l'ombre; l'ombre et la lumière. «Elle se reposa un moment, à l'ombre du pin parasol» (R. Boylesve, *La Leçon d'amour dans un parc*, 1902, p. 124). «Ils installent à l'ombre leurs samovars, leurs minuscules tasses dorées» (P. Loti, *Vers Ispahan*, 1904, p. 898).

♦ *En partic.*

▶ Ombre d'un cachot, d'une prison. *Loc. fig. Fam.* • **Être, mettre qqn à l'ombre.** *Le plus souvent au passif.* • **Être mis à l'ombre.** Être, mettre (qqn.) en prison; être emprisonné. Passer un mois à l'ombre. «Pour l'arrestation, ma foi, je préférais attendre un peu… oh, ça n'est pas tellement que je craignais d'être mis à l'ombre […] : j'ai jamais été si tranquille que pendant mes mois de taule… sans la prison, je crois bien que je n'aurais jamais eu le temps de penser à mes bouquins […]» (R. Martin du Gard, *Les Thibault, L'Été 1914*, 1936, p. 642).

– *P. ext. Fig.* [En parlant d'une personne] Être exclu; dont on s'est débarrassé. «"Quant à la philosophie, toute philosophie digne de ce nom…"/–" Digne de ce nom… bravo! Et voilà les adversaires dangereux mis à l'ombre!"» (R. Martin du Gard, *Les Thibault, La Mort du père*, 1929, p. 1380.)

▶ [En parlant d'une chose] Mettre à l'ombre; cacher, mettre en sécurité qqc. «Mettre à l'ombre de l'argent, des documents» (*Pt. Rob. 2003*).

▶ *ASTRONOMIE.* Zone (du système solaire) non éclairée par le Soleil. «Hémisphère plongé dans l'ombre. Cône d'ombre d'un astre» (*Pt. Rob. 2003*). «Les éclipses s'expliquent par la théorie des ombres; Moitié ombre, moitié lumière: c'est l'éclairage des planètes. Une moitié du monde repose, l'autre travaille» (J. Cocteau, *Le Grand Écart*, p. 22).

▶ *Fam.* • **Faire de l'ombre à qqn.**, *loc. verb. fam.* Gêner qqn. en interceptant la lumière. *Au fig.* Gêner; prendre la place de qqn. *Synon. Éclipser.* «Et ce Larchant qui me déteste depuis vingt ans parce que je lui fais de l'ombre quelle aubaine pour lui!» (G. Dormann, *La Petite Main*, 1993, p. 255.)

▶ *Littér.* Ce qui abrite, protège, exerce une influence bienfaisante. «Plus notre vie est publique et plus nous avons besoin d'une tendresse cachée; plus nous sommes exposés aux regards et aux coups, et plus nous est nécessaire l'ombre d'un cœur» (Fr. Mauriac, *Journal*, 2, 1937, p. 197).

▶ **À l'ombre (de).** Tout près. Grandir à l'ombre de la maison paternelle. «J'ai vécu dans l'ombre d'une grande bâtisse blanche ornée de drapeaux et de clameurs» (L. Aragon, *Une vague de rêves*, 1924, p. 565).

– Sous la protection de. «Notre temps n'offre plus de ces facilités de développer à loisir les dons les plus délicats de l'esprit, à l'abri des misères du siècle, à l'ombre d'une immense institution» (P. Valéry, *Variété IV*, 1938, p. 24).

b) Zone sombre reproduisant le contour plus ou moins déformé d'un corps qui intercepte la lumière. «Il y a çà et là des groupements de formes noires, dont la lune projette l'ombre sur la blancheur des pierres» (P. Loti, *Vers Ispahan*, 1904, p. 887). «Il vit son ombre immense danser sur l'escalier et il eut peur, peur d'elle, peur du silence, peur de cette clarté immuable et inhumaine» (J. Kessel, *La Steppe rouge*, 1922, pp. 164-165)

• **Ombres chinoises.** Silhouettes découpées dont on projette l'ombre sur un fond clair. *Synon. Figures à la Silhouette.*
• **Théâtre d'ombres.** «Il faut cependant arriver à la fin du dix-huitième siècle pour trouver les ombres chinoises servant de représentation dramatique et accompagnées d'un dialogue destiné à augmenter l'intérêt

OMBRE

de ces sortes de représentations» (H.-R. d'Allemagne, *Histoire des jouets*, 1902, p. 265).

▶ *P. ext.* Silhouette rappelant les ombres chinoises. «[...] ils discernaient des ombres chinoises qui se mouvaient, des ombres-troncs, le reste du corps disparaissant sous les tables ou englouti par la nuit, et qui pourtant agitaient les bras, la tête ou les épaules dans un joyeux brouhaha de conversations et de rires» (R. Giraud, *La Coupure*, 1966, p. 66).

▶ *Loc. verb. fig.* • **Avoir peur de son ombre.** Avoir peur de la moindre chose. Il avait peur de tout, même de son ombre. • **Suivre qqn. comme son ombre,** *loc. verb. fig.* Suivre quelqu'un sans cesse. «[...] je l'ai suivi comme son chien, comme son ombre» (R. Martin du Gard, *Les Thibault, La Belle saison*, 1923, p. 1043).

Au passif. • **Être suivi comme son ombre.** «Henri arrive, il n'a pas encore pris place que fonce dans son dos, [...] Marine avec ses lunettes noires, d'immenses cheveux de poupée Barbie jusqu'au bas des reins, suivie comme son ombre par Richard» (H. Guibert, *À l'ami qui ne m'a pas sauvé la vie*, 1990, p. 135).

2. a) ART [PEINTURE] Représentation d'une zone d'ombre en peinture (v. → OMBRER). *Vx.* Couleurs obscures d'un tableau, ou hachures, traits d'une gravure, d'un dessin. V. → OBSCUR. Jeu d'ombre(s) et de lumière(s); les ombres et les clairs. «Ménager les ombres» (*Lar. 1907*). «Un reflet tempérait ce que l'ombre aurait de trop noir» (*Gd. Rob. 2001*). «Les réalistes de toutes les écoles ont aimé ces ombres violentes qui rendent fortement le relief des corps et font plus éclatantes les clartés» (Hourticq, *Histoire de l'art en France*, 1914, p. 398). «Rien n'est plus beau qu'un vrai dessin, tout nu, sans ombres ni hachures» (Alain, *Beaux-arts*, 1920, p. 277).

• **C'est une ombre au tableau/Il y a une ombre au tableau/Faire ombre au tableau** *(plus rare). Loc. verb. fig. Vx.* C'est un léger défaut/Il y a un léger défaut qui rehausse les qualités de telle chose ou personne, sans les effacer. «Il n'y eut, à l'aller, qu'une ombre à ce tableau innocent. Nous aperçûmes marchant devant nous Gilberte Poquelin. Elle avait [...] l'air doux et effronté d'une gamine qui devient une jeune fille» (Alain-Fournier, *Le Grand Meaulnes*, 1913, p. 216).

✱ En peinture, les ombres ont souvent été représentées à l'aide de *terre d'ombre* (ou *p. ell. ombre*) ou *terre de Sienne*, ocre brune, servant notamment à *ombrer*. «La terre d'ombre est une couleur brune, ainsi appelée parce que les premières exploitations du minerai furent faites à Nocera, [...] [en] Ombrie» (Coffignier, *Couleur et Peinture*, 1924, p. 516). Elles ont aussi été représentées, du Moyen Âge au XIXe s., par le *brun momie*, un pigment brun (obtenu à l'origine à partir de momies broyées), et, par des couleurs très vives par les Impressionnistes et les Fauves.

b) *P. anal.* Place, touche sombre sur une surface plus claire. Duvet qui fait une ombre sur les lèvres; l'ombre azurée des cils.

c) *P. méton.* • **Ombre à paupières,** *loc. nom. fém.* Fard qu'on étale sur les paupières. Se mettre de l'ombre à paupières. «Dans l'ordre: fond de teint, fard ocre pour creuser les joues, ombres roses sur les pommettes, drôle ce mot de pommettes, poudre, mascara, ombre à paupières et eye-liner» (G. Brisac, *Week-end de chasse à la mère*, 1996, p. 109).

3. *P. ext. Vx. Littér.* [Dans un contexte métaphorique; l'ombre comme métaphore de la mort] Lieu sombre de la mort; mort. La mort: l'ombre implacable. V. → NOIR, ex. 27. «[...] tout un peuple veille à leur chevet, entoure de ses prières leur dernier combat, les escorte jusqu'à l'entrée de cette vallée de l'ombre de la mort où chacun doit cheminer sans compagnon et suer seul sa sueur d'agonie» (M. Barrès, *Mes Cahiers*, t. 2, 4e Cahier, 1902, p. 39).

OMBRE

1. «Comme tout nous surprend dès qu'un homme est passé
Dans l'**ombre** où ne vient pas l'aurore !
Se peut-il que l'on soit, l'un du côté glacé,
L'autre du côté tiède encore ?»
(A. de Noailles, *Forces éternelles*, 1920, p. 65.)

• **Empire/Royaume/Séjour de l'ombre/ des ombres.** *Loc. nom. masc.* [P. OPPOS. au Paradis ou *royaume éternel, céleste ; royaume du ciel, des cieux*] Enfers, séjour des morts. *Synon. Royaume de la mort/ des morts, royaume de Pluton, royaume infernal ;* → **Lieu/néant/royaume noir, sombre ; empire sombre ; royaume des ténèbres, royaume ténébreux.** «Et ce ne sera pas ces savants mystagogues qui viendront nous tirer du royaume des ombres» (Ch. Péguy, *Ève*, 1913, p. 902). «Ce vivant qui, peut-être, s'engagerait bientôt dans le royaume des ombres» (P. Vialar, *Rendez-vous*, 1952, p. 226). «DIOMÈDE. Abattez-les donc toutes les deux. [...] ACHILLE (repoussant l'étolien). Celui qui touche à la Reine est candidat au royaume des Ombres !» (J. Gracq, *Penthésilée* [adapt.], 1954, p. 66.)

2. «[...] mais à l'heure qu'il eut accompli son destin, qu'il fut dressé à jamais, **fruit noir** d'un **arbre noir**, à l'entrée du honteux **royaume de l'ombre**, sentinelle exacte, incorruptible, que la miséricorde assiège en vain, qui ne laissera passer aucun pardon, pour que l'enfer consomme en sûreté [...].»
(G. Bernanos, *La Joie*, 1929, p. 685.)

∗ En poésie, en particulier chez Hugo, l'ombre – liée au mystère et à la mort – est aussi, métaphoriquement, associée à la nuit, au noir, au mal. Mais ombre et lumière sont complémentaires et, en particulier chez Hugo, forment couples et duos, s'interpénètrent dans un clair-obscur, un lieu de métamorphoses et de transfigurations, par lesquelles le poète, «*celui qui voit dans les choses plus que les choses*», exprime le mystère... : «Et l'on voit tout au fond, quand l'œil ose y descendre,/Au-delà de la vie, et du souffle et du bruit,/Un affreux soleil noir d'où rayonne la nuit !» («Ce que dit la bouche d'ombre», *Les Contemplations*, 1856, t. 3, Livre VI. *Au bord de l'infini*. XXVI). «Ô songeur, ce sont là des cimes,/De grands buts, des courses sublimes.../ On en revient désespéré,/Honteux, au fond de l'ombre noire,/D'avoir abdiqué jusqu'à croire !» (*L'Art d'être grand-père*, 1877, p. 694.) «Nuit, cachot sépulcral, mort vivante,/Ombre que mon sanglot ténébreux épouvante,/Solitudes du mal où fuit le grand puni,/Glaciers démesurés de l'hiver infini,/Ô flots du noir chaos qui m'avez vu proscrire,/ Désespoir dont j'entends le sombre éclat de rire,/Vide où s'évanouit l'être, le temps, le lieu,/Gouffres profonds, enfers, abîmes !» (*La Fin de Satan*, 1886, p. 109.)

B. – *Au fig.*

1. [Domaine affectif ou moral]

a) Faute, souillure morale ; aspect négatif, répréhensible de quelque chose. Surtout sous la forme : • **Sans (une) ombre**, *loc.* Sans défaut, sans tache. «Cet amour s'était conservé intact, sans une ombre, sans une paille, durant douze années» (Fr. Jammes, *Mémoires*, 1922, p. 141).

b) Ce qui attriste, inquiète, assombrit le moral, nuit à la sérénité. «Enchantement [...] à qui rien ne résiste. Ni les désillusions, les lassitudes, les déboires, ces ombres qui assaillent l'homme» (Pesquidoux, *Le Livre de raison*, 1928, p. 248).

▶ Expression de tristesse, d'inquiétude (dans le regard, l'expression). «Une ombre passa sur le visage de Condé, éteignit le sourire paterne et durcit les traits» (J. Chardonne, *Varais*, 1929, p. 185).

▶ **Prendre une ombre**, *loc. verb. Rare.* Prendre ombrage de. «Nous [...] avons eu la sottise de moquer une petite crise d'orgueil fort excusable à cet âge. Le jeune homme en a pris une ombre que nous ne soupçonnions pas» (J. Cocteau, *Bacchus*, 1952, I, 3, p. 49).

OMBRE

2. [L'ombre associée au mystère, au secret] Synon. → **Obscurité.**

a) *Littér.* Ce qui dissimule, empêche de connaître; ce qui est caché, oublié, mystérieux. «L'ombre complice qui s'élève de toutes parts pour cacher l'assassinat» (E. Faure, *Histoire de l'art*, 1921, p. 67).

• **Dans l'ombre.** En secret. «Mais, au fond des soucis, des chagrins, où ils étaient tous plongés, chacun vivait dans l'ombre sa propre et déchirante tragédie» (Ch. de Gaulle, *Mémoires de guerre*, t. 1, *L'Appel* [1940-1942], 1954, p. 210). «Dans l'ombre et le secret, sous l'emplâtre et le mensonge, elle étouffe et fermente, alors ce n'est plus la marque, c'est une sale blessure, un mal honteux, le premier trou puant de la gangrène» (J.-P. Chabrol, *Je t'aimerai sans vergogne*, 1967, p. 180).

▶ [*Surtout dans les loc. verb.*:] • **Agir, se passer, se tramer dans l'ombre**, *loc. verb.* Agir, se passer etc., en secret. • **Laisser, rejeter qqc. dans l'ombre**, *loc. verb.* Laisser qqc. dans l'obscurité, l'incertitude, le doute, sans explication; ne pas mettre en évidence. «Plus Conrad réfléchissait à ce départ secret, sans une lettre, sans un baiser d'adieu, plus il soupçonnait à la disparition de Sophie des motifs louches qu'il valait mieux laisser dans l'ombre» (M. Yourcenar, *Le Coup de grâce*, 1939, p. 143).

b) *Fam.* • **Demeurer, être, rentrer, rester, végéter, vivre dans l'ombre** *loc. verb.* Demeurer, être, vivre dans une situation obscure, ignorée, de manière discrète, secrète, cachée. Homme de mérite qui reste dans l'ombre; écrivain qui sort de l'ombre. «Le notaire lui-même était en relation, sous le sceau du secret professionnel, avec un Italien du nom de Zambrano, [...] qui s'était présenté comme l'homme de confiance d'une haute personnalité désireuse de rester dans l'ombre» (J. d'Ormesson, *Le Vent du soir*, 1985, p. 153).

• **Sortir de l'ombre**, *loc. verb.* Sortir de l'anonymat, devenir célèbre; ne plus rester obscur. «Lorsqu'aux environs de 1889 il sortit de l'ombre, où il avait jusque-là vécu, Carrière ne jugea point qu'il était un homme arrivé» (Séailles, *E. Carrière*, 1911, p. 93).

• **Vivre à/dans l'ombre de qqn.** *loc. verb.* Vivre dans l'entourage et la dépendance de quelqu'un en restant au second plan, en total effacement de soi, généralement par modestie et abnégation. «Il avait l'âge de Metchnikoff et vivait dans l'ombre de cet homme extraordinaire, imitant ses façons de parler» (G. Duhamel, *Chronique des Pasquier*, 4, *La Nuit de la Saint-Jean*, 1935, p. 42). «Elle vivait dans l'ombre et la dévotion de son mari» (A. Gide, *Geneviève ou la Confidence inachevée*, 1936, p. 1389). «Si du moins il pouvait avoir un tort grave envers moi, qui d'un coup me libérerait! [...] Il y a six ans que je vis dans son ombre. [...] c'est une ombre qui me fait un froid dont je meurs» (H. de Montherlant, *Malatesta*, 1946, IV, 4, p. 517).

∗ L'ombre, par sa dualité avec la lumière, a une importance capitale dans le monde des symboles (notamment religieux), en particulier dans la culture chinoise dans laquelle l'ombre est représentée par le **yin**, par opposition à la lumière représentée par le **yang**, les deux étant complémentaires et inséparables, l'un n'existant pas sans l'autre. L'expression de ce dualisme et de ce complémentarisme universel s'exprime dans le yin-yang. «L'ombre est, d'une part, ce qui s'oppose à la lumière; elle est, d'autre part, l'image même des choses fugitives, irréelles et changeantes. L'ombre, c'est l'aspect yin opposé à l'aspect yang: il se peut – l'étymologie tend à le confirmer – que la *double détermination* fondamentale de la pensée chinoise ait été primitivement figurée par le versant ombreux de la vallée opposé au versant ensoleillé. L'étude des ombres paraît avoir été l'une des bases de la géomancie antique, donc de l'orientation. L'absence d'ombre, dont il est parlé à propos de divers personnages chinois, s'explique de trois façons: ou par la perméabilité absolue du corps à la lumière par purification, ou par la sortie des limitations de l'existence corporelle; c'est la condition des Immortels; ou par la position centrale du corps, à l'aplomb exact du soleil à son zénith : c'est en principe la position impériale » (*Dict. des Symb.* 1982, p. 701).

∗∗ *Ombre* est aussi le nom donné à un poisson (famille des *Salmonidés*), voisin du saumon et de l'omble. *Ombre de rivière, d'Auvergne.*
OMBRETTE désigne un oiseau échassier (famille des *Ciconiformes*) d'Afrique tropicale, à huppe et à plumage sombre.

◊ OBOMBRER

[Empr. au lat. *obumbrare*]

Verbe transitif. Vieilli ou *littér.*

A. – Couvrir d'une ombre. «La chapelle existait toujours (...). Les échafaudages de l'Alpinic-Railway ne l'obombraient plus» (R. Queneau, *Pierrot*, 1942, p. 216). «Quelques poils commençaient à obombrer les commissures de ses lèvres, quoiqu'elle les arrachât soigneusement avec des pinces» (gallica. bnf.fr/Fonds_ Textes/T0101449.htm).

B. – *Au fig.*

1. [Le plus souvent dans la langue mystique ; le sujet désigne un ange] Couvrir (d'une ombre) pour protéger ; protéger, mettre à l'abri. «Les anges l'obombraient de leurs ailes» (*Ac.*). «L'âme [...] a trouvé la paix et la vertu du Seigneur l'obombre» (P. Claudel, *Corona Benignitatis*, 1915, p. 383).

2. Cacher, recouvrir, dissimuler.

1. «L'âme, ici-bas, a créé le corps de l'autre côté du voile, dans l'aveuglement et dans la nuit. La matière a été **obombrée**, c'est-à-dire qu'il y a eu entre la source et l'écran interposition d'un dessin (ou d'un dessein), d'un contour, d'une idée particulière ainsi réfléchie, traduite et reproduite, création d'un champ, d'une activité fermée et assujettie à une fin propre»

(P. Claudel, *Un poète regarde la Croix*, 1938, p. 175).

3. Assombrir, rendre terne, triste, voire dramatique. «Mon esprit subtilement actif, que n'obombre aucune inquiétude» (A. Gide, *Journal*, 1930, p. 1012). «L'amitié que Mounnezergues avait maintenant pour lui, mais qu'obombraient en ce moment les sournois échos de sa jeunesse» (R. Queneau, *Pierrot mon ami*, 1942, p. 146).

◊ **OMBRÉ, ÉE**

I. – *Participe passé* de → Ombrer.

II. – *Adj. et subst. fém.*

A. – **1. a)** [En parlant d'un lieu] À l'ombre. *Synon.* → Ombragé. *Quai ombré.* «[...] je marchais, je me vois passer un pont, gagner le côté ombré du fleuve et déposer les fleurs sur le parapet» (H. Bianciotti, *Le Pas si lent de l'amour*, 1995, p. 127).

– Ombrée. *Subst. fém.*, GÉOGRAPHIE. Versant de montagne exposé au nord. *Synon. Ubac.* «Fraîche, humide, l'ombrée se prête mieux à l'herbe et à l'arbre qu'aux cultures» (*FÉN. 1970*).

b) [En parlant d'une chose] rendu obscur, sombre ; couvert par l'ombre d'un écran quelconque. **Ombré par.** Assombri par.

1. «Son grand tableau du musée de Dresde [...] est absolument rembranesque, comme composition, comme caractère, comme dessin et comme couleur. [...] Tout à fait à gauche, un [...] homme, assis et vu presque de dos, retourne sa tête souriante, également ombrée par un grand chapeau noir, un peu retroussé en avant»

(Th. Thore, «Rembrandt et Vermeer», agora.qc.ca).

2. *ARTS* [*DESSIN/PEINTURE*; en parlant d'un tableau, d'un dessin] Où les ombres sont figurées par des couleurs plus sombres, par des hachures, etc. *Dessin ombré par des hachures.* «Un

OMBRE

dessin à la mine de plomb de l'architecte Ledoux représente un œil démesurément agrandi, au globe soigneusement ombré en dégradé» (Cl. Simon, *Les Géorgiques*, 1981, p. 75).

B. – *P. anal.*

1. Qui a comme une ombre, une trace sombre, noire. «Cette brune cinquantenaire à la lèvre ombrée» (Colette, *La Vagabonde*, 1910, p. 122). «Dans la fumée, à hauteur de ma tête, je vois son visage d'enfant, au teint rose ombré de duvet blond» (M. Genevoix, *Ceux de 14*, 1950, p. 251).

2. D'une teinte plus sombre. «Dans ce réseau il existe des niveaux énergétiques communs; les plus élevés [...] sont représentés schématiquement par les bandes ombrées» (M. Curie, *Luminescence*, 1934, p. 67).

3. Fardé, maquillé de couleurs sombres. «À la manière de Greta Garbo, le dessous de l'arcade sourcilière, qui seul était ombré, procurait aux paupières une profondeur de trompe-l'œil» (H. Bianciotti, *Le Pas si lent de l'amour*, 1995, p. 62).

C. – *Au fig.* [En parlant notamment d'un élément de la physionomie] **Ombré de.** Rendu triste, mélancolique par. Synon. → **Assombri.** «Un sourire supérieur, ombré de mélancolie, ajoute à sa distinction, lui donne un charme subtil et rare» (R. Sabatier, *Le Chinois d'Afrique*, 1966, p. 39).

◊ **OMBREUX, EUSE**

Adj. Littér.

A. – 1. Qui manque de lumière; qui est à l'ombre; qui donne de l'ombre. Chemin, jardin, lieux ombreux; versant ombreux d'une vallée; forêt ombreuse. «Du fond des vergers ombreux s'exhala une odeur de mirabelle, délicate et fine, qu'ils respirèrent avec ivresse» (É. Moselly, *Terres lorraines*, 1907, p. 254).

2. Qui a des nuances sombres. chevelure ombreuse. «[...] en leur nudité défendue [...], dans le corsage ombreux, ses seins frais et blancs, ses seins oblongs, un court instant lourdement et merveilleusement présents mais déjà disparus» (Cl. Mauriac, *La Marquise sortit à cinq heures*, 1961, p. 198).

▶ *ART/PEINTURE*. [En parlant d'un tableau] Aux nuances sombres et brillantes; brun foncé à noir. Synon. → **Bitumeux, cirageux.** Teintes ombreuses d'un tableau. «[...] la bitumeuse et ombreuse profondeur des vieux tableaux craquelés [...]» (Cl. Simon, *La Route des Flandres*, 1960, p. 58)]

B. – *Au fig.*

1. [Domaine intellectuel; en parlant de la pensée, des idées] «En rentrant, je retrouvais sur ma table l'énorme manuel de zoologie de Claus que je venais d'acheter et qui soulevait devant mon émerveillement le mystérieux rideau d'un monde plus riche encore et moins ombreux que celui de la pensée» (A. Gide, *Si le grain ne meurt*, 1924, p. 577).

2. [Domaine affectif; en parlant des sentiments, et *p. méton.*, d'une personne, de sa physionomie] Maussade, triste. Synon. → **Mélancolique, sombre.** Pensées ombreuses; être ombreux. «[...] dans les yeux ombreux les larmes étaient toutes proches» (H. de Montherlant, *Les Bestiaires*, 1926, p. 551).

◊ **OMBRER**

Verbe transitif.

A. – 1. Faire de l'ombre. «Pour ombrer mieux encore, un parapluie fut ouvert sur l'ensemble, à moitié retenu par la branche, à moitié par l'échelle» (A. Gide, *Journal*, 1939, p. 217).

▶ *ART* [DESSIN, GRAVURE, PEINTURE]. Représenter les ombres dans

OMBRE

un tableau, un dessin, une gravure avec des couleurs (généralement sombres) ou des hachures. Ombrer un dessin, un tableau; terre à ombrer. «Sur les plans directeurs, un peu en arrière des traits enlacés qui dessinaient les premières positions, on aurait pu ombrer de hachures une bande continue: c'eût été la zone de formation des légendes» (M. Bloch, *Apologie pour l'histoire ou Métier d'historien,* 1944, p. 51).

2. *Littér.* Mettre dans l'ombre; rendre plus sombre. Un chapeau ombre son visage.

B. – *Au fig.*

1. Dissimuler, rendre vague, indécis. «Il y a de courts sommeils qui viennent ombrer nos pensées et rabattre notre ton» (Alain, *Propos,* 1929, p. 888).

2. [Le sujet désigne notamment un élément de la physionomie] Marquer d'une expression de tristesse, de gravité, etc.; rendre sombre. *Synon.* de → *Assombrir.* Ses yeux s'ombrèrent. «Cependant je le regardais et pensais que, si elle pouvait y voir, Gertrude ne laisserait pas d'admirer ce grand corps svelte [...], ce beau front sans rides, ce regard franc, ce visage enfantin encore, mais que semblait ombrer une soudaine gravité» (A. Gide, *La Symphonie pastorale,* 1919, p. 904).

◊ **OMBRURE**

Subst. fém. Rare. Obscurité, ténèbres. «Alors le guss Hugo se lève et éteint la lumière. Nous plongeons aussitôt dans les ombrures qui exaltent les mauvaises odeurs ambiantes» *(Dict. de San-Antonio, Mets ton doigt où j'ai mon doigt,* 1974, p. 83).

◊ **PÉNOMBRE**

[*Pénombre* bien que relevé d'abord comme terme de peinture est vraisemblablement la francisation du lat. sc. *penumbra* (du lat. *paene:* «presque» et *umbra:* «ombre», créé par le physicien allemand J. Kepler en 1604. Du domaine sc., le mot est passé dans celui de la peinture *(TLF)*]

A. – **1.** Zone d'ombre qui résulte de l'interception (partielle, temporaire ou définitive) des rayons d'une source lumineuse par un corps opaque. «Le chef opérateur déchire et troue les papiers qu'il place devant les projecteurs et qui lui permettent, une fois sa source de lumière découverte, de sculpter et de modeler la pénombre» (J. Cocteau, *Le Foyer des artistes,* 1947, p. 195).

▶ *ASTRONOMIE.* «Partie périphérique, moins sombre que la zone centrale d'une tache solaire, entourant cette zone» *(Muller 1980).* «Une tache se compose d'une partie centrale très sombre, ou noyau entourée d'une bordure moins foncée, dont la structure est souvent filamenteuse, et qu'on appelle la pénombre» (A. Danjon, *Cosmographie: classe de mathématiques,* 1948, p. 248).

2. *ART/PEINTURE.* [En parlant d'un tableau] Point de passage du clair à l'obscur, de l'ombre à la lumière. «La Loge [par Renoir], conçue dans une harmonie sourde, dans une pénombre chaleureuse, est une œuvre d'élégance quintessenciée et de haut style» (J. Mauclair, *Les Maîtres impressionnistes,* 1923, p. 136).

3. Faible lumière, clarté (notamment au lever du jour et à la tombée de la nuit). *Synon. Demi-jour;* → **Obscurité**. Plonger dans la pénombre. V. → CLAIR-OBSCUR, ex. 1. «[...] la pénombre d'une bibliothèque aux volets clos [...]» (G. Bernanos, *La Joie,* 1929, p. 647).

1. «Lorsqu'on entre dans une **salle obscure** de cinéma, notait un psychologue, tant qu'on est occupé à suivre la placeuse, à ne pas trébucher dans la **pénombre**, les images sur l'écran restent plates: elles

OMBRE

ne prennent leur réalité spectaculaire qu'au moment où l'on est assis.» (*Histoire des spectacles*, 1965, p. 13.)

B. – *Au fig.*

1. État de ce qui est à moitié caché, à peine visible, secret. Agir, intriguer dans la pénombre. V. → OBSCUR, ex. 3. «[...] il s'agît [...] de réminiscences comme celle de l'inégalité des deux marches ou le goût de la madeleine, il fallait tâcher d'interpréter les sensations comme les signes d'autant de lois et d'idées, en essayant de penser, c'est-à-dire de faire sortir de la pénombre ce que j'avais senti [...]» (M. Proust, *Le Temps retrouvé*, 1922, p. 878). «Il importe aujourd'hui [pour la justice] d'instruire les affaires dans la clarté je ne dis pas sur la place publique Cela vaut mieux que cette fausse pénombre, cette fausse pudeur» (*Paris Match*, 27 janv. 1983, p. 47).

2. Manque de clarté, de netteté (des idées, du raisonnement). «Un homme moderne, et c'est en quoi il est moderne, vit familièrement avec une quantité de contraires établis dans la pénombre de sa pensée et qui viennent tour à tour sur la scène» (P. Valéry, *Variété III*, 1936, p. 200).

◊ **PÉNOMBREUX, EUSE**

[De *pénombre*, + *suff. -eux*]

Adj. Rare. Qui est baigné dans une faible lumière; qui est mal éclairé. *Synon.* → **Obscur, sombre.** Fumoir pénombreux; salle pénombreuse. «J'avais, en nageant, gagné le fond pénombreux de la grotte» (A. Gide, *Feuillets d'automne*, 1949, p. 1110).

PIE

[P. RÉF. aux couleurs noires et blanches du plumage de la pie, oiseau (famille des *Passereaux*) aux ailes et à la queue noires et au ventre blanc, vivant dans les régions tempérées, connue pour son jacassement bruyant et incessant (d'où l'expression *être bavard comme une pie*) et pour son habitude d'accumuler des provisions et parfois de petits objets brillants dans son nid *(pie voleuse, être voleur comme une pie)*]

• *Adj.* [En parlant de choses noires et blanches] *Surtout dans la loc. nom. masc.* • **Voiture pie.** Voitures noires et blanches de la police parisienne dans les années soixante. La Renault-dauphine ou voiture (-) pie de la police parisienne. «Je roulais avec la hantise de la voiture pie ou du Land-Rover kaki, prêt à bifurquer à chaque instant […]» (B. Blier, *Les Valseuses*, 1972, p. 111). «[…] manifestation place de l'Opéra, à l'initiative du M.L.F. et de Choisir. M. Marcellin avait donné des ordres précis: la police a cogné particulièrement dur. Une voiture pie a même tenté de renverser des femmes, qui refusaient de circuler» (G. Halimi, *La Cause des femmes*, 1992, p. 105).

✱ En ZOOLOGIE, p. anal. de couleur avec la pie, l'adj. *pie* qualifie le pelage de certains animaux dont la robe est de deux couleurs séparées par plaques et dont l'une est blanche (la deuxième parfois noire), en particulier, en. HIPPOLOGIE [En parlant d'un cheval] *Pie noir*. «C'est beau, un alezan clair […] suivi du tonnerre de l'escadron […], des étalons blancs des trompettes aux juments pie des serre-files» (J. Giraudoux, *Électre*, 1937, II, 7, p. 171). «Le cheval pie demeurait immobile entre les brancards de la voiture» (A. Dhôtel, *Le Pays où l'on n'arrive jamais*, 1955, p. 242). *P. ell. en empl. subst.* **Un pie, une pie.** Monter un pie. *P. anal.* [En parlant de bovins] «[…] déjà le décor familier des haies vendéennes, les chemins creux, les talus couronnés de souches, les vaches pie qui ont le beurre si jaune nous préviennent de nous tenir convenablement et de ne plus nous appuyer aux coussins de la voiture» (H. Bazin, *Vipère au poing*, 1948, p. 162). *P. ell. en empl. subst.* Pie rouge de l'Est.

✱✱ À noter aussi **PIOLÉ, ÉE**, *adj.* [de *pie*, *suff. -elé, -eler* — la forme en *-o-* faisant difficulté – 1225: *pielé*:; puis, 1269-78, pïoler: «bigarrer»] *Région. (Centre).* Qui est marqué de taches de rousseur. *Visage piolé.* «Il aperçut le petit gosse (…). Il l'embrassa sur sa joue piolée où tombait une mèche de cheveux roux» (J. Renard, *Journal*, 1910, p. 124).

◊ **AILE-DE-PIE**

[P. RÉF. à la couleur noire des ailes de la pie]

Loc. adj. Rare. Noir. «Frère Calixte qui marchait en tête et réglait l'allure, peinait sur ce sentier de rédemption. C'était l'instant où la forteresse des falaises qui soulevaient l'enclume du plateau se parait de cette livrée aile-de-pie qu'elle revêt aux dernières lueurs du jour – éclats d'acier bleu et noir et de fumée» (P. Magnan, *La Maison assassinée*, Denoël, 1984, p. 86).

◊ **QUEUE-DE-PIE**

[P. RÉF. à la couleur noire (et parfois à la forme) de la queue des pies]

POIX

A. – Couleur queue-de-pie, *loc. adj. Rare.* Noir. «La Rose Sépulcre, on pouvait la connaître depuis toujours, chaque fois elle vous éblouissait. Son visage en triangle s'élargissait par le haut en un front buté, rétréci par les bandeaux de la chevelure couleur queue-de-pie bleu acier à la lumière du jour plutôt que noire, sauf à la nuit tombante» (P. Magnan, *La Maison assassinée*, Denoël, 1984, pp. 55-56).

B. – Queue-de-pie. *Subst. fém. P. méton., p. anal.* de forme et de couleur. Redingote noire, formée de deux pointes semblables à des queues de pies. «Les maîtres d'hôtel en queue-de-pie erraient de table en table, excitant les garçons» (J. Duvignaud, *L'Or de La République*, 1957, p. 12). «[...] il aimait la démocratie tant décriée par le manoir, ses présidents en queue-de-pie, ses comités combinards [...]» (B. Poirot-Delpech, *L'Été 36*, 1984, p. 46).

POIX

[P. RÉF. à la couleur noire de la poix, matière visqueuse à base de résine ou de goudron, utilisée pour coller]

A. – Noir de poix/*P. ell.* De poix, *loc. adj.* ou *loc. nom. inv.* Très sombre; noir. «Il paraît que même dans un noir de poix la présence d'une personne se marque par une sorte de phosphorescence au blanc de ses yeux» (H. Pourrat, *Les Vaillances, farces et aventures de Gaspard des montagnes..* 1. *Le Château des sept portes ou les enfances de Gaspard*, 1922, p. 35). «Au-dessus de nos têtes, le ciel apparaît confusément entre les cimes noires des arbres, et noir lui-même, d'un noir de poix» (M. Genevoix, *Ceux de 14*, 1950, p. 198).

    1. «Vers sept heures et demie l'**obscurité** d'un **noir de poix** autour de nous tourna au **gris livide** et nous comprîmes que le soleil s'était levé.»
(B.-M. Koltès, *Quai ouest*, 1985, p. 77).

    2. «La joie la clarté convulsées
Perdent leur éclat leur fraîcheur
Ma souffrance devient visible
Bagarre effrénée sur l'estrade
Visage de crin **flambant noir**
Odeur de suie plafond **de poix**
Ours démuselé panthère traquée
Crépuscule de la fureur
Les cages vides sont fermées
Une chèvre aride au ciel étoilé
Vieillit en calculant son âge.»
(P. Éluard, *Moralité du sommeil*, 1941, p. 1049.)

* On note aussi la comparaison de couleur noir comme de la poix: «Ils s'asseyaient, les mains nouées entre les genoux, les vieux, les priseurs au-dessous du nez noir comme de la poix, près des jeunes qui tiraient sur leur brûle-gueule» (H. Pourrat, *Les Vaillances, farces et aventures de Gaspard des montagnes.* 3. *Le Pavillon des amourettes ou Gaspard et les Bourgeois d'Ambert*, 1930, p. 180).

POLAR

[P. RÉF. à la couleur noire des couvertures de la célèbre *Série noire*, collection de romans policiers ou polars]

Noir polar, *loc. adj. inv.* Noir (caractéristique des couvertures de la *Série Noire*). «Par un étrange mimétisme, Viviane Hamy ressemble à la maquette des livres qu'elle édite. Le cartouche central de chaque couverture, noir polar, est de toutes parts cerné par la couleur» (*Pdat*, 28-05-90, p. 13, c. 1- Barbier C.).

PRUNEAU (D'AGEN)

[P. RÉF. à la couleur noire d'une variété de pruneaux, en particulier du pruneau d'Agen]

Adj. inv. Rare. [En parlant d'une personne] Au teint et aux cheveux foncés, noirs. V. → BITUMEUX, ex. 1.

PUNK

– *En emploi subst. Rare.*

«[...] un miroir nous renvoie l'image de Geneviève mince et brune, un pruneau, le visage organisé pour le rire»

(Fr. Nourissier, *Le Maître de Maison*, 1968, p. 120).

PUNK

[P. RÉF. à la couleur noire des vêtements des punks, mouvement de la jeunesse qui vit le jour au milieu des années 1960 en réaction contre le mouvement hippie (qui voulait opposer la paix, le culte du bonheur, l'idéal de vie communautaire, la liberté sexuelle, aux valeurs sclérosées de la société industrielle). Les *Punks*, du mot américain qui signifie: «moche, minable; voyou» se caractérisent par un look excentrique, des vêtements le plus souvent noirs, déchirés et retenus par des épingles à nourrice, une crête de cheveux multicolore et des percings, ainsi qu'une culture musicale rock (représentée notamment par les *Sex Pistols*) et un état d'esprit nihiliste. «No Future!» (Pas d'avenir!) ou «Destroy!» (Détruis!), devises des punks pour lesquels le monde est pourri et tout ce qui est beau ou harmonieux prohibé.

Si l'authentique mouvement punk a pratiquement disparu, on estime qu'il a influencé bon nombre de musiques provocatrices et de groupes tels que les gothiques, les alternatifs et les grunges des années 90 de *Nirvana*] (V. → RÉBELLION).

Noir punk, *loc. adj. inv. Rare. Mod.* (2003, *infra*). Noir caractéristique de la tenue des punks.

1. «**NOIRS DÉSIRS**.

Virilité affirmée, tenues **charbonneuses**, coordonnés en cuir, vêtements de terroir, le prêt-à-porter masculin, présenté à Paris du 24 au 28 janvier, présage un hiver 2003-2004 de crise. [...] À Paris, les créateurs de caractère ont déployé, sur les podiums [...], des camaïeux de **noir punk** et de **gris militaire**, dramatisés par des éclairs de **rose vif** et dévorés par une sorte d'énergie **sombre**. Ceux qui confondent monde et falbalas seront déconcertés par ces tenues sans complaisance, oscillant entre le passe-muraille des tissus grand-père et l'agressivité la plus mâle.»

(*Le Monde, Aujourd'hui*, Styles, 1. 2. 2003, p. 27 – J. Brunel.)

RAMONEUR

RAMONEUR

[P. RÉF. à la couleur des vêtements du ramoneur souillés par la suie des cheminées]

A. – 1. [Pour nuancer *brun* ou *noir*]

a) **Brun ramoneur**, *loc. adj. inv.* Brun foncé. «Ces lambris sont égayés de ces couleurs [...] qui, sous le Directoire, conservent encore leurs tons atténués, vert clair, bleu ciel, rose, jaune tendre, rehaussés par des fonds sombres, des bruns ramoneurs» (Hautecœur, *L'Art sous la Révolution et l'Empire*, 1954, p. 46).

b) **Noir ramoneur**, *loc. adj. inv.* «L'univers de Franck Sorbier, jeune couturier bourré de talent, [...] rend hommage aux petits métiers [...]. Ses modèles sont des robes "populaires" en organza de soie noire [...] Beaucoup de "noir ramoneur" dans cette collection ponctuée de temps à autre de couleurs vives [...]» (D. Ageorges, *Art de vivre, Mode BeauteTen*, 13. 7. 2000, stlaurent.html.).

B. – Ramoneur. *Subst. masc.* ZOOLOGIE *[ORNITHOLOGIE] Synon. rare de* → **rouge queue noir**.

1. «Le **Rouge queue noir**. Espèce protégée. Tout comme l'Hirondelle de fenêtre, le **Rouge queue noir** est à l'origine un montagnard séduit par nos constructions. Ne l'appelle-t-on pas parfois le **"ramoneur"**, comme s'il avait sali son plumage de suie au contact des cheminées?»
(*http://www.lpochampagneardenne. com/livres/hte_marne/ rougequeue_noir.htm*)

✱ *Ramoneur* est le plus souvent utilisé, pour exprimer la couleur, dans la comparaison **noir comme un ramoneur (de cheminée)**. «P. [...] se lève et va ouvrir la porte. Un spectre se tenait là, blanc comme neige jusqu'au-dessous de la poitrine, mais le bas du corps noir comme un ramoneur» (Légende, *Le fantôme du Petit-Ballon*, *http://www.alsace-vosgesrando.com/08_ legende.htm*). On peut parfois noter, avec la variante RAMONAT, la comparaison: **noir comme un bonnet de ramonat**. «Je commençai par visiter soigneusement l'emplacement de l'incendie [...] les quatre murs branlants et noirs comme un bonnet de ramonat» (Rolland, *C. Breugnon*, 1919, p. 259). Par référence au fait que le ramonage des cheminées était souvent effectué, à Paris, par de petits savoyards «montés» dans la capitale pour gagner leur vie, la forme comparative vieillie **noir comme un (petit) savoyard** était assez fréquente au XIXᵉ siècle. «Quand je redescendis dans la cuisine où des lames de parquet brûlaient en flammes joyeuses, l'ancien cuistot, noir comme un savoyard, passait ses pouvoirs à Bouffioux devant l'escouade assemblée» (R. Dorgelès, *Les Croix de bois*, 1919, p. 69). On a aussi nommé **Petit Ramoneur Savoyard**, un chocolat noir au Grand Marnier, «créé à Chambéry vers 1955 [...]. De forme rectangulaire, il est plié à la main et, parfois, vendu dans une boîte imitant une cheminée» («Les douceurs», *http://www.mairie-chambery.fr/fr/ tourisme/manger/douceurs.htm*).

RAT

[P. RÉF. à la couleur noire du pelage de l'espèce la plus commune de rats (famille des *Muridés*), mammifère rongeur qui vit dissimulé. *Rat* est probablement issu d'un radical ratt-, par imitation du bruit fait par l'animal en grignotant]

A. − *Argot. P. méton.* [P. RÉF. aux vêtements noirs portés] *Vieilli.*

• **Rat de palais,** *loc. nom. masc.* Huissier de justice. «Daniel n'est pas un perso taillé pour les grands espaces et les grandes batailles, mais un "rat de palais", plus à l'aise dans les salons mondains de Fantir que dans les rues de Los Angeles» (*Les tigres volants.org*)/21/08).

• **Rat de prison,** *loc. nom. masc.* [P. allusion aux visites qu'il rend aux prisonniers] Avocat (*Schwarz, Dictionnaire pratique de l'argot de voleur*).

B. − • **Sang (-) de (-) rate,** *loc. nom. masc.* MÉDECINE/PATHOLOGIE. Maladie infectieuse provoquée par la *bactéridie charbonneuse* et commune à l'homme et à l'animal. *Synon. vieilli.* → **Anthrax, charbon, fièvre charbonneuse, mal noir.** V. → CHARBON, ex. 3, ex. 4. «La Beauce et la Brie le sont au point que les pertes dues à la tuberculose dépassent déjà, et de beaucoup, celles que leur infligeait le sang de rate avant l'intronisation des vaccinations pastoriennes!» (E. Nocard, La Tuberculose bovine, 1903, p. 4).

1. «Déjà on savait, avec Davaire, que chez les animaux morts de **sang-de-rate** (le **charbon**), on trouvait un organisme allongé, qui semblait être la cause de la maladie. Pasteur montra la spécificité de cette maladie et, après avoir découvert le vaccin par l'examen du choléra des poules, il donna la méthode pour vacciner les animaux contre ce terrible fléau.»

(«Les grands hommes. Pasteur»,. *cancoillotte.net*);

C. − *Au Fig. Argot.* [P. RÉF. à la couleur noire de l'animal et par allusion au fait que le rat est un rongeur, qui «grignotte» ses aliments] • **Avoir un rat dans la contre**-**basse/le grenier,** *loc. verb.* Être un peu fou; être dérangé. *Synon. argotiques*: *Avoir des charançons dans l'abat-jour/ une punaise dans le bois de lit*; → **Avoir une araignée au plafond/un cafard/ des cafards dans la tête/des cases noires dans le cervelet/des papillons noirs.**

∗ «Objet de craintes réelles ou supposées, le rat a, très tôt, fait partie du bestiaire de la folie. Les caractéristiques du rongeur (couleur sombre, rapidité, petitesse, prédilection pour les coins et recoins) le rapproche, dans ce domaine, de l'*araignée*, du *cafard*, de la *chauve-souris*, des *papillons noirs*; […] Dans le cas du rat − bien connu pour ses effets dévastateurs − s'ajoute la notion de détérioration de l'entendement […]. La présence fig. d'un animal inquiétant dans la tête permet en tout cas de traduire le dérangement psychique, le parasitage de la pensée, voire fournit une représentation de l'idée fixe» (X. Pommereau, *Dict. de la folie*, 1995, s. v. *rat*, p. 358). On disait aussi autrefois [à partir de 1718], *avoir des rats (dans la tête)*: avoir l'esprit folâtre, étourdi; avoir des caprices, des idées bizarres. «Il lui a pris depuis peu un nouveau rat» (*Ac. 1798-1878*).

RÉBELLION

[P. RÉF. aux valeurs *fig.* du noir et à son lien récent avec la révolte, la rébellion, la couleur étant devenue, au cours du XXe s., la couleur-drapeau de la jeunesse rebelle, notamment avec les *blousons noirs*]

Noir-rébellion, *loc. adj. inv.* Le noir comme couleur représentative de la provocation, de l'anarchie (→ **drapeau noir**), et de la rébellion. V. aussi → Punk et *blouson noir.* [Dans la citation suivante, à propos de chansons]

1. «Quand Johnny chante **Noir** *c'est noir*, en 1966, le moral du rockeur est au plus bas: il sort de cure de désin-

RÉGLISSE

toxication, soupçonne sa femme de vouloir le quitter et a le fisc sur le dos. Mais déjà le ton est plus revendicatif. Car la nouvelle génération refuse de subir son destin et clame le **noir** de la révolte. Avec des œuvres comme *Idées noires, Soleil noir,* ou *Noir et blanc...* Bernard Lavilliers a trouvé dans la chanson un exutoire à sa colère. Jeune, il a connu les cités HLM et la délinquance. Ce **noir**-là rejette la société moderne et ses institutions, souvent tenues comme responsables d'un certain désespoir. *Le Père Noël noir* de Renaud, par exemple, est un pied de nez insolent à cette vieille tradition. "Petit Papa Noël" y est dépeint comme un sale type brutal et alcoolique. Des courants musicaux entiers se sont appropriés ce **noir-rébellion**. Dans les années 80, la new wave incarne cette tendance. Ses groupes musicaux sont habillés de **noir** jusqu'au bout des ongles et maquillés de façon dramatique, que leurs membres soient masculins ou féminins. Ils s'appellent The Cure, Dépêche Mode ou encore Jeanne Mas et son tube de 1986, *En Rouge et Noir* : "En **rouge** et **noir**, drapeau de mes colères, je réclame un peu de tendresse..." Il s'agit de se démarquer, d'oser, d'être différent. Le **noir** devient le porte-drapeau de la marginalité, de la singularité qui s'impose dans une société où la norme est de rigueur.

De même dans le rock et sa version extrême, le **Black Metal**. Le **noir** est choisi comme emblème par de nombreuses formations : La **Mano Negra, Noir Désir, Bérurier Noir**... Tenues **obscures** et paroles pessimistes, tout y passe. Dans son *Johnny colère*, **Noir Désir** donne le ton : "Johnny m'a dit : écarte le **rouge**, écarte le **blanc**, la seule couleur, c'est **noir brillant**". Le mouvement rap, de son côté, a tendance à stigmatiser le **noir** en tant qu'**obscurantisme** ou mal absolu. Que ce soit NTM avec son titre *C'est clair* : "J'espère enfin que ma parole éclaire, ceux restés sans lumière, gardez les yeux ouverts. Otez les œillères sinon rien à faire"

ou encore IAM qui tient à rappeler les dangers de ces **ténèbres** dans L'Empire du côté **obscur** "Obscure, la force est **noire, noire** comme le château où flotte l'étendard [...]" Étendard de la révolte ou du désespoir, le **noir** dans la chanson devient le miroir des zones **obscures** de l'âme.»

(Chanson, *France 5.fr*).

RÉGLISSE

[P. RÉF. à la couleur foncée, brun noir, du rhizome de la réglisse, plante herbacée (famille des *Légumineuses papilionacées* du sud de l'Europe) ; p. réf. aussi aux utilisations de ce rhizome en confiserie, sous l'aspect de cachous ou lanières noires plus ou moins larges, parfois enroulées en cercle, parfois en bâton à mâcher ou en poudre de couleur brune pour la préparation d'infusions et de boissons rafraîchissantes. P. réf. aussi à la couleur brunâtre du sirop de réglisse préparé avec une décoction du rhizome, du sucre et du miel (→ ZAN)]

A. – [*Réglisse* est un terme chromatique intermédiaire entre le champ du brun et du noir]

1. (Couleur) De réglisse, *loc. adj. inv.* Brun noir ou noir/**Noir réglisse,** *loc. adj.* ou *loc. nom. inv.* Noir intense et brillant. V. → AIRELLE, ex. 1. «C'était un pauvre veston élimé, couleur réglisse, de drap mince, rêche et vulgaire, et qui le dégoûtait un peu» (A. Gide, *Les Caves du Vatican*, 1914, p. 830). «Une planche de livres courait, épousant tous les angles, le long des murs peints à la chaux et décorés d'une frise ocre égyptien et noir réglisse» (J. Arnoux, *Les Gentilshommes de ceinture,* 1928, p. 90). «La fillette de sucre candi, aux nattes de réglisse, prend notre main pour nous conduire au club des papillons, Monelle marxiste-léniniste» (M. Leiris, *La Règle du je*u, 3, Fibrilles, 1966, p. 210). «L'été le goudron fondait. Mou d'abord, il devenait liquide et couleur de réglisse» (M. Rouanet, *Nous les filles*, 1990, p. 77).

1. «[...] dans mon enfance une partie de pêche sur l'Èvre signifiait qu'on courait sus au gros gibier : ces eaux **couleur de réglisse** passaient pour nourrir des bêtes centenaires, comme les étangs de Fontainebleau [...].»
(J. Gracq, *Les Eaux étroites*, 1976, p. 20).

2. *P. ell.* **Réglisse.** *Adj.* ou *subst. masc.* (D'une) Couleur foncée; brun noir ou noir intense et brillant. «Lafcadio voulut s'élancer; le geste qu'il fit pour ouvrir la portière laissa couler le veston réglisse à ses pieds» (A. Gide, *Les Caves du Vatican*, 1914, p. 832).

2. «[...] le **noir**, ça s'entretient. Et pas comme le reste. Aujourd'hui, renouvellement de garde-robe oblige, il faut disposer des produits adéquats pour que nos vêtements préférés gardent toute leur intensité de couleur. Pour cela, heureusement, les Mir **Black** Magic et autres Coral **Black** Velvet sont là! Et, complice incontournable des **dessous noirs** : le protège-**slip noir**, lancé sur le marché en avril (Alldays **Black**) pour répondre aux besoins des 20 % de femmes adeptes de la lingerie **réglisse**. Les fabricants pensent à tout! Moralité : maintenant que même les produits d'entretien et d'hygiène courants se sont adaptés en beauté à cette nouvelle "couleur", il n'y a plus aucune raison de ne pas se laisser tenter!»
(M.-E. Luquet, «Le noir nouveau est arrivé... Douceur du noir au quotidien», *altema. com.*)

B. – *Subst. masc. Arg., pop.* Vin rouge. *Synon.* → **Jus de réglisse.** «Plumet a dû s'envoyer dans l'entonnoir mon bidon d'réglisse qu'i d'vait m'apporter. Et d'autres avec, et il est tombé saoul qué'qu'part par là» (H. Barbusse, *Le Feu*, 1916, p. 25).

◊ **JUS DE RÉGLISSE**

[P. RÉF. à la couleur plus ou moins foncée, brun noir à noir, selon la concentration du jus de réglisse, boisson rafraîchissante ou expectoriante]

✷ La loc. **couleur de jus de réglisse** a été employée par Huysmans, dans le célèbre «repas noir» de *À Rebours* : «On avait mangé dans des assiettes bordées de noir, des soupes à la tortue, des pains de seigle russe, des olives mûres de Turquie, du caviar, des poutargues de mulets, des boudins fumés de Francfort, des gibiers aux sauces couleur de jus de réglisse et de cirage, des coulis de truffes, des crèmes ambrées au chocolat, des poudings, des brugnons, des raisinés, des mûres et des guignes [...]» (J.-K. Huysmans, *À Rebours*, 1884, p. 16). Cette loc. ne semble plus avoir cours et *jus de réglisse*, par référence à la couleur, ne fonctionne plus qu'en *argot* pour désigner une personne de race noire *(France 1907)* et pour nommer un vin rouge (argot des soldats, première guerre mondiale). *Boire, s'envoyer du jus de réglisse.*

RYKIEL

[P. RÉF. à la couleur noire, couleur fétiche de Sonia Rykiel, styliste célèbre qui emploie le noir de manière omniprésente dans ses collections : de la fin des années 60 avec le célèbre «petit pull noir», jusqu'à nos jours, avec notamment l'utilisation de cette couleur dans les collections pour enfants. S. Rykiel, la «dame en noir», a souvent exprimé son rapport au noir, notamment dans son ouvrage autobiographique *Et je la voudrais nue* (Grasset, 1979) : «Le noir est une couleur indécente... quand on la porte bien [...] Il auréole et sublime les autres couleurs, à condition de bien savoir s'en servir». Ce noir répond au rouge, couleur-identité de S. Rykiel : rouge de ses cheveux, rouge force, passion. «Rousse et rouge c'était trop mais c'était juste, juste assez pour moi. Je vivais éblouie par ces rayons qui me collaient au corps comme une seconde peau.» Née rousse, S. Rykiel a fait du rouge une force, une puissance, un destin, dont le noir est l'écho : « Si je ne mets pas de rouge, c'est que je le porte en moi. » V. vol. → *Le Rouge*, notamment la préface de S. Rykiel]

Noir Rykiel, *loc. adj. inv. Mod.* Noir caractéristique de Sonia Rykiel.

1. «"Et j'ai imposé le **noir**, ma couleur fétiche, parce qu'il peut être terriblement indécent quand on le porte bien."
Pourquoi le **noir** ? Ils sont nombreux à rôder autour du **noir** Rykiel. Pas une année ne passe sans que les journalistes spécialisés n'en fassent un article. Madeleine Chapsal, son amie proche, l'évoque : "Le **noir** qui cerne, qui dessine, qui fait mieux voir les visages comme le savent depuis l'Antiquité les peuples du désert et de la Méditerranée. Le **noir** qui rend plus touchantes les jeunes filles, plus impressionnantes les femmes et plus beaux les enfants. Le **noir** qui, à la fois, souligne et dissimule…"
Pourquoi Sonia en a-t-elle fait sa "couleur-drapeau" ? Pourquoi crie-t-elle : "Toi, couleur, décidée à vivre, à dépasser, à crier, tu ne toucheras pas au **noir**… Je te crèverais le corps avec le **noir**, je te réfléchis dans le **noir**, je te plonge dans le **noir**."
De qui, de quoi parle-t-elle lorsqu'elle ose se décrire comme "ivrogne, **noire**, saoule de l'**obscurité** pour vivre à tâtons et mieux sentir, mieux entendre la fulgurance, la **griserie** ou ne pas voir du tout, les yeux fermés pour deviner" ? Objection enfance. Son amour du **noir**, elle le tient d'avant tout drame : "J'ai repéré le **noir** très tôt. Il était d'abord l'auréole que je mettais autour de ma taille, la ceinture de ma mère…"
En octobre 1998, Sonia inscrit "Mille et une Nuits" en **lettres noires**, SAINT-GERMAIN en majuscules de strass, et sa propre signature accompagne le mouvement **noir** et brillant : "Quand on est dans l'obsession, quelque chose se détache. C'est comme l'âme qui se détache d'un corps mort."
Qu'il l'aide à crier, à murmurer ou à taire sa douleur d'un deuil permanent, le **noir** fait gagner Sonia Rykiel. Ils sont nombreux, les non-aveugles, voyants et voyeurs, qui ne voient rien. La **dame en noir** a triomphé parce qu'elle a su trouver la beauté, "un jour, dans le cœur de l'enfant aux yeux bandés. Si le deuil n'est pas le **crêpe noir**, il est dans le cœur". »
(C. Castillo, E. Pisier, *Sonia Rykiel. Quand elle n'a pas de rouge elle met du noir*, 2001, pp. 208-209.)

2. « Jean-Paul Gaultier sait qu'il n'échappera pas à la question : "Son regard sans âge [de Sonia Rykiel] dégage une force sublime. Je vous ai parlé des couleurs Rykiel, sans jamais évoquer le **noir**. Mais je sais bien que vous l'attendez de moi comme des autres. Le **noir** Rykiel ? Un **noir** intégral. Plus **noir** que celui de Saint Laurent. Le total **noir** de Rykiel… Mais ce **noir** intégral ouvre à la demi-teinte… Moi, ce matin, je pense encore au **corail-saumon** de son pantalon qui montre la cheville, je pense à son pull aux manches d'angora **bleuté**."
Comme en écho, Sonia, elle-même, renchérit : "Mon luxe, aujourd'hui, c'est de dépasser ma légende, celle de la **femme en noir**, alors que je me vautre dans le **rose**, le **violet**, le **vert**, ces couleurs **cyclamen** qui sont de vraies couleurs de peintre…" »
(C. Castillo, E. Pisier, *Sonia Rykiel. Quand elle n'a pas de rouge elle met du noir*, 2001, p. 210.)

SABLE

[P. RÉF. à la couleur noire de la fourrure de la zibeline, cette fourrure noire recouvrant fréquemment les boucliers et écus. Probablement de l'ancien bas francique, lui-même emprunté au russe *sobol*: «zibeline»]

Subst. masc. HÉRALDIQUE/BLASON. (Émail de) couleur noire. Bordure composée d'or et de sable. «Vous portez écartelé de sable et d'argent ([...] Moi, d'argent aux deux léopards de sinople, lampassés de gueules» (Cl. Farrère, *L'Homme qui assassina*, 1907, p. 66). «Hermine. Une des fourrures héraldiques représentée en blason par un champ d'argent, semé de mouchetures de sable sans nombre» (*L'Histoire et ses méthodes.*, 1961, p. 761).

▶ [En parlant d'un aigle à deux têtes] «Il porte de sable à l'aigle d'or au chef parti» (*Ac. 1935*).

> 1. «Les couleurs du Blason n'existent qu'en nombre limité (six d'un usage courant) et portent dans le blason français des noms particuliers: **or (jaune), argent (blanc), gueules (rouge), sable (noir), azur (bleu) et sinople (vert)**. [...] Le **SABLE** qui est la négation de la lumière, évoque la prudence, la sagesse et la constance, mais aussi la regéné-

ration. En aspect négatif il est symbole d'abandon, de lâcheté et de tristesse.» (Paradoxe/Couleurs du blason, in pages.infinit.net/paradoxe/herald2.html.)

✱ *Sable* désigne, de nos jours, une nuance beige clair, comme le sable. «Saharienne coton mercerisé lavable. Blanc, sable, kaki ou châtaigne» (*Catalogue Madelios*, été 1951, p. de couv.).

✱✱ ZIBELINE, altération sous l'influence de l'italien du Nord *zibellino* (XVᵉ s.), de l'ancien moyen français *sabelin*, *sebelin*, a une origine commune avec *sable*, en HÉRALDIQUE, mais le cheminement précis de ces diverses formes n'est pas encore élucidé *(TLF)*.

SCARABÉE

[P. RÉF. à la couleur noire du scarabée, insecte du genre *Coléoptères* caractérisés par des antennes munies de lamelles latérales mobiles pouvant s'écarter en éventail. Les scarabées sont des bousiers qui vivent des déjections d'herbivores, formant des boules d'excréments qu'ils enterrent pour les consommer à loisir ou pour y pondre. Insecte millénaire, le scarabée est un symbole de mort et de renaissance chez les anciens Égyptiens: identifié avec le dieu Khépri, le Soleil levant, il fût utilisé comme sceau ou amulette dès le Moyen Empire]

Noir-scarabée, *loc. adj.* ou *loc. nom. inv.* Rare. Noir intense et brillant. «Ahhh! Je pus reconnaître le noir scarabée des yeux du fils de mon ami juste avant qu'il ne pousse un cri de surprise et de peur» (V. Dubois, «Avez-vous l'heure?». *lfkl.edu.my/lfkl*). «Pigeon mulhousien. Élevé vers 1900 dans la région de Mulhouse par les membres de la société Ornithologique, créée en 1893. [...] Race très productive appelée à l'origine "Pigeon d'utilité Mulhousien". [...] D'un noir scarabée intense et régulier, une légère décoloration des rémiges est tolérée, toutefois à éviter» (C. Grunenberger, «La basse-cour», Le Mulhousien» le_mulhousien.htm).

SOIR

[P. RÉF. au fait que le noir est «la» couleur de l'élégance, fréquemment employée de nos jours pour les tenues de soirées]

Noir-soir, loc. adj. ou loc. nom. inv. MODE. (1967, infra). V. → CINÉMA, ex. 1. «En haut, à gauche, le noir-soir, un noir spectaculaire avec cette blouse-blouson» (Marie-Claire, n° 263, nov. 1972, p. 127 pub).

SOMBRE

[Sombre, subst., attesté dès 1179, se retrouve au XIVe s. dans sombre cop [cou]; de même était attesté dès le XIIe s. le composé essombre: «ténèbres; ombre», à l'aide du préfixe es-à valeur intensive; du lat. classique ex-. D'origine obscure, sombre est peut-être dérivé d'un ancien verbe sombrer, du bas lat. subumbrare, dér. du lat. classique umbrare, de umbra: «ombre» (le préf. sub- marquant la position inférieure). V. l'espagnol sombra: «ombre», XIIIe s. (altération du lat. umbra: «ombre», sous l'influence de sol, «soleil», solombra, «ombre», 1250, par opposition de sol y sombra). V. aussi l'ancien provençal solumbrar, XIVe, de la même origine lat., sous l'influence de sol: «soleil» (d'après TLF)]

Adj.

A. – **1. a)** [En parlant d'un lieu] Qui est peu éclairé; où la lumière, la clarté n'est pas intense. Synon. → **Noir, obscur, pénombreux, ténébreux.** Un appartement, un coin, un escalier, une pièce, une rue sombre. V. → TÉNÉBREUX, ex. 1. «Dans le parc, une longue allée d'arbres vénérables aux troncs gainés de velours noir et vert, une allée sombre et silencieuse qui fait songer aux avenues mélancoliques de nos plantations du Sud» (J. Green, Journal, 1938, p. 151).

– [P. méton.] «[...] la sombre profondeur du corridor [...]» (A. France, Le Petit Pierre, 1918, p. 138).

Subst. masc. sing. à valeur de neutre. Synon. → **Noir, obscurité, pénombre.** «Le temps était toujours au sombre dehors. Les nuages bas passaient en sifflant dans les peupliers nus» (J. Giono, Batailles, in Mont., 1937, p. 126). «Dans le sombre d'une loge, un bras pur de femme se lève» (Fr. Mauriac, Journal, 2, 1937, p. 120).

• **Coupe sombre,** loc. nom. fém.

SYLVICULTURE. Coupe peu importante (qui laisse la forêt sombre) ne portant que sur quelques arbres et destinée à favoriser l'ensemencement naturel. Synon. Coupe d'ensemencement. Anton. → **Coupe blanche, claire.** «En termes sylvicoles une coupe sombre est une coupe qui ne laisse pas percer les rayons du soleil. C'est par conséquent une coupe d'où l'on a extrait très peu d'arbres contrairement au sens donné à cette locution dans le langage courant» (J. Cochet, Culture, aménagement et amélioration des Bois, 1963, p. 60).

– *Au fig.* (1910). Réduction importante de qqc. (d'un écrit, du personnel). «Je tremble à l'idée de la sélection, des coupes sombres que je vais être forcé d'opérer dans mes relations» (R. Fallet, Carnets de jeunesse, 1947, p. 78). «Il lui arrive fréquemment de faire des coupes sombres dans les papiers des rédacteurs et des correspondants» (G. et H. Coston, L'A.B.C. du journalisme: cours élémentaire en 30 leçons, 1952, p. 103).

b) [En parlant de la source de lumière] Qui éclaire mal; qui donne peu de clarté. Synon. → **Faible, pâle.**

1. «Il n'est pas nécessaire qu'il y ait au-dessus des groupes du Greco des anges surhumains et spectraux qui s'élèvent, ou derrière ses Christ pendus d'énormes nuées **grisâtres** qui l'isolent de l'univers, la **sombre** lueur est partout dans les fronts levés, les orbites creuses, la terre aride et les habits de velours **noir**.» (E. Faure, Histoire de l'art, 1921, p. 67.)

SOMBRE

◗ *En partic.* [La couleur foncée est signe de mauvais temps; en parlant du ciel] Qui est obscurci, privé de lumière. *Synon.* → **Assombri.** «Corrida de Tolède par un temps frais et mouillé de septembre, un ciel sombre» (J. Gracq, *Lettrines*, 1967, p. 210).

− [*P. méton.*; en parlant du temps, d'une période de l'année] Temps sombre et couvert; journée sombre. «Novembre sombre et sale n'est pas un très bon mois pour voir Prague. Je vous conseillerais plutôt janvier qui est toujours clair et ensoleillé» (P. Claudel, *Correspondance* [avec Gide], 1910, p. 182).

• **Faire sombre.** *loc. verb.* Faire peu clair; être mal éclairé. *Synon.* → **Faire noir.** «Mais qu'il fait sombre! On n'y voit goutte... Lève donc un peu l'abat-jour» (P. Géraldy, *Toi et moi*, 1913, p. 28). «Il faisait sombre et bleu sous les platanes» (J.-P. Sartre, *Le Sursis*, 1945, p. 59).

c) *MYTHOLOGIE/RELIGION.*

• **Les sombres bords/Le sombre empire/Le royaume sombre,** *loc. nom. masc. Vx. Littér.* [P. OPPOS. au *paradis* ou *royaume éternel, céleste; royaume du ciel, des cieux*] Enfers, séjour des morts. *P. ext.* mort. *Synon. Royaume infernal; royaume de la mort/des morts; royaume de Pluton;* → **Lieu/néant/royaume noir;** → **Empire/royaume/séjour de l'ombre/des ombres; royaume des ténèbres.** «Il frôlait anxieusement tous ces corps obscurs comme si, parmi les fantômes des morts, dans le royaume sombre, il eût cherché Eurydice» (M. Proust, *À la recherche du temps perdu, Du côté de chez Swann*, 1913, p. 230). «Je me demande comment on peut se retourner encore sur les sombres bords de l'Achéron» (M. Jouhandeau, *Monsieur Godeau intime*, 1926, p. 87).

∗ Dante, dans *La Divine Comédie*, décrit son voyage à travers l'Enfer et le purgatoire pour rejoindre sa femme, Béatrice, au Paradis. L'Enfer de Dante est un mélange entre la mythologie grecque et les croyances catholiques. Pour Dante, l'Enfer est un lieu situé dans la profondeur de la terre et formé de neuf cercles dont chacun est plus profond que le précédent. Pour pouvoir accéder au royaume de Dieu il est nécessaire de traverser la terre par son centre et de passer le fleuve Achéron grâce au passeur Charon. Dans le cinquième cercle est le marais noir du Styx, où veille Phlégyas le nocher et où les colériques, rancuniers, et mélancoliques sont boueux et se massacrent entre eux ou se noient au fond du marais. «Le sombre empire d'Yama, comme le royaume de Satan, est creusé dans les profondeurs souterraines, composé de plusieurs cercles qui descendent, l'un au-dessous de l'autre, en d'interminables abîmes, et dont le nombre diversement rapporté par les mythologues, est souvent de neuf, ou d'un multiple de neuf. Les tortures s'y rencontrent pareilles, et affectées aux mêmes crimes: ténèbres; sables enflammés; océans de sang, où les tyrans sont plongés; régions brûlantes, auxquelles succèdent des régions glaciales» (F. Ozanam, *Essai sur la philosophie de Dante*, 1838, p. 211). Cette représentation des enfers dans la profondeur sombre de la terre se retrouve fréquemment dans la littérature.

2. [En parlant d'une chose concrète d'un animal, etc.] Qui est mêlé de noir ou se rapproche du noir; qui est d'une couleur foncée; brun, gris profond ou noir. Des vêtements sombres. V. → NOIR, ex. 7, ex. 20, ex. 24. «Il portait une cravate Lavallière, un costume de velours sombre» (E. Dabit, *L'Hôtel du Nord*, 1929, p. 192).

2. «L'arbre aveugle vers l'arbre étend ses
membres **sombres**,
et cherche affreusement l'arbre qui disparaît...
mon âme ainsi se perd dans sa propre forêt,
où la puissance échappe à ses formes suprêmes...
l'âme, l'âme aux yeux **noirs**, touche aux **ténèbres** mêmes,

SOMBRE

elle se fait immense et ne rencontre rien...»
(P. Valéry, «Charmes», *Poésies, Album de vers anciens, La Jeune Parque*, 1922, p. 130.)

♦ [En parlant d'une couleur, de son intensité ou de son éclat] Qui est foncé, tirant sur le brun ou le noir; qui est peu éclatant. *Synon.* → **Noirâtre, ténébreux.** *Anton. Lumineux, vif;* → **Clair.** Bleu, rouge sombre; ton, couleur sombre; lierre, forêt, verdure sombre. «Et ce feuillage n'est plus d'un vert sombre, presque noir, semblable au vert des forêts du Congo, mais d'un vert aigu, joyeux, vibrant comme ces champs d'orge rencontrés soudain au défaut d'une dune, en Tunisie, après des lieues de sable roux» (A. Gide, *Le Retour du Tchad*, 1928, p. 950). «[...] nous avons cueilli des fleurs de souvenir, des aconits [...]. Ce sont des pétales d'un bleu sombre, légèrement inclinées sur la tige, qui ont servi de modèle, dit-on, pour le bonnet phrygien» (J. de Pesquidoux, *Le Livre de raison*, t. 2, 1928, p. 28). «Les assises de couleurs [...] se détachaient [...] galets d'un gris sec, laisse de mer bai brun ou noir sombre, galets mouillés jaune pâle, gris avec des reflets» (Y. Queffélec, *Un recteur de l'île de Sein*, 1944, p. 95).

– *Emploi subst. masc. sing.* Couleur foncée. V. → OUTRENOIR, ex. 8.

▌ART [PEINTURE] *P. méton.* [En parlant d'une période de temps pendant laquelle ont régné les couleurs sombres, foncées] «Le XVIIe marque sa préférence pour les peintures (Poussin, Rembrandt), tandis que le XVIIIe n'a de goût que pour la lumière et la couleur. Si le XIXe est un siècle sombre, la réaction s'affirme au XXe dans tous les domaines» (*Les Musées français*, 1950, p. 21).

Emploi subst. masc. sing. à valeur de neutre. Couleur sombre. *Anton.* → **Clair, clarté.** V. → OUTRENOIR, ex. 4. «Chez Seurat, tout contour d'objet est régulièrement déterminé par le contraste d'un clair et d'un sombre; chacune de ces valeurs extrêmes se dégradant aussitôt pour aller chercher la valeur contraire à l'autre extrémité du plan dont elle constitue le point de départ» (*Arts et Littérature*, 1935, p. 30).

▌[En parlant de la couleur des cheveux] Cheveux sombres; mèches sombres. V. → CLAIR-OBSCUR, ex. 3.

▌[En parlant de la couleur de la peau, du teint d'une personne] «Une jeune noire rehausse de quelques turquoises son incomparable vêtement de peau sombre» (Colette, *La Jumelle*, 1938, p. 26).

3. *P. ext.* [En parlant d'une autre sensation que la vue]

a) [Domaine de l'odorat; en parlant d'un arôme, d'une odeur forte, pénétrante ou âcre] «Et je déplorais qu'une paresse, née du sombre arôme de l'opium et de l'heure tardive, me retînt encore de gagner mon lit» (Colette, *Ces plaisirs*, 1932, p. 13). «C'était là en effet une odeur sombre, épaisse comme le reflet de cette nuit épaisse de laquelle il émergeait et que nous ne connaîtrions jamais» (M. Duras, *La Douleur*, 1985, p. 74).

b) [Domaine de l'ouïe; en parlant d'un son, d'une voix] Sans clarté, grave ou voilé. Parler d'une voix sombre. «Vous oubliez cette phrase poignante de la Huitième Symphonie (qui d'ailleurs est tout entière dominée par le Cor soutenu des sombres colorations de la contrebasse)». (P. Claudel, *Figures et paraboles*, 1936, p. 166). «Le tumulte sombre du travail des hommes grondait toujours» (J. Giono, *Batailles*, 1937, p. 343).

[*P. méton.*] «Il déclamait d'un organe sombre et cabochard» (Arnoux, *Zulma*, 1960, p. 294).

[Avec une valeur adverbiale] «T'es un artilleur? [...] Non, dit Olivier, je suis du 140 y paraît. 140, 140? répéta l'homme de sa voix qui chantait sombre parce qu'il parlait avec l'accent de la montagne» (J. Giono, *Le Grand troupeau*, 1931, p. 93).

- **Voyelle sombre.** PHONÉTIQUE. «Une voyelle sombre est une voyelle acoustiquement grave, comme [u] de *jour* ou de *loup*, et toutes les voyelles vélaires» *(Linguistique 1972)*. Anton. → **Voyelle claire.**

B. – *Au fig.*

1. [Domaine intellectuel] Qui est difficile à comprendre, qui est peu clair. Poème sombre. «J'ai mené ma vie d'exilé, poussière, quoi! Danse d'atome, (que tout cela [...] me paraît confus, et sombre, et embrouillé, oui, ce fut ma vie!)»
(P. Claudel, *Le Père humilié*, 1920, p. 498).

▶ [En parlant d'une personne, d'une vie] De sombres écrivains, poètes.

2. [Domaine affectif] Empreint de tristesse, de mélancolie, de douleur, ou de pessimisme, d'inquiétude, parfois de menaces.

a) [En parlant d'une personne, de son humeur, de son caractère] *Synon. Taciturne;* → **Atrabilaire, bilieux, mélancolique, ténébreux.** Un caractère, une humeur sombre; le plus sombre des Misanthropes. V. → MÉLANCOLIE, ex. 1, NOIREMENT, ex. 2. «Jacques se sentait redevenir sombre. Il savait bien que pour vivre sur terre il faut en suivre les modes et le cœur ne s'y porte plus» (J. Cocteau, *Le Grand Écart*, 1923, p. 96). «Balzac, plus sombre encore [que Stendhal], assemble autour de soi, pour se faire une idée plus approfondie, et comme plus mordue, de la société, tous ceux que leur métier fait observateurs et chercheurs d'infamies et de choses honteuses, le confesseur [...], l'homme de police, tous préposés à déceler, à définir, et, en quelque sorte, à administrer toute l'ordure sociale» (P. Valéry, *Variété II*, 1929, p. 121).

▶ *[P. méton.]* [En parlant d'un aspect physique de la personne traduisant l'humeur, le caractère sombre] D'une austérité triste ou menaçante. *Synon.* → **Ténébreux.** Un air, un regard sombre. «Il avait la figure sombre et défaite. En le voyant, nous eûmes peur. Un malheur?.... interrogea Rouletabille» (G. Leroux, *Le Parfum de la dame en noir*, 1908, p. 28). «Une vieille gravure anglaise représente l'arrestation d'un homme: un officier, l'œil sombre, saisit l'épaule du malheureux, alors qu'un soldat, armé d'une hallebarde, fonce sur celui-ci» (*Encyclopédie de l'éducation*, 1960, p. 256).

b) [En parlant d'un inanimé] D'une tristesse tragique ou menaçante. *Synon. Funeste, funèbre, inquiétant, sinistre.*

▶ [En parlant d'une activité intellectuelle, artistique, de la vie affective et psychique, d'un état d'esprit, d'un sentiment] Être plongé dans une sombre rêverie, de sombres pensées, de sombres réflexions (→ **Avoir le blues** [vol. → **Le Bleu**], **broyer du noir**); un dîner, un repas sombre et silencieux; de sombres avertissements, présages, pressentiments. V. → NOIR, ex. 12. «Jamais plus qu'à présent, il n'avait exercé sur elle de sombre fascination» (Fr. Carco, *L'Homme traqué*, 1922, p. 173). «Elle pensa: "Quel dommage! Pourquoi a-t-il fallu qu'il m'aime, de cet amour sombre et mauvais? [...]"» (E. Genevoix, *Charlebois*, 1944, p. 183). «L'extension précoce aux ganglions, l'aggravation rapide ne tardent pas à révéler la nature cancéreuse de l'affection et à faire porter le plus sombre pronostic» (Quillet, *Dict. de la Médecine*, 1965, p. 504).

[Avec une valeur d'intensif] Être en proie à une sombre terreur, un sombre désespoir; une sombre tragédie. V. → TÉNÉBREUX, ex. 1 «C'est la faute de mon caractère violent, exagéré, fantasque!

SOMBRE

Je passe du plus sombre découragement aux plus futiles espérances : à fond de cale, et, l'instant d'après, emballé jusqu'aux nues ! » (R. Martin du Gard, *Les Thibault, Le Cahier gris*, 1922, p. 622).

▶ [En parlant d'un espace de temps] Journée, moment. sombre ; années sombres. « De meurtre en meurtre, de catastrophe en catastrophe, où aboutirons-nous ? Chaque année semble un peu plus sombre que la précédente » (J. Green, *Journal*, 1934, p. 236).

– *Emploi subst. masc. sing. à valeur de neutre*. Caractère sombre ; tristesse, mélancolie. Le riant et le sombre. *En loc.*
• **Au plus sombre de**. Au moment le plus triste, tragique de. « Cette photographie dans une chambre d'EssenDiéras montre Lavallière, au plus sombre de sa gloire terrestre » (Fr. Mauriac, *Journal*, 2, 1937, p. 119).

3. *Fam. En antéposition.* [En parlant d'une personne ou d'une chose ; *sombre* fonctionne comme superlatif pour renforcer un terme injurieux ou péjoratif] Déplorable, lamentable. Sombre brute, crétin, imbécile ! « C'est une sombre connerie, toute cette histoire ! Bien sûr qu'ils existent ces camps. C'est ignoble, et c'est nécessaire » (S. de Beauvoir, *Les Mandarins*, 1954, p. 338).

◊ **ASSOMBRIR**

[De *sombre*, + préf. *a*- ; dés. *-ir*]

Verbe transitif.

A. – [En parlant de la luminosité] Priver de lumière ; rendre obscur, sombre.

1. [Le complément désigne un lieu] *Synon.* → **Enténébrer, obscurcir.** *Anton.* Éclairer, illuminer. Les nuages assombrissent le ciel. « D'épais rideaux de velours prune […] assombrissaient cette pièce où tout avait un air de cérémonie » (J. Green, *Chaque homme dans sa nuit*, 1960, p. 13).

Emploi pronom. passif. Devenir (plus) sombre. Le paysage s'assombrit.

2. [Le complément désigne un objet, une couleur] Rendre plus foncé, ôter l'éclat, ternir. Assombrir une couleur.

Emploi pronom. passif. « Les boiseries du cabinet jaune s'assombrirent encore » (P. Adam, *L'Enfant d'Austerlitz*, 1902, p. 80).

Au part. passé en emploi adj « […] mais tout cela maintenant se confond en un violet assombri, et le dôme seul brille encore » (P. Loti, *Vers Ispahan*, 1904, p. 91).

B. – *Au fig.*

1. [Domaine intellectuel ; le complément désigne une manifestation de l'esprit, un événement, une situation] Rendre obscur, peu intelligible, difficile à comprendre. *Synon.* Embrouiller. *Anton.* Éclaircir. « […] il peut y avoir des accidents nerveux graves ou des complications hépatiques qui assombrissent le pronostic » (E. Brumpt, *Précis de parasitologie*, 1910, p. 347).

2. [Domaine affectif] Rendre obscur, sombre, mélancolique, triste.

▶ [Le complément désigne un sentiment, une idée] « N'assombrissons pas la joie de ces quelques heures » (J.-K. Huysmans, *L'Oblat*, 1903, p. 246).

▶ [Le complément désigne une personne et, *p. méton.*, sa physionomie, son état d'esprit] « Pourquoi assombrir de jeunes fronts ? » (R. Boylesve, *La Leçon d'amour dans un parc*, 1902, p. 17.)

Emploi pronom. Elle s'assombrit ; son humeur, son regard s'assombrit. « En même temps une sorte de peur, de détresse m'assombrissait » (M. Barrès, *Mes Cahiers*, t. 2, 1898-1902, 6ᵉ Cahier, 1902, p. 765). « Toujours assis par terre, d'abord il se recueille et son regard s'assombrit » (P. Loti, *L'Inde [sans les Anglais]*, 1903, p. 685). « […] une expression de déconvenue, de tristesse assombrit son visage charmant» (A. Gide, Si le grain ne meurt, 1924, p. 561).

3. Prendre un aspect négatif, tragique. *Emploi pronom. passif.* Devenir sombre, inquiétant. L'avenir s'assombrit. «La situation budgétaire, qui avait été magnifique pendant quelques années, s'assombrissait à vue d'œil» (H. Chardon, *Les Travaux publics: essai sur le fonctionnement de nos administrations*, 1904, p. 239).

∗ Le dérivé **ASSOMBRISSEMENT**, *subst. masc.*, a d'abord été utilisé au sens fig. (1801), puis avec une valeur concrète (1873). *Assombrissement du ciel, des couleurs d'un tableau; assombrissement de l'humeur.* «Dans l'immense assombrissement, plein d'hommes et de choses, partout, les lumières commencent à s'allumer.» (H. Barbusse, *Le Feu*, 1916, p. 105). «De nouveau elle constata un assombrissement de cette physionomie, assez marqué pour qu'elle commençât de l'interroger, sur sa santé d'abord» (P. Bourget, *La Geôle*, 1923, p. 127). «Puis il y eut en moi cet assombrissement qui se fait soudain à l'approche de la mort» (J. Genet, *Miracle de la rose*, 1947, p. 275).

◇ **SOMBREUR**

[De *sombre* + *suff. -eur*. Sur le modèle de *blancheur, rougeur, noirceur*]

Subst. fém. Littér. Vx. Synon. de → **Noirceur, obscurité.**

A. – Manque de clarté, de lumière. *Synon.* → **Noir, obscurité, pénombre, ténèbre(s).** «La sombreur du Grand Parc surgit...» (Fr. Jammes, *L'Arc-en-ciel des amours*, 1931, p. 23.)

B. – *Au fig.* Caractère sombre, taciturne, pessimiste ou tragique. *Synon. Tristesse*; → **Mélancolie.** «J'ai lu le bouquin, ainsi que les autres bouquins de Selby Jr. Je dois dire que La Jaule est très difficile à lire, mais il s'assagit, car Le Saule redonne une touche d'espoir dans la sombreur de cet auteur» (Forum, 29. 9. 2002, forum. krinein.com/).

∗ Mot courant autrefois (en particulier au milieu du XVIIᵉ s.), dans un sens concret ou figuré: «[...] une tache de sang troua la sombreur du ciel, abritant la voie interdite» (J.-K. Huysmans, *Les Sœurs Vatard*, 1879, p. 122). «Je te le dis pour effacer un peu la sombreur de mon autre lettre d'aujourd'hui» (G. Flaubert, *Correspondance, supplément*, 1880, p. 175). «[...] elle faisait, lorsqu'elle était mécontente, passer, dans la sombreur de son regard, des nuances irritées, sur le sens desquelles son maître ne se trompait point» (J.-K. Huysmans, *Là-bas*, ch. VI, 1891, p. 118).

SOULAGES

[P. RÉF. au «noir-lumière» ou «outrenoir» de l'œuvre de Pierre Soulages]

Noir (-) Soulages, *loc. nom. inv.* Noir caractéristique de Soulages. *Synon.* → **Noir (-) lumière, outrenoir.**

1. «Pierre Soulages: **lumières** d'"**outrenoir**".
Depuis un demi-siècle et plus, le Français Pierre Soulages est "le peintre du **noir**". Pourtant, son matériau premier est la **lumière**. [...]
"J'aime l'autorité du **noir**, dit-il. C'est une couleur qui ne transige pas. Une couleur violente mais qui incite pourtant à l'intériorisation. À la fois couleur et non-couleur. Quand la **lumière** s'y reflète, il la transforme, la transmute. Il ouvre un champ mental qui lui est propre." Car c'est là que tout se passe: dans la **lumière** du **noir**. Ou plutôt dans la faculté du **"noir Soulages"** à réfléchir la **lumière**, à la moduler, la sculpter, y soulever des lames de fond, y creuser d'**obscures** profondeurs, y scander des rythmes et tensions, y plisser des textures géologiques.»

(Label France, le magazine, «Pierre Soulages: lumières d'"outrenoir"», n° 50, avril 2003 – Fr. Jaunin.)

SOUTANE

▶ *P. ext.*, en parlant d'une chose concrète] Noir qui rappelle le noir des toiles de Soulages; noir intense qui renvoie la lumière.

2. «Dépourvue de titre comme la majorité des autres, cette toile a eu l'heur d'être un jour baptisée "Tag & Day" par un critique... Les graffitis sur un mur lépreux, un homme (peut-être un chômeur) vague sosie de Sean Connery jouant les Lénine déchu, et qui semble attendre. Quoi? Le rêve américain ou bien une hypothétique révolution à prendre comme un train en marche. Impression renforcée par la tonalité **rouge** de la toile et le **noir** "Soulages" de la banquette. Toujours la distance et la dérision.»
(J. Bonnefoy, «Exposition», free.fr)

∗ V. aussi ➜ NOIR, ex. 48, ex. 49, ex. 50.

SOUTANE

[P. RÉF. à (l'ancienne) soutane noire des prêtres: le noir étant considéré comme une couleur neutre, une couleur «morale», d'abnégation (➜ ECCLÉSIASTIQUE)]

Noir soutane, *loc. adj. inv. Rare*. Noir profond qui rappelle celui des soutanes des prêtres (d'autrefois). *Synon.* ➜ **Ecclésiastique**. «Voici le jaune acide des colzas, les rouvres rongés de parmélies, les petites vaches qui partagent avec les pies l'honneur d'hésiter entre le noir soutane et le blanc barrière» (H. Bazin, *La Mort du petit cheval*, 1950, p. 232).

∗ Voir aussi, par réf. à la couleur noire portée, les diverses appellations des prêtres:
➜ CORBEAU, FUSAIN.

STAR

[P. RÉF. au cinéma en «noir et blanc» et par allusion aux connotations de luxe et de sensualité des robes noires des stars (➜ CINÉMA)]

Noir (-) star, *loc. adj. inv.* Noir. V. ➜ CINÉMA, ex. 1. V. aussi ➜ **Black star** (➜ ANTHRACITE, ex. 2). «Brassière-balconnet en dentelle noir star, qui s'enfile comme un T-shirt» (*Marie-Claire*, mars 1987, p. 176).

SUIE

[P. RÉF. à la couleur foncée, noirâtre, de la suie, matière épaisse produite par la fumée et qui recouvre les parois de la cheminée, ou p. réf. au noir obtenu du *noir de suie*]

A. – [Pour nuancer *brun* ou *noir*. Suie est un terme chromatique intermédiaire entre le champ du brun, du gris et du noir]

1. Brun-de-suie, *loc. adj. inv. Rare.* Brun gris. [Le plus souvent en parlant des cheveux, de la peau, du teint] «[...] cheveux courts, noirs ou brun-de-suie avec un reflet rougeâtre [...], peau brun-chocolat sombre ou brun-de-suie» (A.-C. Haddon, *Les Races humaines*, 1930, pp. 31-32).

2. Noir de suie/Noir suie, *loc. adj.* ou *loc. nom. inv.* Couleur foncée, tirant sur le noir. *Synon.* ➜ **Noirâtre**. «[...] à droite, l'autel en bronze doré, couvert de fleurs [...] surmonté d'une petite vierge d'un noir de suie, comme calcinée par les flammes des cires [...]» (J.-K. Huysmans, *L'Oblat*, 1903, p. 140). «Les pigeons avaient la tête de l'emploi. Deux reflets noir suie» (D. Picouly, «Tête de nègre», in *Le Monde*, 17. 8. 1996).

▶ *En partic.* [En parlant de la peau, du teint] «[...] la pigmentation de leur peau va du bronze au noir de suie, et leurs cheveux courts et crépus sont de la même nuance, avec parfois un reflet roux» (J.-W. Page, *Les Derniers peuples primitifs*, 1941, p. 19).

∗ La forme *gris de suie* n'a pas été rencontrée.

B. – *P. ell.* **Couleur de suie/De suie**, *loc. adj. inv.* D'une couleur sombre, terne; brun, gris ou noir. «De sa fenêtre, Lucie voyait des cheminées, un coin de ciel couleur de suie» (E. Dabit, *L'Hôtel du Nord*, 1929, p. 187). «Derrière l'horizon, au pied des gratte-ciel de Manhattan couleur de suie, des oncles attendraient agités, que le paquebot se colle aux docks rouillés de l'Hudson» (B. Poirot-Delpech, *L'Été 36*, 1984, p. 126).

1. «Des murs **blancs, jaune crème, bruns** et **noirs**, des toits d'ardoises et de tuiles **couleur de suie**»
(M. Van Der Meersch, *L'Empreinte du dieu*, 1936, p. 211.)

◆ *En partic.* [En parlant de la peau, du teint]

▶ D'une couleur terne, grise (en signe de vieillesse, de maladie). «[…] les petites filles vêtues de haillons, […] les vieilles couleur de suie, aux cheveux emmêlés, tous ceux que la faim et le froid ont chassés des taudis, et qui sont poussés comme des rebuts par les vagues» (J.-M.-G. Le Clézio, *Désert*, 1980, p. 310).

2. «La saison des pluies recommence
Oh comme elle est triste l'enfance
La saison des pluies est finie
La saison des pluies recommence
Et les vieillards **couleur de suie**
S'installent avec leurs vieilles balances
Quand la terre s'arrête de tourner
Quand l'herbe refuse de pousser
C'est qu'un vieillard a éternué.»
(J. Prévert, «L'Enfance», *Histoires*, 1963, p. 48.)

▶ D'une couleur sombre, foncée, d'un brun plus ou moins foncé à noir (caractéristique d'une race particulière). «Les Aeta des îles Philippines, dont la taille est de 1 mètre 45 environ, ont la peau couleur de suie et des cheveux courts, crépus, d'une teinte sombre qui tient le milieu entre le gris fer et le noir» (J.-W. Page, *Les Derniers peuples primitifs*, 1941, p. 19).

3. «Seulement, il exagérait, traitant sa pratique en tas de viande: il pesait l'innocent pour mieux prélever sa livre de chair… Tout, d'ailleurs, chez ce domestique des puissants dégoûtait la Comtesse: son antre **sombre**, son costume de croque-mort, son teint **de suie**, ses **ongles en deuil**, et son odeur de putois.»
(Fr. Chandernagor, *L'Enfant des Lumières*, 1995, p. 135.)

∗ P. RÉF. à la couleur de leur peau sombre, **Sac de suie**, *loc. nom. masc.* désigne de manière péjorative, une personne de race noire. V. → NOIRCICAUD/NOIRCICOT, ex. 1.

C. − *Au fig.* [P. RÉF. aux valeurs *fig.* du gris: monotonie, banalité, tristesse] «Pendant toutes ces années où il a grandi parmi des maisons et des vies couleur de suie, le socialisme était son seul espoir […]» (S. de Beauvoir, *Les Mandarins*, 1954, p. 48).

∗ V. aussi MÂCHURER, à rapprocher de *suie* et de *obscurcir*.

TAUPE

[P. réf. aux trous souterrains et sombres dans lesquels vit la taupe, petit mammifère, répandu en Europe et en Amérique, au museau allongé en boutoir, aux yeux très petits, presque aveugle (mais à l'ouïe et à l'odorat très développés); parfois p. réf. à la couleur foncée, entre gris et noir du pelage de la taupe].

Subst. fém.

A. − [En *loc. comparative*] *Fam. Rare. Vieilli* • **Noir comme une/des taupe(s)**, *loc. adj.* Très noir. «Tandis que dans ces paysages de terre cuite, la pensée court perpétuellement sur l'horizon, ce qui fait sans doute qu'ils sont passionnés et discoureurs, car leur pensée n'a ni détail ni premier plan; ils sont juristes; philosophes; et, au surplus, noirs comme des taupes, tout cela faute de pluie» (Alain, *Propos*, [1909] 1936, p. 57).

• **Faire noir comme dans un trou de taupe/comme dans une taupe**, *loc. verb.* Faire très sombre; manquer de lumière. *Synon.* ⇾ **Faire noir comme chez le diable/comme dans un cul/ dans un four/dans la gueule d'un loup**. «Si vous donniez un peu de jour ici; il fait noir comme dans une taupe. Il va à la fenêtre de droite dont il tire les rideaux: il fait grand jour» (G. Feydeau, *La Dame de chez Maxim*, 1914, I, 1, p. 4). «[...] mais où qu'nous sommes, et c'est pas l'pus bath, i'fait noir comme dans un trou d'taupe» (M. Genevoix, *Ceux de 14*, 1950, p. 172).

B. − Taupe. *Subst. fém. Au fig. Péj.* [1798, *fig.*, (Ac. *1935*)] Personne infiltrée dans un milieu plus ou moins hostile pour l'espionner; délateur, traître. *Synon. fam.* ⇾ **Cafard**.

1. «Rien ne va plus dans le Cirque, c'est-à-dire dans le petit groupe d'hommes que sont les plus hauts responsables des services secrets britanniques: une **"taupe"**, c'est-à-dire un faux frère, une double-face, s'est glissée parmi les cinq cerveaux, les tout-puissants et les tout-pensants qui règnent au cinquième étage de la maison avec des manières de chat.»

(*Le Nouvel observateur*, 12. 5. 1985, p. 122, c. 2 − B. Chapuis.)

∗ La référence à la couleur du pelage de la taupe donne parfois lieu à des comparaisons dans le noir (V. la loc. ⇾ **Faire noir comme dans une taupe**), mais ces emplois, encore vivaces au XIXe s,. semblent vieillis [«C'est sec comme de l'amadou, noir comme une taupe (...); voilà l'Espagnol» (A. Dumas père, *Napoléon*, 1831, III, 6e tableau, 3, p. 60)]. *Taupe* entre, de nos jours, dans le lexique des couleurs et le champ du gris, en apposition à *gris (gris [-] taupe)* ou *p. ell., taupe* (*La Mode illustrée*, 1907, p. 343, in DDL 33). «[...] des yeux gris, dans un teint de brune, un peu brouillé; des yeux gris taupe, d'une nuance assez trouble: l'eau qui dort» (R. Martin du Gard, *Les Thibault, La Belle saison*, 1923, p. 928). «Le paysage, en certains lieux, comme dans la sierra de Gredos, en est complètement transformé, les masses conifères, d'un vert de bronze, alternant avec la blancheur du calcaire ou le gris-taupe du granit» (A. T'Serstevens, *L'Itinéraire espagnol*, 1963, p. 8). «Veston-spencer, court et cintré en tweed irlandais taupe, blanc [...]» (*Le Point*, 5. 9. 1977, p. 20, c. 1 − Aubry C. Niermans).

TÉNÈBRE(S)

** Pour les sens *fig.* et *péj.* des «animaux noirs», v. notamment ➜ ARAIGNÉE, CAFARD, LOUP, RAT, et ➜ **papillons noirs.**

TÉNÈBRE(S)

[Emprunt au lat. *tenebrae*: «obscurité, nuit; ténèbres de la mort, de la cécité; enfers; au *fig.*: obscurité de l'esprit; ténèbres de l'oubli; ténèbres d'une situation embrouillée, difficile; ténèbres du malheur». Enrichissement sémantique dans la langue chrétienne où le terme désigne l'enfer chrétien; les démons (fin IVe s.); le néant de l'ignorance, de l'incroyance, du péché. Terme de liturgie (XIIe s.) en raison des ténèbres qui accompagnèrent la mort du Christ et que rappelait lors de la célébration de cet office l'extinction progressive des cierges allumés dans le chœur; ceux-ci figuraient la gloire de Dieu semblant disparaître peu à peu jusqu'à la mort du Christ *(TLF)*]

Subst. fém. pluriel.

A. – **1.** Absence de lumière (naturelle ou artificielle). *Synon.* ➜ **Noir, obscurité**. Un ciel, une nuit, un océan de ténèbres; s'enfoncer, marcher, être plongé dans les ténèbres; être enveloppé, environné de ténèbres; (être) au cœur des ténèbres; ténèbres affreuses, effrayantes, redoutables; avoir peur des ténèbres. V. ➜ MÉLANCOLIE, ex. 12. «Comme certains volets, un mouvement à peine perceptible de deux doigts ouvre leurs lattes, et la pièce qui était dans les ténèbres devient une féerie ensoleillée» (H. de Montherlant, *Les Célibataires*, 1934, p. 901).

▶ *Au sing Littér.* ou *poét.* **La ténèbre.** Obscurité profonde. La ténèbre de la nuit. V. ➜ ENTÉNÉBRÉ, ex. 2. "(...) les bruits perdus du silence nocturne, coassement de grenouilles, appel d'un oiseau, aboi de chiens espacés; et, à droite ou à gauche, dans l'ombre opaque de la plaine, le mugissement plaintif d'un taureau à l'aventure, invisible. La ténèbre avivait un cabestro pâle, un cheval blanc, lividités éclatantes.» (Henry de Montherlant, *Les Bestiaires*, 1926, p. 500). «Au lieu de la ténèbre brumeuse qui faisait alors un halo aux lanternes et à leurs fantômes, régnait une lune tranquille» (Peyré, *Matterhorn*, 1939, p. 264). «[…] en cette saison la cellule humaine habitée: la maison, l'hôtel, la petite ville, s'y resserre et s'y calfeutre fortement contre la ténèbre hostile: chaque ville où on entre, chaque porte poussée, après le vide froid et noir du crépuscule, fait jouer sur la chaleur et la lumière une serrure magique […]» (J. Gracq, *Lettrines 2*, 1974, p. 34)

▶ *ART [GRAVURE/PEINTURE]* Partie sombre. V. ➜ NOIR, ex. 13 (**manière noire**).

♦ *En partic.*

▶ Obscurité d'une prison. Ténèbres d'un cachot. «Ils étaient soumis au régime des arrêts de rigueur […]. C'est-à-dire que trois jours durant on les enfermait dans les ténèbres absolues, avec pour tout aliment du pain et de l'eau» (Van Der Meersch, *Invasion 14*, 1935, p. 92).

– *P. méton., littér.* Cachot, geôle. «Silence! Sans trêve […] bourdonnent dans ma tête les propos cent fois entendus de mes compagnons de ténèbres» (J. Tharaud, *La Relève*, 1919, p. 102).

▶ État d'une personne non voyante, cécité. Vivre dans les ténèbres. «Si le destin n'est pas orienté par une valeur supérieure, si le hasard est roi, voici la marche dans les ténèbres, l'affreuse liberté de l'aveugle» (A. Camus, *L'Homme révolté*, 1951, p. 95).

2. *Poét.* Couleur très sombre, obscure. *Synon.* ➜ **Noir.** «Les ténèbres de sa peau» (*Gd. Rob. 2001*).

Le plus souvent sous la forme: ● **De ténèbres,** *loc. adj. inv.* Une chevelure, une couleur, des yeux de ténèbres. «Le cheval trotte […]; derrière lui flotte le sillage de ses crins de ténèbres» (A. de Châteaubriant, *Monsieur de Lourdines*, 1911, p. 236).

◗ ART [PEINTURE]

1. «Y aurait-il eu Hals sans cette utilisation immodérée qu'il a faite du **noir**, et dont il a nourri le premier Van Gogh? Ces fameuses vingt-sept sortes de **noirs**? Haarlem – étrange coïncidence – est aussi le nom du plus grand ghetto **nègre**. **Charbonneuses** ou soyeuses, il se délecte des **ténèbres**, qu'il met en abysses, en abîmes. Frans Hals a su extraire de l'obsidienne son inquiétante étrangeté.»
(A. Leduc, *Les Lettres françaises*, n° 1, juillet 1990, *in Les Mots de la peinture*, 2002, s.v. *ténébrosisme*.)

B. – *Au fig.*

1. [Domaine intellectuel]

a) [P. OPPOS. à clarté, lumière, limpidité, évidence]

◗ Obscurité de ce qui est difficile à connaître, à comprendre, à élucider; manque de clarté dans l'exposition d'un fait, d'un événement, d'un raisonnement, d'un ouvrage. Ténèbres d'une explication, d'un problème. «Les ténèbres de la métaphysique» (*Gd. Rob. 2001*).

◗ Ignorance, manque de compréhension d'un événement passé ou à venir dû à l'éloignement dans le temps. *Synon.* → **Obscurité, nuit.** «Tout cela m'apparaissait comme perdu dans les ténèbres d'un très ancien passé sur lequel, déjà, l'oubli jetait ses voiles» (G. Duhamel, *Suzanne*, 1941, p. 180).

b) [Par opposition à *clairvoyance, connaissance*]

◗ Manque de savoir, état engendré par l'absence de connaissances sur un point particulier. Les ténèbres de l'ignorance.

• **Être, marcher dans les ténèbres**, *loc. verb.* Être ignorant. «Le peuple qui marchait dans les ténèbres a vu une grande lumière; ceux qui habitaient dans la région de l'ombre de la mort, la lumière leur est née» (P. Claudel, *L'Annonce faite à Marie*, 1912, p. 79). «Jonas maintenant faisait école. Il en avait d'abord été surpris, ne voyant pas ce qu'on pouvait apprendre de lui qui avait tout à découvrir. L'artiste, en lui, marchait dans les ténèbres; comment aurait-il enseigné les vrais chemins?» (A. Camus, *L'Exil et le Royaume*, 1957, p. 1636.)

◗ État de ce (ou de celui) qui n'a pas été touché par les lumières du progrès, de la connaissance. *Synon.* → **Obscurantisme.** Les ténèbres des siècles passés. «Selon lui, nous n'avons pas encore réussi à nous dégager du Moyen Âge, qui est à ses yeux une époque de ténèbres» (J. Green, *Journal*, 1943, p. 35).

◗ Aveuglement de l'esprit, dicte une conduite erronée et parfois dangereuse. *Synon.* Aveuglement, erreur, égarement. «Soyez le roi de tout ceux qui sont encore égarés dans les ténèbres de l'idolâtrie et de l'islamisme» (J. Maritain, *Primauté spirituelle*, 1927, p. 142).

c) Période sombre et difficile de l'histoire. «Nous avons vu notre bien-aimée ville de Paris sortir des ténèbres et reprendre sa belle allure de capitale du continent» (V. Larbaud, *Jaune*, 1927, p. 9).

2. [Domaine affectif et moral; par opposition à *certitude, vérité, raison*]

◗ État de doute, d'incertitude, de tâtonnement dans lequel se trouve parfois plongée l'âme humaine. Ténèbres intérieures. V. → SOMBRE, ex. 2.

◗ Parties les plus cachées, les plus insondables de l'âme humaine. Les ténèbres de l'inconscient. «Ne désespérons pas de percer nos propres ténèbres. Simple, impénétrable encore, léger sur ses pieds de songe, peut-être l'invisible s'approche-t-il enfin de nous?» (Colette, *En Pays connu*, 1949, p. 192).

TÉNÈBRE(S)

▶ *RELIGION.* Ce qui échappe à l'entendement, ne trouve aucune explication rationnelle. «[...] Ce sont les ténèbres de la foi, comme dit Fénelon, qui permettent les convictions religieuses» (A. Gide, *Journal,* 1943, p. 198).

II. A. – LITURGIE CATHOLIQUE.

• **Office de(s) Ténèbres.** Office religieux qui se déroulait les trois derniers jours de la semaine sainte, d'abord la nuit, puis le soir, et au cours duquel on éteignait une à une toutes les lumières de l'église. V. aussi → *infra,* ex. 3. «Comme les quinze cierges sur la herse à l'Office de Ténèbres que l'on éteint l'un après l'autre, ainsi les psaumes de Matines, un à un, se sont effacés sous mes doigts et maintenant je suis laissé à moi-même et j'entends au fond de mon cœur un autre psaume qui commence» (P. Claudel, *Un poète regarde la croix,* 1938, p. 146).

2. «Leçons de Ténèbres sous le règne de Louis XIV.

Les **offices des Ténèbres** sont les offices de matines – premier office de la journée, qui se tenait à l'origine peu après minuit – et de laudes – office du lever du soleil – des trois derniers jours de la Semaine Sainte : jeudi, vendredi et samedi. Le jeudi, matines et laudes étaient chantées toutes lumières allumées. Le vendredi, les lampes étaient éteintes progressivement. Le samedi, l'église était plongée dans le **noir** le plus complet. Seul le lecteur avait une lanterne. Le nom d'**office des Ténèbres** vient de cet usage. Ce dernier office est considéré comme un office funèbre donné pour le Christ. Au temps de Louis XIV, ces pratiques avaient évolué : pour des raisons de confort, ces offices se déroulent avant la nuit. Ils se tiennent donc désormais le mercredi, le jeudi et le vendredi soir.

L'**office des Ténèbres** "est composé de tout ce que les prophètes et les Saints Pères ont dit de plus touchant sur les douleurs du Fils de Dieu souffrant et expirant pour le salut des hommes" (in L'Office de la Semaine Sainte, Paris, 1731). [...] À Paris, à la fin du XVIIe siècle, l'**office des Ténèbres** était très suivi, notamment dans les couvents et la foule se pressait pour entendre ces longues plaintes mises en musique par les grands compositeurs du royaume : Charpentier, Couperin, Delalande, etc. (d'après le Guide de la musique sacrée – édition Fayard).»
(http://www.membres.lycos.fr/concentusvocal/lecons.htm.)

▶ *P. méton.*

• **(Chants de) Ténèbres,** *loc. nom. masc.* Textes (généralement tirés des *Lamentations*) récités ou chantés à l'*office des Ténèbres.* Chanter, réciter les ténèbres. «Une grande partie des chefs-d'œuvre de l'art pictural, musical, sculptural, architectural, littéraire, ont leur source dans les événements célébrés en ces jours saints. Il suffit de penser aux tableaux de la Cène, de la Crucifixion, de la Résurrection, aux Pietà, aux Passions, aux chants des Ténèbres, aux Chemins de Croix, etc.» (http://perso.wanadoo.fr/catechisme / them/societ/societe/carnaval.html.)

• **Leçons de ténèbres,** *loc. nom. fém. plur.* Chants ou lectures de l'→ **Office des ténèbres.** Les leçons de ténèbres de Charpentier.

3. «Il y eut deux grandes chandelles dans notre histoire et elles ont coïncidé dans le temps : les **leçons de ténèbres** de la musique baroque, les chandelles des toiles de La Tour. Les **offices des Ténèbres,** lors de la Semaine sainte, constituaient un rite au cours duquel on éteignait une à une, dans le chant, les lettres hébraïques qui forment le nom de Dieu, et une à une, grâce au souffle d'un enfant en robe **rouge** et en surplis, les bougies qui les représentaient dans l'**obscurité** de l'agonie. On chantait les Lamentations de Jérémie et les soupirs de Madeleine. Les versets des Lamentations étaient entrecoupés de vocalises

TÉNÈBRE(S)

sur les lettres hébraïques placées en acrostiche :
"Aleph. Moi, il m'a conduit dans **la ténèbre**
Sans chandelle, il m'a fait marcher.
Bèt. Il a consumé ma chair et ma peau.
Il a cerné ma tête de fatigue :
Il m'a fait habiter **les ténèbres**
Avec les morts de jadis."
Tomas de Victoria, Thomas Tallis, Charpentier, Lambert, Delalande, Couperin, Jean Gilles ont composé les plus belles **Leçons de Ténèbres**. La première moitié du XVIIe siècle fut à la fois une Renaissance poursuivie et une immense vague religieuse. Cette vague s'élève et s'accroît de la fin des guerres de Religion à la mort de Louis XIII, c'est-à-dire de 1594 à 1643, ou encore jusqu'à la mort de Mazarin, en 1661.»
(DOC. n° 40, «Georges de La Tour et Pascal Quignard», 1991, Histoire des Arts, doc. 4, univ-tours.fr.)

B. – *MÉTAPHYSIQUE, RELIGION, THÉOLOGIE, SYMBOLISME.*

1. [Les ténèbres comme obscurité – le plus souvent, P. OPPOS. à la lumière – associées à la mort, à l'Enfer, au mal]

• **Ténèbres initiales/Ténèbres premières**, *loc. nom. fém.* Obscurité dans laquelle était plongé l'univers avant la création du monde. «La même [nuit] qui vient tous les soirs et qui était venue tant de fois depuis les ténèbres premières» (Ch. Péguy, *Les Mystères des Saints Innocents*, 1912, p. 26). «[...] l'expression qu'Homère applique à ses héros, roulé sans relâche en son cœur, et qu'avive volontairement sa mémoire, – Voici, dans les riches et prestigieuses ténèbres initiales, comment il se dépeint : The lamp must be replenished, but even then It will not burn so long as I must watch : My slumbers – if I slumber – are not sleep [...]» (Ch. du Bos, *Byron et le besoin de la fatalité*, 1929, p. 40).

• **Les ténèbres de la mort**, ou *absolument* • **Les ténèbres**. Obscurité dans laquelle se trouvent plongés les mourants; *p. ext.*, la mort, le néant. V. ➝ NOIR, ex. 27. «Le jour le plus long viendra qui sera le jour de ma mort, Le jour de ténèbres viendra où je passerai le seuil de la mort!» (P. Claudel, *Processionnal pour saluer un siècle nouveau*, 1910, p. 301.) «Herminien, peu à peu, sortit des ténèbres de la mort et, bientôt, on put entendre son pas encore incertain» (J. Gracq, *Au château d'Argol*, 1938, p. 157). «Marie Trintignant, vous êtes en quelque sorte née au cinéma, et vous avez disparu en lui. Vous êtes de ces familles du cinéma et du théâtre dans lesquelles le désir de l'art naît avec le jour et ne s'épuise que dans les ténèbres de la mort» (J.-J. Aillagon, «Éloge funèbre de Marie Trintignant», 6. 8. 2003, culture.gouv. fr).

∗ Pour l'obscurcissement du ciel et les ténèbres qui se firent à la mort du Christ, v. aussi ➝ ENTÉNÉBRÉ, ex. 2, et ➝ ENTÉNÈBREMENT, ex. 1.

• **L'Empire/le Royaume des ténèbres**, *loc. nom. masc.* [P. OPPOS. au *paradis* ou *royaume éternel, céleste; royaume du ciel, des cieux*] Enfer; séjour des morts. *Synon. Royaume infernal; royaume de la mort/des morts; royaume de Pluton;* ➝ **Lieu/néant/royaume noir, sombre; empire sombre; empire/royaume/ séjour de l'ombre/des ombres.** «Nuit sur nuit, Lady Macbeth erre, mais en avant, au royaume des ténèbres, semblable, dans le vol noir de ses voiles, à quelque immense oiseau de proie englué dans l'horreur» (M.-T. Serrière, *Le T.N.P. et nous*, 1959, p. 106).

• **Ange de(s) ténèbres.** [P. OPPOS. à *ange de lumière*, «confirmé en gloire» par Dieu en récompense de sa fidélité] Ange déchu, démon, précipité par Dieu dans l'abîme après sa révolte. «[Cet homme] était possédé par les puissances maléfiques, téléguidé par les anges des ténèbres, habité, agité et torturé par des forces auxquelles il ne pouvait pas se soustraire. Jésus intervient et le délivre. [...] Plus de démons, plus de forces aliénantes,

TÉNÈBRE(S)

plus de tortures, mais un monde nouveau» («Le démoniaque de Gadara – Marc 5:1-20, *egliselutherienne.org*).

– *P. anal.* [En parlant d'un être humain mauvais, malfaisant] «N'allons pas le grandir, ce brave homme d'Arnauld, en faire un Calvin, un Luther, un ange de ténèbres» (L. Bremond, *Histoire du sentiment religieux*, t. 4, 1920, p. 285).

• **L'ange des ténèbres/L'esprit de(s) ténèbres/Le Prince des ténèbres**, *loc. nom. inv.* [P. OPPOS. à Dieu qui est Lumière] Le diable; Satan. *Synon.* → **Ange noir, ange des nuits.** V. → MÉLANCOLIE, ex. 9. «Il se pencha vers moi, et, presque à mon oreille: – Ni le prince des ténèbres, me dit-il, ni le prince de ce monde, ne peuvent faire qu'une âme se perde si Dieu, malgré elle-même, veut la sauver» (Daniel-Rops, *Mort, où est ta victoire*, 1934, p. 366). «[…] les mémoires bourgeoises […] n'étaient pas éloignées d'assimiler le court-circuit à un hybride de loup-garou et de bête du Gévaudan, conçu une nuit de sabbat par le prince des ténèbres avec quelque sorcière, dans le noir dessein de discréditer la fée électricité» (A. Simonin, *Confessions d'un enfant de la Chapelle*, 1977, p. 158).

4. «Le Desdichado, **le ténébreux**, ne s'apparente-t-il pas au **prince des ténèbres**, à Lucifer révolté et précipité du ciel?»

(M.-J. Durry, *Gérard de Nerval et le mythe*, 1956, p. 179.)

5. «La **Mélancolie** de Cranach propose aussi, à l'évidence, une figuration du diabolique: derrière la ravissante, c'est le **Prince des ténèbres** qui se profile. Du reste, en matière de **mélancolie**, médecine et théologie se complètent et s'articulent: celle-là constatant que les malades, comme dit par exemple Ambroise Paré, voient partout "des diables, serpents, manoirs **obscurs**, sépulcres, et corps morts, et autres choses semblables"; celle-ci n'oubliant pas que l'**humeur noire**, suivant l'enseignement de sainte Hildegarde, est liée au péché originel. […] L'idée est commune au XVIe siècle – et le demeurera au XVIIe – que **mélancolie** et sorcellerie sont étroitement apparentées […]; les démonologues, pour la plupart, ont effectué ce rapprochement. À des fins, il est vrai, tout opposées: les uns pour accabler les sorciers, en faisant valoir que **l'humeur noire** prédispose aux illusions insufflées par le Malin; les autres pour défendre les malheureuses, en expliquant médicalement que leurs visions fantastiques résultent d'une simple maladie. Nul besoin d'entrer dans ce débat pour étayer une hypothèse: l'allégorie de Cranach montre une sorcière en pleine action. tant ses gestes que ses vêtements la désignent comme maléfique […].»

(Y. w Hersant, «Mélancolie rouge», *Question de couleurs. IXe Rencontres psychanalytiques d'Aix-en-Provence*, 1990, pp. 82-83.)

∗ **Lucifer** («porteur de lumière»), l'ange déchu, en passant de la lumière au monde du mal et de l'obscurité, est devenu le **Prince des ténèbres**.

• **Les ténèbres extérieures/du dehors**. [P. RÉF. à la parabole de la robe nuptiale – Évangile selon St. Matthieu, 22, 13 – dans laquelle un roi a mis aux fers et jeté dans les ténèbres extérieures un convive qui, invité aux noces de son fils, s'était mis à table sans avoir revêtu la robe nuptiale (symbolique de la charité chrétienne)] Lieu de châtiment situé en dehors du ciel où sont rejetés les incroyants et les âmes perdues. «Le Paradis est pour ceux qui y croient. Nous autres, nous restons dans ce que vous appelez les ténèbres extérieures. Nous sommes rejetés. Le mot est dur, mais il est dans l'Évangile» (J. Green, *Chaque homme dans sa nuit*, 1960, p. 302).»

2. [Les ténèbres opposées au bien, comme symbole du mal, du péché]. «Je ne crois pas en Dieu. Mais si jamais quelque chose peut influer sur une puis-

TÉNÈBRE(S)

sance, qu'elle soit du mal ou du bien, de la lumière ou des ténèbres, c'est la prière murmurée par un tel homme» (P. Benoit, *L'Atlantide*, 1919, p. 106). «La victoire de la lumière sur les ténèbres sera d'autant plus éclatante que les puissances infernales auront eu plus de chances de réussir dans leurs desseins» (A. Béguin, *L'Âme romantique et le rêve*, 1939, p. 290).

• **L'esprit des ténèbres/Les puissances de(s) Ténèbres.** Principe du mal ; *p. méton.*, personne qui incarne le mal. «Si [...] on y voit [dans la religion] le bien l'emporter sur le mal, la vie sur la mort, les puissances de lumière sur les puissances de ténèbres, c'est qu'il n'en est pas autrement dans la réalité» (Durkheim, *Les Formes élémentaires de la vie religieuse*, 1912, p. 601). «L'esprit du mal, l'esprit des ténèbres, s'était installé au cœur de son enfant!» (R. Martin du Gard, *L'Été 14*, 1936, p. 663.) «Grendel est un monstre, un ogre, un esprit des ténèbres, une incarnation de l'ombre cachée au fond du cœur de l'homme» (www.mythologie-fantastique.com/pages/epopeebeowulf.htm)

∗ **DEMI-TÉNÈBRE** (S), *loc. nom. fém.*. État intermédiaire entre la lumière et l'obscurité, le jour et la nuit. *Demi-ténèbre(s) du couchant ; être baigné dans la/les demi-ténèbre(s)*. «Dans les demi-ténèbres épaisses et dorées, se modelaient mystérieusement certaines figures, dont le charme inconnu et l'extase muette attiraient les regards et le cœur de Christophe» (R. Rolland, *Jean-Christophe, La Foire*, 1908, p. 798). «Les yeux grands ouverts sur la demi-ténèbre, l'oreille tendue, elle percevait le bruissement de sa propre respiration» (M. Druon, *Les Grandes Familles*, t. 1, 1948, p. 19). *Au fig.* «Le voyage aux demi-ténèbres de la Physique sociale ne peut d'ailleurs se faire sans éveiller, dans leur pénombre, diverses transparences qui éclairent, comme par-dessous, tel et tel plan où nos éléments purement matériels rejoignent nos éléments personnels et moraux, et peuvent même aspirer à atteindre telles parties divines de l'ordonnance de la vie» *(http://www.chez.com/maurras/politique_naturelle_7.htm).*

∗∗ «Lumière et ténèbres constituent [...] une dualité universelle qui exprime exactement celle du **yang** et du **yin**. Il s'agit au demeurant de corrélatifs inséparables, ce qui figure le yin-yang, dans lequel le yin contient la trace du yang et réciproquement. L'opposition lumière-ténèbres est [...] en Occident, celle des anges et des démons» *(Dict. des Symb. 1982).*

∗∗∗ *Ténèbre* a donné lieu à de nombreux dérivés : le verbe *enténébrer*, les adj. *enténébré*, *ténébreux*, les subst. *enténébrement*, *ténébrisme* (qui a donné lui-même *ténébrosiste* ou *ténébrosi*). À noter aussi **TÉNÉBRION** [Du lat. *tenebrio* : «ami des ténèbres». 1546. «lutin des ténèbres»] *Subst. masc.* ZOOLOGIE. Insecte coléoptère (famille des Ténébrionidés), d'un noir profond, qui vit dans les lieux sombres. *(Dict. XXe-XXIe s.).*

◊ **ENTÉNÉBRÉ, ÉE**

[De *ténèbre* + dés. *-é, ée*]

I. – *Participe passé* de → **Enténébrer.**

II. – *Emploi adj.*

A. – Qui manque de lumière. *Synon.* → **Noir, obscur, sombre, ténébreux.** [En parlant le plus souvent du ciel, d'un lieu] «Suzanne se tourna vers le fond de cette caverne enténébrée» (G. Duhamel, *Chronique des Pasquier, 9, Suzanne et les jeunes hommes*, 1941, p. 264).

1. «La nuit à l'orient verse sa cendre fine ;
seule au couchant s'attarde une barre de feu ;
et dans l'**obscurité** qui s'accroît peu à peu
la **blancheur** de la route à peine se devine.
Puis tout sombre et s'enfonce en la grande unité.
Le ciel **enténébré** rejoint la plaine immense...
écoute !.... un grand soupir traverse le silence...
et voici que le cœur du jour s'est arrêté»
(A. Samain, «Les Roses dans la coupe», *Le Chariot d'or*, 1900, pp. 46-47.)

TÉNÈBRE(S)

2. « L'éclipse de soleil. À la mort du Christ une **ténèbre** couvrit la terre durant trois heures et selon le codex Bezæ (et plusieurs autres mss), le soleil lui-même "**s'enténébra**" ; cette redondance signalait que l'**obscurité** se fit plus dense au moment où Jésus expira, mais surtout l'expression utilisée revêtait un caractère spirituel évoquant le soleil "**enténébré**" au "Jour du Seigneur", ce jour redoutable annoncé par les prophètes Isaïe (13,10) et Joël (2,2). À ces réminiscences bibliques l'évangéliste ajoutait l'image symbolique du voile du temple se déchirant, expression même de la détresse divine ; mais il n'est pas assuré, historiquement, que le voile du temple se soit fendu en deux. » (ifrance.com/bezae/hist1.html.)

B. – *P. ext.* [En parlant de la voix] *Rare.* Qui n'est pas net, distinct. *Anton.* → **Clair.** « Une voix cependant s'élève, somnolente, enténébrée : "on a bougé ?" » (G. Duhamel, *Chronique des Pasquier*. 1. *Le Notaire du Havre*, 1933, p. 148.)

C. – *Au fig.* [P. RÉF. aux valeurs *fig.* du noir, de l'obscurité]

1. [En parlant d'une faculté intellectuelle, de l'esprit, d'une idée, etc.] Rendu confus, trouble, incapable de lucidité, de discernement, de raisonnement. Esprit, raisonnement enténébré. « [...] un cauchemar plein de réminiscences [...], les souvenirs des songes, [...] si enténébrés que souvent nous ne les apercevons pour la première fois qu'en pleine après-midi quand le rayon d'une idée similaire vient fortuitement les frapper [...] » (M. Proust, *À la recherche du temps perdu*, 8, *Du côté de Guermantes*, 1, 1920, p. 87).

Enténébré de + *subst.* (désignant la cause du manque de lucidité, de raisonnement). « (...) était-ce donc la peine de venir aux Indes, au vieux foyer initial des religions humaines, si c'est tout ce qu'on y trouve : dans les temples, un brahmanisme enténébré d'idolâtrie » (P. Loti, *L'Inde [sans les Anglais]*, 1903, p. 799).

2. Rendu triste. « Alors je ferme les yeux, je m'enivre d'une image : les drapeaux immondes ne flottent plus dans le ciel de la Concorde. La croix gammée ne le souille plus. Notre azur n'est plus enténébré par cette araignée gonflée de sang » (Fr Mauriac, *Le Bâillon dénoué après quatre ans de silence*, 1945, p. 395).

▶ [En parlant de la physionomie d'une personne, du visage sous l'effet d'un sentiment de gêne] **Enténébré par** + *subst.* (désignant une émotion). Rendu sombre, triste par. Visage enténébré par la honte. « Tu savais, toi, Dani, que ce visage dur, tendu, aride que je fais aux autres n'est pas mon vrai visage. Il est seulement enténébré par la solitude et l'exil. Ainsi en est-il lorsque mon visage est nu et mon corps habillé. Qui ne m'a jamais vu entièrement nu ne connaît pas mon vrai visage » (M. Tournier, *Les Météores*, 1975, p. 305).

◊ ENTÉNÈBREMENT

[De *ténèbre* + *en-*, + *-ement*]

Subst. masc.

A. – *Vieilli. rare.* Action d'enténébrer, de rendre sombre, obscur, d'assombrir ; résultat de cette action ; manque de lumière, d'éclairage. *Synon.* → **Obscurcissement.** Enténèbrement nocturne.

1. « Connaissant les conditions nécessaires à une éclipse de soleil, Tertullien et Jules l'Africain s'interrogeaient sur le bien-fondé d'y voir la raison de l'**obscurcissement** du ciel à la Passion ; ni Marc ni Matthieu ni Jean n'avaient noté comme Luc un **enténèbrement** du soleil mais Matthieu avait parlé d'un tremblement de terre. [...] L'histoire des textes tend à montrer que l'idée d'une éclipse de soleil à la Passion s'est affirmée progressivement à partir du quatrième siècle dans les écrits chrétiens. Dans la droite ligne de ce mouvement de pensée, "l'**obscurcissement**

TÉNÈBRE(S)

du soleil" qui était vraisemblablement la leçon initiale de l'évangéliste Luc, devint sous la plume des scribes "une éclipse".»
(«L'éclipse de soleil», Historique du Codex Bezae,.ifrance.com).

▶ ART [PEINTURE]

2. «[...] en 1967, il [Rothko] achèvera une troisième suite monumentale de dix-huit peintures, une initiative de Jean et Dominique de Menil, en 1964, pour la chapelle de l'université Saint-Thomas à Houston (Texas) [...]. C'est durant ce travail [...] que Rothko pénétrera le plus loin dans l'**enténèbrement** de l'espace, approchant la monochromie **noir** sur **noir, noir** sur **terre d'ombre** ou de plus en plus **violacée**. En 1969, l'ultime thématique du "**Noir** sur **gris**" [...] occultant toute sensualité chromatique qui persiste par ailleurs, se tient en alerte dans l'attente de quelque apparition sans cesse différée, dans le glissement et le flottement des formes qui se dissipent, dans l'indicible présence de la lumière, qui refuse de s'éteindre et qui affleure à travers la sourde agitation du geste sous la **grisaille**. Ce sont là les sublimes traces d'une espérance.»
(*L'Humanité*, «Plongée dans la lumière de Rothko», 8. 2. 1999 – R.-J. M.).

B. – *Au Fig.* Confusion de l'esprit, non discernement. *Anton. Clairvoyance, connaissance.* Enténèbrement de l'esprit; enténèbrement spirituel. «Trois mille ans d'enténèbrement ne résisteront pas à dix jours de violence révolutionnaire» (R. Vaneigem, *Traité de savoir-vivre à l'usage des jeunes générations*, 1972, p. 282).

◊ ENTÉNÉBRER

[De *ténèbre* + *préf. en-*; + *dés. -er*. Fin XIIIe s. *entenebrez*]

A. – 1. [Le compl. désigne un espace, un lieu] Envelopper de ténèbres, plonger dans l'obscurité. *Synon.* → **Assombrir, obscurcir.** *Anton. Éclairer, illuminer.* «Un soir qu'il [Raboliot] était resté plus longtemps à la lisière du Chamboux, qu'il avait vu la nuit engrisailler la lande, l'enténébrer sous un ciel sans lune [...]» (M. Genevoix, *Raboliot*, 1925, p. 293). «Une poussière rougeâtre [...] enténébrait l'atmosphère» (J. Tharaud, *Bien aimées*, 1932, p. 249).

– *Emploi pronom. à sens passif.* Le ciel s'enténèbre. V. → ENTÉNÉBRÉ, ex. 2. «[...] et il part, et il va, et toujours surgissent d'autres obstacles, et le chemin s'enfonce, s'enténèbre, écrasé de rocs en surplomb» (M. Genevoix, *Raboliot*, 1925, p. 57).

2. *Rare.* Mettre une note sombre. Cheveux noirs qui enténèbrent le visage.

B. – *P. métaph.* ou *au fig.*

1. [Avec l'idée de confusion, de trouble; le complément désigne une faculté intellectuelle, le raisonnement, l'esprit] Rendre incapable de discernement, faire perdre la possibilité de raisonner. Enténébrer le cerveau, l'esprit, la raison. «Cette religion parvint à enténébrer le monde» (A. Gide, *Journal, 1889-1939*, 1939, p. 899).

– *Emploi pronom. à sens passif.* «On dirait que, dès l'arrivée, notre esprit s'enténèbre au milieu de tant de lourds rêves d'opium» (P. Loti, *Les Derniers jours de Pékin*, 1902, p. 1137). «L'esprit n'acquiert plus, n'emmagasine plus, de nouvelles couches de souvenirs ne se superposent plus à celles qui s'enlisent et s'enténèbrent dans une nuit horrible» (M. Van der Meersch, *Invasion 14*, 1935, p. 281).

2. [Avec l'idée de tristesse, de menace évoquées par les ténèbres] Rendre triste, sombre; attrister; priver de gaieté, de joie. «Les lèvres sèches, ayant soif, elle les rejetait tous, reculait, renâclait en se débattant devant l'effort, impuissante à soulever ce poids, et la sensation du temps perdu l'enténébrait» (H. de

TÉNÈBRE(S)

Montherlant, *Le Songe*, 1922, p. 60). «Ce serait fou d'incriminer la religion: elle me donnait alors plus de joies que de peines... Bien loin que la religion ait enténébré mon enfance, elle l'a enrichie d'une joie pathétique» (Ch. Du Bos, *François Mauriac et le problème du romancier catholique*, 1933, p. 41).

− *Emploi pronom. à sens passif.* [Le sujet désigne la physionomie d'une personne] Avoir une expression triste ou hostile, menaçante. «Des visages qui s'ouvraient déjà, se ferment. Il seait plus juste de dire qu'ils s'obscurcissent, s'enténèbrent» (G. Bernanos, *Le Journal d'un curé de campagne*, 1936, p. 1105).

◊ **TÉNÉBREUX, EUSE**
[Lat. *tenebrosus*. 1080: *tenebros*]

I. − *Adj. Littér.* [Le plus souvent avec une valeur morale]

A. − **1.** [En parlant d'un élément naturel] Plongé dans une obscurité plus ou moins grande; obscurci par les ténèbres. Air, ciel ténébreux; nuit ténébreuse.

♦ [En parlant d'un lieu, d'une pièce] Qui manque de lumière; qui est plongé dans l'obscurité. *Synon.* → Noir, obscur, ombreux, pénombreux, sombre. *Anton. Clair, lumineux.* «Au fond du temple ténébreux au-dessus de l'autel laissant un réduit vide et noir» (P. Claudel, *Le Repos du septième jour*, 1901, p. 813). «[...] la fenêtre, le rectangle noir, l'haleine noire de la nuit, cette chose ténébreuse et gluante qui semble pénétrer, se déverser sans trêve dans la chambre malgré les efforts de l'ampoule électrique pour la refouler» (Cl. Simon, *L'Herbe*, 1958, p. 114).

− *MYTHOLOGIE/RELIGION.* • Séjour ténébreux. *Synon.* de → Royaume/ Séjour noir. V. → NOIR, ex. 27.

− [*Dans un contexte métaphorique*]
1. «**CHAMBRE NOIRE.**
Un trou dans la lumière et la porte l'encadre
Tout est **noir**
Les yeux se sont remplis d'un **sombre** désespoir
On rit
Mais la mort passe
Dans son écharpe **ténébreuse.**»
(P. reverdy, «Les ardoises d'autrefois», vue d'autrefois», *La Plupart du temps*, 1945, pp. 232-233.)

♦ *P. méton.*

▶ Qui se passe dans les ténèbres; qui est dû aux ténèbres. «Le plus uni sentier paraissait dangereux. On sentait s'éveiller partout ce qui vivait d'une existence ténébreuse» (A. Gide, *L'Immoraliste*, 1902, p. 449). «Et la veilleuse que l'on me concède ne fait qu'augmenter mon angoisse ténébreuse, ma mère étant redescendue» (Fr. Jammes, *Nuits qui me chantent*, 1928, p. 17).

▶ [En parlant d'un espace de temps] Jours, hiver ténébreux; semaine ténébreuse. «[...] les chambres qui avaient l'odeur de l'hiver et de ces longs mois ténébreux où personne ne pénètre dans la maison fermée» (Fr. Mauriac, *Nouveau Bloc-Notes*, 1958, p. 43).

▶ Qui vit dans les ténèbres, dans un lieu obscur ou la nuit. Animal, insecte ténébreux. «[...] dans l'attente d'une sorte de choc électrique qui contracterait sa peau, commotionnerait ses ganglions moteurs, et précipiterait les anneaux de son corps les uns contre les autres, comme des bracelets de cuivre, avec un tintement délicat, quand il serait souterrain, replié, gélatineux, oui, le seul, le vrai, le ténébreux ver de vase» (J.-M.-G. Le Clézio, *Le Procès-verbal*, 1963, p. 87).

2. De couleur très foncée. *Synon.* **Noir.** Arbres ténébreux. v. → FUMÉE, ex. 1. «La vaste bibliothèque couleur de bois

TÉNÈBRE(S)

ténébreux ciré» (J. Arnoux, *Zulma*, 1960, p. 266). «La vieille veuve toujours habillée de noir, au visage de bougie, perpétuellement éplorée, perpétuellement larmoyante, aux corsages ténébreux fermés [...] par le même camée ovale où se détachait sur un fond parme comme une blancheur de linceul» (Cl. Simon, *Les Géorgiques*, 1981, p. 143).

2. «[...] dans la cuisine basse et **sombre** [...] : je croyais voir Eugénie De Guérin tendre encore ses petites mains patriciennes, usées par les besognes, vers **l'âtre ténébreux** d'une suie sacrée dont il semble qu'aucun feu ne pourra plus jamais illuminer la nuit.»

(Fr. Mauriac, *Journal*, 3, 1940, p. 238.)

3. «Ah laissez-moi goûter la saveur de la terre
et que mon âme en soit à tout jamais emplie
je suis le **gisant noir** que rien ne désaltère
détrousseurs laissez-moi mes ruisseaux **ténébreux**
pour m'abreuver encore une fois et me taire
pour encore une fois revoir les jours nombreux.»

(L. Aragon, «Le Téméraire», *Le Roman inachevé*, 1956, p. 29.)

▶ [En parlant d'une couleur] Très foncée, sombre. *Synon.* → **Noir**. Un rouge ténébreux et sinistre. V. → NOIR, ex.1.

– ART [PEINTURE; en parlant d'une peinture] Foncé, sombre. Peinture ténébreuse; couleurs ténébreuses. V. → BITUME, ex. 3. «[Au sujet du tableau : *Le Minotaure*, de Helena Richardot] Couleurs ténébreuses mais reposantes à admirer» (*Art Galery Helena Richardot, univlyon1.fr*, 1996).

B. – *Au fig.*

1. [Domaine intellectuel]

a) [En parlant d'un langage, d'un ouvrage] Qui manque de clarté, d'intelligibilité. *Synon.* Abscons, nébuleux;

→ **obscur**. Discours, livre ténébreux; explication ténébreuse.

[*P. méton.*, en parlant d'une personne] Qui s'exprime en termes obscurs. Auteur, écrivain ténébreux. «En espagnol ou en anglais, je peux [...] me saouler des auteurs les plus abscons comme les plus ténébreux» (M. Aymé, *Le Confort intellectuel*, 1949, p. 21).

b) [En parlant d'un sujet, d'un problème, d'une affaire] Qui n'a pas été entièrement élucidé, où règnent encore des incertitudes, des obscurités; qui est resté mystérieux. *Synon.* → **obscur**, **sombre**. Sujet ténébreux; le monde ténébreux de l'atome; affaire, vérité ténébreuse; époque ténébreuse. «C'est ici sans doute l'épisode le plus obscur de cette ténébreuse histoire [l'Affaire Dreyfus]» (G. Bernanos, *La Grande peur*, 1931, p. 321). «De tout temps, la police a eu tendance [...] à attribuer les morts ténébreuses, ou simplement douteuses, au suicide» (L. Daudet, *La Police politique*, 1934, p. 159).

c) Qui est privé des lumières et des progrès de la science. Époque ténébreuse; le ténébreux Moyen Âge.

2. [Domaine affectif, moral]

a) [En parlant d'une personne ou de l'un de ses attributs] Qui est sombre, mélancolique, taciturne (*Synon.* → **Atrabilaire, mélancolique, sombre**) ou qui est mystérieux, énigmatique. Individu ténébreux; air, œil, visage ténébreux. «Dessous le flamboyant qui couvre l'herbe nue/d'un dôme violet, où je vous vois encor/fraîche comme l'eau vive en un brûlant décor,/Jeanne aux yeux ténébreux, qu'êtes-vous devenue?» (P.-J. Toulet, *Les Contrerimes*, 1920, p. 140). «Un garçon de figure aimable et d'une expression quelque peu ténébreuse et énigmatique» (J. Arnoux, *Pour solde de tout compte*, 1958, p. 29).

b) [En parlant d'une manifestation de l'âme ou de la nature humaine] Dont

TÉNÈBRE(S)

on peut difficilement saisir le sens profond, caché; qui est insondable et échappe à l'entendement humain. *Synon. Impénétrable.* Cœur ténébreux; âme ténébreuse. «Chez les symbolistes, le "rêve" perd ses profondeurs ténébreuses pour n'être plus que ce monde artificiel dans lequel on se réfugie» (A. Béguin, *L'Âme romantique et le rêve*, 1939, p. 389).

C. – [Avec une idée de mal dominante]

1. [En parlant d'une personne] Qui agit dans l'ombre; dont les desseins ne sont ni très clairs, ni très purs. Hommes ténébreux. *En partic.* [En parlant de la conduite d'une personne] Trouble, douteux. «Ce juif allemand à l'origine ignoble, au passé ténébreux, est devenu l'une des puissances secrètes du régime» (G. Bernanos, *La Grande peur*, 1931, pp. 272-273).

2. [En parlant d'un acte, d'un comportement, d'un projet] Qui est dicté par un esprit de malveillance, un désir de nuire. Action, manœuvre, vie ténébreuse. «J'étais monté dans leur gondole sans aucun dessein ténébreux. Vous savez bien que, si j'avais eu des desseins ténébreux, je ne me gênerais pas pour les dire» (A. Gide, *Ainsi soit-il*, 1951, p. 1201).

▌ [En parlant d'une institution, d'une idéologie, d'une doctrine] «L'art est une thérapeutique. Il nous débarrasse d'un despotisme ténébreux» (J. Cocteau, *Poésie critique*, II, 1960, p. 228).

3. [En parlant d'une époque, d'une situation] Rempli d'incertitude; qui se présente sous un jour sombre, menaçant, dangereux. Avenir ténébreux. «Cette crise [la guerre de 14-18] longuement préparée par une quantité d'illusions, et qui laisse après elle tant de problèmes, d'énigmes et de craintes, une situation plus incertaine, les esprits plus troublés, un avenir plus ténébreux qu'ils ne l'étaient en 1913» (P. Valéry, *Regards sur le monde actuel*, 1931, p. 30).

4. *RELIGION, MÉTAPHYSIQUE.*

a) [En parlant de l'âme, de la nature humaine] Où se forment les idées engendrant le bien et surtout le mal. Coin ténébreux de l'âme. «Ce cœur ténébreux de l'homme, qui, selon l'expression de Pascal, est creux et plein d'ordure» (Thibaudet, *Histoire littéraire*, 1936, p. 320).

b) [Dans des *loc.* dans lesquelles les ténèbres sont associées au mal, à l'enfer; P. OPPOS. à la lumière et au bien]

• **Ange ténébreux**, *loc. nom. masc.* Ange déchu; en particulier le diable, Lucifer. *Synon.* → **Ange noir/Ange de la nuit/Ange, Prince des Ténèbres.** «Peut-être Hegel eût-il souri de voir marcher auprès de chacun d'eux, comme un ange ténébreux et glorieux, le fantôme à la fois de son double et de son contraire, et se fût-il alors interrogé sur la forme d'une union nécessaire que ce livre entre autres buts ne saurait avoir que celui de finalement élucider» (J. Gracq, *Au château d'Argol*, 1938, p. 46).

• **Monde, séjour ténébreux**, *loc. nom. masc.* Monde, séjour de ténèbres; lieu malsain; où règne le mal; l'enfer. «La chanson qui traverse un monde ténébreux c'est le cri d'un marlou porté par ta musique, c'est le chant d'un pendu raidi comme une trique.» (J. Genet, «Le condamné à mort», *Poèmes*, 1948, p. 16).

4. «Promptes à tout,
en marche, jusqu'au bout,
intraitables,
redoutables,
a tout crime inoubliables,
loin des dieux, méprisées d'eux, dans le séjour **ténébreux**,
fermées aux yeux, pour mon chemin pas d'yeux!»
(P. Claudel, *Les Euménides*, 1920, p. 961.)

• **Puissance(s) ténébreuse(s)**, *loc. nom. fém.* Puissance(s) du mal. «[...]

TÉNÈBRE(S)

et le sorcier Apo, qui depuis longtemps cherche à faire de l'une des sœurs la proie du péché, arrive à ranimer le cadavre de Biondetta. Désormais, l'image terrestre de la jeune fille sera entre les mains des puissances ténébreuses et se livrera avec frénésie à la débauche [...] » (A. Béguin, *L'Âme romantique et le rêve*, 1939, p. 291).

« Leurs pères avaient imploré les fétiches de Whydah en dansant ce Yanvalou et en leurs jours de détresse, ils s'en souvenaient avec une fidélité qui ressuscitait de la nuit des temps la puissance ténébreuse des vieux dieux Dahoméens » (J. Romain, *Gouverneurs de la rosée*, 1944, p. 61).

II. – *Subst. masc.*

A. – *Subst. masc. à valeur de neutre.* Ce qui est sombre, obscur, mal défini, inexpliqué, mystérieux; ce qui pousse l'homme à faire le mal. « Tout réside [...] dans la spéculation effrénée sur la faim qu'a l'homme d'inventer, de croire, de bâtir le compliqué, le pervers, le ténébreux » (J. Gracq, *Le Beau Ténébreux*, 1945, p. 145).

B. – [P. OPPOS à *lumineux*] Personne vivant dans les ténèbres de l'ignorance et de l'obscurantisme. Les ténébreux et les lumineux.

C. – 1. Homme à l'air sombre et mélancolique. *P. plaisant.* Amoureux taciturne ou mélancolique; bel homme à l'air sombre. « Les jeunes filles du Ranelagh ne rêvent que de sentir, en se serrant contre un ténébreux de rencontre [...] » (A. Boudard, *La Cerise*, 1963, p. 154). « En 1965, de telles femmes n'étaient pas encore féministes, mais elles troquaient volontiers un Balenciaga pour un jean et étaient prêtes à épouser un ténébreux jeune homme qui risquait d'avoir du génie, tel Martin » (J. Kristeva, *Les Samouraïs*, 1990, p. 100).

∗ Nerval dans le poème « El desdichado » a immortalisé cette figure du ténébreux, associée au « soleil noir de la mélancolie » :

« Je suis le ténébreux, le veuf, l'inconsolé,
Le prince d'Aquitaine à la tour abolie :
Ma seule *étoile* est morte,
Et mon luth constellé
Porte le *soleil noir* de la *mélancolie*. »
(G. de Nerval, « El desdichado », *Chimères*, 1854, p. 693.)

Cette formule célèbre est souvent évoquée par les écrivains contemporains : « Se lamenter d'avoir une mauvaise épouse est aussi sot, aussi pitoyable que se lamenter d'avoir une sale gueule... on peut divorcer – on peut aussi être veuf (l'étrange mot,) "je suis le ténébreux, le veuf, l'inconsolé"...) – de même qu'on peut vivre sans appendice, sans rein, sans estomac et peut-être même avec un cœur en baudruche à mécanisme d'horlogerie » (R. Vailland, *Drôle de jeu*, 1945, p. 119). « J'étais le ténébreux, le veuf, l'inconsolé qui traite de pair à compagnon avec la mort et la folie » (M. Leiris, *La Règle du jeu*, 3, *Fibrilles*, 1966, p. 111).

• **Beau ténébreux,** *loc. nom. P. plaisant.* [P. RÉF. à Amadis de Gaule, – surnommé « le beau ténébreux » – qui se retira dans la solitude d'un ermitage par dépit amoureux] « Geiger était mort et il faudrait que Carmen se trouve un autre beau ténébreux avec qui boire des mélanges de drogues orientales » (B. Vian, *Le Grand sommeil*, 1948, p. 147). « [...] moi, le brillant comédien naguère, le prince ignoré, l'amant mystérieux, le déshérité, le banni de liesse, le beau ténébreux, adoré des marquises comme des présidentes, [...] je n'ai pas été mieux traité que ce pauvre Ragotin, un poétereau de province, un robin ! » (M.-J. Durry, *Gérard de Nerval et le Mythe*, 1956, p. 166). « Le beau ténébreux coiffé d'un képi rouge et bleu à passepoil jonquille et à jugulaire d'argent s'abattit à son tour sur le corps de la jeune femme [...] » (P. Mac Orlan, *Sous la lumière froide*, 1961, p. 46). « Pour rouler ma caisse je dis à mon beau ténébreux que Bertrand avait six ou sept ans d'escrime dans les moulinets et qu'il l'aurait embroché comme une merguez » (E. Hanska, *J'arrête pas de t'aimer*, 1981, p. 62).

∗ **Un Beau Ténébreux** est le titre d'un roman de Julien Gracq paru en 1945.

TÉNÈBRE(S)

• **Belle ténébreuse**, *loc. nom. fém. Variante féminine.* [P. ALLUS. littéraire : « Lorsque tu dormiras ma belle ténébreuse,/ Au fond d'un monument construit en marbre noir/Et lorsque tu n'auras pour alcôve et manoir/Qu'un caveau pluvieux et qu'une fosse creuse » (Ch. Baudelaire, « Remords posthumes », *Les Fleurs du mal*, 1861, p. 82] [Chez Hanska. *P. plaisant.*] « Le metteur s'est pris une pêche au-delà des espérances de la belle ténébreuse » (E. Hanska, *Les Amants foudroyés*, 1984, p. 131).

∗ *La Belle Ténébreuse* est le titre de plusieurs ouvrages ou films, notamment d'un roman de Jérôme Charyn, *La Belle Ténébreuse de Biélorussie* (Gallimard, 1997) ; le titre français du film américain muet (1928) *The Mysterious Lady*, réalisé par Fred Niblo et interprété par Greta Garbo.

◊ TÉNÉBRISME/TÉNÉBROSISME

[De *ténèbre*]

Subst. masc. « Mouvement qui s'est développé en Italie du Nord, et notamment à Venise, au XVIIe siècle et qui poussait au plus extrême le clair-obscur et le sens des ombres » (A.-G. Leduc, *Les Mots de la peinture*, 2002). Le ténébrisme du Caravage, de Ribera, de Zurbaran. « La saison 2002-2003 aura été faste pour la connaissance de Manet. Il y eut d'abord l'exposition Manet/Velázquez qui, à Paris comme à New York, rappela en quoi l'hispanisme du peintre était à la fois profond, réfléchi, varié et accordé à son temps. C'est tout le XIXe siècle en France dont on réexamina le ténébrisme et la volonté de simplification formelle, de Chassériau et Ziegler au réalisme des années 1860 » (« Catalogue Manet », *La Tribune de l'Art*, 2003,. latribunedelart. com).

1. « Le **"Ténébrisme"** a les caractéristiques du caravagisme mais les contrastes d'**ombres** et de **lumière** sont plus violents et l'effet est plus **sombre**. On peut dire que le mouvement apparut vers 1610, et confirma les **Tenebrosi**.

Les peintres du **ténébrisme** [...].
– José de Ribera, 1591-1652. Dit lo Spagnoletto à cause de sa petite taille, peintre et graveur espagnol, né à Játiva (province de Valence) en 1591, mort en 1652. Il travailla surtout à Naples où il transmettra un réalisme cru et le **ténébrisme**, une interprétation particulière du caravagisme qui influença l'Espagne. Il fit une brillante carrière.
∗ Le Pied-Bot (Musée du Louvre) ∗ Adoration des bergers (Musée du Louvre) ∗ Miracle de saint Donat (Musée d'Amiens)
– Mattia Preti, 1613-1699 [...]. »
(« ténébrisme »,.Mouvements, artyst.net).

2. « La peinture espagnole du XVIIe siècle. Le goût pour le **clair-obscur** [du peintre Ribera] éclate dans ses œuvres de jeunesse mais dans une matière dense il réussit à traduire la réalité tactile des êtres et des objets ; philosophes de l'Antiquité représentés comme des mendiants, saints Pénitents sont caractéristiques de sa production **ténébriste**. Mais vers 1635 sa palette s'éclaircit, les compositions sans perdre leur monumentalité acquièrent plus de mouvement (Le martyr de saint Philippe, Prado, 1639) on note dans ses dernières œuvres un retour au **ténébrisme** rendu par une touche légère et un raffinement chromatique accru (Saint Jérome, 1652, Prado). »

(« *Histoire de l'Art. 17e*, *L'Espagne* », delhistoiredelart).

◊ TÉNÉBROSI/TÉNÉBROSISTE

[De l'italien ; formé sur le lat. *tenebrae*]

Subst. masc. « Tenant du ténébrosisme, et par extension de peintures ténébreuses, morbides. Voir *misérabiliste* » (A. Leduc, *Les Mots de la peinture*, 2002, s.v. *Ténébrosiste*). V. → TÉNÉBROSISME, ex. 1.

229

VELOURS

VELOURS

[P. RÉF. au velours, étoffe soyeuse et douce]

Noir-velours, *loc. adj. inv.* Noir intense. [*Dans le domaine commercial*] COSMÉTOLOGIE. [En parlant d'un mascara, parfois d'un vernis à ongles] Mascara Longueur Sublime noir velours. «Mascara Longueur Intense d'Yves Saint-Laurent. [...] Offert en noir velours, kaki gold, bleu denim et violet moiré» (*Art de vivre et Beauté*, 23. 1. 2002 – C. Duva).

1. «Maquillage : **noir, c'est noir.**
"C'est une beauté sophistiquée, à imiter sans tomber dans l'excès", prévient Pierre Rocca, maquilleur chez Mac. (...) des ongles **noirs.** Chez Mac, les vernis noirs multi-effets ont un succès fou : **Black Top,** mat ; **Black Out,** pailleté ; **Black and Blue,** bleuté. Noirs comme **la nuit**: le Vernis de Chanel, Cobra ; Les Insolites, Nuit, Peggy Sage ; **Noir Velours,** Givenchy.»
(*Madame Figaro*, 4. 1. 2003, «Une beauté d'enfer» – D. Larue.)

BUREAUTIQUE/PEINTURE. [En parlant de stylos Parker, de peintures]. Stylo Parker noir-velours.958/l000^e» «PEINTURES POUR LE THÉÂTRE. 511 Brun velours, 19551, 551 Noir d'ivoire (légèrement humectable), 19553, 553 Noir velours (uniquement fourni en pots de 15 kg), 19554, 554 Noir foncé» (haussmann.com/Francais/Produkte/wgr-19.htm).

VIGNE

[P. RÉF. à la matière colorante noire obtenue par calcination de sarments de vigne]

Noir de vigne, *loc. adj.* ou *loc. nom. inv. Rare.* Noir rappelant le noir obtenu par calcination de sarments de vigne.

1. «Tant nous sommes-nous réchauffés
aux voix terreuses
jusqu'au plus lourd **noir de vigne**
à la spongieuse lumière sans bruit
dans les os que les arbres laissent traîner par terre
perdre leurs jointures vides
et se peupler de ramifications dans la joie de taupes
au soleil aveuglément lent [...].»
(Tr. Tzara, «Le Puisatier des regards», 3, «L'ombre close sur un jour penché», Où boivent les loups, 1932, p. 238).

ZAN

[P. RÉF. à la couleur noire du zan, confiserie à base de réglisse, présentée sous diverses formes. Le terme *Zan* aurait été inspiré par une expression enfantine zézaillante: « Z'en veux! »]

Couleur zan/Noir zan, *loc. adj. inv.* D'un noir intense et brillant comme le zan. *Synon.* → **Réglisse.** [En parlant des yeux] «Benjamin [...]. Brun, cheveux rasés. Il a les yeux amande de couleur zan» (Zikou, «Mon histoire», *textesgais.com*).

ÉLEVAGE. [En parlant du plumage d'une race de poule] «L'ESTAIRES. Race originaire du Nord de la France, elle est le fruit du croisement intervenu entre des poules communes de la région et des coqs "Langshan" [...]. L'Estaire est une bonne pondeuse donnant des œufs à coquille foncée ce qui démontre bien l'apport de sang asiatique. [...] Signalons encore qu'il existe trois variétés dans la race d'Estaires, la première de couleur noir zan; la seconde est noire à camail doré; la troisième est noire argentée» («Races françaises», http://gallinette.net/races/francaise/estaires.htm).

ABRÉVIATIONS ET SIGNES CONVENTIONNELS

ABRÉVIATIONS

Abrev.	abréviation
a. fr.	ancien français
absol.	absolument
abstr.	abstrait, abstraitement
ac.	académie, académique
adapt.	adaptation
adj.	adjectif, adjectival, adjectivement
adv.	adverbe, adverbial
allus.	allusion
anal.	analogie, analogique
angl.	anglais
anglic.	anglicisme
anton.	antonyme, antonymie, antonymique
appos.	apposition, appositionnel
arg.	argot, argotique
avr.	avril
b. lat.	bas latin
c.	colonne
cf.	confer
ch.	chapitre
coll.	collectif
compar.	comparaison
compl.	complément, complémentaire
compos.	composition
concr.	concret
contemp.	contemporain
corresp.	correspondance, correspondant, correspondre
cour.	courant
déc.	décembre
dér.	dérivé
dés.	désinence
dict.	dictionnaire
éd.	édité, éditeur, édition
élém.	élément
ell.	ellipse, elliptique, elliptiquement
empl.	emploi
empr.	emprunt, emprunté

ABRÉVIATIONS

encyclop.	encyclopédie, encyclopédique
étymol.	étymologie
ex.	exemple
ext.	extension
fam.	familier
fasc.	fascicule
fém.	féminin
févr.	février
fig.	figure, figuré
fr.	français
gén.	général, généralement
hist.	historique
hyper.	hyperbole
ibid.	ibidem
id.	idem
ill.	illustration, illustré
inan.	inanimé
indir.	indirect
interj.	interjection
intrans.	intransitif
introd.	introduction, introduire, introduit
inv.	invariable
iron.	ironie, ironique
it.	italique
janv.	janvier
journ.	journalisme, journalistique
juill.	juillet
lang.	langue, langage
lat.	latin
lég.	légende
littér.	littéraire
loc. adj.	locution adjective
loc. adv.	locution adverbiale
loc. conj.	locution conjonctive
loc.	locution
loc. nom.	locution nominale
loc. verb.	locution verbale
m. angl.	moyen anglais
maj.	majuscule
masc.	masculin
méd.	médical
médiév.	médiéval
mén.	ménager
métaph.	métaphore
milit.	militaire
mod.	moderne
N. B.	nota bene
n. p.	non paginé
nom.	nominal
nomencl.	nomenclature
notam.	notamment

ABRÉVIATIONS

nouv.	nouveau
nov.	novembre
n°	numéro
obj.	objet
oct.	octobre
oppos.	opposition
p. allus.	par allusion
p. anal.	par analogie
p. antiphr.	par antiphrase
p. assoc.	par association
p. comp.	par comparaison
p. ell.	par ellipse
p. euphém.	par euphémisme
p. ex.	par exemple
p. exagér.	par exagération
p. ext.	par extension
p. hyperb.	par hyperbole
p. métaph.	par métaphore
p. méton.	par métonymie
p. oppos.	par opposition
p.	page
p. plaisant.	par plaisanterie
p. réf.	par référence
part.	participe
part. passé	participe passé
part. prés.	participe présent
partic.	particulier, particulièrement
péj.	péjoratif
pers.	personne
phys.	physique, physiquement
physiol.	physiologie, physiologique
plais.	plaisant, plaisamment
plaisant.	plaisanterie
plur.	pluriel
poét.	poétique
pop.	populaire
pp.	de la page… à la page
préf.	préfixe, préfixal
prép.	préposition
prés.	présent
prob.	probablement
pron.	pronom
pronom.	pronominal, pronominalement
propr.	proprement
prov.	proverbe
psychol.	psychologique, psychologiquement
qq.	quelque
qqc.	quelque chose
qqn	quelqu'un
réf.	référence, référent
région.	régional, régionalisme

SIGNES CONVENTIONNELS

REM.	rubrique remarque
s.	siècle
s. d.	sans date
s. l. n. d.	sans lieu ni date
s. l.	sans lieu
s. n.	sans nom
s. v.	sub verbo, sub voce
sept.	septembre
sing.	singulier
spéc.	spécial, spécialement, spécialisation
subj.	subjonctif
subst.	substantif, substantivation, substantivement
suff.	suffixe
suj.	sujet
superl.	superlatif
suppl.	supplément
symb.	symbole, symbolique, symboliquement
synon.	synonyme, synonymique
synt.	syntagme
syst.	système
t.	tome
tr.	trimestre
trad.	traduction
trans.	transitif
v.	voir
VAR.	rubrique variantes orthographiques
var.	variante orthographique
vol.	volume
VPC	vente par correspondance
vulg.	vulgaire
vx	vieux

SIGNES CONVENTIONNELS

• Introduit une locution (loc.; tout groupe d'éléments fonctionnant comme un ensemble, et qui est signalée par des caractères gras)
   Exemples:
   Loc. nom.: • **Ange noir** • **Caisse noire** • **Marée noire** • **Bête noire** • **La petite robe noire**
   Loc. verb.: • **Voir tout en noir** • **Travailler au noir**
   Remarque: Seules les *loc. adj.* ou *nom.* qui sont seulement l'expression d'une couleur (*noir (-) charbon, corbeau, ébène, fusain, nuit, obsidien*, etc.) ne sont pas signalées par ce dernier signe.

∗ Introduit un complément d'information plus ou moins encyclopédique. Lorsque ces compléments d'information sont multiples, ils sont signalés par un ordre croissant de ∗: ∗ 1er complément, ∗∗ 2e complément, ∗∗∗ 3e complément, etc.
   Des renvois peuvent être faits à ces divers compléments.

SIGNES CONVENTIONNELS

Exemples :

∗ L'**Œuvre au noir** est la première étape alchimique qui permet d'obtenir la **matière noire** ou **au noir**, et après l'**Œuvre au blanc**, d'arriver à l'**Œuvre au rouge**, ultime stade alchimique permettant d'obtenir la **matière au rouge**, l'or philosophique. Les anciens traités alchimiques décrivent en détail les diverses étapes [...].

∗∗ *Basalte* entre parfois dans des comparaisons. Ainsi chez Senghor : « Il était droit comme un rônier/Il était noir comme un bloc de basalte/Terrible comme un lion pour les ennemis de son peuple/Bon comme un père au large dos/Beau comme une épée nue. » (L. S. Senghor, *Élégies, Élégie pour Aynina Fall*, « Le Chœur des jeunes hommes », *Nocturnes*, 1961, p. 210).

∗∗∗ Le symbolisme de l'oiseau s'est chargé, au XIXᵉ siècle, de valeurs négatives (oiseau noir de mauvais augure) et a donné lieu à plusieurs dénominations péjoratives : du prêtre (1845) et du croque-mort, on est passé à l'idée d'homme sans scrupule, acharné aux gains (1882) et, au XXᵉ siècle, à l'auteur de lettres ou de coups de téléphone anonymes. Le *Dict. des Symboles 1982* retrace les évolutions sémantiques de corbeau et ce passage récent à des connotations négatives en Europe [...]

→ Renvoie à un article de couleur du dictionnaire.

Exemples :

(→ Aʘʗʈ (-) ʌʈ (-) Cʘʗʇʈɼʙ ; (→ Eʈʈɼʈɻɼɸɻɼʈʙʈ, Sʘʙɼɸʗʈ)
à un exemple particulier.

V. → Renvoie à l'exemple (ex.) d'un article de couleur du dictionnaire, généralement numéroté.

Exemples :

V. → Rʙɼʈɼ, ex. 2.

Ce système de renvois analogique et synonymique a pour but de mettre en évidence le réseau de relations qui lient entre eux les termes de couleur, de souligner les liens existant entre les diverses nuances appartenant, d'une part à un même « champ » de couleur, d'autre part à un même champ notionnel. Les synonymes, notés *synon.* sont mentionnés en caractères gras et précédés d'une flèche.

Exemples :

Synon. → **Faire noir comme chez le diable, comme dans un cul, dans un four, dans la gueule d'un loup, dans un trou de taupe.**

[...] Les informations données entre [] :
– Donnent des indications sur l'étymologie du terme ou sur le référent du terme chromatique (après la vedette ou la mention de la *loc. adj., nom., adv., verb.*).

Exemples :

[1575 : atrabile ou atrebile Du lat. *atra bilis* : « bile noire ». De *ater* : « noir » et de *bilis* : « bile, liquide sécrété par le foie ». D'après la théorie antique des quatre humeurs (bile noire, bile jaune, sang, pituite) et des tempéraments qui leur correspondent, développée en grec par Hippocrate, en médecine ancienne la *bile jaune* était censée favoriser la colère et la *bile noire* la mélancolie]

SIGNES CONVENTIONNELS

[Du lat. *ater, atra* : « noir », que l'on retrouve dans *atrabilaire*]
[P. RÉF. à la couleur noire du charbon de bois bois fait avec le fusain, dont on se sert pour dessiner et aux nuances noires du dessin au fusain. D'un bas lat. *fusago, fusaginis*, dér. du latin classique *fusus* : « fuseau », le bois dur du fusain, (arbrisseau ornemental originaire du Japon), étant utilisé dans l'Antiquité pour faire des fuseaux]

– Signalent certaines conditions d'emplois du terme étudié, ou certaines connotations.

Exemples :

[En parlant de la peau, du teint]
[En parlant des yeux, du regard]

« ... » Délimite un exemple dont la référence, entre parenthèses, suit.

Ils sont classés par ordre chronologique et sont, soit enchaînés à la suite de la définition et/ou des conditions d'emploi, soit détachés et numérotés, pour faciliter leur localisation ultérieure. Un grand nombre d'exemples détachés serviront en effet d'illustration à de nombreux termes de couleur du dictionnaire, sous forme de renvois à ces exemples. C'est pourquoi les termes de couleur, illustrés dans les exemples détachés, sont mis en relief par des caractères gras.

Les dates des attestations correspondent à la 1re édition. Voir la bibliographie pour les références complètes des ouvrages cités.

Exemples :
10. « Cet **oiseau noir** dans ma tête
Ne se laisse pas apprivoiser
Il est comme un nuage qui se défile
et qu'on n'attrape jamais
comme la fumée entre les doigts
et la brume sur les yeux (...) »

(Ph. Soupault, « L'Oiseau d'enfer »,
Georgia, épitaphes chansons et autres poèmes, 1983, pp. 274-275).

◊ Ce signe introduit un terme dérivé, à la suite de l'article avec lequel il a un lien étroit.

Exemples :
◊ ENDEUILLÉ
◊ ENDEUILLER
◊ ENCRE DE CHINE
◊ FUSINÉ

Division des articles :

1re SECTION...	1. ...	◆...
I. – ...	a) ...	▶...
A. – ...	α) ...	– ...

Bibliographie

BIBLIOGRAPHIE

I. OUVRAGES, ARTICLES DE RÉFÉRENCE

I.1. Dictionnaires des XXe et XXIe siècles, articles et ouvrages

I.1.1. Dictionnaires généraux des XXe et XXIe siècles

[Ac. 1932-1935] :
Dictionnaire de l'Académie française, 8e éd., 2 vol., Paris, Hachette, 1932-1935.

[Ac. 1986] :
Dictionnaire de l'Académie française, fasc. 1 : A — Enz, Paris, Imprimerie Nationale, 1992. [1986, A — Barattage, Paris, éd. Julliard].

[Davau-Cohen 1972] :
DAVAU (M.), COHEN (M.) et LALLEMAND (M.), Dictionnaire du français vivant, Paris-Bruxelles-Montréal, Bordas, XVII., 1972.

[DECFC] :
[Sous la direction de CLAS (A.) et MEL'CÜK (I.)] Dictionnaire explicatif et combinatoire du français contemporain. Recherches lexico-sémantiques, 3 vol., Les Presses de l'Université de Montréal, groupe de recherche en sémantique, lexicologie et terminologie, t. 1 : 1984 ; t. 2 : 1988 ; t. 3 : 1992.

[Delas Anal. 1989] :
DELAS (D.) et DELAS-DEMON (D.), Dictionnaire des idées par les mots, Paris, Aubin imprimeur, Les usuels du Robert, 1989 [1979].

[DG] :
HATZFELD (A.) et DARMESTETER (A.), avec le concours de THOMAS (A.), Dictionnaire général du commencement du XVIIe siècle jusqu'à nos jours. Précédé d'un traité de la formation de la langue, 2 vol., 9e éd., Paris, Delagrave, 1952, réimpression intégrale, 1964 [1re éd. : 1889-1901].

[Dub.] :
DUBOIS (J.), LAGANE (R.), NIOBEY (G.) et CASALIS (D.), Dictionnaire du français contemporain., Paris, Larousse, 1967 et 1970.

[Dub. 1980] :
DUBOIS (J.), Dictionnaire du français contemporain illustré, Paris, Larousse, 1980.

[GDEL] :
DUBOIS (C.), Grand dictionnaire encyclopédique Larousse, 10 vol., Paris, Larousse, 1982-1985.

[Hachette 1980] :
Dictionnaire Hachette, Paris, Hachette, 1980.

[Lar encyclop.] :
Grand Larousse encyclopédique en 10 volumes, Paris, Larousse, 1960-1968.

[Lar. encyclop. Suppl. 1968] :
Grand Larousse encyclopédique, 1er suppl., Paris, Larousse, 1960.

[Lar. encyclop. Suppl. 1975] :
Grand Larousse encyclopédique, 2e suppl., Paris, Larousse, 1975.

[Lar. 20e] :
[Sous la direction de AUGÉ (P.)] Larousse du XXe siècle en six volumes. Paris, Larousse, 1928-1933.

[Lar. 20e Suppl. 1953] :
[Sous la direction de AUGÉ (P.)] Larousse du XXe siècle en six volumes. Supplément complétant les éditions antérieures à 1945, Paris, Larousse, 1953.

[Lar Lang. Fr.] :
[Sous la direction de GUILBERT (L.), LAGANE (R.) et alii] Grand Larousse de la Langue Française Paris, Larousse, 1971-1978.

[Lar. univ.] :
[Sous la direction de AUGÉ (Cl.)] Larousse Universel en 2 volumes, Paris, Larousse, 1922-1923.

[Lexis] :
[Sous la direction de DUBOIS (J.)] Lexis. Dictionnaire de la langue française, Paris, Larousse, 1975, 1979, 1986.

[Littré] :
LITTRÉ (É.), Dictionnaire de la langue française, 7 vol., éd. intégrale, Paris, Gallimard-Hachette, 1959-1961, 1964-1965 et 1967-1968 [1re éd. 5 vol., Hachette, 1873-1883]

BIBLIOGRAPHIE

[*Logos*]
GIRODET (J.), *Logos. Grand dictionnaire de la Langue Française*, 3. vol., Bordas, 1976.

[*Nouv. Lar. ill.*] :
[Sous la direction de AUGÉ (Cl.)] *Nouveau Larousse illustré. Dictionnaire universel encyclopédique*, 8 vol., Paris, Larousse, 1897-1907.

[*Nouv. Lar. ill. Compl.*] :
[Sous la direction de AUGÉ (Cl.)] *Nouveau Larousse illustré. Complément. Dictionnaire universel encyclopédique. Complément*, Paris, Larousse, 1907.

[*Nouv. Lar. ill. Suppl.*] :
[Sous la direction de AUGÉ (Cl.)] *Nouveau Larousse illustré. Supplément. Dictionnaire universel encyclopédique. Supplément*, Paris, Larousse, 1907.

[*Pt. Lar. 1906*] :
[Sous la direction de AUGÉ (Cl.)] *Petit Larousse illustré, nouveau dictionnaire encyclopédique*, Paris, Larousse, 1906.

[*Pt. Rob. 2003*] :
ROBERT (P.), *Le Petit Robert, dictionnaire alphabétique et analogique de la langue française*, Paris, Le Robert, 2003.

[*Quillet,* 1965] :
[Sous la direction de MORTIER (R.)], *Dictionnaire encyclopédique Quillet*, 7 vol., Paris, Quillet, 1965 et 1971.

[*Quillet Suppl.* 1971] :
[Sous la direction de MORTIER (R.)], *Dictionnaire encyclopédique Quillet, Supplément*, Paris, Quillet, 1971.

[*Rob.* 1990] :
ROBERT (P.), *Dictionnaire alphabétique et analogique de la langue française*, 3ᵉ éd. REY (A.), Paris, Le Robert, 1990.

[*Rob. Suppl. 1970*] :
ROBERT (P.), *Dictionnaire alphabétique et analogique de la langue française. Les mots et les associations d'idées. Supplément*. Sous la direction de REY (A.) et REY-DEBOVE (J.), Paris, Société du Nouveau Littré, 1970.

Thésaurus Larousse. Des idées aux mots, des mots aux idées, [Sous la direction de PÉCHOIN (D.)], Paris, Larousse, 1992 [1991].

[*TLF*] :
[Sous la direction de IMBS (P.) : vol. 1 à 7, puis de QUEMADA (B.) : vol. 8 à 16], *Trésor de la Langue Française. Dictionnaire de la langue du xixᵉ et du xxᵉ siècle*, 16 vol., Paris, Klincksieck (vol. 1 à 8) puis Gallimard, 1971-1994.

I.1.2. Dictionnaires, articles, ouvrages des xxᵉ et xxiᵉ siècle, traitant d'un aspect ou d'un thème plus particulier

[Langue familière, populaire, argotique ou régionale ; anglicismes ; néologismes ; expressions, proverbes ; domaines scientifiques, techniques ; symbolisme]

– Langue familière, populaire ou argotique

[*Bruant*]
BRUANT (A.), *Dictionnaire français-argot*, Paris, Flammarion, 1901.

[*Bernet-Rézeau 1989*] :
BERNET (Ch.) et RÉZEAU (P.), *Dictionnaire du français parlé*, Paris, Le Seuil, 1989.

[*Bernet-Rézeau 1995*] :
[Sous la direction de BERNET (Ch.) et RÉZEAU (P.), Équipe Usages et Marges du français] *Richesses lexicales du français contemporain*, Paris, Klincksieck, 1995.

[*Car-Argot 1977*] :
CARADEC (Fr.), *Dictionnaire du français argotique et populaire*, Paris, Larousse, Les dictionnaires de l'homme du xxᵉ siècle, 1977.

[*Car-Argot 1988*] :
CARADEC (Fr.), *N'ayons pas peur des mots : Dictionnaire du français argotique et populaire*, Le Souffle des mots, Paris, Larousse, 1988.

CASSAGNE (J.-M.)
Le Dictionnaire de l'argot militaire, Paris, Zélie, 1994.

[*Cellard-Rey*] :
CELLARD (J.) et REY (A.), *Dictionnaire du français non conventionnel*, Paris, Hachette, 1991 (1980).

BIBLIOGRAPHIE

[*Colin-Mével 1990*] :
COLIN (J.-P.), MÉVEL (J.-P.) [et LECLÈRE Cl.], *Dictionnaire de l'argot*, Paris, Larousse, 1990.

[*DOILLON*]
DOILLON (A.), *Les Cahiers des Amis du Lexique Français*, Paris, (*Les Amis du Lexique Français* comprend plusieurs séries : *Les mots en liberté*, 1974-1978 ; *Dictionnaire permanent du Français en liberté*, 1974-1988 ; *Lexique dernière*, 1975-1976 ; Dico Plus, 1977).

[*ESN 1965*] :
ESNAULT (G), *Dictionnaire historique des argots français*, Paris, Larousse, 1965.

[*France 1907*] :
FRANCE (H.), *Dictionnaire de la langue verte. Archaïsmes, néologismes, locutions étrangères, patois,* Paris, Librairie du Progrès, 1907.

[*La Rue 1954*]
LA RUE (J.), *Dictionnaire d'argot et des principales locutions populaires,* nouv. éd., Paris, Flammarion, 1954 [1re éd. 1894].

LHERMINA (J.) et LÉVÊQUE (H.)
Dictionnaire thématique du Français-Argot, éd. de Paris, 1991.

LIS (M.) et BARBIER (M.)
Dictionnaire du gai parler, (4 500 expressions traditionnelles et populaires), Paris, éd. Mengès, 1980.

MERLE (P.)
Dictionnaire du français branché, [suivi du] *Guide du français tic et tac.* Paris, Le Seuil, Point Virgule, 1986.

RICHARD (J.-M.)
Dictionnaire des expressions paillardes et libertines de la littérature française, Paris, Filipacchi, 1993.

[*Sandry-Carr.*]
SANDRY (G.) et CARRÈRE (M.), *Dictionnaire de l'argot moderne*, Paris, éd. du Dauphin, 6e éd., 1963 [1953, 1re éd.]

– **Régionalismes**

[*Bél. 1957*]
BÉLISLE (L.-A.), *Dictionnaire général de la langue française au Canada*, Québec, Bélisle, 1957.

BOULANGER (J.-Cl.) [Sous la direction de]
Dictionnaire québécois d'aujourd'hui, dict. Le Robert, Paris-Montréal, 1992.

[*Canada 1930*]
Glossaire du parler français au Canada, Société du parler français au Canada, Québec, 1930.

[*Canadian 1969*]
Canadianismes de bon aloi, Québec, 1969.

DEPECKER (L.)
Les Mots de la francophonie, Paris, Belin, 1990.

DULON (G.)
Dictionnaire des canadianismes, Septentrion, Montréal, 1999 [1989]

LANHER (J.) et LITAIZE (A.)
Dictionnaire du français régional de Lorraine, Paris, Bonneton, 1990.

MARTIN (Fr.)
Le Parler de chez nous en Lorraine, Essey-Les-Nancy, Christmann, 1995.

MENEY (L.)
Dictionnaire québécois-français, Montréal, 1999.

NICOLLIER (A.)
Dictionnaire des mots suisses de la langue française, mille mots inconnus en France usités couramment par les Suisses, Genève, éd. GVA. SA. 1990.

POIRIER (J.-Cl.) [Sous la direction de]
Dictionnaire du français québécois. Monographies lexicographiques de québécismes, Presses de l'Université Laval, Sainte-Foy, 1998.

– **Anglicismes, traduction**

HÉRAIL (R.-J.) et LOWATT (E.- A.)
Dictionnaire français-anglais de l'argot / Dictionary of modern colloquial French, Routledge & Kegan P., London-Boston-Melbourne & Heuley, 1984.

[*HÖFLER Anglic. 1982*] :
HÖFLER (M.), *Dictionnaire des anglicismes,* Paris, Larousse, 1982.

[*Rey-Gagnon Anglic. 1982*] :
REY-DEBOVE (J.) et GAGNON (G.), *Dictionnaire des anglicismes. Les mots anglais*

BIBLIOGRAPHIE

et américains en français, 2ᵉ éd, Paris, Le Robert, 1982.

– **Expressions, proverbes**

BOLOGNE (J.-Cl.)
Les allusions bibliques, dictionnaire commenté des expressions d'origine biblique, Paris, Larousse, 1991.

DOURNON (J.-Y.)
Le Dictionnaire des proverbes et des dictons de France, Paris, Hachette, 1986.

DUNETON (Cl.)
La Puce à l'oreille. Anthologie des expressions populaires avec leur origine, Paris, Balland, Le Livre de poche, 1990 (Nouv. éd. revue et augmentée) [Stock 1978, Balland 1985].

DUNETON (Cl.) et CLAVAL (S.)
Le Bouquet des expressions imagées. Encyclopédie thématique des locutions figurées de la langue française, Paris, Le Seuil, 1990.

GERMA (P.)
Dictionnaire des expressions toutes faites (leurs origines, leurs créateurs, leurs usages), Paris, Hermé, Libre Expression, 1986.

GUIRAUD (P.)
Les Locutions françaises, Paris, PUF, 1962.

LAFLEUR (B.)
Dictionnaire des expressions, Paris, Bordas, éd. du Renouveau Pédagogique INC, 1984 [1979, Ottawa, Canada, éd. du Renouveau pédagogique INC].

RAT (M.)
Dictionnaire des locutions françaises, Paris, Larousse, 1957.

[*Rey-Chantr. 1993*] :
REY (A.) et CHANTREAU (S.), *Dictionnaire des expressions et locutions,* Paris, Les Usuels du Robert, 1993 [1979].

VIGERIE (P.)
La symphonie animale. Les animaux dans les expressions de la langue française, Le Souffle des mots, Paris, Larousse, 1992.

– **Histoire des mots, datations ; néologismes ; orthographe, etc.**

BOISSY (J.) et HUMBLEY (J.)
Cahier des Termes nouveaux, Paris, éd. du CNRS (CTN. Centre de terminologie et de néologie, Conseil international de la Langue Française), 1990.

BRUNET (S.)
Les Mots de la fin du siècle, Paris, Belin, 1996.

[*Colin 1971*]
COLIN (J.-P.), *Nouveau Dictionnaire des difficultés du français,* Paris, Hachette-Tchou, 1971.

[*Cottez 1980*]
COTTEZ (H.), *Dictionnaire des structures du vocabulaire savant. Éléments et modèles de formation,* Paris, Le Robert, les Usuels du Robert, 1980.

[*DDL*] :
[Sous la direction de QUEMADA (B.) puis de RÉZEAU (P.)], *Datations et documents lexicographiques. Matériaux pour l'histoire du vocabulaire français* [2ᵉ série, CNRS, Paris, Klincksieck, 1970 …].

DUCHESNE (A.) et LEGUAY (T.)
L'Obsolète. Dictionnaire des mots perdus, Le Souffle des mots, Paris, Larousse, 1989 [1988].

La Surprise. Dictionnaire des sens perdus, Le Souffle des mots, Paris, Larousse, 1991.

[*FEW*]
WARTBURG (W. von), *Französisches etymologisches Wörterbuch. Eine Darstellung des galloromanischen Sprachschatzes.* Tübingen, J. C. B. Mohr, puis Basel, Helbing und Lichtenhahn, 1946. 26 vol. + rédaction en cours. Réimpression de la 1ʳᵉ éd. 1922.

GAGNÈRE (Cl.)
Des mots et des merveilles, Paris, R. Laffont, 1994.

[*Gilb. Mots contemp. 1980*] :
GILBERT (P.), *Dictionnaire des mots contemporains,* Les Usuels du Robert, Paris, 1980.

JOUET (J.)
Les Mots du corps dans les expressions de la langue française, Le Souffle des mots, Paris, Larousse, 1990.

BIBLIOGRAPHIE

MERLE (G.), PERRET (R.), VINCE (J.), JUILLARD (C.)
Les Mots nouveaux apparus depuis 1985, La Vie des mots, Paris, P. Belfond, 1989 [Contenu identique à celui de *Néologie Lexicale*, 2, 1987].

[*MNC*]:
[Sous la direction de QUEMADA (B.)], *Mots nouveaux contemporains. Matériaux pour l'histoire du vocabulaire français*, CNRS, INaLF, Paris, Klincksieck, 1993-1995.

[*Mots rares 1965*]
Dictionnaire français-français des mots rares et précieux, Paris, Seghers, 1965.

[*Nouv. dict. étymol. Lar.*]
Nouveau Dictionnaire étymologique Larousse, 1953.

[*Rey-Hist. 1992*]:
REY (A.), *Dictionnaire historique de la langue française*, Paris, Le Robert, 1992.

[*Rheims 1969*]:
RHEIMS (M.), *Dictionnaire des mots sauvages* (écrivains des XIXe et XXe siècles), Paris, Larousse, 1969.

[*Thomas 1956*]
THOMAS (A.-V.), *Dictionnaire des difficultés de la langue française*, Paris, Larousse, 1956.

– **Vocabulaires particuliers, domaines scientifiques, techniques, etc. (V. aussi *TLF*, vol. 1.)**

BRENOT (Ph.)
Les Mots du corps. Dictionnaire des clins d'œil populaires, Paris, Le Hameau, 1987.

CHATELAIN-COURTOIS (M.)
Les Mots du vin et de l'ivresse, Le Français retrouvé, Paris, Belin, 1984.

COLIN (J.-P.)
Trésor des mots exotiques, Le Français retrouvé, Paris, Belin, 1986.
Les Derniers Mots, Paris, Belfond, 1992.

COURTOIS (M.)
Les Mots de la mort, Le Français retrouvé, Paris, Belin, 1991.

[*Duval 1959*]
Dictionnaire de la chimie et de ses applications, 2e éd., revue et augmentée, Paris, Presses Sc. Internat., 1959.

GUILLEMARD (C.)
Les Mots d'origine gourmande, Le Français retrouvé, Paris, Belin, 1986.
Les Mots du costume, Le Français retrouvé, Paris, Belin, 1991.

POMMEREAU (X.)
Dictionnaire de la folie. Les mille et un mots de la déraison, Paris, Albin Michel, 1995.

– **Symbolisme**

[*Bible 1912*]:
VIGOUROUX (F.), *Dictionnaire de la Bible*, 2e éd., Paris, Letouzey & Ané, 1912 [1re éd. 1891].

[*Dict. des Symb. 1982*]:
CHEVALIER (J.) et GHEERBRANT (A.), *Dictionnaire des Symboles*, Paris, R. Laffont & éd. Jupiter, éd. revue et corrigée, 1982 [1969, Paris, R. Laffont & éd. Jupiter; 1974, Paris, Seghers].

[*Oester – Mol. 1992*]:
OESTERREICHER-MOLLWO (M.), *Dictionnaire des symboles*, [trad. et mis à jour par BROZE (M.) et TALM (Ph.)], Brepols 1992 [éd. originale Lexikon Symbole, Verlag Herder, 1990].

I.2. Dictionnaires, articles, ouvrages (parfois spécialisés) plus particulièrement axés sur le vocabulaire ou le thème de la couleur

Il s'agit là d'une liste non exhaustive. Le thème de la couleur étant un champ d'investigation multiple, pluridisciplinaire, une classification thématique, par discipline, n'a pu être établie, un article, un ouvrage pouvant faire appel à plusieurs de celles-ci : physique, physiologie de la vision, chimie des matières colorantes, colorimétrie, art, histoire, ethnologie, anthropologie, philosophie, linguistique, symbolique...

De nombreuses références entrent dans le courant de recherches inspirées de la thèse de BERLIN & KAY (1969 : *Basic Color Terms. Their Universality and Evolution*). On trouvera, notamment, dans la bibliographie, le plus souvent dans le cadre des recherches sur l'universalité et l'évolution des termes de couleur de base, mention de certaines

BIBLIOGRAPHIE

études sur le vocabulaire chromatique dans d'autres langues et cultures. Bien que le Dictionnaire des mots et expressions de couleur ne puisse toujours prendre en compte, au cœur des articles, ces multiples travaux de recherches, aux conclusions parfois contradictoires, la mention de ceux-ci, toujours d'actualité, nous a semblé indispensable pour guider le lecteur dans les recherches complémentaires qu'il souhaiterait peut-être entreprendre.

I.2.1. Dictionnaires des xxe et xxie siècles, ouvrages spécialisés, techniques

ANDRIEU (B.) [Sous la dir. de] Le Dictionnaire du corps en sciences humaines et sociales, Paris, CNRS Éditions, 2006.

[Bég. Peinture] BÉGUIN (A.), Dictionnaire technique de la Peinture, 6 vol., Béguin éd., 1984 [1978].

DEBRAY (R.), HUGUES (P.) Dictionnaire culturel du tissu, Babylonne/ Fayard, 2005.

DUROZOI (G), Dictionnaire de l'art moderne et contemporain, 1992.

[Furetière-Wajsbrot 1997] FURETIÈRE, Les Couleurs, articles choisis et présentés par C. WAJSBROT, Cadeilhan, Zulma, 1997.

[Guillemard-Dico couleur 1998] GUILLEMARD (C.), Le Dico des mots de la couleur, Paris, éd. du Seuil, Les dicos de Point Virgule, 1998.

[Janneau 1980] : JANNEAU (G.), Dictionnaire des termes d'art, éd. Garnier Frères, 1980.

[Lar. des grands peintres] : LACLOTTE (M.) [Sous la direction de], Le Larousse des grands peintres, Paris, Larousse, 1976.

[Les Muses] : [Collectif] Les Muses, Encyclopédie des Arts, 15 vol., Paris, La Grange Batelière, Istituto geografico de Agostini, Novare, 1969-1974.

LEDUC-ADINE (A.-G.), Les Mots de la peinture, Belin, Le Français retrouvé, 2002.

MAILLARD (R.) [Sous la direction de] Dictionnaire universel de la Peinture, SNL, Paris, Le Robert, 6 vol., 1975.

[The Pantone$^©$ Book of Color] EISEMAN (L.) et HERBERT (L.), The Pantone$^©$ Book of Color, New York, éd. Harry N. Abrams Inc., 1990 [Répertoire dénominatif multilingue d'origine américaine et collection d'échantillons ; termes traduits littéralement en diverses langues, dont le français].

MOLLARD-DESFOUR (A.) 1998 – Dictionnaire des mots et expressions de couleur du xxe siècle. Le Bleu, Paris, CNRS Éditions, coll. Dictionnaires.

2000 – Dictionnaire des mots et expressions de couleur du xxe siècle. Le Rouge, Paris, CNRS Éditions, coll. Dictionnaires.

2002 – Dictionnaire des mots et expressions de couleur du xxe siècle. Le Rose, Paris, CNRS Éditions, coll. Dictionnaires

2004 – Dictionnaire des mots et expressions de couleur. xxe-xxie siècle. Le Bleu, [nouvelle édition, revue et complétée] Paris, CNRS Éditions, coll. Dictionnaires.

2005 – Dictionnaire des mots et expressions de couleur du xxe siècle. Le Noir, Paris, CNRS Éditions, coll. Dictionnaires 1e Édition.

2006 – [En collaboration avec Bénédicte RIVIERE, illustrations de BLEXBOLEX], De vert de rage à rose bonbon. Toutes les couleurs de notre langue, Albin Michel Jeunesse, Avril 2006.

2008 – Le Blanc. Dictionnaire de la couleur. Mots et expressions d'aujourd'hui Paris, CNRS Éditions, coll. Dictionnaires. (nouvelle maquette).

2009 – Le Rouge. Dictionnaire de la couleur. Mots et expressions d'aujourd'hui Paris, CNRS Éditions, coll. Dictionnaires. (nouvelle maquette).

KORNERUP (A) et WANOCHER (J.-H.) Petit lexique des couleurs – 1 440 nuances et 600 noms de couleurs. Trad. franç.

BIBLIOGRAPHIE

1973, éd. Munterschmidt-Verlag-Zurich-Göttingen. [1961, KORNERUP (A) et WANOCHER (J. H.), Politikens Forlag, Copenhague].

[*Pastoureau-Dict. des couleurs 1992*]
PASTOUREAU (M.), *Dictionnaire des couleurs de notre temps. Symbolique et société,* Paris, Bonnetton, 1992 [Réédité en 1999, et en 2003 sous le titre *Les Couleurs de notre temps*].

SEVE (R.), INDERGAND (M.), LANTHONY (Ph)., Dictionnaire des termes de la couleur, Paris, Terra Rossa, 2007.

I.2.2. Articles, ouvrages, revues, sites

ACHARD (P.)
1978 – «Des mots et des couleurs en français. Promenade linguistique entre le proverbe et le plan du métro», in TORNAY 1978, pp. 139-166.

AGULHON (M.)
1990 – «Les couleurs dans la politique française», in *Ethnologie française,* XX, 4, *Paradoxes de la couleur,* pp. 391-398.

ALLOTT (R. M.)
1974 – «Some Apparent Uniformities between Linguages in Colour-Naming», in *Language and Speech,* 17, pp. 377-403.

ANDRÉ (J)
1949 – *Étude sur les termes de couleur dans la langue latine,* Paris, Klincksieck.
1957 – «Sources et évolution du vocabulaire des couleurs en latin», in MEYERSON 1957, pp. 327-338.

ARCAINI (E.)
1993 – «Universaux chromatiques et relativisme culturel. Analyse contrastive: domaines français et italien», in *Studia Romanica Posnaniensia,* XVII, pp. 7-56.

(*Art absolument*) – *Les cahiers de l'art d'hier et d'aujourd'hui,* «Sur la couleur...» [Forum sur la couleur, sa nomination, ses rapports à la peinture, juin 2003, pp. 40-52.

AUMONT (J.)
1994 – *Introduction à la couleur: des discours aux images,* Cinéma et Audiovisuel, Paris, Armand Colin.

BATTIG (W.) et MONTAGUE (W.)
1969 – «Category Norms for Verbal Items in 56 Categories: a Replication and Extension of the Connecticut Category Norms», in *Journal of Experimental Psychology,* Monograph. 80, 3, 2.

BENNETT (J. A.)
1981 – «Translating Colour Collocations», in *Meta,* 26, pp. 272-280.
1988 – *Aspects of English Colour Collocations and Idioms,* Carl Winter, Heidelberg.
1994 – «Colour Collocations in Prospectuses and Advertising Material», in *Terminologie & Traduction,* 2, pp. 123-132.

BERLIN (Br.)
1970 – «A Universalist Evolutionary approach in Ethnographic Semantics», Current Directions in Anthropology, ed. FISHER (A.), in *Bulletins of the American Anthropologycal Association,* 3. 3. 2, Washington.

[*Berlin & Berlin 1975*]:
BERLIN (Br.) et BERLIN (E. A.)
1975 – «Aguaruna Color Categories», in *American Ethnologist,* 2, pp. 61-87.

[*Berlin-Kay 1969*]:
BERLIN (Br.) et KAY (P.), *Basic Color Terms.: their University and Evolution,* Berkeley-Los Angeles, University of California Press.

BETTELHEIM (Br.)
1976 – *Psychanalyse des contes de fées,* Paris, éd. R. Laffont [trad. Th. CARLIER].

BIDU-VRÂNCEANU (A.)
1970 – «Esquisse de système lexico-sémantique: les noms de couleur dans la langue roumaine contemporaine», in *Revue roumaine de linguistique,* XV, pp. 129-140, 141-156, 267-278.
1973 – «L'Expression de l'appréciation chromatique dans le style scientifique du roumain littéraire», in *Revue roumaine de linguistique,* 19, pp. 19-133.
1976 – *Systématique des noms de couleurs. Recherche de méthode en sémantique structurale,* Bucarest, éd. Academiei Républii Socialiste Romania.

BLEYS (Ol.)
Pastel, Paris, Le Seuil, 2000.

BIBLIOGRAPHIE

BREMOND (E.),
L'Intelligence de la couleur, Paris, Albin Michel, 2002.

BOIS DES LAURIERS (H. du)
1992 – «Secondaire ou fondamental? Du statut indécis de certains termes de couleur en français», in *Meta,* 37, 2, pp. 331-341.

BOLL (M.) et DOURGNON (J.)
1948 – *Le Secret des couleurs,* Paris, PUF.

BONNIER (A.)
1980 – «En guise d'avertissement, petites réflexions et citations sur la couleur», in *Information Couleur,* 11, 4ᵉ tr., pp. 9-13.

BORNSTEIN (M.)
1973 – « Color Vision and Color Naming : a Psycho-Physiological Hypothesis of Cultural Difference », in *Psychological Bulletin,* 80, pp. 257-285.

1975 – «The Influence of Visual Perception on Culture», in American Anthropologist, LXXVII, pp. 774-798.

BOULOGNE (D.) et JACOB (H.)
1985 – *Les Raisons de la couleur (dans les espaces de vie et de travail),* Paris, éd. Alternatives, 1985.

BOURGUIGNON (J.)
1981 – Compte rendu de KRISTOL (A.M.), «Color. Les Langues romanes devant le phénomène de la couleur», in *Revue de linguistique romane,* 45, pp. 237-241.

BOUVEROT (D.)
1981 – «Le Vocabulaire de la mode», in *Histoire de la langue française, 1880-1914,* vol. 24, [Sous la direction de ANTOINE (G.) et MARTIN (R.)], Paris, éd. CNRS, 1985, pp. 193-206.

BROWN (W. P.)
1972 – «Studies in Word Listing: "Some Norms and their Reliability"», in *The Irish Journal of psychology,* 1, 3, pp. 117-159.

1978 – «Across national Comparaison of English-Language Category Norms», in *Language and Speech,* 21, pp. 50-68.

BRUSATIN (M.)
1986 – *Histoire des couleurs,* Paris, Flammarion [trad. de l'italien : *Storia dei colori,* Giulio Einaudi editores, p. a., Turin, 1983].

BURNHAM (R. W.), HANES (R. M.) et BARTLESON (J. C.)
1963 – *Color: A guide to Basic Facts and Concepts,* New York-Wiley.

CARDON (D.)
1978 – *Pratique de la teinture végétale,* Paris, Fleurus.

1990 – *Guide des teintures naturelles. Plantes, lichens, champignons, mollusques et insectes,* Neufchâtel-Paris, Delachaux & Niestlé.

1994 – «Sensibilité aux couleurs des teinturiers d'autrefois. Manifestations, implications techniques et scientifiques», in PASTOUREAU 1994, pp. 17-26.

CASSIRER (E.)
1933 – «Le Langage et la construction du monde des objets», in *Journal de Psychologie normale et psychologique,* 30, pp. 18-44.

CENCIG (E.)
1990 – «United Colours: Colour Terms in Contempory Fashion», in *Fachsprache,* 12, 3-4.

CENTRE FRANCAIS DE LA COULEUR, http://www.cf-couleur.fr.

CHEVREUL (E.)
1839 – *De la loi du contraste simultané des couleurs,* Paris, Pitois- Levrault.

1861 – *Exposé d'un moyen de définir et nommer les couleurs (d'après une méthode précise et expérimentale, avec l'application de ce moyen à la définition et à la dénomination des couleurs d'un grand nombre de corps naturels et artificiels),* Paris, Firmin-Didot, Mémoires de l'Institut de France, Académie des sciences.

CHROMA, *http://www.pourpre.com/chroma.*

CNRS INFO — Lettre d'information destinée aux médias :
«Voyage au cœur du rouge», CNRS-INFO, n° 384, mai-juin 2000.

Dossier Science et Couleurs. V. notamment «Les mots de la couleur. De la science et la technique au symbolique et à la poésie», n° 391, mars 2001.

BIBLIOGRAPHIE

COLLIER (G.)
1973 – [Rezension zu Berlin-Kay 1969], in *Language,* 49, 1973, pp. 245-248.

COLLIER (G.) *et alii.*
1976 – «Further Evidence for Universal Color Categories», in *Language,* 52, 4, pp. 884-890.

CONKLIN (H. C.)
1955 – «Hanunoo Color Categories», in *Southwestern Journal of Anthropology,* 4, pp. 339-344.

1973 – «Color Categorization» *(Review article of Berlin & Kay, Basic Color Terms, 1969),* in *American Anthropologist,* LXXV, 4, pp. 931-942.

CONTAMINE (Ph.)
1983 – «Le drapeau rouge des rois de France», in *L'Histoire,* 61, nov. 1983, pp. 54-63.

CORBET (G.) et MORGAN (G.)
1988 – «Colour terms in Russian : reflections of typological contraints in a single language», in *Journal of Linguistics,* 24, pp. 31-64.

CORNSSWETT (T. W.)
1970 – *Visual Perception,* New York, Academy Press.

COSERIU (E.)
1964 – «Pour une sémantique diachronique structurale», in *Travaux de linguistique et de littérature,* 2, 1, pp. 139-186.

CRAWFORD (T. D.)
1982 – «Defining "Basic Color Terms"», in *Anthropological Linguistics,* 24, 3, pp. 338-343.

CRESSOT (M.)
1930 – «De l'expression littéraire des sensations colorées», in *Revue de philologie française,* Paris, éd. Champion, 42, pp. 49-59.

CRUSE (D. A.)
1986 – *Lexical Semantics,* Cambridge University Press.

CULIOLI (M. A. L.)
1966 – «Les Noms de couleur en corse du sarthenais (résumé d'un exposé)», in *Bulletin de la Société de linguistique de Paris,* LV, pp. 7-9.

DÉRIBÉRÉ (M.)
1968 – [1955] *La Couleur dans les activités humaines,* Paris, Dunod, 3ᵉ éd.

1969 – *La Couleur dans la publicité et dans la vente,* Paris, Dunod.

1975 – [1964] *La Couleur,* Que sais-je?, n° 220, Paris, PUF.

DESCAMPS (M. A.)
1984 – *Psychologie de la mode,* Paris.

Dictions du prisme. Les couleurs : désignations et valeurs. Littérature Orale Arabo-Berbère, dialectologie, ethnologie, collectif, éd. EHESS/CNRS, 16-17, 1985-1986.

DOUGHERTY (J. W. D.)
1975 – *A Universal Analysis of Variation and Change in Color Semantics,* thèse, University of California, Berkeley.

1978 – «On the Signifiance of a Sequence in the Acquisition of Basic Colour Terms», in CAMPBELL (R.) & SMITH (P.), *Recent Advances in the Psychology of Language,* New-York, London.

DURBIN (M.)
1972 – «Basic Terms-Off color?», in *Semiotica,* 6, 3, pp. 257-278.

ELLIS (H.)
1900 – «The Psychology of Red», in *Popular Science Monthly,* 57, pp. 365-375, 517-526.

EMBER (M.)
1978 – «Size of Color Lexicon: Interaction of Cultural and Biological Factors», in *American Anthropologist,* 80, 2, 1978, pp. 364-367.

Ethnologie française, 20, 1990, 4, *Paradoxes de la couleur,* [Coordinatrices Jaoul (M.)/Pouchelle (M. Chr.)]. Revue publiée par le *Centre d'ethnologie française,* Armand Colin.

ELIE (M.)
2009 – *Couleurs & Théoris,* Anthologie commentée, Éditions Ovadia.

EVANS (R. M.)
1948 – *Introduction to Color,* New York, Wiley.

BIBLIOGRAPHIE

DIONNE (H.) [Dir.]
Infiniment bleu, Montréal, éd. Fides, coll. Images de sociétés, 2003.

FAGOT (Ph.)
2000 – *Cosmochromie*, Terres et couleurs.
« Les tendances de la robe ou De la couleur des vins rouges », *Seppia*, 1, « Couleurs gourmandes », 2003, pp. 15-25.
2005 – « Les architectes butineurs ou De la couleur d'outre-terre », *Seppia*, 2, « Couleur mouvement », pp. 40-47.

FER (E.)
1958 – [1953] *Solfège de la couleur* (préf. Y. Legrand), Paris, Dunod, 1958.

FILLIOZAT (J.)
1957 – « Classement des couleurs et des lumières en sanskrit », in MEYERSON 1957, pp. 296-303.

FORBES (I.)
1976 – *Structural Semantics with Particular Reference to the Colour Vocabulary of Modern Standard French*, thèse, University of Edimbourg.
1979 – « The Terms *brun* and *marron* in Modern Standard French », in *Journal of Linguistics*, 15, 2, pp. 295-305.
1986 – « Variation and Change in the Basic Colour Vocabulary of French », in *Sigma*, 10, pp. 81-103.

GAIGNEBET (Cl.)
1990 – « Le sang dragon au Jardin des délices », in *Ethnologie française*, 20, 4, *Paradoxes de la couleur*.

GEOFFROY (J.)
1875 – « De la connaissance et de la dénomination des couleurs dans l'Antiquité », in *Mémoires de la Société d'anthropologie*, t. 2, 2e série, Paris, Librairie Masson, pp. 281-313.

GOETHE (J.W.)
1973 – [1810: *Zur Farbenlehre*] *Le Traité des Couleurs*, 3e éd. [traduction Bideau H.], Paris, Triades.

GROSS (G.)
1986 – « Sur un emploi particulier de certains adjectifs de couleur », in *Studia Romanica posnaniensia*, 12, Poznan, pp. 3-9.

HAGE (P.) et HAWKES (K.)
1976 – « Binumerian Color Categories », in *Ethnology*, 14, pp. 287-300.

HAYS (D.) *et alii*.
1972 – « Color Term Salience », in *American Anthropologist*, 74, 5, pp. 1107-1121.

HEINERMANN (T.)
1947 – « Die grünen Augen », in *Romanische Forschungen*, 58-59, pp. 18-40.

INDERGAND (M.)
1994 – « De l'expérience matérielle à l'expérience immatérielle de la couleur. Manière d'agir, manière de penser, évolutions et ruptures », in PASTOUREAU 1994, pp. 7-17.

ITTEN (J.)
1986 – *Art de la couleur*, Paris, Dessain et Tolra [éd. abrégée].

JACOBS (W.) et JACOBS (V.)
1958 – « The Color Blue : its Use as Metaphor and Symbol », in *American Speech*, 33, 1, pp. 29-46.

JACQUEMIN (Fr.)
2000 – *Histoire du bleu*, Paris, éd. Noesis.

JARMAN (D.)
2003 – [*Chroma. A book of colors*. June '93, Londres, Century, 1994] ; *Chroma. Un livre de couleurs* [Tr. MELLET J.-B.], éd. de l'Éclat.

KAY (P.)
1971 – « Taxonomy and Semantic Contrast », in *Language*, 47, pp. 866-887.
1975 – « Synchronic Variability and Diachronic Change in Basic Color Terms », in *Language in Society*, 4, pp. 257-270.

KAY (P.), BERLIN (Br.) et MERRIFIELD (W.)
1991 – « Biocultural Implications of Systems of Color Naming », in *Journal of Linguistic Anthropology*, 1, pp. 12-25.

KAY (P.) et KEMPTON (W.)
1986 – « What is the Sapir-Whorf Hypothesis ? », in *American Anthropologist*, 1, pp. 65-79.

KAY (P.) et Mc DANIEL (Ch.)
1978 – « The Linguistic Signifiance of the Meanings of Basic Color Terms », in *Language*, 54, 3, pp. 610-646.

BIBLIOGRAPHIE

KIKUCHI (A.) et LICHTENBERK (Fr.)
1983 – «Semantic Extension in the Colour Lexicon», in *Studies in Language*, 7, pp. 25-64.

KINNEY (M.)
1919 – «*Vair* and Related Words : A Study in Semantics», in *Romanic Review* 10, pp. 322-363.

KOWALISKI (P.)
1990 – *Vision et mesure de la couleur*, Paris, Masson, éd. Actualisée par Fr. VIÉNOT et R. SÈVE [1re éd. 1978].

[*Kristol-Color 1978*] :
KRISTOL (A. M.), *COLOR. Les Langues romanes devant le phénomène de la couleur*, Romanica Helvetica, 88, Francke Berne.

1979 – «Il colore azzuro nei dialetti italiani», in *Vox Romanica*, 38, pp. 85-99.

1980 – «Color Systems in Southern Italy: A Case of Regression», in *Language*, 56, 1, pp. 137-145.

1994 – «Un champ sémantique en mutation constante: l'expression de la couleur dans les langues romanes», in *Terminologie & Traduction*, 2, pp. 29-52.

LACROIX (J.-Cl.)
1978 – «Notes sur l'emploi des termes de couleur en français», in TORNAY 1978, pp. 181-206.

LAURIAN (J.-M.)
1983 – «Uber die grüne Grenze ou la longue marche des lexies colorées», in *Contrastes*, 7, pp. 79-95.

LAVEDAN (H.)
«À propos des couleurs», in *Défense de la langue française*, n° 139, août-oct. 1987.

LECERF (G.)
2003 – «Jardins exotiques, ombres colorées du monde», *Seppia*, n° 1, «Couleurs gourmandes», 2003, pp. 51-61.

2005 – «La vie en rose ou la synoptique du coloris des roseraies modernes», *Seppia*, n° 2, «Couleur mouvement», 2005, pp. 55-63.

LEDUC-ADINE (J.-P.)
1979 – «Rhétorique et néologie: à propos d'un adjectif de couleur», in *Néologie et Lexicologie*, hommage à Louis Guilbert, n° 5, Paris, Larousse, pp. 148-166.

1980 – «Polysémie des adjectifs de couleur», in *Cahiers de lexicologie*, 37, 2, pp. 67-90.

LEMAIRE (G.-G.)
2006 – *Le Noir*, Hazan.

LE RIDER (J.)
1997 – *Les Couleurs et les mots*, Paris, PUF, Perspectives critiques.

LÉVI-STRAUSS (Cl.)
1966 – [1958] *Anthropologie Structurale*, I., Paris, Plon [v. en particulier V.].

LÖFFLER-LAURIAN (A.-M.)
1983 – «Fonctionnement des lexies complexes: cas des lexies contenant des noms de couleur en finnois et en français», in *Contrastes*, 6, pp. 51-68.

1994 – «Des langues et des couleurs: un lieu de rencontre des sciences et de la culture», in *Terminologie & Traduction*, 2, pp. 165-176.

LONGAVESNE (J.-P.)
2005 – «Couleur/Mode/Design. Une affaire de Langage» in *La Couleur des matériaux: langage, couleur, cognition*, Roussillon, éd. Ôkhra, pp. 69-82.

LYONS (J.)
1970 – *Introduction à la linguistique générale*, Paris, Larousse.

1977 – *Semantics*, Cambridge, London, New York, Melbourne.

MAGNUS (H.)
1878 – [1877, «Die Entwickelung der Farbensinnes», Jena] *Histoire de l'évolution du sens des couleurs* [trad. Soury (J.)], Paris, Reinwald.

MALMBERG (B.)
1944 – «Ancien français *blou, bloi, pou, poi* et questions connexes», in *Romanishe Forschungen*, LVIII, pp. 8-17.

1968 – *Les Nouvelles Tendances de la linguistique*, Paris.

MARCU (R.)
1965 – «Note privind vocabularul cromatic în limbile francesâ si românâ», in *Analele*

BIBLIOGRAPHIE

Universitâtii Bucuresti, Seria Stiinte Sociale, Filologie, 14, pp. 283-304.

MATORÉ (G.)
1958 – «À propos du vocabulaire des couleurs», in Annales de l'Université de Paris, 28, 2, pp. 137-150.

MAZZONI (B.) et GROSSMANN (M.)
1976 – «Analisi semantico-strutturale dei termini di colore in italiano», in Actes du XIIIe Congrès international de linguistique et philologie romanes tenu à l'Université Laval (Québec, Canada) du 29 août au 4 septembre 1971, Québec, I., pp. 869-890.

MCNEILL (N. B.)
1972 – «Color and Color Terminology», in Journal of Linguistics, 8, 1, pp. 21-34.

MEILLET (A.)
1912 – Introduction à l'étude des langues européennes, Paris, Hachette.

MERLEAU-PONTY (M.)
1945 – Phénoménologie de la perception, Paris, Gallimard.

MEUNIER (A.)
1975 – «Quelques remarques sur les adjectifs de couleur», in Grammatica, 11, 4, annales de l'Univ. de Toulouse-Le Mirail, pp. 37-62.

1978 – «La Couleur et ses termes en français», in TORNAY 1978, pp. 167-181.

MEYERSON (I.)
1957 – Problèmes de la couleur. Exposés et discussions du colloque du Centre de recherches de psychologie comparative, tenu à Paris les 18, 19 et 20 mai 1954, réunis et présentés par Meyerson (I), Paris, E.H.E.S.S.

MICHAELS (D.)
1977 – «Linguistic Relativity and Colour Terminology», in Language and Speech, 20, 4, pp. 333-343.

MILLS (C.)
1976 – «Stylistic Applications of Ethnosemantics. Basic Color Terms in Brunanburth and Maldon», in Language and Style, 9, 3, pp. 164-170.

MOLLARD-DESFOUR (A.)
1990 – «Problèmes rencontrés dans le traitement lexicographique des termes de couleur (valeur descriptive)», in Dictionnairique et lexicographie. Autour d'un dictionnaire: «Le Trésor de la langue française», témoignages d'atelier et voies nouvelles, I., Didier Érudition, pp. 69-101.

1993 – «Couleurs contemporaines et société. Observation des lexiques chromatiques dans des situations de commercialisation: le cas des catalogues de vente par correspondance», in Le Langage et l'homme, XXVIII, 4, spécial socioterminologie, pp. 273-287. [En collaboration avec Ph. FAGOT].

2001 – «Noir-Caméléon ou comment le noir nous en fait voir de toutes les couleurs.» in Ultranoir. Les Aveux d'une couleur – Catalogue d'exposition, Printemps-Haussmans, octobre 2001, pp. 6-7.

2002 – «Les couleurs de Hugo. Soleil noir d'où rayonne le nuit», in Nuit du Patrimoine – Catalogue d'exposition, Service culturel de Nancy, pp. 18-19.

2003 – a) «Codes couleur et marques de luxe», Les Cahiers de la Recherche. Luxe-Mode-Art, n° 1, juillet 2003, pp. 21-26; et Les Cahiers de la Recherche. Luxe-Mode-Art, n° 2, 2003, pp. 17-29. (V. aussi http://www.luxe-mode-art.com

2003 – b) «Langage des fards en Égypte antique», Sagascience. Dossier Chimie et Beauté, rubrique couleurs, site du CNRS.

2003 – c) «Codes couleur et lexicologie des fards contemporains». Sagascience. Dossier Chimie et Beauté, rubrique couleurs, site du CNRS.

2004 – a) Les couleurs dans le vêtement et la mode: des codes et un lexique révélateur», Les Cahiers de la Recherche. Luxe-Mode, n° 3.

2004 – b) «Mots de carbone, d'anthracite et de bitume», livre d'artiste [M. LAFON, J. LAURANS], Uzès, Post – Rodo.

2005 – «Mots de couleur: sensations, synesthésies, plaisirs…», Seppia, 2. «Couleur mouvement», pp. 7-13.

2006 – «Portraits de femmes. Cosmétique, tendances des mots et des couleurs, [En

BIBLIOGRAPHIE

collaboration avec Céline CAUMON] *Les Cahiers de la recherche. Luxe-Mode-Art*, » n° 6, Université Paris III-Sorbonne Nouvelle.

2008 – a) Lexique des couleurs des fards contemporains : la collection DIOR», *Seppia*, 4.

2008 – b) «Les couleurs dans la mode : phénomènes lexicaux et données sociologiques», Les Lyriades de la langue. Oct. 2008.

2009 – «Sombre Clarté», Connaissances des Arts, Hors série «Soulages. La Rétrospective».

V. en collaboration avec *CNRS INFO* – Lettre d'information destinée aux médias :
- «Voyage au cœur du rouge», *CNRS-INFO*, n° 384, mai-juin 2000.
- Dossier «Science et Couleurs». V. notamment «Les mots de la couleur. De la science et la technique au symbolique et à la poésie», *CNRS-INFO*, n° 391, mars 2001.

V. Dossier *Sagascience*, «Chimie et Beauté», «Couleurs», site du CNRS : «Les couleurs du temps» «Codes couleur et enjeux des fards contemporains» «Connotation et lexique des couleurs des fards» «Le langage des fards en Égypte antique».

V. aussi *supra*, I. 2. 1. Dictionnaires du xxe et xxie siècle.

MORGAN (G.)
1993 – «Basic Colour Terms : Comparative Results for French and Russian», in *French Language Studies*, 3, 1, Cambridge University Press, pp. 1-17.

MORGAN (G.) et CORBETT (G.)
1989 – « Russian Colour Term salience », in *Russian Linguistics*, 13, pp. 125-141.

MORGAN (G.) et MOSS (A.)
1989 – «The two blues of Russian : the Referents of *sinij* and *goluboj*», in *Die Farbe*, 35-36, pp. 353-357.

OTT (A.)
1977 – [1899] *Étude sur les couleurs en vieux français*, Genève, Slatkine Reprints.

PASTOUREAU (M.)
1982 a) – *L'Hermine et le sinople. Études d'héraldique médiévale* [Recueil d'articles], Paris, Le Léopard d'or.

1982 b) – «Le rouge et le noir. Recherches sur la couleur du péché dans l'Occident médiéval», in *Actes du 107e Congrès national des Sociétés savantes*, section de philosophie et d'histoire, Brest.

1983 – «Et puis vint le bleu», pp. 15-22. [Paru dans *Europe*, 654, pp. 43-50.]

1983 – «Figures et couleurs péjoratives en héraldique médiévale», pp. 193-233. [Paru in *Communicationes al XV congreso de las ciencias genealogica y heraldica* (Madrid, 19-26 Sept. 1982). – Madrid, t. III, pp. 293-309.

1985 – «Les couleurs médiévales : systèmes de valeurs et modes de sensibilité», pp. 35-49. [Paru en italien sous le titre : *Vizi e virtu dei colori nella sensibilità mediovale*, in *Rassegna*, Anno VII, 23, pp. 5-13.]

1986 a) –/*Figures et couleurs. Eudes sur la symbolique et la sensibilité médiévales*, Paris, Le Léopard d'or [Recueil d'articles déjà parus dans diverses revues, v. en particulier :]

1986 b) – «Le Bleu en peinture», in *Sophie, revue de mode et de philosophie*, n° 2, pp. 31-33.

1986 c) – «Les couleurs aussi ont une histoire», in *L'Histoire*, 92, pp. 46-54.

1987 – «Vers une histoire de la couleur bleue», in *Sublime Indigo*, Marseille, Fribourg.

1988 – «Tous les gauchers sont roux», in *Le Genre humain*, 16-17, Paris, pp. 343-354.

1989 a) – *Couleurs, images, symboles. Études d'histoire et d'anthropologie*. [Recueil d'articles], Paris, Le Léopard d'or.

1989 b) – [éd.] *Le vêtement. Histoire, archéologie et symbolique vestimentaire au Moyen Âge*, Paris, Le Léopard d'or.

1990 a) – «Une histoire des couleurs est-elle possible ?», in *Ethnologie française*,

BIBLIOGRAPHIE

20, 4, *Paradoxes de la couleur*, pp. 368-377.

1990 b) – *Europe, Mémoire et emblèmes*, Paris, pp. 193-197.

1990 c) – «Les Couleurs du stade», in *Vingtième Siècle*, Revue d'histoire, 26, pp. 11-18.

1990 d) – «La Couleur et l'historien», in *Pigments et colorants de l'Antiquité et du Moyen Âge*, pp. 21-40.

1991 – *L'Étoffe du diable. Une histoire des rayures et des tissus rayés,* La Librairie du xxe s., Paris, Le Seuil.

1994 a) – [éd.], *La Couleur. Regards croisés sur la couleur, du Moyen Âge au xxe siècle*, Actes du colloque organisé par JUNOD (P.) et PASTOUREAU (M.) à l'Université de Lauzanne, les 25 au 25 juin 1992, Paris, Le Léopard d'Or.

1994 b) – «Morales de la couleur: Le chromoclasme de la Réforme», in PASTOUREAU 1994, pp. 27-45.

1996 – *Figures de l'héraldique*, Paris, Gallimard, Découvertes Gallimard Traditions.

2000 – *Bleu. Histoire d'une couleur.* Paris, Le Seuil.

2008 – *Noir. Histoire d'une couleur.* Paris, Le Seuil.

PICOCHE (J.)
1979 – «Voir la lumière et les couleurs: recherche de quelques structures sémantiques fondamentales du français courant», in *Travaux de linguistique et de littérature*, 17, 1, pp. 207-231.

Pigments et colorants de l'Antiquité et du Moyen Âge [Collectif], Paris, Sciences de l'homme et de la société, Département de la chimie, 1990.

POHL (J.)
1993 – «Considérations sur les mots de couleur et sur l'emprunt d'après un dictionnaire récent», in *La Linguistique,* 29, 1, pp. 67-77.

PORTAL (Fr.)
1957 – [1837, Paris, Treuttel et Würtz, 1957, éd. Niclaus] *Des Couleurs symboliques dans l'Antiquité, le Moyen-Âge et les Temps modernes,* Paris, éd. de la Maisnie, 1975.

POUR LA SCIENCE, «Couleurs» [Hors-série], avril 2000.

RASTIER (Fr.)
1991 – *Sémantique et recherches cognitives,* Paris, PUF.

RAT (M.)
1967 – «Le Rouge et le Noir», in *Vie et Langage,* 188, pp. 645-652.

RÉGNIER (J.)
1994 – *Les Couleurs, notes et choix de textes d'artistes et d'écrivains,* Paris, éd. Volets verts.

RIGAUD (A.)
1967 – «Des goûts et des couleurs», in *Vie et Langage,* 188, pp. 653-656.

ROSCH (E.)
1973 – «On the Internal Structure of Perceptual and Semantic Categories», in MOORE (ed.), *Cognitive Development and the Acquisition of Language,* New York, San Francisco, London, Academic Press, pp. 111-144.

ROSCH (E.) *et alii.*
1973 – « Natural categories », in *Cognitive Psychology,* 4.

1976 – «Structural Bases of Typicality Effects», in *Journal of Experimental Psychology: Human Perception and Performance.*

ROSCH-HEIDER (E.)
1972 – «Universals in Color Naming and Memory», in *Journal of Experimental Psychology,* 93, pp. 10-20.

SAHLINS (M.)
1976 – « Colors and Cultures », in *Semiotica,* 16, 1, pp. 1-22.

1980 – *Au cœur des sociétés. Raisons utilitaires et raison culturelle,* Paris, Gallimard, bibliothèque des Sciences humaines.

SCHÄFER (B.)
1987 – *Texte Die Semantik der Farbadjektive im Altfranzösischen,* Tübinger Beiträge zur Linguistik, 311, Gunter Narr Verlag Tübingen.

BIBLIOGRAPHIE

SCHOPENHAUER (A.)
1986 – [1816, 1re éd. *Ueber das Sehn und die Farben*] *Textes sur la vue et sur les couleurs* [ELIE (M.), introduction, traduction et notes], Paris, Librairie philosophique, J. Vrin.

Sciences et Vie Junior, dossier hors série : *La Couleur*, 23, janvier 1996.

SEGALL (M.), CAMPBELL (D.) et HERSKOVITS (M.)
1966 – *The Influence of Culture on Visual Perception*, Indianapolis, New York.

SENSO, Magazine des sens et des mots, n° 17, « Noir c'est noir », déc.-janv. 2005.

SEPPIA [Dir. éd. Guy LECERF]
N° 1, « Couleurs gourmandes », éd. du Rouergue, 2003.
N° 2, « Couleurs mouvement », éd. du Rouergue, 2005.
N° 3, « Couleurs-fards », éd. Du Rouergue, 2008.

SÈVE (R.)
1996 – *Physique de la couleur. De l'apparence colorée à la technique colorimétrique*, Physique fondamentale et appliquée, Paris, Masson.
2009 – *Science de la Couleur, Aspects physiques et perceptifs*, Chalagam Édition.

SHIELDS (K.)
1979 – « Indo-European Basic Colour Terms », in *Canadian Journal of Linguistics*, 24, 2, pp. 142-146.

SKULTÉTY (J.)
1979 – « Los sustantivos cromaticos en aposición », in *XIV Congresso Internazionale di Linguistica e Filologia Romanza*, Napoli, 15-20 April 1974, Atti, Napoli, Amsterdam, 3, pp. 605-611.

SLODZIAN (M.)
1993 – « Voir et nommer les couleurs », in *Sémiotiques*, 4, pp. 31-44.

SNOW (D. L.)
1971 – « Samoan Colour Terminology : a Note on their Universality and Evolutionary ordering of Color Terms », in *Anthropologic Linguistic*, 13.

SPENCE (N. C. W.)
1989 – « The Linguistic field of Colour Terms in French », in *ZrPh*, 105, pp. 472-497.

STOCKING (G. W.)
1968 – *Race, Culture and Evolution*, New York, The Free Press.
1974 – *The Slaping of American Anthropology, 1883-1911 : A Franz Boas Reader*, New York, Basic Books.

TASMOWSKI (L.)
1982-1983 – *« Les Noms de couleur en français : catégories et focus »*, in *Linguistica Antverpiensia*, XVI-XVII, pp. 221-241.

Techne.
1996. n° 4, *La Couleur et ses pigments*.
1999. n° 9-10, *Couleur et perception*.

TEICHROEW (M.)
1985 – « Sens et stéréotypie : le cas de la définition lexicographique », in *Revue de linguistique française d'Utrech*, 4, pp. 11-14.

TEPPE (J.)
1966 – « L'Arc-en-ciel des poètes », in *Vie et Langage*, 170, pp. 266-272.

Terminologie & Traduction, 2, dossier : « Terminologie des couleurs », CECA-CECEEA, Bruxelles, Luxembourg, 1994.

TORNAY (S.)
1978 a) – [éd.] *Voir et nommer les couleurs.* [Recueil d'articles touchant plus partic. à l'ethnolinguitique] Éd. Laboratoire d'ethnologie et de sociologie comparative, Nanterre.

1978 b) – « De la perception des couleurs à l'aperception symbolique du monde. Réflexion sur une conception cognitive du symbolisme », in *Communications*, Paris, éd. du Seuil, 29, pp. 119-140.

1985 – « Les Noms de couleurs dans les langues naturelles : déterminisme biologique ou arbitraire culturel ? », in *Information Couleur*, 1re Journée nationale de la couleur (jeudi 26 avril 1984), pp. 38-42.

TOURNEMILLE (J.)
1967 – « Au jardin des locutions françaises », in *Vie et Langage*, 184, pp. 400-409.

Ultranoir. Les aveux d'une couleur, Cataloque d'exposition, Printemps – Hausman, oct. 2001.

VARICHON (A.)
2005 [Nouvelle édit.; 1ᵉ édit. 2000], – *Couleurs, Pigments et teintures dans les mains des peuples,* Paris, Seuil.

VERBRAEKEN (R.)
1991 – «Coup d'œil sur les termes de couleur», in *Le Langage et l'homme,* 26, 2-3, pp. 173-180.

1994 – «Termes de couleur et traduction à l'exemple du danois et du français», in *Terminologie & Traduction,* 2, pp. 53-67.

1997 – *Termes de couleur et lexicographie artistique: recueil d'essais suivi de quelques articles sur la critique d'art,* Paris, éd. du Panthéon.

WITTGENSTEIN (L.)
1984 – [1977, *Bemerkungen über die Farben,* GEM Anscombe] *Remarques sur les couleurs,* éd. bilingue, allemand-français, traduit de l'allemand par GRANEL (G.), 3ᵉ éd., TER bilingue.

ZAHAN (D.)
1990 – «L'Homme et la couleur», in *Histoire des Mœurs,* I, *Les coordonnées de l'homme et la culture matérielle* [sous la direction de POIRIER (J.)], Gallimard, La Pléiade, pp. 115-180.

ZOLLINGER (H.)
1976 – «A Linguistic Approach to the Cognition of Colour Vision in Man», in *Folia Linguistica,* 9, 1-4, pp. 265-293.

1979 – «Correlations between the Neuro Biology of Colour Vision and the Psycholinguistics of Colour naming», in *Experientia,* XXXV, 1, pp. 1-8.

ZWIMFER (M.)
1992 – [1985. *Farbe: Licht, Sehen, Empfinden,* Berne, P. Haupt] *Couleur. Optique et perception,* Paris, Dessain et Tolra [trad. fr. de STRASCHITZ Fr.].

II. SOURCES TEXTUELLES DES EXEMPLES CITÉS

II.1. Œuvres littéraires (romans, poésies, chansons) ou spécialisés (xxᵉ-xxiᵉ siècle)

Le corpus d'étude étant celui de la BASE FRANTEXT (limitée aux textes des xxᵉ et xxiᵉ siècles), on trouvera, seulement, ci-après, la liste complémentaire à cette base, liste correspondant à des lectures et dépouillements personnels, aux fichiers complémentaires de l'ATILF (ex INaLF-Nancy). Pour la liste des textes issus de la Base FRANTEXT (à partir de 1900), le lecteur en trouvera la bibliographie complète en interrogeant cette base sur le site de l'ATILF et du *Trésor de la langue française informatisé (TLFi).*

BAYO (G.)
Au sommet de la nuit, Paris, éd. Saint-Germain-des-Prés, Poètes contemporains, 1980.

BOUDARD (A.)
La Métamorphose des cloportes, Plon, 1962.

Le Café du pauvre, Paris, éd. La Table ronde, 1983.

Mourir d'enfance, Paris, éd. Robert Laffont, 1995.

BREST (S.)
L'Objet des ombres, Marseille, Sud Poésie, 1983.

BRETON (A.)
L'Amour fou, Paris, Gallimard, 1949 [1937].

BRUNETIÈRE (H.)
Dormir ensemble, L'Escarbille, Feux follets, 2004.

CADOU (H.)
En ce Visage l'avenir, Remoulins sur Gardon, éd. J. Bremond, 1983 [1977]

CADOU (R.-G.)
Un oiseau dans la tête. Choix de poèmes, Paris, éd. Enfance heureuse, 1987 [1973, Seghers].

Poésie, la Vie entière, Paris, Seghers, 1978.

CASTILLO (C.) & PISIER (E.)
Sonia Rykiel. Quand elle n'a pas de rouge elle met du noir, Paris, éd. Fayard, 2001.

BIBLIOGRAPHIE

CAUVIN (P.)
C'était le Pérou, Paris, LGF, 1984 [1980, Le Livre de poche, J. C. Lattès].

Rue des Bons-Enfants, Paris, Albin Michel, 1990.

CAVANNA
Maria, Pierre Belfond, 1985.

CLAUDEL (P.)
Conversations dans le Loir-et-Cher, in *Œuvres en prose*, Paris, Gallimard, 1965 [1935].

COMBESCOT (P.)
Les Filles du Calvaire, Paris, Grasset & Fasquelle, 1991.

La Sainte Famille, Paris, Grasset & Fasquelle, 1996.

DELTEIL (J.),
Les Cinq sens, éd. Collot & Le Temps qu'il fait, 1993.

DUHAMEL (G.)
Récits des temps de guerre, Paris, Mercure de France, 1949.

ÉLUARD (P.)
L'Amour, la Poésie, Paris, Gallimard, 1993 [1929].

«Chant du dernier délai», in *Œuvres Complètes*, t. II, La Pléiade, Paris, Gallimard, p. 206.

FOUREST (G.)
La Négresse blonde, suivi de Le Géranium ovipare, José Corti, [1909], 1964.

FREUD (S.)
L'Inquiétante Étrangeté [Trad. de B. Féron], Livre de Poche, 1992.

GROULT (B.)
Les Trois Quarts du temps, Paris, Grasset et Fasquelle, 1983.

GROULT (B. et Fl.)
Journal à quatre mains, Paris, Gallimard, 1974.

HANSKA (E.)
Les Raouls ou la vie comme au ciné, Paris, Orban, 1976.

La Mauvaise Graine, Paris, Orban, 1978.

Fascination, Paris, Mercure de France, 1986.

JACCOTTET (Ph.),
Les Cormorans, Paris, Gallimard, 1984.

Éléments d'un songe, Paris, Gallimard, 1961.

LIGER (Chr.)
Il se mit à courir le long du rivage, Paris, Robert Laffont, 2001.

MODIANO (P.)
Rue des Boutiques Obscures, NRF, Gallimard, 1978.

PLANTIER (T.).
Jusqu'à ce que l'enfer gèle, Paris, Pierre Jean Oswald, 1974.

PONGE (Fr.)
Le Grand Recueil. Pièces, Paris, Gallimard, 1961.

PONS (R.)
Petit Dictionnaire subjectif, Le Bruit des autres, 2000.

QUEFFÉLEC (Y.)
Le Charme noir, Paris, Gallimard, 1983.

QUIGNARD (P.)
Terrasse à Rome, Paris, Gallimard, 2000.

SEELING (Ch.)
La Mode au siècle des créateurs. 1900-1999, Könemann, 2000.

II.2. Textes (le plus souvent spécialisés portant sur des thèmes particuliers en rapport avec les termes de couleur

[Utilisés pour la définition ou l'illustration d'un sens plus ou moins technique (terme général, syntagme particulier, etc.)]

BRIATTE (R.)
Joseph Delteil, qui êtes-vous ?, Paris, La Manufacture, 1988.

CASSAGNES-BROUQUET (S.),
Les Anges et les Démons, éd. du Rouergue, 1993.

CEYSSON (B.)
Entretien avec Pierre Soulages, Saint-Étienne, Musée de Saint-Étienne, 1976.

Soulages, Paris, Flammarion, 1979.

[Collectif] *Question de couleurs. IXes Rencontres psychanalytiques d'Aix-en-Provence*, Confluents psychanalytiques, les Belles Lettres, 1990

BIBLIOGRAPHIE

DAVID (Chr.)
«Iris au service d'Éros», in *Question de couleurs. IX*es *Rencontres psychanalytiques d'Aix-en-Provence,* Confluents psychanalytiques, les Belles Lettres, 1990.

DELTEIL (J.),
Les Cinq sens, éd. Collot & Le Temps qu'il fait, 1993.

DUBY (G.)
«Soulages», *Les Cahiers du musée d'art moderne,* 3, Paris, 1980.

ENCREVÉ (P.)
Soulages à Lyon, Catalogue d'exposition Soulages, Lyon, mars 1987.
Les Soulages du Musée Fabre, Gallimard, septembre 2008.
Soulages – 90 peintures sur toiles/90 peintures sur papier, 230 x 287, dans un coffret sérigraphié, 182 illustrations couleurs, Gallimard, novembre 2009.

ENCREVÉ (P.) et PACQUEMENT (A.)
Soulages, catalogue de l'exposition, 235 x 280, 245 illustrations couleurs, Éditions du Centre Pompidou, octobre 2009.

HANICOTTE (C.) [Sous la dir. de]
Vins et vignobles de France, Paris, Larousse et Bordas, 1997.

HUET (M.) et LAUZERAL (V.)
Dictionnaire des vins et alcools, Paris, éd. Hervas, 1990.

HERSANT (Y.)
«Mélancolie rouge», in *Question de couleurs. IX*e s *Rencontres psychanalytiques d'Aix-en-Provence,* 1990, pp. 71-85.

HUTIN (S.)
L'Alchimie, Que sais-je ?, n° 506, Paris, Puf. [1re éd. 1951].

ISLE DE BEAUCHAINE (X.)
*Soulage*s – album de l'exposition, parcours en images d'une sélection d'œuvres, texte de Pierre Soulages «Image et signification», 270 x 270, version bilingue français/anglais, Éditions du Centre Pompidou, octobre 2009.

KANDINSKY (W.),
Du spirituel dans l'art et dans la peinture en particulier, 1954, [tr. de l'allemand par Nicole Debran] Édition établie et présentée par Philippe Sers, Folio essais, 2006, France,

LAFON (M.), LAURANS (J.), MOLLARD-DESFOUR (A.),
Mots de carbone, d'anthracite et de bitume, livre d'artiste, Uzès, Post-Rodo, 2004.

LAURANS (J.)
Pierre Soulages, trois lumières, éd. Verdier, poche, 2009. [1e éd. Farrago, 1999]

LEGRAND (J)
Chroniques de la France, Paris, éd. Chronique, 1987.

LEMAIRE (G.-G.)
Pierre Soulages au fond de la rétine de Roger Vailland, Les Lettres françaises, septembre 2005.

LUDOT (D.)
La Petite Robe noire, Paris, Assouline, 2001.

MALEVITCH (K.)
Le miroir suprématiste, [Tr. J.-G. et V. Marcade], Lausanne, L'Age d'homme, 1977.

MARTEL (Fr.)
Le Rose et le Noir. Les Homosexuels en France depuis 1968, Paris, Le Seuil, 1996.

MESCHONNIC (H.)
Le Rythme et la Lumière, avec Pierre Soulages, Paris, Odile Jacob, 2000.

MILLET (C.)
«Pierre Soulages, la peinture au présent», *Art-Press,* n° 34, février 1980.

MÜLLER (Fl.)
Excentriques, Paris, éd. du Chêne, 2001.

RAGON (M.)
Les Ateliers de Soulages, Paris, Albin Michel, 1990.
Pierre Soulages, coll. «Ateliers d'artistes», 245 x 245, 80 illustrations couleurs, couverture en carton brut sérigraphié, édition bilingue français/anglais, Thalia, octobre 2009.

ROUBAUD (J.)
Quelque chose noir, Paris, Gallimard, Poésies, 1986.

SENGHOR (L. S.)
«Pierre Soulages», *Les Lettres nouvelles,* Paris, mars 1958.

BIBLIOGRAPHIE

SCHEFER (J.-L.)
Figures peintes, Essais sur la peinture, P.O.L, 1998.

SOULAGES (P.)
Image et Signification. Rencontres de l'École du Louvre, Paris, La Documentation française, 1983.

Écrits et propos, textes recueillis par Jean-Michel Le Lannou, Paris, Éditions Hermann, 2009.

II.3. Journaux et périodiques

[Base BORNÉO (AFC : Archives du Français Contemporain, CNRS-ATILF, Villetaneuse, Base de néologismes) et dépouillements personnels]

Actuel
Arts et loisirs
Biba
Camif (La) (1985-2004)
Cosmopolitan
Damart (1985-2004)
Elle
Équipe (L')
Est républicain (L')
Est Magazine (L') [Supplément de *l'Est républicain* du dimanche]
Évènement (L')
Évènement du jeudi (L')
Express (L')
F Magazine
Fashion Daily News
Fémina
Fémina Hebdo
Femme actuelle
Femme pratique
Figaro (Le)
Figaro littéraire (Le)
Figaro Magazine (Le)
France-Soir
Humanité (L')
Humanité Dimanche (L')
Journal des Textiles (Le-)
Libération
Madame Figaro
Maison et Jardin
Maison Madame Figaro
Marie-Claire
Midi Libre
Monde (Le)
Nouvel Observateur (Le)
Nouvelle République du Centre-Ouest (La)
Paris Match
Point (Le)
Pour la Science
Quelle (1985-2004)
Redoute (La -) (1985-2004)
Sciences et Nature
Sud-Ouest
Télé 7 jours.
Télé Obs.
Télérama
Vie (La)
3 Suisses (Les -) (1985-2004)

Index des termes et locutions de couleur

INDEX

A

À la **noirceur**, 101
À la **noireté**, 101
Abeille **âtre**, 70
Afrique **noire**, 30
Aigle **noir** (l'-), 14
Aile du **merle** (couleur de l'-), 172
Aile (-) de (-) **corbeau**, 145
Aile (-) de (-) **pie**, 199
Airelle, 119
Alchimie, 9, 145
All **Black** (les -), 73
Amadou, 119
Amadou brûlé, 119-120
Ange des **nuits**, 177
Ange des **ténèbres**, 220, 221
Ange **noir**, 40
Ange **ténébreux**, 227
Années **noires**, 41
Anthracite, 120-121
Anthracnose, 122
Anthrax, 121-122
Araigne/Araignée, 122
Araignée (avoir une — dans le plafond), 13
Argent **noir**, 46
Asphalte, 123
Asphaltite (lac -), 124
Assombrir, 212-213
Assombrissement, 213
Atrabilaire, 67
Atrabile, 67
Atrabileux, 68
Atrabilieux, 68
Atramentaire, 69
Atramenter, 69
Atramenteux, 70
Âtre, 70-71
-**Âtre**, 71
Atri-, atro-, 70
Atricaude, 70
Atricolle, 70
Atricorne, 71
Atrocéphale, 71
Atromarginé, 71
Atroptère, 71
Au **black**, 76
Au **noir** (Travailler -), 62
Avoir des cases **noires** dans le carrelet/la grille de son carrelet, 123
Avoir du **noir**, 61
Avoir les papillons **noirs**, 14
Avoir un **cafard**/des cafards dans la tête, 132
Avoir un **rat** dans la contrebasse/le grenier, 203
Avoir une **araignée** au plafond, 123

B

Banania, 125
Basalte, 125-126
*Belle (Je suis **noire** mais je suis -)*, 29
Bête **noire**, 18
Beurre **noir**, 30, 31
Bile **noire**, 18
Bitume de Judée, 127
Bitume, 126-127
Bitumeux, euse, 128
Black, 72-77
Black (au -), 76
Black (le -), 76
Black (musique -), 76
Black and white, 72, 73
Black is beautiful, 74
Black generation, 76
Black et beautiful, 74
Black Label, 72
Black music, 76
Black Panthers (Les -), 75
Black Power (le -), 75
Black star, 120
Black (-) blanc (-) beur, 74

INDEX

Black-jack, 78
Black-listé, 78
Black-out, blackout, 78-79
Black(-)rot, 80
Black Squares, 21
Blackboulage, 78
Black-boulé/Blackboulé, 77
Blackbouler/Black-bouler, 77
Blackos, 77
Blackwork, 80
Blanc sur noir, 53
Blanche-neige, 128-129
Blé noir, 12
Bleu (-) corbeau, 143 ; → vol. BLEU
Bleu d'encre, 153 ; → vol. BLEU
Bleu (-) de (-) corbeau, 143 ; → vol. BLEU
Bleu (-) de (-) nuit, 175 ; → vol. BLEU
Bleu hirondelle, 164 ; → vol. BLEU
Bleu nocturne, ; → vol. BLEU
Bleu (-) nuit, 175 ; → vol. BLEU
Blouson (noir-), 129
Blouson noir, 24
Blousonne noire, 25
Bois d'ébène, 153
Boîte noire, 38
Boucané, ée, 160 ; → vol. BRUN
Bourdon (avoir le -),
Bouteille à l'encre (c'est la -), 155
Brebis noire, 18
Broyer du noir, 61
Brun bitume, 126 ; → vol. BRUN
Brun momie, 192 ; → vol. BRUN
Brun ramoneur, 202 ; → vol. BRUN
Brun-de-suie, 214 ; → vol. BRUN
Brunissage, 105 ; → vol. BRUN

C

Cabinet noir, 45
Cachou, 130 ; → v. aussi vol. BRUN
Cafard, 130-133

Cafardage, 132
Cafarder, 132-133
Cafarderie, 132
Cafardeux, euse, 133
Cafardise, 132
Cafards (avoir des — dans la tête), 132
Café noir, 21
Cafeter/Cafter, 133
Caillou noir (marquer d'un -), 8
Caisse noire, 46
Calcinée (ivoire -), 166
Cambouis, 133-134
Cantique des Cantiques (le -), 29
Carbone, 134
Carbonisé, 134
Carré noir, 20
Carte noire, 21
Case noire, 22
Cases noires (avoir des — dans le cervelet), 123
Cassis, 134-135
Cassis (être débarbouillé avec du -), 135
Caviar blanc, 135
Caviar, 135-136
Caviar noir, 21
Caviardage, 136
Caviardé, ée, 136
Caviarder, 136
Chambre noire, 38
Champs de blé aux corbeaux (Les -), 145
Chanel (noir -), 137
Chant des partisans (Le -), 145
Chants de Ténèbres, 219
Charbon, 137-138
Charbonné, ée, 138-139
Charbonner, 139-140
Charbonneux, euse, 140-141
Chat noir, 17
Chaudronné, 160
Chemise noire, 25

INDEX

Cheval **noir**, 17
Chevalier **noir**, 23
Cheveux **noirs**, 33
Choc **noir** (le -), 22
Chocolat **noir**, 21
Cinéma (noir-), 141
Cirage, 141-142
Cirageux, euse, 142-145
Clair-obscur, 183-184
Clair-obscurisme, 184
Clair-obscuriste, 184
Colère (être **noir** de -), 35
*Combat de **nègres** dans une cave/un tunnel*, 93
Continent **noir**, 30, 45
Coprin **atramentaire**, 69
Coprin goutte d'**encre**, 154
Coprin noir d'**encre**, 154
Corbeau, 143-145
Corbeau (se noircir comme un -), 144
Corbeau (Le vol noir des — sur la plaine), 15
Corbeau **noir**, 14-15
Corps **noir**, 6
Corvée de **cirage** (être de -), 148
Couleur **aile** (-) de (-) **corbeau**, 145
Couleur **amadou**, 119
Couleur **basalte**, 125
Couleur **cambouis**, 133
Couleur d'**amadou**, 119
Couleur d'**amadou brûlé**, 119
Couleur d'**anthracite**, 120
Couleur d'**anthrax**, 121
Couleur d'**asphalte**, 123
Couleur d'**ébène**, 152
Couleur d'**encre** (à stylo), 154, 156
Couleur de **basalte**, 125
Couleur de **cambouis**, 133
Couleur de **cirage**, 141
Couleur de **corbeau**, 143
Couleur de **deuil**, 147, 148

Couleur de **houille**, 164
Couleur de l'aile du **merle**, 172
Couleur de **nuit**, 176
Couleur de (jus de) **réglisse**, 204, 205
Couleur de **suie**, 214
Couleur **goudron**, 162
Couleur queue-de-**pie**, 200
Couleur **zan**, 231
Coup de **cafard**, 131
Coupe **sombre**, 208
Crêpe, 149
Croisière **noire** (la -), 30
Cul (être noir/faire noir comme dans un -), 146
Cul d'un **nègre** (il fait noir comme dans le [trou] du -), 93

D

D'**airelle**, 119
D'**anthracite**, 120
D'**asphalte**, 123
D'**encre**, 154
Dame en noir (La -), 58
Dark, 81
Dark Cristal, 81
Dark Star, 81
De **basalte**, 125
De **bitume**, 126
De **cambouis**, 133
De **carbone**, 134
De **cassis**, 134
De **caviar**, 135
De **charbon**, 137
De **cirage**, 141
De **corbeau**, 143
De **houille**, 164
De **jais**, 167
De **poix**, 200
De **suie**, 215
De **ténèbres**, 217

262

INDEX

Débarbouillé avec du **cassis** (être -), 135
Demi-**deuil**, 25, 148, 149
Demi-**ténèbre(s)**, 222
Dénigrement, 105
Dénigrer, 104
Dénigreur, euse, 105
Dénoircir (se -), 104
Désespoir (**noir**-), 147
Dessous (être dans le sixième -), 40
Deuil (avoir les ongles en -), 148
Deuil (couleur-), 147
Deuil (demi-), 25
Deuil (grand-), 25
Deuil (**noir**-), 147, 148
Deuil (petit-), 25
Diamant **noir**, 7
Diable (être noir comme le/un -), 150
Diable (faire noir comme chez le -), 150
Diable (faire un froid du -), 150
Diable (il n'est pas si — qu'il est noir), 151
Diète **noire**, 47
Disque **noir**, 22
Dragons **noirs**, 18
Drapeau **noir**, 23
Drapeau **noir** (le — flotte sur la marmite), 23
Du **diable**, 150

E

Ébène, 152-153
Ébène (bois d'-), 153
Ébène (noir -), 152
Ecclésiastique (noir -), 153
Écran **noir**, 19
Empire de l'**ombre**, 193
Encre, 153-156
Encre (noir d'-), 154
Encre à stylo (couleur d'-), 156
Encre de seiche, 156
Encre de Chine, 156
Encrêpé, 149

Encrêper, 149
Encreux, euse, 156
Encrier (souffler dans l'-), 155
Endeuiller, 150
Endeuillé, ée, 149
Endeuillement, 149
Enfumé, ée, 160
Engrandeuiller (s'-), 148
Enténébré, ée, 222
Enténèbrement, 223-224
Enténébrer, 224-225
Esprit des **ténèbres**, 221, 232
Étrangler une **négresse**, 93
Être dans le **cirage**/en plein **cirage**, 142
Être dans le **noir**, 62
Être débarbouillé avec du **cassis**, 135
Être en plein **goudron**, 162
Être **goudronné**, 163
Être **noir**, 47

F

Faire de l'**ombre** à quelqu'un, 191
Faire **noir**, 48
Faire noir comme chez le **diable**, 150
Faire noir comme dans la gueule d'un **loup**, 169
Faire noir comme dans le (trou du) cul d'un **nègre**, 93
Faire noir comme dans un **cul**, 146
Faire noir comme dans un **four**, 157
Faire noir comme dans un trou de **taupe**, 216
Faire **sombre**, 209
Faire un froid du **diable**, 150
Faire un froid **noir**, 37
Faire un froid de **loup**, 169
Femme (la — est un continent noir), 45
Fièvre **charbonneuse**, 141
Film **noir** et blanc, 53
Fleur **noire**, 11
Foulque **noire**, 14

INDEX

Forêt **noire**, 11
Four (noir comme un -), 157
Four **noir**, 157
Froid du **diable** (faire un -), 150
Froid **noir**, 37
Fuligineusement, 159
Fuligineux, euse, 157-159
Fumée (gris [de] -), 159 ; → vol. GRIS
Fumée (Noir de -), 161
Fusain (Noir-), 161
Fusain, 161
Fusiné, ée, 161

G

Geai, 168
Goudron (être en plein -), 162
Goudron, 162-163
Goudronné (être -), 163
Goudronner (se-), 163
Goudronneux, 163
Grand-**deuil**, 25, 148
Gravier-Goudron, 162
Gravure à la manière **noire**, 20
Gris **anthracite**, 120 ; → vol. GRIS
Gris **asphalte**, 123 ; → vol. GRIS
Gris **bitume**, 126 ; → vol. GRIS
Gris **caviar**, 135 ; → vol. GRIS
Gris (de) **fumée**, 159 ; → vol. GRIS
Gris (-) **fumée**, 159 ; → vol. GRIS
Groseille **noire**, 12
Gueule **noire**, 35

H, I,

Habit **noir**, 27
Heure **noire**, 39
Hirondelle (bleu/noir [d'] -), 184
Hirondelle bleue, 164
Homme de couleur, 62
Houille (Couleur de -), 164
Humeur **noire**, 18

Humour **noir**, 48
Idée **obscure**, 181
Idées **noires**, 44
Infra-noir, 81
Ivoire calciné, 166

J, K

Jais, 166-168
Jus de **réglisse** (couleur de -), 205
Kebla, 80
Kêm, 9, 145
Kemet, 9, 57
Khemi, 145
Khôl, 57

L

Labeur de **noir**, 57
Lac **Asphaltite**, 124
Lac **noir**, 10
Laisser dans le **noir**, 62
Leçons de **ténèbres**, 219
Liste **noire**, 46
Littérature **noire**, 42
Lieu **noir**, 193
Loup (faire un froid de -), 169
Loup (faire noir comme dans la gueule d'un -), 169
Louvet, 169
Lucifer, 221
Lumière (noir-), 169-171
Lumière **noire**, 7
Lunettes **noires**, 33

M

Mâchurer (se -), 35, 215
Magie **noire**, 40
Mal **noir**, 21, 138, 141, 203
Maladie **noire**, 45
Marbre **noir**, 7
Marché **noir**, 46
Marée **noire**, 11

INDEX

Manière **noire**, 20
Matière au **noir**, 56, 100, 145
Matière **noire**, 100, 145
Mauvais sang (se faire du -), 34
Mélampyge, 83
Melampyre, 12, 83
Mélanco, 91
Mélancolie, 83-89
Mélancolieux, 89-90
Mélancolique, 90-91
Mélanémie, 83
Mélanésie, 83
Mélanésien, 83
Mélanie, 83
Mélanien, -ienne, 83
Mélanine, 83
Mélanique, 83
Mélaniser, 83
Mélanisme, 83
Mélanite, 83
Mélanité, 83
Mélano-, 83
Mélano-africain, 83
Mélano-indien, 83
Mélanoblaste, 83
Mélanoderme, 83
Mélanodermie, 83
Mélanogénèse, 83
Mélanome, 83
Mélanophore, 83
Mélanoptère, 83
Mélanosarcome, 83
Mélanose, 83
Mélanostimuline, 83
Mélanote, 83
Mélanurie, 83
Mer **noire**, 10
Merle (couleur de l'aile du -), 172
Merle **noir**, 14
Merlot, 172

Mettre dans le **noir**, 59
Mettre du **noir** sur du blanc, 52
Messe **noire**, 41
Momie (Brun-), 192 ; → vol. BRUN
Monde **ténébreux**, 227
Montagne **noire**, 10
Moreau, elle, 172
Morelle, 172-173
Moricaud, aude, 173 ; → vol. BRUN
Mort **noire**, 34
Mouche **charbonneuse**, 141
Mouton **noir**, 18
Musique **black**, 76

N

Nager dans l'**encre**, 155
Ne pas engendrer la **mélancolie**, 86
Nègre/négresse, 92-94
Nègre blanc, 92
Nègre (tête [-] de [-]-), 94
Nègre en chemise, 94
Négrescent, ente, 94
Négresse (étrangler une -), 93
Négrita, 94
Négritude, 94-96
Négro (vomito —), 96
Négro, 96-97
Négro(-)spiritual, 97
Nielle, 97-98
Niellé, 98
Nieller, 98
Nigelle, 98
Nigromance, 41
Nocturne (bleu -), 177 ; → vol. LE BLEU
Nocturne (noir-), 177
Nocturne, 177-178
Noir, 5-64
Noir anthracite, 120
Noir araigne, 122
Noir asphalte, 123

INDEX

Noir (-) **bitume**, 126
Noir **blouson**, 129
Noir (-) **carbone**, 134
Noir **chanel**, 137
Noir **charbon**, 137
Noir **cinéma**, 141
Noir comme de l'**encre**, 155
Noir comme de la **poix**, 200
Noir comme du **charbon**, 137
Noir comme du **cirage**, 141
Noir comme un bonnet de ramonat, 202
Noir comme un **cul**, 146
Noir comme un curé, 153
Noir comme un **diable**, 150
Noir comme un **four**, 157
Noir comme un **ramoneur** (de cheminée), 202
Noir comme un (petit) Savoyard, 202
Noir comme une **taupe**, 216
Noir (-) **corbeau**, 143
Noir d'**asphalte**, 123
Noir d'**ébène**, 152
Noir d'**encre (de Chine)**, 156
Noir de **charbon**, 137
Noir de colère, 35
Noir de **corbeau**, 143
Noir de **fumée**, 159
Noir de **jais**, 166
Noir de **poix**, 200
Noir de rire, 35
Noir de **suie**, 214
Noir de **vigne**, 230
Noir **désespoir**, 147
Noir (-) **deuil**, 147, 148
Noir (-) **ébène**, 152
Noir **ecclésiastique**, 153
Noir et blanc (en -), 53
Noir **fusain**, 161
Noir **goudron**, 162
Noir (d')**hirondelle**, 164

Noir **nocturne**, 177
Noir (-) **nuit**, 175
Noir **obsidien**, 190
Noir **polar**, 200
Noir **punk**, 201
Noir **ramoneur**, 202
Noir **rébellion**, 203
Noir **réglisse**, 204
Noir **Rykiel**, 205-206
Noir-**scarabée**, 207
Noir-**soir**, 208
Noir (-) **Soulages**, 213
Noir-**soutane**, 214
Noir (-) **star**, 214
Noir **suie**, 214
Noir sur blanc, 53
Noir-**velours**, 230
Noirâtre, 99
Noiraud, aude, 99
Noircéant, 105
Noirceur, 100-101
Noirci, ie, 101-102
Noircicaud, aude/Noircicot, 99-100
Noircif, 102
Noircir, 102-105
Noircir (se — comme un corbeau), 101, 144
Noircir (se — le nez), 104
Noircissage, 105
Noircissant, 105
Noircissement, 105-106
Noircisseur, euse, 106-107
Noircisseur de papier, 106
Noircissure, 107
Noircité, 101
Noire mais je suis belle (je suis -), 29
Noirement, 107
Noiret, ette, 99
Noireté/Noirté, 101
Noirien/Noirin/Noireau/Noirot, 107
Noirisme, 108-109

INDEX

Noiriste, 109
Noirot, 109
Noirpiaud, aude, 110
Nuit, 175-177
Nuit (bleu (-)-), 175 ; → vol. BLEU
Nuit (couleur de -), 176
Nuit (noir [-]-), 176
Nuit noire, 37
Nuit obscure (de l'âme), 181-182

O

Obombrer, 195
Obscur, e, 179-183
Obscurant, ante, 185
Obscurantin, 185
Obscurantisme, 184-185
Obscurantiste, 185
Obscurci, ie, 185-186
Obscurcir, 186-188
Obscurcissant, ante, 188
Obscurcissement, 188
Obscure (idée -), 181
Obscure (nuit — [de l'âme]), 181-182
Obscurément, 183
Obscurisme, 188
Obscurité, 189-190
Obsidien (noir-), 190
Obsidienne (noir -)/couleur d'-), 190
Œil au beurre noir, 31
Œuvre au noir, 15, 100, 145
Office de(s) Ténèbres, 219
Oiseau noir, 14, 16
Ombre, 190-195
Ombre à paupières, 192
Ombré, ée, 195
Ombrer, 196-197
Ombres chinoises, 191
Ombrette, 195
Ombreux, euse, 196
Ombrure, 197

Onde noire, 39
Ongles en deuil (avoir les -), 148
Or noir, 7
Outrenoir, 110-113

P, Q

Pain noir (manger le/son -), 31, 32
Paon de nuit, 89
Papier (noircisseur de -), 106
Papillons noirs (avoir les-), 14
Parfum de la dame en noir (Le), 58
Partir dans le cirage, 142
Passer au caviar, 135
Pavillon noir, 23
Pédagogie noire, 43
Pénombre, 197-198
Pénombreux, euse, 198
Percnoptère, 114
Perle noire, 8
Perle noire de la méditerrannée, 8
Peste noire, 34
Petit-deuil, 25
Petit noir, 58
Petit Ramoneur Savoyard, 202
Petite robe noire, 27
Petit Savoyard (noir comme un -), 202
Pie, 199
Pied (-) noir, 36
Pierre noire, 8
Pierre noire (marquer d'une -), 8
Piste noire, 64
Poèmes saturniens, 91
Point noir, 34, 44
Poivre noir, 13
Poix (noir de -), 200
Polar (noir-), 200
Porter le noir, 60
Pot au noir, 59
Pousser au noir, 57, 61
Prince des ténèbres, 221

INDEX

Pruneau (d'Agen), 200
Puissances de(s) **ténèbres**, 222
Puissances **ténébreuses**, 227
Punk (noir-), 201
Quartz **enfumé**, 160
Queue (-) de (-) **merle**, 172
Queue de **pie** (couleur -), 199

R

Radis **noir**, 13
Raisin **noir**, 13
Ramonat (noir comme un bonnet de -), 202
Ramoneur (brun -/noir -), 202 ; → vol. BRUN
Ramoneur, 202
Rat (avoir un — dans la contrebasse), 203
Rat de palais, 203
Rat de prison, 203
Rate (sang de -), 203
Rébellion (noir-), 203
Regard **noir**, 33
Réglisse, 204-205
Réglisse (jus de -), 205
Renoi, 114
Résidu **noir**, 145
Rire (être **noir** de -), 35
Rivage (**noir** -), 39
Robe **noire**, 26
Robe **noire** (la petite — [de Chanel]), 27
Roman **noir**, 42
Rose **noire**, 12
Rouge et le noir (Le -), 54
Rouille **noire**, 122
Royaume de l'**ombre**, 193
Royaume des **ténèbres**, 220
Royaume **noir**, 39
Royaume **sombre**, 209
Rykiel (noir -), 205-206

S

Sable, 207 ; v. aussi → JAUNE.
Sac de **suie**, 215
Salle **obscure**, 179
Sang d'**encre** (se faire un -), 155
Sang de **rate**, 203
Sang **noir**, 33-34
Sarrasin, 62
Sarrasiner, 62
Satanisme, 151
Saturne des sages, 89, 100
Saturnie, 89
Saturnien, 89, 91
Saturnin, 89, 91
Savon **noir**, 33
Savoyard (noir comme un [petit] -), 202
Scarabée (noir-), 207
Se faire de la bile, 18
Se faire du mauvais sang, 34
Séjour de l'**ombre/des ombres**, 193
Séjour **noir**, 39
Séjour **ténébreux**, 225, 227
Série **noire**, 41, 42
Soir (noir-), 208
Sol **noir**, 9
Soleil noir (de la mélancolie [le -]), 36, 38
Sombre, 208-212
Sombre (faire -), 209
Sombre (le royaume -), 209
Sombre empire (le -), 209
Sombres bords (les -), 209
Sombreur, 213
Souffler dans l'**encrier**, 155
Soufre **noir**, 145
Soulages (noir [-]-), 213-214
Soutane (noir -), 214
Star (noir-), 214
Suie (brun-de-/noir de -), 214 ; → BRUN.
Suie (couleur de -), 214

INDEX

T

Table au noir, 57
Tableau **noir**, 21
Tache **noire** de Rorschach, 22
Tas de charbon, 162
Taupe, 216
Ténèbre(s), 217-222
Ténèbres (empire/royaume des -), 220
Ténèbres (esprit des -), 222
Ténèbres (l'ange, le prince des -), 220, 221
Ténèbres de la mort, 220
Ténèbres extérieures/du dehors, 221
Ténèbres initiales, 220
Ténèbres premières, 220
Ténébreuse (belle-), 229
Ténébreux (beau -), 228
Ténébreux, euse, 225-229
Ténébrion, 222
Ténébrisme/Ténébrosisme, 229
Ténébrosi/ténébrosiste, 229
Terre d'**ombre**, 192 ; → vol. BRUN
Terre **noire**, 9, 57 (→ Khôl), 100, 145
Tête de **corbeau**, 15, 100, 145
Tête-de-maure, 172
Tête (-) de (-) **nègre**, 94 ; → vol. BRUN
Thé **noir**, 13
Théâtre d'**ombres**, 191
Tirer au **noir**, 57
Travail au **black**, 76
Travail (au) **noir**, 46, 62
Travailler au **black**, 76
Travailler au **noir**, 62
Triangle **noir**, 24
Trou **noir**, 36
Trou (aller au -), 40
Trou du cul (d'un **nègre**), 93
Trou **noir**, 36, 40
Tulipe **noire**, 12

U, V

Ultra-noir/Ultranoir, 115
Vaches noires en bois brûlé (chercher/voir -), 18
Velours (noir-), 230
Vendre de l'**encre**, 155
Vent **noir**, 37
Veuve **noire**, 13, 123
Viande **noire**, 32
Vigne (noir de -), 230
Vin **noir**, 32
Vivre à/dans l'**ombre**, 194
Vomito negro, 96
Voir (tout) en **noir**, 61
Voir **noir**, 48
Voiture **pie**, 199
Vol noir des corbeaux (le -), 15
Voyelle **sombre**, 211

X, Y, Z

Xir, 100
Y a bon **banania**, 125
Yang, 194, 222
Yeux au beurre **noir**, 31
Yeux **noirs**, 33
Yin, 194, 222
Yin-Yang, 194, 222
Zan, 231
Zibeline, 207

Index de l'article

Noir

NOIR

Adj., adv. et *subst.*

1re SECTION. *ADJECTIF*

I. – Qui est de la « couleur » la plus foncée, sombre (produite par l'absence ou par l'absorption plus ou moins complète des rayons lumineux, donc la plus opposée au blanc qui les réfléchit tous) et qui rappelle notamment la couleur du charbon, du goudron, de l'ébène, du corbeau, l'obscurité de la nuit ; *par ext.* et dans des emplois particuliers, qui est d'une couleur plus ou moins foncée (proche du gris, du brun, du bleu ou du violet), le terme *noir* englobant alors les nuances pouvant s'étendre, sur l'axe de la clarté et sur l'axe des tonalités, vers diverses autres teintes sortant de son champ chromatique. 6

A. – Qui est de la couleur la plus foncée, sombre. 6

– [En parlant d'une couleur ; *postposé* ; *le plus souvent avec un trait d'union*] Qui est très foncée, qui tire sur le noir.

▶ PHYSIQUE • Corps noir. • Lumière noire 6

1. – [En parlant d'un élément concret naturel, appartenant au domaine de la nature ; en parlant d'un animal] Qui est noir (en tout ou en partie) ou d'une couleur très sombre ; qui paraît noir ou d'une couleur très sombre. 7

a) [En parlant de la terre, d'une pierre, de l'eau, etc.] 7

▶ [*GÉOLOGIE/MINÉRALOGIE.* En parlant de la nature du sol, d'un métal, d'une pierre généralement précieuse] (→ Anthracite, Carbone, Charbon, Goudron, Jais, Obsidienne). • Diamant noir. • Marbre noir. • Or noir. • Perle noire. • La Perle noire (de la Méditerranée). • Pierre noire. • Marquer d'une pierre noire/d'un caillou noir (qqc.). • Terre noire/Sol noir.

ALCHIMIE. • Terre noire, *loc. nom. fém. Synon.* de → Fleur noire, matière noire, résidu noir, Saturne des Sages, soufre noir, tête de corbeau. V. → Corbeau *(ALCHIMIE).* 9

– [En parlant de montagnes (au lointain)] • La Montagne Noire 10

NOIR

▶ [En parlant de l'eau. *GÉOGRAPHIE*] • Lac noir. • Mer Noire. 10

En partic. • Marée noire. 11

▶ [En parlant d'arbres au feuillage d'un vert très sombre] • Forêt Noire.

b) [*BOTANIQUE*; en parlant d'un végétal, généralement P. OPPOS. à d'autres variétés, d'autres espèces, d'une autre couleur] Qui est caractérisé par la couleur noire ou une couleur très sombre; dont une variété, une espèce est de cette couleur. 11

α) [En parlant d'une fleur] • Fleur noire, *loc. nom. fém.* ALCHIMIE. Matière noire obtenue dans l'*Œuvre au noir*, étape indispensable pour parvenir à l'*Œuvre au rouge*, après être passé par l'*Œuvre au blanc*. *Synon.* → Matière noire/Matière au noir, terre noire, résidu noir, Saturne des Sages, soufre noir, tête de corbeau. 11

▶ [En parlant d'espèces de fleurs particulières, imaginaires et dans un contexte métaphorique; les fleurs noires étant un rêve irréalisable pour les horticulteurs] • Rose noire. • Tulipe noire. 12

β) [En parlant d'un fruit, d'un légume, d'un arbre, d'un champignon, etc.] (→ **Bois d'ébène**; → Airelle, Cassis, Pruneau) • Blé noir. • Groseille noire. • Radis noir. • Raisin noir. • Thé noir.

▶ [Les fruits, légumes, etc., utilisés en ART CULINAIRE, GASTRONOMIE].
• Poivre noir 13

c) [*ZOOLOGIE*; en parlant d'un animal, d'une partie de son corps; généralement dans un système d'OPPOS. à d'autres animaux d'une autre couleur dans la même espèce] Qui est noir ou de couleur foncée. 13

α) *ENTOMOLOGIE*. [En parlant d'un insecte] (→ Anthrax) 13

▶ [En parlant d'une araignée; la couleur noire accentue l'aspect répulsif de cet insecte (→ Araignée)] • Veuve noire.

▶ [En parlant d'un papillon] • Papillons noirs. • Avoir/Chasser les papillons noirs 13

β) [*ORNITHOLOGIE*; en parlant d'un oiseau au plumage partiellement ou totalement noir (→ Aile-de-Pie, Corbeau, Hirondelle, Merle, Pie, Queue-de-Pie)] 14

▶ [En parlant de l'aigle] 14

▶ [En parlant de la foulque, une variété de canard] • Foulque noire, *loc. nom. fém.* Nom sc. *Fulica atra*. *Synon. Foulque macroule*. • Foulque noire

▶ [En parlant du merle] 14

▶ [En parlant du corbeau; le plus souvent avec une valeur symbolique, pour connoter la mélancolie ou le désespoir] • Le vol noir des corbeaux. *En partic.* • Le vol noir des corbeaux sur nos plaines. ALCHIMIE. • Corbeau noir/Tête de corbeau. *Synon.* → Fleur noire, matière/terre noire, résidu noir, Saturne des Sages, soufre noir. V. *supra* → Matière noire. 14

▶ [En parlant globalement des oiseaux, sans précision de leur espèce; le plus souvent avec des connotations de mélancolie, d'angoisse, de malheur] 16

d) [En parlant d'un animal au pelage noir (→ Loup, Rat, Taupe)] (v. → **Avoir un rat dans la contrebasse**). 16

▌ [En parlant d'un chat] • Le Chat Noir. 17

▌ [En parlant d'un cheval] cheval noir (→ Moreau). ♦ *En partic.* • Cheval noir, *loc. nom. masc.* ♦ Cheval noir, maléfique et terrifiant, monture de la Mort. ♦♦ [P. OPPOS. au → Cheval blanc] Cheval noir monture des chevaliers fourbes, des félons, des anti-héros. 17

▌ [En parlant d'un mouton; P. OPPOS. au → Mouton blanc, le plus fréquent] ♦ Mouton à laine noire. ♦♦ Mouton noir. • Brebis noire. 18

▌ *CHASSE.* • Bête noire, *loc. nom. fém.* ♦ Bête au pelage noir, en particulier sanglier. 18

e) *MÉDECINE ANCIENNE.* [En parlant d'une des humeurs de l'organisme humain, selon la théorie ancienne des tempéraments] • Bile noire/• Humeur noire. 18

2. [En parlant d'un produit de l'industrie humaine (objet fabriqué, matière première transformée, élément de la décoration, emblème, vêtement, etc.)] Qui est *noir* ou d'une couleur très foncée; *p. méton.*, personne, groupe de personnes vêtu(e)(s) de *noir* (en tout ou en partie)] 18

a) α) [En parlant d'un objet fabriqué, d'une matière première transformée, d'un élément de la décoration, etc.] (→ Cachou, Café, Réglisse; Cirage). 19

▌ [*P. méton.*, en parlant d'un lieu, d'une pièce où cette couleur domine]

♦ *En partic. Cour.* [Avec une valeur caractérisante et symbolique; la couleur noire comme couleur de l'écriture; P. OPPOS. au blanc du papier] (→ Encre).

β) *[Dans des domaines spéciaux]* 19

♦ ART

▌ *[CINÉMA]* • Écran noir. • Sur l'écran noir de. 19

▌ *[DESSIN]* (→ Encre [de Chine], Fusain). 20

▌ *[GRAVURE]* • Gravure à la manière noire/• Manière noire. 20

▌ *[PEINTURE;* de Ad Reinhard, de Malévitch, de Soulages] 20

▌ *[ART CULINAIRE/CUISINE/GASTRONOMIE/PÂTISSERIE]* • Café noir. • Caviar noir. • Chocolat noir. 21

▌ *[ÉDUCATION/ENSEIGNEMENT]* • Tableau noir. 21

▌ *[JEU DE CARTES]* • Carte noire. *[JEU DE ROULETTE]* • Case noire.

▌ *[MUSIQUE]* • Disque noir. 22

▌ *[PSYCHANALYSE/PSYCHOLOGIE]* • Tache noire de Rorschach. • Le choc noir. 22

▌ *[SPORTS – ALPINISME, SKI]* • Piste noire. • Piste noire. 22

b) [En parlant d'un élément vestimentaire, d'un vêtement, d'un emblème, d'une décoration, etc.] 22

α) Étoffe, taffetas, tissu, velours noir.

β) *En partic.* [Le plus souvent avec une valeur caractérisante ou symbolique] 23

♦ *HISTOIRE DE LA CHEVALERIE.* La couleur noire comme couleur du mal, de la félonie] 23

NOIR

• **Chevalier noir**, *loc. nom. masc.* [P. OPPOS. au → Chevalier blanc (→ *Le Blanc*), symbole de bonté et de loyauté] Chevalier vêtu de noir (et montant un cheval noir). 23

◆ [La couleur noire comme couleur de l'anarchie, de la rébellion, de la révolte, de la violence, de la mort] 23

▮ [*HISTOIRE*; en parlant d'emblèmes, de drapeaux] • **Drapeau noir**. *[HISTOIRE DE L'ANARCHIE]* ◆ Drapeau des anarchistes. ◆◆ *P. ext.* • Le Drapeau noir flotte sur la marmite. • Le Drapeau noir flotte sur Internet/sur le couscous. 23

• **Pavillon noir**. • (Hisser) Le pavillon noir de. • **Triangle noir**. [*HISTOIRE DE LA DÉPORTATION*. Ce signe distinctif étant imposé et non revendiqué]

▮ [En parlant de vêtements, et *p. méton.*, d'une personne (→ BLOUSON, RÉBELLION; v. aussi → **Black génération**)] • **Blouson noir**. • **Blousonne noire**. 24

◆ [La couleur noire comme couleur du fascisme italien. *HISTOIRE DU FASCISME]* • **Chemise noire**. 25

◆ [La couleur noire comme marque du deuil (→ DEUIL; CRÊPE, ENCRÊPÉ)]

◆ [La couleur noire comme marque de l'autorité, de la justice, robe des avocats, tenues des arbitres] • **Robe noire**, *loc. nom.* 26

◆ [La couleur noire comme marque du renoncement (habit de certains religieux, soutane des prêtres (→ ECCLÉSIASTIQUE, SOUTANE. V. aussi, *p. méton.* → CORBEAU, FUSAIN)] 26

◆ [La couleur noire comme marque de la bourgeoisie, de la distinction, de l'élégance discrète ou austère, du luxe]. (→ QUEUE-DE-PIE, SOIR; → CHANEL, RYKIEL). 26

▮ *En partic.* [La couleur noire comme couleur de tenues liées à certaines fonctions (employés de maison, maître d'hôtel)]. • **Habit noir**. (→ QUEUE-DE-PIE) • **La petite robe noire (de Chanel)**. (→ CHANEL). 27

◆ [La couleur noire comme couleur de l'érotisme (en particulier couleur des dessous, de la lingerie)] 28

3. *En partic.* [En parlant de la peau d'une personne; *p. méton.*, en parlant d'une personne, d'une race humaine] 28

a) [En parlant d'une personne, d'une partie de son corps] De couleur noire ou foncée; qui a la peau noire, foncée; qui appartient à la race mélano-africaine dite noire, caractérisée par une peau colorée allant du brun clair au noir d'ébène (d'après *Méd. Biol.* t. 3 1972). Synon. → **Black**, (*péj., raciste:*) **nègre**. 28

b) *P. méton.* [En parlant d'une chose concrète ou abstraite] Qui appartient ou se rapporte à la race dite noire; qui en a les caractéristiques. (→ BLUES, NÉGRO-SPIRITUALS). • **Afrique noire**. • **Continent noir**. • **La Croisière noire**. 30

B. − *P. ext.* [Dans certains contextes d'emplois, *noir* étend sa signification, sur l'axe de la clarté, vers le gris, et sur l'axe des tonalités, vers diverses autres teintes sortant de son champ chromatique, en particulier le brun, le violet] D'une nuance foncée, sombre. 30

1. [En parlant d'un objet fabriqué; souvent P. OPPOS. à → BLANC et dans un système de connotations] 30

a) *[ALIMENTATION/ARTCULINAIRE/ GASTRONOMIE]* • **Beurre noir.** • **Avoir/Pocher les yeux au beurre noir.** • **Au beurre noir.** • **Beurre noir.** • **Pain noir.** • **Manger du/son pain noir.** • **Manger le/son pain noir (en premier).** • **Viande noire.** • **Vin noir.**

b) *COMMERCE* • **Savon noir.** 33

c) *Cour.* • **Lunettes noires** 33

2. [En parlant d'un aspect du corps humain, du système pileux, du sang, d'un organe, de la peau (d'une personne appartenant à la race humaine dite «blanche»); *p. méton.*, en parlant d'une personne. Le terme *noir* étend sa signification vers le *brun*, le *violet* ou le *gris*. Souvent dans un système de connotations] 33

a) *Cour.* 33

α) [En parlant du système pileux] D'une couleur foncée; noir (→ Corbeau, Jais) ou brun très foncé. 33

β) [En parlant des yeux et *p. méton.* du regard; le plus souvent dans un système de connotations, la couleur noire étant associée à l'intensité, la dureté, parfois la colère et la méchanceté] Très noir; dur, perçant, vif, méchant. 33

b) Devenu noirâtre dans certaines circonstances. 33

α) [Sous l'effet de la maladie]. *[MÉDECINE/PATHOLOGIE].* 33

♦ [En parlant du sang; dans un système d'oppos. à → **Sang rouge**, signe de santé, de vigueur] Sang altéré, mal oxygéné, mauvais, carboné ou caillé

♦ [En parlant de la peau] 34

▶ *En partic.* • **Point noir.** 34

▶ [*P. méton.*; en parlant d'une affection] Qui se caractérise par des taches noires sur la peau. • **La Mort noire.** • **La peste noire.**

β) *Cour.* [En parlant de la peau, du teint (d'une personne appartenant à la race humaine dite «blanche»); *p. méton.*, en parlant d'une personne] 34

▶ [Sous l'effet du froid, de la chaleur, de la fatigue, des coups, etc. (→ Livide)] **Noir de** + *subst.* (indiquant la cause de cet aspect). 34

▶ [Sous l'effet des rayons du soleil] *Synon.* → Basané, Bronzé, Hâlé. 34

▶ *En partic.* [Sous l'effet d'une émotion] • **Être noir de colère.** • **Être noir de rire.** 34

3. *En partic.* Qui est noirci, sali, souillé par quelque chose. 35

a) [En parlant d'une chose concrète, d'une personne]

b) [*P. méton.*; pour qualifier ou désigner des personnes] • **Gueule noire.** • **Pied (-) noir.** 35

C. – *En partic.* [En parlant d'un lieu, d'un espace] Qui est plongé dans l'obscurité; qui manque de lumière. *Synon.* → Obscur, ombreux, pénombreux, sombre, ténébreux. 36

a) ASTROPHYSIQUE/ASTRONOMIE • **Trou noir.** • **Soleil noir (de la mélancolie).** (→ Mélancolie). 36

b) [En parlant du ciel, des nuages, de la lumière solaire pendant le mauvais

NOIR

temps ou pendant la nuit] • **Froid noir.** • Faire un froid noir. • **Vent noir.** 36

▶ [*P. méton*. En parlant d'un moment pendant lequel règne l'obscurité (→ Nuit, Obscur, Sombre, Ténébreux)] • **Nuit noire** • Faire nuit noire. • À nuit noire. 37

c) [En parlant d'un lieu, d'un espace, d'un objet clos] *Synon*. → Obscur, sombre, ténébreux. 38

▶ [*AÉRONAUTIQUE*] • **Boîte noire**, *loc. nom. fém.* ◆ Système d'enregistrement des paramètres de vol permettant de sauvegarder les informations recueillies, même en cas d'accident. 38

▶ [*OPTIQUE/PHOTOGRAPHIE*] • **Chambre noire.** 38

▶ [*MYTHOLOGIE/RELIGION*]. Royaume/Séjour noir, ou en antéposition : • **Noir royaume/séjour.** • **Onde noire/Noir rivage.** 39

– *P. ext. Cour. Vieilli.* [P. OPPOS. à la lumière de la vie ; la couleur noire est associée à la mort, au tombeau, au néant] 39

II. – *Au fig.* [*Noir* connote, d'une part, le diable, les Enfers, le mal, la méchanceté, le malheur, la tragédie, la mort, la violence, le crime, le danger ou le désespoir ou la tristesse. D'autre part, *noir* connote le mystère, l'inconnu, le secret, la clandestinité ou le trouble et la confusion. Dans le domaine politique, *noir* connote le fascisme] 40

A. – [*Noir* connote le diable, le mal, les Enfers ; P. OPPOS. à la lumière de Dieu, du paradis] 40

1. Qui a rapport au diable. • **Ange noir.**

▶ [*OCCULTISME/SORCELLERIE*] Qui a rapport au diable ; qui est blasphématoire. • **Magie noire.** • **Messe noire.** 40

2. *P. ext.* [En parlant d'une personne, de son comportement] 41

a) *Littér., vieilli.* [En parlant du comportement d'une personne ; souvent dans un contexte métaphorique] Atroce, pervers, odieux. 41

b) *Cour. Fam.* [P. OPPOS. à *blanc* ; en parlant d'une personne] Dont la réputation est entachée (→ Noirci) ; qui a un casier judiciaire chargé ; qui est récidiviste. (Colin-Mével 1990). Anton. Clean, de confiance ; → CLAIR, BLANC-BLEU. (→ Dénigrer et Noircir). 41

B. – [*Noir* connote le malheur, la tragédie, la mort, la violence, le crime, le danger] 41

1. [P. OPPOS. à → **Bleu, rose**] Qui est malheureux, tragique. 41

a) [Le plus souvent en parlant de la vie, d'une période de temps, etc.] • **Série noire.** 41

b) [*HISTOIRE DE LA LITTÉRATURE* ; en parlant d'une œuvre littéraire, d'un roman] Qui évoque des évènements malheureux, des sujets pénibles. • **Littérature noire.** • **Roman noir.** • **Série noire.** 41

c) *Cour.* • **Humour noir** 42

d) *ÉDUCATION.* • **Pédagogie noire.** 43

2. [En parlant de l'avenir, d'un évènement futur] Qui se présente sous des aspects défavorables, que l'on ne peut envisager qu'avec pessimisme. 43

3. Très dangereux. • **Point noir.** 44

C. – [*Noir* connote le désespoir ou la tristesse] Douloureux, désespéré, triste, mélancolique. • **Idées noires.** • **Avoir/se faire des idées noires; chasser les idées noires.** • **Maladie noire.** 44

D. – [*Noir* connote le mystère, l'inconnu, le secret ou la clandestinité] 45

1. [*Noir* connote le mystère, l'inconnu, le secret] • **Continent noir.** *[PSYCHANALYSE/PSYCHOLOGIE]* 45

2. [*Noir* connote le mystère, le secret, la clandestinité] 45

a) HISTOIRE • **Cabinet noir.** *POLITIQUE. HISTOIRE DE FRANCE. Vx.*

b) ÉCONOMIE ou POLITIQUE 46

▌ *ÉCONOMIE.* Clandestin, illicite. • **Argent noir.** • **Caisse noire.** • **Marché noir.** • **Travail noir.** 46

▌ [En parlant d'un chiffre, d'une statistique] Secret, non officiel, non pris en compte. 46

▌ *POLITIQUE.* • **Liste noire.** 46

E. – [*Noir* connote ce qui est obscur, trouble, confus; en parlant d'une personne] Qui n'a plus les idées très claires à cause de la boisson; qui est complètement ivre. *Synon. Saoul*; **Gris**, (*argot*): **noircicaud**; → **Être débarbouillé avec du cassis, être cirage, être goudronné.** 47

F. – [P. RÉF. aux → **Chemises noires,** les fascistes italiens] *Noir* connote les idées fascistes). *[HISTOIRE POLITIQUE] Fam.* [En parlant d'une personne, d'un groupe de personnes, de ses idées, de son comportement, *p. ext.*, en parlant d'une chose abstraite] Qui est fasciste; qui a rapport aux fascistes italiens et *p. ext.* au fascisme international. 47

2ᵉ SECTION. *ADVERBE*

I. – **A.** – En couleur noire. 47

B. – *En partic.* 48

• **Faire noir.**

II. – *Au fig. Fam.* 48

• **Voir noir,** *loc. verb. Fam.* [Dans un système d'OPPOS. à → **voir rouge** (→ *Le Rouge*), et P. OPPOS. à → **voir (la vie en) rose**] Être triste, mélancolique ou pessimiste; voir le mauvais côté des choses. 48

3ᵉ SECTION. *SUBSTANTIF*

3ᵉ SECTION. 1. *SUBST. MASC.*

I. – **A.** – [La couleur noire; caractère de ce qui est noir] 48

1. *PHYSIQUE [OPTIQUE/COLORIMÉTRIE]* 48

2. [En parlant d'un élément de la nature, d'un produit fabriqué; le noir dans l'art; symbolisme du noir; nuances du noir, etc.] 48

▌ *ART [GRAVURE, PEINTURE, etc.]* 49

– [En parlant de l'œuvre de Ad Reinhardt] 51

– [En parlant de l'œuvre de Soulages (→ **Noir lumière;** V. aussi → Lumière, Outrenoir, Soulages] 52

◆ *En partic.* 52

▶ [P. OPPOS. au blanc du papier; noir de l'encre, de l'écriture] • **Mettre du noir sur du blanc** • **Noir sur blanc.** • **Blanc sur noir.** 52

▶ [P. OPPOS. à la couleur] • **En noir et blanc.** *CINÉMA/TÉLÉVISION/PHOTOGRAPHIE.* 53

◆ [En parlant d'emblèmes, de vêtements, d'accessoires vestimentaires, etc. Avec une valeur caractérisante ou symbolique. *HISTOIRE, MODE*]

▶ [La couleur noire comme couleur de l'anarchie, de la rébellion, de la révolte, de la violence, de la mort (→ BLOUSON, RÉBELLION; v. aussi → **Black génération**)] 53

▶ [La couleur noire comme couleur de l'austérité, du renoncement (soutane des prêtres (→ ECCLÉSIASTIQUE, SOUTANE), du deuil (→ CRÊPE, DEUIL)] 53

▶ [La couleur noire comme marque de la bourgeoisie, de la distinction, de l'élégance discrète ou austère, du luxe]. (→ QUEUE-DE-PIE, SOIR; → CHANEL, RYKIEL). 54

▶ [La couleur noire comme couleur de l'érotisme, des dessous, de la lingerie] 55

▶ *Au plur.* Nuances de cette couleur. 55

3. *P. méton.* 56

a) Matière noire. *ART/TECHNOLOGIE*

α) ALCHIMIE. • **Matière au noir,** *loc. nom. fém.* Matière noire obtenue dans → l'Œuvre au noir. *Synon.* → **Fleur noire, matière noire, résidu noir, Saturne des Sages, soufre noir, terre noire, tête de/du corbeau.** 56

β) *ART [GRAVURE/PEINTURE/TEINTURE, IMPRIMERIE, etc.]* 56

▶ Matière colorante servant à peindre ou à teindre en noir. 56

▶ IMPRIMERIE • **Table au noir.** 57

▶ PEINTURE • **Pousser/Tirer au noir.**

δ) COSMÉTOLOGIE et *cour.* • **Noir (à yeux).** 57

b) Vêtement, accessoire vestimentaire de couleur noire; ornement noir. 58

▶ *P. méton.* [En parlant d'une personne vêtue de noir] • **La dame en noir.** 58

c) *Fam.* ou *argot.* 58

α) *Fam.* • **Noir/Petit noir.** Café noir. *Synon. vieilli.* → **Moricaud.** 58

β) *Argot.* Opium. 58

d) *Emplois spéciaux* 59

α) [ART MILITAIRE, TIR] Vieilli. Centre de la cible marqué par un petit cercle noir que l'on vise dans un tir au pistolet ou au fusil. • **Mettre dans le noir/en plein noir,** *loc. verb.* Atteindre le centre de la cible; réussir.

β) [AGRICULTURE] 58

▶ Noms de plusieurs maladies de plantes; noir des grains (*Synon.* → **Charbon, sang (-) de (-) rate**; noir du seigle (*Synon.* **Ergot**); noir de l'olivier (*Synon.* **Fumagine**). 59

▶ [VITICULTURE]. Rare. ◆ Cépage à raisin noir. ◆◆ Maladie de la vigne. 59

B. — [*P. ext.* Dans certains contextes d'emplois *noir* étend sa signification, sur l'axe de la clarté, vers le *gris*, et sur l'axe des tonalités, vers diverses autres teintes sortant de son champ chromatique, en particulier le *brun*]

1. *Vx.* Coloration noirâtre de la peau sous l'effet des coups ; légère noirceur ; trace noirâtre, meurtrissure. 59

2. Marque, trace de salissure ; souillure, tache. 59

C. – *En partic.* Obscurité due au mauvais temps ; manque de lumière, d'éclairage. *Synon.* → Obscurité, pénombre, sombreur, ténèbre(s). • Pot au noir. 59

II. – *Au fig.* [*Noir* connote le mal, la méchanceté, le désespoir, la tristesse ou l'inquiétude, le mystère, le secret et la clandestinité, le trouble et le manque de discernement] 60

A. – [*Noir* connote le mal, la méchanceté] 60

B. – [*Noir* connote le malheur, la mort, le tragique, la violence, le crime, la révolte]. • Porter le noir. 60

C. – [*Noir* connote la tristesse, l'inquiétude ou le désespoir] *Synon. Neurasthénie, spleen, vague à l'âme* ; → Blues (→ vol. *Le Bleu*), **cafard, mélancolie, papillons noirs.** 60

• Avoir du noir/Broyer du noir/Voir en noir. • Pousser (qqc.) au noir. • Voir (qqc./l'avenir/la vie) (tout) en noir. 61

D. – [*Noir* connote le mystère, le secret, la clandestinité] V. → Ombre. 62

• Travail au noir/Travailler au noir, (→ blackos, travail au black). 62

E. – [P. oppos. à → clarté ; *noir* connote le trouble, l'aveuglement, le manque de discernement, la confusion, l'incohérence] • Être dans le noir. • Laisser dans le noir. 62

3ᵉ SECTION.
2. *SUBST. MASC. OU FEM.*

I. – Personne qui appartient à la race mélano-africaine dite noire ; personne qui a la peau noire, foncée. *Synon. Homme de couleur ;* → Black, blackos, kebla, (*péj., raciste :*) nègre, (*fam.*) renoi. 62

II. – [*Noir* connote le fascisme] *Au plur. Mod.* (1985, *infra*). *Rare. P. méton.* Fascistes (italiens). 63

3ᵉ SECTION. **3.** *SUBST. FEM.*

I. – A. – [*Dans des domaines spéciaux*]

1. HISTOIRE DE L'ENSEIGNEMENT. «Autrefois, boule noire indiquant la note "mal"» 63

2. JEUX [DOMINOS, ROULETTE. P. OPPOS. → Rouge] Case de jeu de couleur noire. 64

3. MUSIQUE. Note de musique représentée par un ovale noir muni d'une queue simple, dont la valeur est relative et déterminée par la mesure (un temps dans les mesures à deux-quatre, trois-quatre, quatre-quatre ; un demi-temps dans les mesures à un-deux, deux-deux, etc.) et la valeur absolue par le mouvement. La durée est double de celle d'une croche et la moitié de celle d'une blanche.

B. – *Vieilli. Rare. Argot.* La nuit. 64

II. – *SPORTS (ALPINISME/SKI)* [Vers 1935] **Piste noire, la plus dangereuse.** 64

Remerciements

JE TIENS À EXPRIMER MES REMERCIEMENTS les plus chaleureux à tous ceux qui, par leur participation, leurs conseils, l'intérêt qu'ils ont porté à mes recherches, ont contribué à la publication de cette nouvelle édition du volume Le Noir.

Mes remerciements vont aux artistes, peintres ou photographes qui ont su faire écho aux textes du Noir ou les ont prolongés :
En tout premier lieu, Pierre Soulages – peintre de l'«outrenoir» –, qui, malgré les nombreuses sollicitations dont il est l'objet et ses multiples expositions nationales ou internationales, a accepté, dans un texte de préface, d'évoquer cette «couleur intense», «couleur d'origine». J'associe à ces remerciements Colette Soulages pour sa présence discrète, sa participation active, son accueil, notamment dans cette maison qui leur ressemble, port d'attache dépouillé et lumineux, face à la mer... J'ai conscience de leur rôle dans le succès de la première édition du «Noir» !
Pour leur participation au cahier photos, je remercie Alain Nahum, photographe, dessinateur, cinéaste, réalisateur de films de fiction et collaborateur de diverses revues (Le Collège de Pataphysique, La Fabrique, La Traducière, Talus et Travioles), Cécile Andrieu, artiste-plasticienne franco-japonaise qui met en scène le mot (et le noir) et s'interroge sur cette «croûte du langage» évoquée par Barthes dans «Le bruissement de la langue», Céline Caumon, et Guy Lecerf, enseignants-chercheurs à Toulouse-Le-Mirail et plasticiens, photographes, designers, ainsi que Martine Lafon dont les recherches picturales sur les couleurs, en par-

REMERCIEMENTS

ticulier le rouge et le noir, m'accompagnent depuis plusieurs années et ont permis des recherches et des publications communes.

Je remercie les responsables du CNRS ou de l'université :
Salah Mejri, Directeur du laboratoire mixte de recherches LDI (*Lexique, Dictionnaires, Informatique,* UMR C 7187, CNRS-Universités Cergy-Pontoise et Paris XIII Villetaneuse), pour l'intérêt qu'il porte à mes recherches et les moyens mis à ma disposition, ainsi que Jean Pruvost, professeur de linguistique, responsable de l'équipe LDI CNRS-Université Cergy-Pontoise (à laquelle je suis rattachée), «dicophage» et «dicologue» pour son soutien professionnel, amical, et intellectuellement stimulant.

Je n'oublie pas non plus ce que je dois à Bernard Cerquiglini, Recteur de l'Agence Française de la Francophonie, *ancien Délégué Général à la Langue Française et aux langues de France,* et qui, à la Direction de *l'Institut national de la langue française* (INaLF), m'a soutenue dans le projet de publication d'un dictionnaire consacré au lexique des couleurs, m'a accompagnée dans la publication des premiers volumes, et suit toujours d'un regard intéressé et bienveillant la poursuite de mes recherches.

Mes remerciements vont aux spécialistes-couleur et administrateurs du *Centre français de la couleur* (CFC) pour nos échanges colorés : Laurence Pauliac, Patrick Callet, Michel Indergand, Robert Sève, Martine Royer-Valentin, ainsi que Guy Lecerf et Céline Caumon, Administrateurs du Centre, mais aussi enseignants-chercheurs à Toulouse-Le-Mirail, et à l'IUP Arts Appliqués «Couleur Image Design». Merci aussi à Barbara et Matthieu Barrois, administrateurs de *Ôkhra, Conservatoire des Ocres et des Pigments Appliqués,* ainsi que à Anne Varichon, auxquels je dois de précieuses informations couleur.

REMERCIEMENTS

Ma reconnaissance va à toute l'equipe de CNRS ÉDITIONS pour la publication de cette nouvelle édition du *Noir,* dans une nouvelle présentation, enrichie d'un important cahier photos. Je voudrais citer tout particulièrement son Directeur général, Jean-François Colosimo, les éditrices Anne Cadiot et Marie Bellosta, ainsi que Elodie Gesnel responsable de la fabrication de cet ouvrage, Frédéric Foucaud, ainsi que Solange Bied-Charreton, responsables de la Communication.
Je tiens également à remercier les responsables de la photothèque du CNRS pour le choix de photos mises à ma disposition

J'associe à ces remerciements mes amis et collègues Nicole Cholewka, Christine Jacquet-Pfau, Anne-Marie Hetzell, Hélène Manuelian, Arnaud Leturgie, Alice Ferrara, Odile Guignot, Jean-Loup Ringenbach… pour les documents fournis… et pour leur amitié !

Merci également aux lecteurs (en particulier François Fiérobe) qui m'ont témoigné intérêt, encouragements ou informations, et dont j'attends les nouveaux commentaires avec impatience…

Je n'oublie pas Monique Desfour, pour nos discussions et les ouvrages et citations communiqués dont ces pages rendent compte.

Bénédicte, Laurence, Christophe, Etienne, Catherine, Jean-François… et Jacques ! Soyez tous assurés de mon affectueuse reconnaissance !

Crédits photographiques

1. © Pierre Soulages.
Peintre de l'«Outrenoir» ou «noir-lumière».

2. © Cécile Andrieu. Installation, «Textus», 2004. Feuilles de papier carbone vierge, fixation (métal, carton), h 265 cm w 240 cm d 9 cm
Cécile Andrieu, artiste-plasticienne, met en scène le mot, tantôt présent comme tel (journaux, livres, dictionnaires, caractère en plomb), tantôt suggéré par divers éléments visuels dont la craie, le tableau ou le papier, mais toujours investi d'une présence silencieuse ou d'une présence qui s'efforce d'éveiller le silence plutôt que de le combler.

3. © Alain Nahum. «Silhouettes vues de ma fenêtre», détail, 2003.
Cinéaste, photographe, dessinateur et réalisateur de films de fiction. Expose à la galerie Pierre et Marie Vitoux. Collaborateur des revues *Le Collège de Pataphysique, La Fabrique, La Traducière*

4. © Alain Nahum, «Voir au fond de la tasse», photographie, 2003.

5. © Alain Nahum, «Reflet de la ville», photographie, 2009.

6. © Julie Giacomini et Céline Caumon, 2004.
Julie Giacomini est styliste-scénographe dans le milieu de la décoration.
Céline Caumon, coloriste-plasticienne, collabore à la conception de magazines dans le milieu de la

CRÉDITS PHOTOGRAPHIQUES

mode. Secrétaire générale du *Centre français de la couleur*.

7. © Bibliothèque nationale de France. Albrecht Dürer, *Melencolia I*, eau-forte, 1545.

8. © Annie Mollard-Desfour, photographie, 2009.

9. © Céline Caumon, photographie, 2004.

10. © Guy Lecerf, «Cendres et charbon après la pluie», photographie, 2004.
Plasticien-photographe, enseignant, Université de Toulouse-le-Mirail ; responsable du DESS «Couleur et projet» à l'IUP Arts Appliqués. Directeur de la revue *Seppia*.

11. © Annie Mollard-Desfour, photographie, 2009.

12. © Thierry Poulet, «Noire pensée», photographie, 2004.

13. © CNRS Photothèque – Alain Pasquet, «Araneus quadratus», 1993.
© CNRS Photothèque – Alain Devez, «Merle», 2001.

14. © CNRS Photothèque – Hervé Thery, 2006.

15. © Annie Mollard-Desfour, photographie, «Gravier-bitume», 2004.

16. © CNRS Photothèque – Olivier Preis, «Eclipse totale de soleil», 2009.

Mise en page:

Achevé d'imprimer en avril 2010
sur les presses de la Nouvelle Imprimerie Laballery
58500 Clamecy
Dépôt légal : avril 2010
Numéro d'impression : 004108

Imprimé en France

La Nouvelle Imprimerie Laballery est titulaire de la marque Imprim'Vert®